Petra-Hildegard Wilberg

# Richard Wagners mythische Welt
## Versuche wider den Historismus

D1719081

# ROMBACH WISSENSCHAFT · REIHE MUSICAE

herausgegeben von Peter Andraschke

Band 1

Petra-Hildegard Wilberg

# Richard Wagners mythische Welt

Versuche wider den Historismus

ROMBACH VERLAG

Auf dem Umschlagbild: Henri Fantin-Latour: Scène première du ›Rheingold‹, 1888.

Die Deutsche Bibliothek – CIP-Einheitsaufnahme

**Wilberg, Petra-Hildegard:**
Richard Wagners mythische Welt : Versuche wider
den Historismus / Petra-Hildegard Wilberg. – 1. Aufl. –
Freiburg im Breisgau : Rombach, 1996
　　(Rombach Wissenschaft : Reihe Musicae ; Bd. 1)
　　ISBN 3-7930-9132-5
NE: Rombach Wissenschaft / Reihe Musicae

© 1996. Rombach GmbH Druck- und Verlagshaus,
Freiburg im Breisgau
1. Auflage. Alle Rechte vorbehalten
Lektorin: Dr. Edelgard Spaude
Umschlaggestaltung: Barbara Müller-Wiesinger
Herstellung: Rombach GmbH Druck- und Verlagshaus,
Freiburg im Breisgau
Printed in Germany
ISBN 3-7930-9132-5

# Inhalt

# Vorwort

Ein frühes Interesse am Werk Richard Wagners und seiner besonderen, anachronistisch anmutenden Attraktivität auf der einen Seite, eine tiefe Skepsis gegenüber einer Flut banaler szenischer und literarischer Aktualisierungen auf der anderen führten mich auf den Weg des Nachdenkens über Hinter- und Untergründe, die das seltsam Inkommensurable seines Werkes einsehbar machen könnten. In Jahren eigenbrödlerischer Sucharbeit war ich bemüht, anhand der theoretischen Überlegungen Wagners eine Rückbesinnung auf die mythischen Wurzeln der Kunst und ihre Relevanz zu erproben. Dabei machte ich allenthalben die Beobachtung, daß die Rede über den Mythos, polemisch oder affirmativ, analytisch oder metaphorisch geführt, so üppig fließt wie die mythische Rede selbst fremd bleibt und verkannt. Doch ist es gerade sie, die für das »Andere« im Denken, in der Wahrnehmung, das notwendig ist, sensibilisieren könnte. Dort wo mythische Rede künstlerisch manifest wird – und dies nirgends so vielgestaltig und virtuos wie in Wagners Musikdrama –, könnte sie eine Quelle sein für die Paradigmensuche unseres zu Ende gehenden Millenniums, könnte sie auf eine Erweiterung unserer vorherrrschenden Begriffe und Perspektiven hinleiten.

Danken möchte ich allen, die – in welcher Form auch immer – zum Gelingen dieses Buches beigetragen haben. Hervorgehoben seien mein akademischer Lehrer Prof. Dr. Reinhart Koselleck (Bielefeld), von dessen umfassendem Wissen als Historiker ich lange Zeit profitieren durfte; Prof. Dr. Dieter Borchmeyer (Heidelberg), dessen Arbeiten in Sachen Wagnerforschung für mich leitend waren, und vor allem Prof. Dr. Kurt Hübner (Kiel), dessen Mythosforschungen meiner Studie zum konzeptionellen Durchbruch verhalfen. Danken möchte ich ferner Prof. Dr. Karl Heinz Bohrer (Bielefeld), Prof. Dr. Joachim Radkau (Bielefeld) und Prof. Dr. Wolfgang Schild (Bielefeld) für Anregungen und Gespräche; Prof. Dr. Wilfried Nippel (Berlin), Dr. Ursula Krey (Bielefeld) und Hans van den Boom (Bonn) für kritische Lektüre und Beratung; Dr. Thomas Trumpp (Koblenz) für seine akribische Manuskriptdurchsicht sowie Dr. Manfred Eger und Günter Fischer (Nationalarchiv der Richard-Wagner-Stiftung Bayreuth) für die Bereitstellung des Quellenmaterials. Danken möchte ich auch dem Rombach Verlag für die Drucklegung des Manuskripts und insbesondere Dr. Edelgard Spaude für die gute Zusammenarbeit. Ganz besonders danke ich meinen Eltern für ihre ausdauernde mentale und materielle Unterstützung sowie meinem Mann für seine konstruktive wie vielfach unbequeme Kritik; ohne seine ideelle und praktische Hilfe hätte dieses Buch wohl nicht geschrieben werden können. Zugleich erinnere ich mich dankbar an die Jahre des Studiums und der konzeptionellen Anfänge, die Prof. Hildegard Drescher † mit unvergleichlicher Energie und Güte begleitet hat; ihr sei dieses Buch in memoriam zugeeignet.

Bielefeld, im Januar 1996                    Petra-Hildegard Wilberg

# Einleitung

## A. Das Problem: Kunst im Zwang des Historismus

Fragen zum Mythos, zum mythischen Denken in der Moderne bewegen
sich in einem Spannungsfeld, das zwischen Mythos und Wissenschaft,
Mythos und Historie über Jahrhunderte schubweise sich herausgebildet
und verstärkt hat. Dieses Spannungsfeld prägt nicht nur die thematische
Ausrichtung neuerer Fragens nach dem Mythos, sondern auch den
methodischen Zugriff. Auf dem Weg historisch kritischer Erforschung
und Analyse wird ein Gegenstand zu beleuchten versucht, der im
wesentlichen außerhalb des Kreises wissenschaftlicher Erfahrung liegt.
Der Widerspruch ist evident: Wie soll mit Hilfe wissenschaftlicher
Methoden ein Phänomen erschlossen werden, das sich diesem Instrumentarium letztlich verweigert und gleichsam nur seine kompatible
Außenseite preisgibt?

Es muß freilich gesehen werden, daß dieser Widerspruch bereits tief in
dem hier behandelten Gegenstand selbst angelegt ist. Auch Richard
Wagners theoretische Bemühungen um den Mythos sind in dieses
Spannungsfeld eingebunden. Ja dieses ist geradezu die Voraussetzung
für ein Problembewußtsein – für das Wagnersche ebenso wie für das
seiner Interpreten –, das nicht nur auf die historischen Bedingungen,
sondern darüber hinaus auf die erkenntnistheoretischen Prämissen
mythischer Weltanschauung und Daseinsgestaltung reflektiert.

Um zu verhindern, daß der Mythos als die gesuchte »andere Gestalt
des aufgeklärten… Wissens«[1] bei Wagner vom historisch-kritischen
Apparat statt entdeckt paralysiert und damit aller Erkenntnis entzogen
wird, soll wissenschaftliche Hermeneutik hier verstanden und betrieben
werden auch als ein wissendes Sich-Einlassen auf den Widerspruch wie
die Tautologie pseudowissenschaftlichen Argumentierens, das sich im

---

[1]  Georg Picht, Kunst und Mythos, 2. Aufl., Stuttgart 1987, S. 36.

Grenzgebiet der Formen wissenschaftlicher und mythischer Rationalität bewegt.

*

»...das Schwere sei«, bemerkt Richard Wagner einmal gegenüber seiner Frau Cosima, »daß man jetzt mit einer dem Mythos so entfremdeten Welt es zu tun habe«.[2]

Steht diese Äußerung auch in Zusammenhang mit seinem »Parsifal«-Projekt, so trifft sie doch eine Grundbefindlichkeit seines Wollens, Schaffens und Denkens. Sie enthält Zeitcharakteristik wie Selbsteinschätzung des reiferen Wagner und bezeichnet, genau genommen, die Situation des Wagnerschen Lebenswerks als eines Mythos nahen, Mythos gestaltenden, Mythos rechtfertigenden von den konzeptionellen Anfängen bis hin zur Rezeption heutigentags.

Das Zeitalter, welches Wagner dieserart zum Erfahrungsraum wurde, steht im Zeichen des Historismus, der Vergeschichtlichung des Wissens und Denkens sowie der Verwissenschaftlichung aller Daseinsbereiche, nicht zuletzt der Historie selbst. Historismus, gefaßt als eine »geistige Macht... von unübersehbarer Tragweite«, als ein Prinzip, das die geisteswissenschaftliche Arbeit ebenso wie das alltägliche Leben durchformt; Historismus als weltanschauliches Fundament, von dem aus die natürliche wie die gesellschaftlich-kulturelle Wirklichkeit gesehen und gedeutet wird.[3] Dies ist der Boden, aus dem das Wagnersche Denken erwächst.

Historismus aber auch verstanden als Komponente des »Phänomen[s] Wissenschaft im 19. Jahrhundert« mit ihrem »gewaltige[n] Aufstieg... zu einer das Leben und die Welt umgestaltenden Großmacht«[4]; dies bedeutet für das Gros der Zeitgenossen eine massive Überlagerung und Rückstufung aller anderen Formen geistiger Tätigkeit,[5] so der Kunst und der ihr nahestehenden Religion und Philosophie. Diese Entwicklung, die

---

[2]  CT I, 1028 v. 30. Januar 1877.
[3]  Vgl. Karl Mannheim, Historismus (1924), zit. n. Otto Gerhard Oexle, Die Geschichtswissenschaft im Zeichen des Historismus. Bemerkungen zum Standort der Geschichtsforschung, in: HZ 238, 1984, S. 18.
[4]  Vgl. Thomas Nipperdey, Deutsche Geschichte 1800-1866. Bürgerwelt und starker Staat, München 1983, S. 498 u. 484.
[5]  Vgl. Eric J. Hobsbawm, Die Blütezeit des Kapitals. Eine Kulturgeschichte der Jahre 1848-1875, München 1977, S. 311.

zur Depotenzierung der künstlerischen Aussage in ihrer daseinsorientie-
renden und wirklichkeitsverbindenden Eigenschaft zugunsten eines
technokratischen Spezialistentums führt,[6] beobachtet Wagner zunehmend mit ironisch-kritischer Distanz. In ihm findet die Wissen-
schaftsgläubigkeit seiner Zeit, zumal sie als geistige Basis auch für die
politischen, gesellschaftlichen und kulturellen Organisationsformen im
fortschreitenden Industriezeitalter fungiert, einen unerbittlichen Gegner.

Wenn dieser sich nun in seinem Aufsatz »Publikum und Popularität«
(1878) über die »Physiognomie des akademischen Wesens« mit seinen
»populären« Typen lustig macht, über den Professor und den Studenten
»mit der Kinderkappe auf einem Teile des Kopfes, in Kanonenstiefeln,
den überschwellenden Bierbauch vor sich hertreibend«, so ist seine
Polemik nicht eigentlich auf das Personal wissenschaftlicher Institutionen gemünzt, sondern auf die dort vertretene ›Weltanschauung‹. Seine
Kritik an der Herrschaft allen »Kathedertums« gilt dem wirklichen oder
vermeintlichen Anspruch auf Alleingültigkeit der Form wissenschaftlicher, sogenannter ›fortschrittlicher‹ Welterklärung. In sarkasti-
schem Ton spricht Wagner darum vom »Fortschritte der Naturwissenschaften«, mit welchem »alle Geheimnisse des Daseins« notwendig als
bloße Einbildungen entlarvt würden. Das »intuitive Erkennen« bliebe
dabei gänzlich ausgeschlossen, könnte es doch zu »metaphysischen
Allotrien« Anlaß geben.[7]

Wagners Kritik richtet sich dabei nicht auf die naturwissenschaftliche
Forschung als solche, sondern, mit Bezug auf Nietzsches damals neu
erschienenes Buch »Menschliches, Allzumenschliches«[8], auf die »allzu

---

[6]  Vgl. CT I, 533 v. 9. Juni 1872: »R. erkennt den jetzigen Zustand der Welt als einen
     trostlosen; die Professoren, die wieder Spezial-Professoren bilden, keine humane Bildung,
     die sich verbreitet… alles nur Spezialitäten.« Diese Abneigung gegen jedes fachbegrenzte
     Wissen nimmt auch und gerade den Musikerstand nicht aus. Wagner bemerkt, ihm sei
     »nichts widerlicher… als ein bloßer gelernter musiker ohne höhere allgemeine bildung«
     (Brief an Franziska von Bülow v. 19. September 1850; SB III, 419).
[7]  GSD X, 79 u. 84.
[8]  Wagner hat es wegen seinem »nichtigen Gehalt« und der »prätentiöse[n] Gewöhnlichkeit«
     abgelehnt (CT II, 124 v. 24. u. 25. Juni 1878); vgl. auch CT II, 143 v. 21. Juli 1878: »R. hat
     in der Frühe anhaltend an seinem Aufsatz und mit Vergnügen gearbeitet, er sagt, er nehme
     Nietzsche vor, aber ohne daß irgendeiner, der nicht ganz eingeweiht sei, etwas merke.«
     (Wertvolle Hinweise auf die diffizilen Zusammenhänge beider Schriften und ihre Hinter-
     gründe finden sich bei Manfred Eger, »Wenn ich Wagnern den Krieg mache…«. Der Fall
     Nietzsche und das Menschliche, Allzumenschliche, Wien 1988, S. 112-121.) Sind in der
     Polemik Wagners über diese Hinweise hinaus auch zahlreiche Bezüge und mehr oder

hastige[n] Anwendung« der naturwissenschaftlich gewonnenen Einsichten auf das philosophische Gebiet. Seine Kritik gilt jener »historischen Schule«, welche die Forschungsergebnisse des »so redliche[n], vorsichtige[n] und fast nur hypothetisch zu Werke gehende[n] Darwin« bedenkenlos übernimmt; jener »historischen Schule« nämlich, die sich zur Beurteilung »aller menschlichen und göttlichen Dinge… der archivarischen Künste nur unter Anleitung der Chemie, oder der Physik« bedient. Hier würde jede denkbare »Nötigung zu einer metaphysischen Erklärungsweise für die der rein physikalischen Erkenntnis etwa unverständlich bleibenden Erscheinungen des gesamten Weltdaseins durchaus, und zwar mit recht derbem Hohne, verworfen«.[9]

Nicht weniger lächerlich und verlogen als der Wissenschaftsbetrieb ist daher für Wagner die Wissenschaft selbst. Beide sind für ihn durch ihren Totalitätsanspruch sowie durch ihre utilitaristische Ausrichtung disqualifiziert. Neben dem »Nützlichkeits-Kreislauf unseres akademischen Staatslebens« sieht er noch einen andern, »dessen Nutzen für einen ganz idealen angesehen sein will und von dessen korrekter Ausfüllung der Akademiker uns das Heil der ganzen Welt verspricht«, und zwar dort, wo »die reine *Wissenschaft* und ihr ewiger *Fortschritt*« herrsche (den letzteren besorgten freilich »die Sektionen der Naturwissenschaft so ziemlich allein«[10]).

Nach diesen »Erfolge[n] der neueren, sogenannten ›historischen‹ Methode der Wissenschaft« zu schließen (wie sie sich einem »außerhalb der Aufklärungsmysterien Stehenden« darböten), bliebe nunmehr »das rein erkennende Subjekt, auf dem Katheder sitzend, allein als existenzberechtigt« übrig. Gerade nicht anders verhielten sich die »Lehrer« und »Schüler der ›Wissenschaft‹«, da sie »stolz auf uns Künstler, Dichter und

---

weniger offene Anspielungen auf Nietzsches Schrift unschwer auszumachen, so scheint es dennoch geboten, den Argumentationskern losgelöst von ihrer anlaßgebenden Vorlage zu betrachten und einer allgemeineren, auch bis ins Grundsätzliche gehenden Deutung zu unterziehen. Denn Wagners, in den Augen Nietzsches »bitterböse, fast rachsüchtige Seiten« (So Nietzsche an Ernst Schmeitzner im Brief vom 3. September 1878, zit. n. Eger, »Wenn ich Wagnern den Krieg mache«, a.a.O., S. 121.) erklären sich nicht allein daraus, daß der Freund Wahnfrieds und glühende Verehrer der Wagnerschen Kunst sein vormaliges Idol scheinbar unvermittelt in z.T. verletzender Weise angreift. Gründe liefern vor allem die in tiefer Kenntnis des Wagnerschen Kunstideals instinktsicher geführten, den Geist jener geschichts- und wissenschaftshörigen Zeit sicher bündelnden Argumente selbst, die Wagners Ästhetik und damit sein Selbstverständnis als Künstler an der Basis treffen.

[9]  GSD X, 83f.
[10]  GSD X, 81.

Musiker, als die Spätgeburten einer verrotteten Weltanschauungsmethode«, herabblickten.[11]

Das Problem also, um das es hier geht – unbeschadet der Adresse an jenen speziellen »Lehrer« der Wissenschaft –, betrifft Bedeutung und Stellenwert der Kunst in einer Zeit, die durch Wissenschaft und deren Auswirkungen in Technik und Industrie zur Historisierung ihres Weltverständnisses gelangt ist; zur Historisierung nicht nur der sie erfüllenden Welt, sondern auch des Verständnisses dieser Welt, der, so Wagner despektierlich, »Weltanschauungsmethode«. Diese Erfahrung, die zu einem veränderten wissenschaftlich legitimierten und historisch relativierten Wahrheitsbegriff geführt hat, nötigt Wagner zur Behandlung der Frage, ob und inwiefern der Kunst noch Geltung, noch Wahrheit zuzubilligen ist, oder ob der philosophische Anspruch auf Weltdeutung nicht vielmehr dem »neuen Welterkennungs-System«[12] zum Opfer fallen, und die Kunst damit in den Rang eines unverbindlichen Spiels absinken muß.[13] Diese Konstellation ist es, die den Theoretiker Wagner um die Jahrhundertmitte zur Vergewisserung seiner künstlerischen

---

[11] GSD X, 79 u. 84f.

[12] GSD X, 84.

[13] Bei Nietzsche heißt es hierzu: Die Künstler »sind die Verherrlicher der religiösen und philosophischen Irrthümer der Menschheit, und sie hätten dies nicht sein können ohne den Glauben an die absolute Wahrheit derselben. ... so kann jene Gattung von Kunst nie wieder aufblühen, welche... nicht nur eine kosmische, sondern auch eine metaphysische Bedeutung der Kunstobjekte voraussetzt.« Ferner: »An sich ist nun der Künstler schon ein zurückbleibendes Wesen, weil er beim Spiel stehen bleibt, welches zur Jugend und Kindheit gehört...«, denn: »Der wissenschaftliche Mensch ist die Weiterentwicklung des künstlerischen.« (Nietzsche, »Menschliches, Allzumenschliches«, in: ders., Werke. Kritische Gesamtausgabe, hg. v. Giorgio Colli u. Mazzino Montinari, Berlin 1967, IV. Abt. 2. Bd., S. 182, 151 u. 188.) Daß der leidenschaftliche Gegner des naturwissenschaftlichen Objektivismus wie des historischen Relativismus (vgl. Oexle, Die Geschichtswissenschaft im Zeichen des Historismus, a.a.O., S. 24ff.) gegen Wagner und seine Kunst ausgerechnet diese beiden Mächte, Geschichte und Wissenschaft, ins Feld führt, macht deutlich, daß Nietzsche im unterstellten Anachronismus der Wagnerschen Kunst genau das als vergangen bekämpft, was Wagner neu zu rechtfertigen sucht, nämlich den Anspruch, im Medium der Kunst Wahrheit zu bieten, die weder geschichtlich noch naturwissenschaftlich vermittelt ist. Nietzsches Schrift markiert so den Scheidepunkt zwischen seiner und der Welt Wagners, indem er, der noch zwei Jahre zuvor in seiner vierten »Unzeitgemäßen Betrachtung« über »Richard Wagner in Bayreuth« (1876) dessen Position klar erfaßt und nahezu euphorisch zustimmend wiedergegeben hat (vgl. Nietzsche, Werke, a.a.O., IV. Abt. 1. Bd., insbesondere S. 19 u. 57), nicht mehr auf »Wahrheit«, sondern auf »Wirkung« setzt (vgl. Karl Heinz Bohrer, Ästhetik und Historismus: Nietzsches Begriff des »Scheins«, in: ders., Plötzlichkeit. Zum Augenblick des ästhetischen Scheins, Frankfurt a.M. 1981, S. 111ff.) und so zum Vertreter eines an Wagner und gegen Wagner ausgerichteten Ästhetizismus wird.

Ambitionen veranlaßt, die ihn zur Darlegung und Rechtfertigung ihrer philosophischen und ästhetischen Implikationen zwingt.

Hat bereits Hegel in seinen »Vorlesungen zur Ästhetik« in den 1820er Jahren die Kunst »nach der Seite ihrer höchsten Bestimmung« – nämlich eine »Art und Weise« zu sein, »das *Göttliche*, die tiefsten Interesssen des Menschen, die umfassendsten Wahrheiten des Geistes« durch Darstellung an die Sinne »zum Bewußtsein zu bringen und auszudrücken« – als ein für uns »Vergangenes« bezeichnet,[14] so folgt dieser von Hegel inaugurierten Ablösung der Kunst durch die Philosophie ab der Mitte des Jahrhunderts die von Wagner beobachtete »Abkehr von der Philosophie im Aufstieg der Einzelwissenschaften«[15]. Ist von philosophischer Seite der Angriff gegen die Kunst bereits mit dem Argument geführt worden, daß »im Elemente des Kunstwerks« nur »ein gewisser Kreis und Stufe der Wahrheit« darstellbar sei und die Kunst nun »nicht mehr diejenige Befriedigung der geistigen Bedürfnisse« gewähre, die »frühere Zeiten und Völker in ihr gesucht und nur in ihr gefunden« hätten – »Der Gedanke und die Reflexion hat die schöne Kunst überflügelt« –,[16] so ist es jetzt die »empirische Wissenschaft«, die das »Erbe der Philosophie« auch in bezug auf die erkenntnismäßige Rückstufung der Kunst antritt. Sie nimmt jetzt für sich in Anspruch, »die Wahrheit über die Welt, ja die Wahrheit der Welt [zu] ermitteln und offenbar« zu machen.[17]

»Ja! die Kunst und die Religion sind bloß die übriggebliebenen Schwanzknochen des Affen am Menschen, der Rest einer alten Kultur!«, äußert Wagner »übermütig« anläßlich der Lektüre von Nietzsches provokanter Aphorismensammlung.[18] Und da die Kunst dem »Goliath des Erkennens« fast nur noch als »Rudiment aus einer früheren Erkennsstufe der Menschheit« erscheine, schenke ihr der Kathedergelehrte auch nur noch Beachtung, wenn sie ihm »archäologische Ausblicke zur Begründung historischer Schlußsätze« darbiete.[19]

---

[14]  Georg Wilhelm Friedrich Hegel, Vorlesungen über die Ästhetik, in: ders., Werke in zwanzig Bänden, Bd. 13, Frankfurt a.M. 1970, S. 20ff.

[15]  Nipperdey, Deutsche Geschichte a.a.O., S. 532.

[16]  Hegel, Vorlesungen über die Ästhetik, a.a.O., Bd. 13, S. 23f.

[17]  Nipperdey, Deutsche Geschichte, a.a.O., S. 532.

[18]  CT II, 126 v. 27. Juni 1878.

[19]  GSD X, 85. Wagners Rede vom »Goliath des Erkennens«, des wissenschaftlichen Erkennens, verweist freilich implizit auf den (noch) im Schatten des Riesen stehenden, vergleichsweise scheinbar unbedeutenden ›David der künstlerischen Anschauung‹, der,

Solchem Universalismus wissenschaftlicher Fragestellungen und Methoden sucht Wagner nun nicht dadurch zu entgegnen, daß er die Vorgehensweisen natur- und geschichtswissenschaftlicher Forschung pauschal als Irrwege behandelt. Ihm geht es vielmehr darum, auf ein Feld jenseits der Grenzen wissenschaftlichen Denkens hinzuweisen, welches aufzuarbeiten, und zwar in einer Weise, die mit derjenigen der Wissenschaften weniger konkurriert als korreliert, schließlich Aufgabe der Kunst sei.

Dies bedeutet aber nicht, daß Wagner dem Historismus der Zeit mit seiner zunehmend positivistischen Ausrichtung überläßt und ihm den Bereich des ›Wirklichen‹, eine Ästhetik des Phantastischen, Fiktiven, des von der sogenannten Realität losgebundenen »Scheins« gegenüberstellt. Er begreift vielmehr die durch ihre Erfolge beglaubigte Form wissenschaftlichen Denkens als die aktuelle Herausforderung, der die Kunst in bezug auf die Erkenntnis von Wirklichkeit durchaus gewachsen sei und der es darum nicht zu entfliehen, sondern konstruktiv zu begegnen gelte.

Da aber alles »fortan überhaupt nur noch auf *Erkennen*« ankäme, ein Erkennen freilich, das gleich dem Leben des Kathedergelehrten ohne »Anschauung« sei, postuliert Wagner eine andere als die »abstrakt wissenschaftliche[n] Erkenntnis«[20]. Am Beispiel der »Jungfrau von Orleans« spielt er die dichterische Anschauung Schillers (als die ex post auch wissenschaftlich bestätigte) gegen die Auffassung des (von Nietzsche beanspruchten) »große[n] Kritiker[s] Voltaire« aus: »Es muß uns trösten, daß es endlich doch noch... *zweierlei Methoden der Erkenntniswissenschaft* gibt«[21], heißt es lapidar, ohne daß hieraus Tragweite und Tragfähigkeit dieser Behauptung ablesbar wären.

Geht es Wagner darum, im Zeitalter der Verwissenschaftlichung und Vergeschichtlichung des Lebens und Denkens der Kunst ihren Platz – entsprechend neu – anzuweisen, so bildet eben dieses Denken Voraussetzung und Grundlage seiner Argumentations- und Begründungsstrategie. Insbesondere aber ist es die Verwissenschaftlichung der Historie selbst mit ihrem quellenkritisch einzulösenden Objektivitäts-, sprich Wahrheitsgebot, welche die Kontrastfolie für die konzeptionelle Veror-

---

ausgerüstet mit den Kategorien mythischen Denkens, den überheblich auftretenden Gegner überwindet.

[20]  GSD X, 84f.
[21]  GSD X, 87f.; Hervorh. v. Verf.

tung der Kunst in Gestalt des Wagnerschen Musikdramas und seiner Attribute abgibt.

Denn in der Kunst geht es nach Wagners Überzeugung gerade nicht um historische Wahrheit; in ihr verkörpert sich eine metahistorische Form der Betrachtung und Deutung von Wirklichkeit, die ihre Gegenstände dementsprechend ordnet und gestaltet. Die Historie liefert jene Gegenstände und Koordinaten, anhand derer wissenschaftliches Denken sich der Wirklichkeit bemächtigt, – oder anders ausgedrückt: Die Historie ist Gegenstand der Wissenschaft und ihrer kategorialen Voraussetzungen und damit, so die entschiedene Schlußfolgerung Wagners, prinzipiell untauglich für die Kunst.

Zu diesem Ergebnis führen ihn nicht allein seine bis ins einzelne begründeten Ansichten über das Wesen des musikalisch-dramatischen Kunstwerks, welches für ihn in Anlehnung an das attische Drama das »höchste erdenkliche Kunstwerk« überhaupt darstellt,[22] sondern auch seine umfassenden Studien historischer und historiographischer Werke, die er zeitlebens mit großer innerer Anteilnahme betrieben hat.[23]

Wagners Behauptung, daß Geschichte und Kunst ihrem Wesen nach nicht zusammengehen können – obwohl der damals auch in der Literatur, den bildenden Künsten wie in der Oper vorherrschende Historismus das Gegenteil zu belegen scheint –, resultiert gerade aus der Erfahrung der Prädominanz des Historischen, das Kunst und Kultur nicht nur überwuchert, sondern mutiert. Dagegen baut Wagner eine breit und tief angelegte Gegenposition auf, die auch nicht dadurch aufgehoben oder relativiert werden kann, daß jede Geschichtsdeutung gleichfalls metahistorischer Kategorien bedarf.

Im Zeitalter der »Autonomisierung der Historie zur Wissenschaft«, in der die Geschichtsschreibung die rhetorisch-literarische Tradition histo-

---

[22] GSD III, 11; vgl. Stefan Kunze: »...für Wagner war die Idee des Musikdramas gleichbedeutend mit dem höchsten, emphatischen Begriff vom Kunstwerk« (Richard Wagners Welt, in: Neue Zürcher Zeitung Nr. 85 v. 13./14. April 1985) und: »Wagners Begriff von Kunst fiel mit dem des Dramas zusammen.« (Über den Kunstcharakter des Wagnerschen Musikdramas, in: ders. (Hg.), Richard Wagner. Von der Oper zum Musikdrama, Bern/München 1978, S. 14.)

[23] Vgl. auch Curt von Westernhagen, Richard Wagners Dresdener Bibliothek 1842-1849, Wiesbaden 1966, Vorbemerkung, S. 12ff.

riographischer Gestaltung hinter sich gelassen hat,[24] schlägt sich der Kunsttheoretiker Wagner ganz auf die Seite der Wissenschaft, indem er der Geschichte im Namen der »historischen Wahrheit« keine andere Behandlungsweise als eben die wissenschaftliche zubilligt.

Mit dieser Präokkupation der Historie durch die Wissenschaft hat aber der Künstler und geschichtsphilosophierende Literat Wagner gerade seine Schwierigkeiten. Er beklagt die »Trockenheit« der Geschichtsschreibung, die er in der mittelalterlichen Chronistik wie in der neueren wissenschaftlichen Historiographie anmahnt. Bei beiden vermißt er vor allem eine befriedigende Erklärung für das, was dargestellt wird, eine Erklärung, die ihm letztendlich nur die Einordnung der geschilderten Ereignisse in allumfassende, metahistorische Zusammenhänge zu geben vermag.

Was also der Künstler Wagner an Geschichtsdeutung fordert, möchte der Theoretiker in ihm der Historie als Wissenschaft durchaus nicht aufgetragen wissen. Wenn sich der »wirkliche Geschichtsschreiber« bisher »mit immer größerer Vorsicht nur auf beglaubigte Dokumente, wie sie bei emsigster Nachforschung aus den verschiedenartigsten Archiven aufgefunden werden mußten«, stützte und er »nur auf Grund dieser ein geschichtliches Faktum feststellen zu dürfen« glaubte, so sei hiergegen »nicht viel zu sagen«. Allerdings hätte bei diesem Verfahren »mancher erhabene Zug, den bisher die Überlieferung unserer Begeisterung vorgeführt hatte, oft zum wahrhaften Bedauern des Geschichtsforschers selbst in den historischen Papierkorb« geworfen werden müssen.[25]

So sehr Wagner auch Geschichte als Gegenstand der Wissenschaft anspricht (und dies in dem Maße mehr, als er seine eigene Form der Geschichtsanschauung in den Zuständigkeitsbereich der Kunst zu integrieren weiß), es bleibt doch ein unaufgelöster Rest an Historiographiekritik, der ihn gar veranlaßt, in den »Lese-Plan für Fidi«, seinen damals neunjährigen Sohn, »keine deutschen Geschichtsschreiber« aufzunehmen. Als Begründung notiert Cosima unter dem 16. August 1878: »R. sagt: ›Ich habe die Reformation von Ranke gelesen, und es ist mir, als ob

---

[24] Vgl. Wolfgang Hardtwig, Die Verwissenschaftlichung der Historie und die Ästhetisierung der Darstellung, in: Formen der Geschichtsschreibung, hg. v. Reinhart Koselleck, Heinrich Lutz u. Jörn Rüsen, München 1982 (Beiträge zur Historik, Bd. 4), S. 170.
[25] GSD X, 83.

ich ein Blatt gebrauchtes Lösch-Papier vor mir gehabt, wo man so einzelne Buchstaben vor sich sieht; alles ist verwischt.‹[26]«

Es bleibt somit eine Ambivalenz in der Stellung Wagners zur Historie festzuhalten, die sich nicht auflösen läßt, da sie aus dem Zusammentreffen zweier fundamental gegensätzlicher Faktoren resultiert: der Erfahrung des Historismus mit der »für ihn typische[n] Auffassung von der Geschichte, von ihrer methodischen Erforschung und vom Bildungswert der historischen Erkenntnis«[27] einerseits und der Idee einer Kunst, die weder auf historische Inhalte noch auf historische Deutungsmuster rekurriert, andererseits. Diese Kunstauffassung, ihre umfassende Begründung und ihre vielfältige musikdramatische und literarische Umsetzung, wird zum Indiz für eine Form des Denkens, die Wagner immer wieder zu einer genuin nicht wissenschaftlichen Sicht der Geschichte (ver-)leitet, einer Sicht, die, wie zu zeigen sein wird, weitgehend mythischen Kategorien folgt.

So nimmt Wagner in seinem »Wibelungen«-Essay, ausgehend von einer kritischen Beurteilung der Sprödigkeit mittelalterlicher Chronistik, eine mythische Deutung der Geschichte vor: Er schreibt, dem Leitfaden des (hypostasierten) Geschlechts der »Wibelungen« folgend, eine »Weltgeschichte aus der Sage«. Der Analyse dieser geschichtsmythologischen Abhandlung ist der erste Teil des Buches gewidmet.

Die Forderung nach *Integration* sagengeschichtlicher und mythologischer Quellen in den Prozeß der Aufarbeitung und Darstellung von Geschichte in der »Wibelungen«-Schrift wird nachfolgend überlagert von der kunsttheoretischen Forderung nach strenger *Differenzierung* von Geschichte und ihrer wissenschaftlichen Behandlungsweise einerseits, dem Mythos, seiner Form des Denkens und ihrer »Verwirklichung« im Kunstwerk andererseits. Im ästhetischen Diskurs von »Oper und Drama«, ihm gehört der zweite Teil des Buches, werden Geschichte und Mythos dichotomisiert mit dem Ziel, das kulturhistorisch in Vergessenheit geratene Fundament der Wahrheit und Wirklichkeit aller Kunst, den Mythos, wiederzuentdecken.

---

[26]  CT II, 160f.
[27]  Jörn Rüsen, Theorien im Historismus, in: ders./Hans Süssmuth (Hg.), Theorien in der Geschichtswissenschaft, Düsseldorf 1980, S. 13.

Um der Kunst die ihr durch Historisierung verlorene Identität wiederzugeben, sucht Wagner das historische Denken seiner Zeit ins Mythische
zu überschreiten. Die vielfältigen Spuren dieses Übergangs, ihre er-
kenntnis- und wissenschaftstheoretischen Grundlagen, ihre geschichtsmythologischen und kunsttheoretischen Ausformungen, bilden den thematischen Leitfaden der Studie.

## B. Die Quellen: Kunst im Zwang der Theorie

»Ich habe mich lange innerlich gewehrt, die reflektierende Feder zur Hand zu nehmen; *mir*, dachte ich … sollte das nicht passieren; ich wollte nur *Kunst*, nicht *über* die Kunst schreiben«, bemerkt Hans Pfitzner 1915 im Vorwort zu seinem »Büchlein ›Gesammelte Schriften‹«. Denn ihm sei es oft unverständlich erschienen, »daß ein von Natur aus so produktiver Geist, ein solcher Tatenmensch wie Wagner, sich damit befassen konnte, ästhetische und gar polemische Aufsätze zu verfertigen«. Bald aber habe ihm »das Faktum der Schriftstellerei Wagners den ersten und wichtigsten Einblick in das Qualvolle seines künstlerischen Lebensganges« eröffnet.[1]

Was dieser Äußerung Pfitzners zugrunde liegt, ist die mit ihren Symptomen sich bereits ab der Mitte des 18. Jahrhunderts ankündigende elementare Erfahrung, daß die Kunst ihre Selbstverständlichkeit, mit einem Ausdruck Gadamers, ihre »ästhetische Nichtunterscheidung«[2], verloren hat, daß es zunehmend der Erläuterung, der Rechtfertigung dessen bedarf, was sich als Kunst nach Inhalt, Form und Funktion immer weniger ›von selbst‹ versteht. Die Kunst »auf der Suche nach sich selbst« bedarf der »Kunsttheorie«, die sie »begleitet und kommentiert«.[3]

In diesem Sinn erweist sich das von Pfitzner zwiespältig aufgenommene »Faktum der Schriftstellerei Wagners« als sicheres Indiz für jenen vielgestaltig wirksamen Kunst-Notstand, der die Kunst zur Reflexion über sich selber zwingt. Denn während die »Operncomponisten bis auf Mozart« offenbar noch »in vollkommenster Naivetät« geschrieben und sich »verzweifelt wenig um ästhetische Theorien« gekümmert haben, scheint die Situation um 1850, in die Wagner sich gestellt sieht, zur Lösung des »Räthsel[s] der deutschen Oper« das Zusammenwirken von »künstlerische[r] Naivetät und wissenschaftliche[r] Erkenntniß« zu verlangen.[4] Da Wagner nun gar eine einzige Gattung mit dem »Totalitätsanspruch« ausstattet, als »›Gesamtkunstwerk‹ … zugleich *das* Kunstwerk

---

[1]   Hans Pfitzner, Vom musikalischen Drama, 2. Aufl., München/Leipzig 1920, S. 7f.
[2]   Hans-Georg Gadamer, Ende der Kunst? in: Ende der Kunst – Zukunft der Kunst, hg. v. der Bayerischen Akademie der Schönen Künste, München 1985, S. 20ff.
[3]   Kunze, Der Kunstbegriff Richard Wagners, a.a.O., S. 11.
[4]   Vgl. Art. »Die moderne Oper«, in: Die Gegenwart. Eine encyclopädische Darstellung der neuesten Zeitgeschichte für alle Stände, Bd. 4, Leipzig 1850, S. 558; diese Fähigkeit wird dem 1847 verstorbenen Felix Mendelssohn Bartholdy zugeschrieben.

schlechthin und identisch mit *der* Kunst« zu sein,[5] besteht für ihn der Legitimationsbedarf nur um so dringlicher; er mag »unter allen Künstlern der Neuzeit als derjenige gelten, der am meisten Bedürfnis nach Untermauerung und Rechtfertigung durch Philosophie besaß«[6].

So wurde als Bedeutungsrahmen für die theoretischen Arbeiten Wagners bereits festgestellt: daß sie »als notwendiger Kontrapunkt der Reflexion zu den Kompositionen« gehören; daß darüber hinaus Wagners musikdramatisches Werk ohne die »kunsttheoretische Rechtfertigung und Begründung durch ihren Autor« nicht denkbar ist;[7] daß dieses Werk, »mindestens seit dem ›Ring‹, *so nicht* entstanden [wäre] ohne das theoretische Fundament der Schriften«[8]. Das Verhältnis von Theorie und Werk, die Bedeutung der Theorie für die Genese und Interpretation des künstlerischen Werks läßt sich allerdings deutlich differenzierter und präziser fassen.

Erfüllt Wagner mit seinen theoretischen Arbeiten über die Kunst »paßgenau die zeitgemäße Forderung nach vertiefender wissenschaftlicher ... Begründung« seines künstlerischen Tuns,[9] so geschieht dieses niemals so grundsätzlich und so fanatisch wie in den ersten Jahren seines Zürcher Exils. »Ich war damals ganz besessen, ich hätte nichts komponieren können, so nahm mich dies ein«, bemerkt Wagner knapp dreißig Jahre später anläßlich einer abendlichen Vorlesung aus »Oper und Drama«[10].

Mit dieser nach Inhalt und Umfang unerwartet stark angewachsenen, in sachlicher wie sprachlicher Hinsicht gleichermaßen ungewöhnlichen Abhandlung erreicht Wagner den Kulminationspunkt seines kunsttheo-

---

[5]  Kunze, Der Kunstbegriff Richard Wagners, a.a.O., S. 8.
[6]  Tibor Kneif, Wagner: eine Rekapitulation. Mythos und Geschichte im »Ring des Nibelungen«, in: Das Drama Richard Wagners als musikalisches Kunstwerk, hg. v. Carl Dahlhaus, Regensburg 1970 (Studien zur Musikgeschichte des 19. Jahrhunderts, Bd. 23), S. 218.
[7]  Klaus Kropfinger, Wagner und Beethoven. Untersuchungen zur Beethoven-Rezeption Richard Wagners, Regensburg 1975, S. 7 u. 81.
[8]  Bernhard Adamy, Kunstgespräch, Kulturkritik, Weltdeutung. Zu einer Neuausgabe von Wagners Gesammelten Schriften, in: RWBl 8, 1-2/84, S. 69.
[9]  Helmut Kirchmeyer, Aus dem Dresdner Erbe: Lohengrin-Konflikt anno 1851, in: Bayreuther Programmheft I »Lohengrin« 1987, S. 7.
[10]  CT II, 163 v. 18. August 1878.

retischen Reflektierens. In »Oper und Drama« scheinen alle Fäden seines künstlerischen Wollens sich zum gordischen Knoten der Frage nach den strukturellen wie historischen Bedingungen für sein Kunstwerk zu verdichten. Die Lösung dieses Knotens, die eben nur auf theoretischem Wege möglich wird, ist aber für Wagner ebenso beschwerlich, ja peinvoll, als sie für sein Kunstschaffen offensichtlich unverzichtbar ist.

Wie sehr Wagner unter dem Reflexionszwang gelitten, in welchem Maße auch seine stellenweise exzessiv betriebene Tätigkeit als ästhetisierender Literat geradezu traumatische Spuren hinterlassen hat, ist in seinen Briefen und Schriften vielfach dokumentiert. So wertet er seine schriftstellerischen Arbeiten retrospektiv als Zeugnisse für seine »Unfreiheit als künstlerischer Mensch«; er habe sie »nur im höchsten Zwange« verfaßt, wie er seinem Freund Röckel 1852 erklärt. »Mit der schriftstellerischen Periode ist's nun aber bei mir vorbei: es müßte mich tödten, wollte ich darin fortfahren«, ist seine definitive Antwort.[11] Gegenüber dem Sänger und Gesangspädagogen Friedrich Schmitt äußert er 1854: »Dass ich mich vor einigen Jahren ausschliesslich einmal mit quasi-theoretischem Schriftstellern befasste, hat meine Kopfnerven bis zum Wahnsinn ruinirt ...«[12]. Sechs Jahre später hält er es für unmöglich, »abermals das Labyrinth theoretischer Spekulation in rein abstrakter Form [zu] durchwandern«. Er meint sogar, an der »großen Abneigung«, die ihn »selbst nur von einer Wiederdurchlesung« seiner theoretischen Schriften abhalte, auf einen »durchaus abnormen Zustand[e]« schließen zu dürfen, in dem er jene Schriften verfaßt habe und der sich »in dem Leben eines Künstlers wohl einmal einstellen, nicht gut aber wiederholen« könne.[13]

Auch während der Planung und Ausarbeitung von »Oper und Drama« ist die Klage über die theoretisch-literarische Form seiner künstlerischen Mitteilung unüberhörbar, obschon durch die Begeisterung für den Gegenstand seines Nachdenkens und Werbens weniger merklich. »Ich bin jetzt noch tief in meiner arbeit über die oper und das drama: sie ist mir ... von der ungemeinsten wichtigkeit, und ich hoffe, sie soll auch für andere nicht unwichtig bleiben«, schreibt er am Heiligabend 1850 an Franz Liszt und endet mit dem Seufzer: »Ach, wenn nur schon frühling

---

11  Brief v. 12. September 1852; SB IV, 470.
12  Brief v. 3. Juni 1854; SB VI, 144.
13  »»Zukunftsmusik«« 1860; GSD VII, 88.

wäre, und ich endlich wieder vollblütiger dichtender musiker sein könnte!«[14].

Warum aber kann er es (noch) nicht? Warum muß er durch den Winter der Theorie hindurch, ehe für ihn sozusagen ein neuer Frühling künstlerischer Kreativität beginnen kann?

Seinem Dresdener Musikerkollegen Uhlig erklärt er im Herbst 1850, daß ihn die zu erwartende jahreszeitlich bedingte Unpäßlichkeit – »erstlich ist der winter an und für sich mein todfeind« –, außerdem »viele, nicht sehr erhebende, abhaltungen«[15] an der Komposition seines Siegfried (d.h. seiner 1848/49 gedichteten »Heldenoper« »Siegfried's Tod«) hinderten, so daß er daran denke, »diesen herbst und winter nebenbei noch etwas zu schriftstellern«[16].

Aus dem Status einer Gelegenheitsarbeit ist Wagners schriftstellerisches Projekt freilich bald herausgewachsen. Die Sache zieht ihn in ihren Bann. Wenn er gut zwei Wochen später an Liszt schreibt: » ...vieles hat mich bestimmt, mich schließlich noch *einmal* schriftstellerisch auszusprechen«, nämlich »deutlich und bestimmt über die oper als kunstgenre« und »was in ihm zu thun ist, um die in ihm verborgenen keime zur vollen blüthe zu entwickeln«, so finden nicht Umstände noch Befindlichkeit Erwähnung: es geht allein um die Sache selbst, um das »wesen des musikalischen drama's«[17].

Diesem Brief an Liszt dürfte die Lektüre des bereits erwähnten Artikels über »Die moderne Oper« in F.A. Brockhaus' »Die Gegenwart« vorausgegangen sein, der, im gleichen Jahr 1850 erschienen, für die Niederschrift von »Oper und Drama« möglicherweise als »eigentliche Initialzündung« gewirkt hat.[18] Wie Wagner sich später erinnert, habe das »gänzlich Fehlerhafte« dieser Arbeit ihn dazu gedrängt, auf die »Grundverschiedenheit« seiner »Einsicht in das Wesen dieser Dinge« zu den »üblichen Ansichten sogar recht gescheiter Leute« aufmerksam zu machen, was schließlich zur Abfassung seines Buches geführt habe.[19]

---

[14]  SB III, 487.
[15]  Verpflichtungen gegenüber dem Theater und Orchester in Zürich.
[16]  Brief v. 20. September 1850; SB III, 426f.
[17]  Brief v. 8. Oktober 1850; SB III, 439.
[18]  Klaus Kropfinger, OuD 449.
[19]  ML 472.

So erneuert sich ihm auf dem Gebiet der Kunstästhetik die Erfahrung einer grundsätzlichen Differenz zwischen seiner Vorstellung von dem »wahren Inhalte der Kunst« und wie dieser Inhalt im »Wesen der wirkungsreichsten Kunstform, in der die Musik sich der Öffentlichkeit mitteilt«,[20] Gestalt annehmen muß, um an das Paradigma der attischen Tragödie anknüpfen zu können, und der zeitgenössischen Ansicht von der ungebrochenen Autorität, ja Superiorität der Oper als Kunstgattung. Diese Differenzerfahrung erweist sich als die treibende Kraft für Wagners kunsttheoretisches Aufklärungs- und Rechtfertigungsunternehmen: »…wir *müssen* tun, was wir nicht lassen dürfen, wenn wir nicht in verächtlichem Blödsinn zugrunde gehen wollen«; die Künstler müßten »selbst Kritik … üben«, um den »Irrtum« zu überwinden, welcher der Oper als »an sich …, ganz widerspruchsvolles und unnatürliches Kunstgenre« zugrunde liege.[21]

Der (neuerliche) Griff des Künstlers zur »reflektierenden Feder« geschieht also um einer Sache willen, die Wagner offenbar nirgends so »verständig vorgearbeitet«[22] findet, daß er sich der theoretisch-literarischen Besinnung und Kundgebung hätte enthoben fühlen können.

> »Es war mir selbst oft schmerzlich und stimmte mich zur Bitterkeit, über meine Kunst schreiben zu müssen, während ich so gern von anderen dies erfahren hätte. Wenn ich mich endlich an diese Nötigung gewöhnte, weil ich begreifen lernte, warum andere das nicht sagen konnten, was gerade mir eingegeben war, so durfte es mir mit der Zeit wohl auch immer klarer werden, daß den bei meinem Kunstschaffen aufgegangenen Einsichten eine weitergehende Bedeutung innewohne, als sie etwa nur einer problematisch dünkenden künstlerischen Individualität beizulegen ist. Ich bin auf diesem Wege zu der Einsicht gekommen, es handle sich hierbei um eine *Neugeburt der Kunst* selbst, die wir jetzt nur als einen Schatten der eigentlichen Kunst kennen, welche dem wirklichen Leben völlig abhanden gekommen, und dort nur noch in dürftigen populären Überresten aufzufinden ist.«[23]

Wagner schreibt um der Idee einer Kunst willen, die allgemein weder als solche befürwortet oder wenigstens doch erkannt wird, noch gar im »wirklichen Leben«, das sie doch bis in die kategorialen Tiefen des Daseinsverständnisses zu durchdringen beansprucht, verwertbare Spuren hinterlassen hat. Es ist der historisch diagnostizierte Begründungs-

---

20  Einleitung zu »Oper und Drama«; GSD III, 230.
21  Ebenda, S. 226ff.
22  ML 472.
23  Vorwort zu den »Gesammelten Schriften« 1871; GSD I, S. VI; Hervorh. v. Verf.

und Rechtfertigungsbedarf von Kunst überhaupt, der sich hinsichtlich der Widerständigkeit und Widersprüchlichkeit von Kunst und Wirklichkeit als Flucht ins theoretische Exil äußert.

In welch »qualvollem Zustande«, in welchem »Krampfe« des Theoretisierens er sich da auch befindet, zur »normalen Ausübung« seiner künstlerischen Fähigkeiten kommt es erst, nachdem die »Nötigung zu anhaltender Reflexion« abgegolten ist.[24] Sie, die nicht zuletzt aus dem von Wagner abgründig durchlittenen Widerspruch von Kunstidee und Kunstwirklichkeit im zeitgenössischen Theaterwesen resultiert – die »Tendenzen des Dichters« und die des Theaters seien »von Grund aus vollkommen divergierend« –, diese Nötigung bringt den Künstler schließlich dazu, sich eines ihm durchaus fremden »Kunstorganes«, der »Kritik«, zu bedienen.[25]

Sei die Absicht der Kunst auf Synthese und Integration gerichtet, so diejenige der Kritik auf Differenzierung und Distanzierung. Wagner hält letztere daher grundsätzlich für unkünstlerisch, ja antikünstlerisch. An dem »vollen Erfülltsein von dem Wesen der Kunst muß es der Kritik … ewig gebrechen; sie kann nie ganz bei ihrem Gegenstande sein, mit einer vollen Hälfte muß sie sich immer abwenden, und zwar mit der Hälfte, die ihr eigenes Wesen ist«[26].

Obwohl Wagner hier also ein kunstfremdes, im Kern sogar kunstfeindliches Medium zu erkennen glaubt, stellt er die Forderung, daß »wir jetzt alle Hand an die Kritik zu legen« haben.[27] Sie bleibt für ihn freilich immer eine aus der »Not des Künstlers« geborene Ersatzhandlung. Im Medium der ästhetischen Schrift will er wenigstens »theoretisch« aussprechen, was, wie er sagt, »durch unmittelbare künstlerische Produktion unfehlbar überzeugend mitzuteilen mir unter dem … Mißverhältnisse meiner künstlerischen Tendenzen zu den Tendenzen unserer öffentlichen Kunst, namentlich des Operntheaters, verwehrt« blieb.[28] In diesem Sinne treffend ist Nietzsches Bild vom Schriftsteller Wagner als

---

[24] GSD VII, 113 u. 88.
[25] Ebenda, S. 89.
[26] GSD III, 227; vgl. auch Wagners Tagebucheintragung v. 21. September 1870 über den »Journalismus« (BB 214).
[27] Ebenda.
[28] GSD VII, 89 u. 113. Das Operntheater hält er für das »bedenklichste und zweideutigste öffentliche Kunstinstitut« seiner Zeit, zu dessen Veränderung er seine auch politisch radikalen Forderungen formuliert.

dem »tapfern Menschen, dem man die rechte Hand zerschlagen hat und der mit der linken ficht«, der unter seinem Literatentum leidet, »weil er der rechten Mittheilung auf seine Weise, in Gestalt eines leuchtenden und siegreichen Beispiels, durch eine zeitweilig unüberwindliche Nothwendigkeit beraubt ist«[29].

Diese »zeitweilig unüberwindliche Nothwendigkeit« abzutragen, und zwar überall da, wo sie sich in bezug auf das Kunstwerk behindernd oder verhindernd auswirkt, ist der eigentliche Sinn von Wagners kunsttheoretischer Arbeit. Worauf das zwangsläufige »Innehalten auf der Bahn des ... künstlerischen Produzierens«[30] unweigerlich hinleitete, hier geht es um Klärung sowohl der produktions- wie der rezeptionsästhetischen Bedingungen; es geht sowohl um Selbstverständigung, um Selbstvergewisserung im Hinblick auf das kunst- und kulturhistorische Projekt als auch um Mitteilung, Vermittlung der einschlägigen Ideen ästhetischer und (kultur-)politischer Art. Wenn Wagner später mit Bezug auf die sporadisch begonnene Komposition von »Siegfrieds Tod« vermerkt: » ...eine Partitur nur für das Papier zu schreiben, entmutigte mich stets von neuem ...«[31], so darf dieses Argument der Einklage fehlender kulturhistorischer Voraussetzungen nicht isoliert betrachtet werden. Es gehört vielmehr zum Komplex der Bedingungen jenes vielschichtigen Unternehmens, das die Rechtfertigung des Künstlers vor dem eigenen kunst- und kulturgeschichtlichen Wissen und Gewissen leistet. Zeitgleiche Äußerungen spiegeln dies verschiedentlich wider, so ein Brief an seinen Freund Uhlig, in dem Aufklärung als Element der Selbstaufklärung auftritt:

> »Unbedingt nothwendig ist es mir aber diese arbeiten zu machen und in die welt zu schicken ehe ich in meinem unmittelbaren künstlerischen produziren fortfahre: ich muß mir selbst, und diejenigen, die sich für mein künstlerisches wesen interessieren, müssen mit mir sich einmal zu einer präzisen verständigung herbeilassen, sonst tappen wir alle zusammen ewig in einem widerlichen helldunkel herum, das schlimmer ist als die absolute, bornirte nacht, in der man gar nichts sieht und nur an der altgewohnten geländerhandhabe sich frommgläubig weiterkrampt.«[32]

[29]  Nietzsche, Vierte Unzeitgemäße Betrachtung. Richard Wagner in Bayreuth (1875/76), in: ders., Werke, a.a.O., IV. Abt. 1. Bd., S. 73.
[30]  GSD VII, 89.
[31]  ML 472.
[32]  Brief v. 16. September 1849; SB III, 123.

Dasselbe Anliegen, das Wagner hier in bezug auf seine Schriften »Die Kunst und die Revolution« (Juli 1849) und »Das Kunstwerk der Zukunft« (Sept./Okt. 1849) sowie eine projektierte, später aber nicht ausgeführte »dritte schrift: die künstlerschaft der zukunft«[33] zum Ausdruck bringt, bestimmt nachfolgend seine Bemühungen um die Niederschrift von »Oper und Drama«. Wieder an Uhlig schreibt er:

> »Du glaubst nicht, welche undenkliche mühe ich mir jetzt … gebe, bei allen denen, die nur erst halb verstehen, das ganze verständniß hervorzurufen: ja, selbst meine feinde, die noch gar nicht verstehen oder verstehen wollen, möchte ich zum verständniß bringen: – und endlich freue ich mich doch nur darüber, selbst immer mehr zum verständniß zu kommen.«[34]

Welche Bedeutung dem Prozeß der Wagnerschen Selbstaufklärung zukommt, wird sichtbar, wenn dieser nicht lediglich als eine Bereicherung des historischästhetischen Erfahrungsschatzes gewertet, sondern als eine Bedingung sine qua non seines produktiven Künstlertums begriffen wird.

> »Ich habe jetzt wieder viel stoff zum nachdenken gehabt, – leider zum nachdenken! jetzt bin ich nun aber einmal auf dem standpunkte angekommen, wo ich nicht mehr zurück kann: ich *muß* vollends *ausdenken*, ehe ich wieder naiver, ganz zuversichtlicher künstler werde: ich werde es wieder sein, und denke mit freude daran, dann den reichsten vortheil daraus zu ziehen.«[35]

Mit diesem Vorgehen entspricht Wagner genau jener zeitgenössischen Forderung, die besagt: »Man muß entweder mehr nachdenken über das Wesen der Oper … oder gar nicht« (letzteres sei lediglich den immer noch im »glücklichen Stande der Unschuld« lebenden »meisten italienischen Opernsetzer[n]« möglich).[36] Er hat sich »alles dämmernde … zum bewußtsein zu bringen« und die ihm »nothwendig … aufgestiegene reflexion durch sie selbst – durch innigstes eingehen auf ihren gegenstand – zu bewältigen«. So nur glaubt er sich für die Wiederaufnahme seiner kunstschöpferischen Tätigkeit gerüstet, so nur in der Lage, sich »mit klarem heiteren bewußtsein wieder in das schöne unbewußtsein des kunstschaffen's zu werfen«.[37]

---

33  Ebenda; vgl. die Entwürfe in SSD XII, 254ff.
34  Brief v. 12. Dezember 1850; SB III, 477.
35  Brief an Liszt v. 2. Oktober 1850; SB III, 431.
36  Art. »Die moderne Oper«, in: Die Gegenwart, a.a.O., S. 558.
37  Brief an Liszt v. 25. November 1850; SB III, 467.

Ziel des Reflexionsprozesses ist für Wagner also nicht das positiv erarbeitete Wissen, sondern umgekehrt gleichsam das Vergessenkönnen jeglicher Theorie, jeglicher Bedenklichkeit, jeglicher Form von reflexiver Rückversicherung. Das heißt, mit seiner Kritik zielt er nicht auf den Erwerb von Kenntnissen, sondern auf die Freisetzung von Kreativität. Er bedarf der Reflexion, um sich des historisch aufgestauten Ballastes zu entledigen, der ihn am produktiven Fortkommen hindert. So sucht er Mittel und Wege der ästhetischen Reflexion, die ihm erlauben, »ohne irgend welche last frei und leicht in eine neue welt« künstlerisch-produktiven Wirkens einzutreten, und zwar mit »nichts« als einem »frohen[s] künstlerischen[s] Gewissen«[38].

Daß es für den Künstler nötig und möglich werden soll, verlorene Naivität über Reflexion, verlorene Selbstverständlichkeit über Theorie aufzusuchen und kunstschöpferischem Tun durch Kritik aufzuhelfen, erscheint paradox und zumal für den Rezensenten, dem das Musikdrama selber nur erst als Prophezeiung – buchstäblich als »Kunstwerk der Zukunft« – bekannt ist, wenig überzeugend. Demgemäß urteilt Julian Schmidt in seiner Besprechung von »Oper und Drama« 1852, daß bei Wagner »wenigstens im Ganzen genommen die Reflexion die Unmittelbarkeit« überwiege – eine Einschätzung, die bis heute im Vorwurf der Künstlichkeit und des Pseudo-Mythos präsent ist[39] –, was »zwar nicht als ein unübersteigliches Hinderniß, aber doch gewiß als kein günstiges Moment für seine künstlerische Thätigkeit« zu betrachten sei.[40]

Dieser Paradoxie, wonach die »Unbedenklichkeit des Künstlers beim Produzieren« an eine »vorhergehende Periode der Reflexion« gebunden, die »Selbständigkeit« und »Sicherheit« seines schöpferischen Tuns möglicherweise »allein durch strenge Übung« historisch-ästhetischer Gedankenarbeit gewährleistet sei,[41] dieser Paradoxie sucht Wagner dadurch zu entkommen, daß er die Theorie (wie in geschichtsphilosophischer Anwendung die Wissenschaft überhaupt[42]) lediglich als Durch-

---

38 Ebenda.
39 Vgl. zuletzt Udo Bermbach, Der Wahn des Gesamtkunstwerks. Richard Wagners politisch-ästhetische Utopie, Frankfurt a.M. 1994, u. Manfred Frank, »Weltgeschichte aus der Sage«, in: Bayreuther Festspiele 1994.
40 [Julian Schmidt,] Das Verhältniß der Oper zum Drama, in: Die Grenzboten. Zeitschrift für Poltik und Literatur, Berlin 11/1, 1852, S. 82.
41 GSD VII, 119.
42 Vgl. »Das Kunstwerk der Zukunft«, GSD III, 46; hier erläutert Wagner seine Vorstellung von der »Erlösung des Denkens, der Wissenschaft, in das Kunstwerk«.

gangsstadium begreift. Ästhetische Reflexion als Kritik, gründlich betrieben, hebt sich nach Wagner selber auf. »Kritik«, so meint er, erfülle sich darin, daß sie ihrem Selbstverständnis zufolge »Irrtum« bricht und »auf den Grund der Erscheinungen« vorstößt. Das wäre das Ende der vollendeten Kritik angesichts der wahren Kunst. Um diesem Ende vorzubeugen – »um ihres Lebens willen« – betätige sich die Kunstkritik in dauerndem Selbstwiderspruch jedoch nur halbherzig; sie verweigere die Erkenntnis und bewege sich zur »ewigen *Unterhaltung* des Irrtums« ganz vorsichtig nur an der »Oberfläche der Erscheinung«, diese mit »›Doch‹ und ›Aber‹« kommentierend.[43] Wo das Mittel zum Zweck, die Kritik zum Selbstzweck wird, d.h. wo die ästhetische Reflexion nicht unmittelbar dem Kunstwerk und seiner konzeptionellen wie kommunikativen Verwirklichung dient, verfällt sie bei Wagner dem Verdikt der Nutzlosigkeit und des Destruktivismus.

Der Kritik wird hier also die Funktion zugewiesen, das im Bann der Rechenschaftspflicht stehende Künstlertum zu befreien, freizuschreiben. Durch sie soll es wieder möglich sein, »und zwar erst wirklich, Künstler zu werden«, d.h. »unbekümmert um alle ästhetische Definition« sich der Begeisterung hinzugeben.[44] Wagner berichtet, solches sei ihm bei der Niederschrift des »Tristan« (sie setzt etwa sieben Jahre nach seiner Reflexionsperiode ein) widerfahren. Er habe alle Theorie vollständig vergessen und sich »mit der vollsten Freiheit und mit der gänzlichsten Rücksichtslosigkeit gegen jedes theoretische Bedenken« bewegt – und sein »System« weit überflügelt.[45]

Angesichts des gesamtkünstlerischen Resultats erscheint es nahezu zwingend, die Bedeutung der ästhetischen Grundsatzarbeiten Wagners vorrangig in ihrer wegbereitenden Funktion auf das Kunstwerk hin zu sehen. Denn zweifellos gelang ihm knapp zwei Jahre nach Abschluß von »Oper und Drama« die Vollendung der »Ring«-Dichtung und ein weiteres Jahr später der energische Einstieg in die Komposition.

Wie steht es aber mit der Wirkung dieser schriftstellerischen Arbeiten nach außen? – Gewiß erregen die Züricher ästhetischen Schriften bei ihrem Erscheinen in der europäischen Kunstszene großes Aufsehen,[46]

---

43 GSD III, 226f.
44 Ebenda, S. 227.
45 GSD VII, 119.
46 Vgl. Hans Erismann, Richard Wagner in Zürich, Zürich 1987, S. 60.

doch sicher nicht in einem von Wagner intendierten Sinn. Hat dieser »sehr bald die fehlgehende Wirkung seiner ersten Züricher Kunstschriften zu beklagen«, so trifft »Oper und Drama«, Wagners unmittelbar nachfolgende, umfänglichste kunsttheoretische Abhandlung, bereits auf eine »vorurteilsbestimmte Aufnahme«. Die Rezeption seiner schwierigsten Kunstschrift verläuft »stockend und fragmentarisch«; sie ist im Grundtenor skeptisch und zeigt bekanntlich nicht selten unverhüllte, z.T. zynische Ablehnung.[47] Wagners einschlägige Erfahrungen, seine kunsttheoretischen Arbeiten, so Uhlig, »immer nur von Faselhänsen in oberflächlichster Weise besprochen« zu sehen,[48] verdichten sich zu der schmerzlich-resignativen Einsicht, trotz aller Anstrengungen, »genau und ausführlich« zu sein,[49] am Ende unverstanden zu bleiben.[50] An Uhlig schreibt er in diesem Sinn:

> »Sag' mir, ist unter allen stimmen, die sich bis jetzt darüber erhoben, nur ein mensch, von dem man ersehen könnte, daß er irgendwie fähig wäre zu begreifen, um was es sich hier handelt? Wahrlich, meine meinung von unsrem kunstliteratenthum war schlecht, aber solch gränzenloses elend hätt' ich mir nicht vermuthet!«[51]

Ein Jahr später zieht er gegenüber Röckel Bilanz:

> »Mir wäre es nicht möglich mehr, ein Wort zu schriftstellern, so widert mich das trostlose Mißverständniß meiner Schriften an, nachdem der Kern meines Wesens und meiner Anschauungen fast gänzlich unbegriffen geblieben ist.«[52]

Dementsprechend groß ist seine Abneigung, an einen Wiedereintritt in seine »literatenrolle«[53] zu denken. »Was quälst Du mich mit Deiner verfl. Gesangsschule!«, erklärt er seinem Jugendfreund Friedrich Schmitt mit Bezug auf dessen »Große Gesangschule für Deutschland«[54]:

---

[47]  Kropfinger, OuD 495 u. 497.
[48]  Theodor Uhlig, Ein kleiner Protest in Sachen Wagner's, in: Neue Zeitschrift f. Musik, 36, 1852, S. 277.
[49]  Brief an Uhlig v. 12. Dezember 1850; SB III, 477.
[50]  Eine spätere, Wagner jedenfalls bemerkenswert erscheinende Ausnahme bildet der ihm gewidmete biographische Artikel von Robert Musiol in Julius Schuberth's Musikalischem Conversations-Lexicon (10. Aufl., Leipzig 1877), der speziell hinsichtlich »Oper und Drama« in Wahnfried mehrfach lobend Erwähnung findet; vgl. CT II, 169f. u. 290 v. 6. September 1878 u. 13. Januar 1879.
[51]  Brief an Uhlig v. 6. o. 7. Mai 1852; SB IV, 356.
[52]  Brief an Röckel v. 8. Juni 1853, in: Richard Wagner, Briefe an August Röckel, Leipzig 1894, S. 19.
[53]  Ebenda, S. 355.
[54]  München 1854, in 2. Aufl. Leipzig 1864; bereits 1853 erscheint dessen 51seitige »Einleitung zur großen Gesangschule für Deutschland«.

» …*ich verstehe nichts davon,* wie überhaupt nichts von Theorie. [ …] Gott, was gäbe *Brendel* in Leipzig drum, wenn ich ihm jetzt einmal eine Kleinigkeit für seine Zeitschrift besorgte: ich kann's nicht, und thu's nicht, und wenn es mich Gott weiss was kosten sollte.«[55]

Der Widerwille gegen eine Fortführung des ästhetischen Diskurses wird auch durch die Anfrage Abramo Basevis, den Begründer der 1856 erstmals erschienenen Florentiner Zeitschrift »L'Armonia«, nicht gemildert. Vergeblich versuchte dieser, Wagner für eine schriftstellerische Mitarbeit zu gewinnen:

> »Auch bin ich der theoretischen Kontroversen, hervorgerufen durch meine Schriften, die vom Pöbel unserer Musikautoren sehr schlecht verstanden werden, so müde, daß nichts in der Welt mich veranlassen könnte, sie durch irgendeine Bemerkung wiederaufzunehmen. –«[56]

Aufgrund dieser niederdrückenden Erfahrung sieht Wagner seine kunsttheoretischen Schriften rückblickend fast ausschließlich als Medium der Selbstverständigung. Er bezeichnet zehn Jahre nach Beendigung von »Oper und Drama« seine »bis in das feinste Detail gehenden Darlegungen« als »intime Meditationen«, die, wie er sagt, »mehr für mich selbst Interesse haben konnten, als sie jetzt und in Zukunft für andere es haben können«[57]. Weitere acht Jahre später bemerkt er in der Widmung der zweiten Auflage von »Oper und Drama« an Konstantin Frantz, daß diese seine »schriftstellerische[n] Arbeit … ihrer Natur nach eigentlich für gar kein Publikum bestimmt sein konnte«. Es sei vielmehr aus allen seinen »über dieses sonderbare Buch gemachten Erfahrungen« hervorgegangen, daß dessen »Veröffentlichung völlig unnütz« gewesen sei, ihm »nur Verdrießlichkeiten zugezogen und niemand eine erquickliche Belehrung verschafft« habe.[58] »Das sind Studien, Forschungen, die man für sich macht, die man aber nicht veröffentlichen sollte«, äußert er noch 1882, kurz vor Beginn der ersten Bayreuther »Parsifal«-Proben.[59]

Welche Relevanz den ästhetischen Schriften Wagners über den kreativen Schaffensprozeß ihres Autors hinaus zukommen könnte, deutet Nietzsche in einer sensiblen Verhältnisbestimmung von Kunsttheorie und Kunstwerk bei Wagner an:

---

[55]  Brief v. 3. Juni 1854; SB VI, 143f.; gemeint ist die »Neue Zeitschrift für Musik«.
[56]  Brief v. 30. März 1856 (in einer Übersetzung aus dem Französischen); SB VII, 369f.
[57]  GSD VII, 101.
[58]  GSD VIII, 195f.
[59]  CT II, 953 v. 4. Juni 1882.

»Es sind Versuche den Instinkt zu begreifen, welcher ihn zu seinen Werken trieb, und gleichsam sich selber in's Auge zu sehen; hat er es erst erreicht, seinen Instinkt in Erkenntniß umzuwandeln, so hofft er, daß in den Seelen seiner Leser der umgekehrte Proceß sich einstellen werde …«.[60]

Hierauf hofft Wagner freilich vergebens, und zwar aus Gründen, die ihm selbst fortan nur allzu deutlich werden. Denn wenn es ihm auch gelingt, sich »theoretisch Rechenschaft« über sein »Verfahren« zu geben[61] und, mit Nietzsche zu sprechen, »seinen Instinkt in Erkenntniß umzuwandeln«, so weit umzuwandeln, wie es ihm für die Fortführung seiner schöpferischen Tätigkeit erforderlich scheint, so kann dieser Umwandlungsprozeß nur darum erfolgreich sein, weil Wagners künstlerischer Anschauung der Gegenstand seines Nachdenkens und seiner Rede stets über das Maß des konkret Gesagten – und begriffssprachlich Sagbaren – hinaus präsent ist. Seine Form der Anschauung umgreift ihren Gegenstand auch dann zur Gänze, wenn der abstrahierende und differenzierende Zugriff der Begriffssprache nur Oberflächliches zu vermitteln erlaubt und die wesenhaften Strukturen – unbegriffen – im Verborgenen bleiben.

Für den Rezipienten freilich, der von Wagners kunsttheoretischen Schriften ausgeht, müssen sich nahezu unüberwindliche Schwierigkeiten ergeben, die Grenze vom Bezeichneten zum Unbezeichneten hin zu überschreiten. Und geht man einmal davon aus, daß die Rückverwandlung von theoretischem Wissen in künstlerische Anschauung im Grunde von vornherein ausgeschlossen ist, wie soll dann Wagners Anliegen durch Vermittlung der Schriften überhaupt verstehbar gemacht werden können? – Wie Wagner ob seines einstigen Aufklärungsenthusiasmus selbstzweifelnd meint, würde sein theoretisches Werk »doch wohl etwa nur von dem verstanden …, der mit ihm schon die gleiche künstlerische Anschauung teilt«[62].

Diesen Gedanken führt er bis ins Grundsätzliche fort und gelangt zu der für das Verständnis seiner Form des Denkens ebenso aufschlußreichen wie entscheidenden Erkenntnis, daß »wir uns nichts durch Begriffe aneignen, was wir nicht zuvor angeschaut« haben: die Anschauung, die für das Kunstwerk, seine kreative Hervorbringung wie seine rezeptive

---

[60] Nietzsche, Richard Wagner in Bayreuth, in: ders., Werke, a.a.O., IV. Abt. 1. Bd., S. 73.
[61] GSD VII, 118.
[62] GSD VII, 113.

Aneignung, bestimmend ist, geht allem Begriffsverständnis voraus und füllt dieses erst mit Inhalt. Bedarf also die Begriffssprache eo ipso der Vermittlung durch die Anschauung, wie sollte da »ein Mensch, dem dieß deutlich geworden«, kommentiert Wagner, »zumal wenn er sich so wenig Philosoph fühlt wie ich, Lust empfinden …, sich als Dialektiker bloß zu stellen«. Die frühe Ahnung verfestigt sich zur Erkenntnis in dem Satz: »Ich kann nur in Kunstwerken sprechen«.[63]

Weiß Wagner aufgrund seiner Erfahrungen als theoretisierender Künstler demgemäß »nicht so recht«, wie er es noch »anstellen« soll, sich »deutlich zu Problemen auszudrücken, die letztendlich nur durch die Tatsache des Kunstwerkes selbst gelöst werden« könnten,[64] so ist dieser Ratlosigkeit schwerlich zu begegnen. Das Dilemma, in das er sich mit dem Versuch der theoretischliterarischen Behandlung der Belange seines Kunstwerks begeben hat, zeigt keinen Ausweg. Es spaltet sich vielmehr auf in mehrere Schichten, wovon die Rezeptionsgeschichte seiner Kunstschriften und ihre Rückwirkung nur deren äußerste abgibt. Die Basis aber befindet sich dort, wo die Kluft zwischen Intention und Realisation im Vorgang des Theoretisierens selber erfahren wird. Dort, wo Wagner sich gezwungen sieht, das ihm »in der künstlerischen Anschauung und Produktion … unmittelbar gewiß und zweifellos Gewordene … als ein theoretisches Problem zu behandeln«, um dieses, wie er sagt, auch seinem »reflektierenden Bewußtsein ganz klar zu machen«, eröffnet sich ein ebenso peinigender wie unlöslicher Zwiespalt: von der »künstlerischen Natur« wird verlangt, ein, »seinem gewöhnlichen durchaus entgegengesetztes, *Denkverfahren*« anzuwenden,[65] das in der Konsequenz gar zur Aufhebung der Kunst selber führe.[66]

Wenn also Pfitzner im »Faktum der Schriftstellerei Wagners« das »Qualvolle seines künstlerischen Lebensganges« beschlossen sieht, so hat er hierin ganz offensichtlich nicht übertrieben. Wagners Schriften spiegeln dieses Qualvolle mannigfach wider; es liegt, mit Nietzsche zu sprechen, »als eine Art von Widerwilligkeit des Schreibenden … wie ein Schatten auf ihnen«[67].

---

[63]  Brief an Röckel v. 23. August 1856; Briefe an August Röckel, a.a.O., S. 69. Vgl. auch aus den Aphorismen zu Wagners Spätschriften SSD XII, 339.
[64]  Brief an Basevi v. 30. März 1856; SB VII, 370.
[65]  GSD VII, 113; Hervorh. v. Verf.
[66]  Vgl. GSD IX, 161.
[67]  Nietzsche, Richard Wagner in Bayreuth, in: ders., Werke, a.a.O., IV. Abt. 1. Bd., S. 74.

Daß seine Kunstschriften »nicht eigentlich Werke eines geborenen Schriftstellers,[68] sondern nebenbei, aus Not, entstanden« sind, meint der professionierte wie passionierte Schriftsteller Thomas Mann daran zu erkennen, daß ihnen etwas »schwer Lesbares, zugleich Verschwommenes und Steifes« zugehöre.[69] Der Germanist Peter Wapnewski, mit seiner Kritik forscher und direkter zu Werke gehend, bezichtigt Wagners theoretische Schriften überdies der »schlagseitigen, nicht ausgetrimmten Syntax« und einer »gespreizten Kanzleidiktion«[70]. Die »oft nur schwer aus ihren verkrampften Wortlauten und Satzgängen zu erlösenden« theoretischen Abhandlungen, so Wapnewski,[71] enttäuschen den Historiker Theodor Schieder wiederum durch ihren »schwerfälligen Gedankengang« sowie durch ihre »Weitschweifigkeit und ihren Akademismus«[72].

Auch bereits Wagners Freund und Kollege am Dresdener Theater, der Schauspieler und Regisseur Eduard Devrient, moniert die allzu ausführliche und genaue Darstellungsweise in »Oper und Drama«. Notiert er zum 31. Mai 1852 noch in sein Tagebuch: »Richard Wagners ›Oper und Drama‹ angefangen. Ein genialer Kerl!«, so heißt es unter dem 5. Juni:

> »Fortgelesen. Der gute Wagner wird mir sauer. Er schenkt dem Leser nichts von all seiner vermittelnden Gedankenarbeit. Wir wollen Resultate, er will aber, daß wir auch sehen, wie mühsam er sie gefunden hat.«[73]

Die Kritik an Wagners theoretischen Schriften versammelt sich, grob zusammengefaßt, um die beiden Brennpunkte einer syntaktisch wie semantisch ausfernden *Undeutlichkeit* einerseits, *Unbeweglichkeit* andererseits. Es wird moniert, daß die begehrten Informationswerte auf sich warten lassen oder gar auf der Strecke der »vermittelnden Gedankenarbeit« bleiben, so auch vom zeitgenössischen Kritiker Julian Schmidt:

> »Man wird zuweilen durch einen treffenden Einfall überrascht, dann wird dieser Einfall zu einigen schwülstigen Bildern, die nichts Bestimmtes sagen, ausgemalt; man windet sich ungeduldig durch die Fülle dieser Bilder durch,

68  Wagner weist diesen Titel auch ausdrücklich zurück; vgl. CT II, 575f. v. 22. Juli 1880.
69  Thomas Mann, Leiden und Größe Richard Wagners (1933), in: ders., Wagner und unsere Zeit. Aufsätze. Betrachtungen. Briefe, Frankfurt a.M. 1963, S. 77.
70  Peter Wapnewski, Der traurige Gott, München 1978, S. 26.
71  Ders., Tristan der Held Richard Wagners, Berlin 1981, S. 24.
72  Theodor Schieder, Richard Wagner. Das Reich und die Deutschen. Aus den Tagebüchern Cosima Wagners, in: HZ 227, 1978, S. 574 u. 589.
73  Eduard Devrient, Aus seinen Tagebüchern, hg. v. Rolf Kabel, 2 Bde., Weimar 1964, Bd. 1 (Berlin-Dresden 1836-1852), S. 592.

und hofft, es müsse doch endlich kommen, da plötzlich wird abgebrochen, es kommt ein neuer Einfall, neue Bilder, auch wol[!] Wiederholungen des alten, oder politische Seitenhiebe, aber von einer folgerichtigen Entwickelung ist keine Rede.«[74]

Was hier an Wagners ästhetischen Ausführungen einprägsam schildernd reklamiert wird, sind nicht allein die Devrientschen »Resultate« und eine diese »folgerichtig« aus sich entlassende Argumentationslinie. Im Stil seiner Prosa wird überhaupt eine nach Ansicht des Rezensenten unmäßige Verwendung von »Bildern« gerügt: Wagner redet »blos noch in Bildern, die nichts Bestimmtes« sagen, und gebraucht »die technischen Ausdrücke nicht in ihrem hergebrachten Sinn, sondern in einem ganz neuen, überschwenglichen«[75].

Wagners Sprachgebrauch scheint hier bereits dem Verdikt der »Ungenauigkeit der Metapher« zu verfallen, die durch die »rigorose[n] Selbstverschärfung der theoretischen Sprache« in Verruf kommt. Es bestätigt sich die von Blumenberg diagnostizierte »Heimatlosigkeit der Metapher in einer durch disziplinierte Erfahrung bestimmten Welt«. Auf der sprachstilistischen Ebene wird die Metapher zum Indiz: an ihr wird jenes »Unbehagen faßbar, dem alles begegnet, was dem Standard der auf objektive Eindeutigkeit tendierenden Sprache nicht genügt«.[76]

Das Gebot objektiver Eindeutigkeit in der Sprachverwendung, Signum der wissenschaftlich-technischen Welt und ihres Denkens, verletzt Wagner vielfach. Bei seinem »fortwährenden Abspringen, seiner Bildersprache und seinem bald excentrischen, bald limitirten Ausdruck« wisse man »niemals recht, ob nicht in einem Satz das Gegentheil von dem kommen wird, was er vorher gesagt hat«. Nach Julian Schmidts wenig schonungsvollem Urteil hat dies zur Folge, daß das unweigerlich zum Widerspruch führende »Uebermaß theoretischer Verallgemeinerung« den »Nutzen«, den Wagners Erörterungen haben könnten, vollständig aufhebt. Durch »falsche Verallgemeinerung«, die jeder »concrete[n] Erscheinung« zuwiderläuft, in der Sprache; durch »vollständiges Abbrechen mit den realen Bedingungen« in der Sache, würde »eben Nichts erreicht, als zuerst eine fliegende Hitze und dann eine sehr unerquickliche Ernüchterung«.[77]

---

[74] [Julian Schmidt,] Das Verhältniß der Oper zum Drama, a.a.O., S. 86.
[75] Ebenda, S. 94.
[76] Hans Blumenberg, Schiffbruch mit Zuschauer. Paradigma einer Daseinsmetapher, Frankfurt a.M. 1979, S. 80 u. 83.
[77] [Julian Schmidt,] Das Verhältniß der Oper zum Drama, a.a.O., S. 94 u. 83.

Wagners theoretisches Sprachverhalten wird demzufolge jede auf »objektive Eindeutigkeit«, auf konkrete »Resultate« eingestellte Erwartungshaltung unterlaufen; ja seine gegenstandsübergreifenden, sichtlich realitätsfernen Generalisierungen scheinen jene Auffassung zu stützen, die in seinem »Denk- und Deutungshabitus« den des »synkretistischen Grüblers« zu erkennen glaubt.[78]

Gewiß, Wagners virtuoser Assoziationsfreudigkeit scheint nichts zu verknüpfen unmöglich oder unerlaubt. Innerhalb seines Gedankenkreises scheint alles mit allem in eine – näher zu beobachtende – Art von Beziehung treten zu können: das Fernste und das Naheliegendste; Vergangenes, Gegenwärtiges und Zukünftiges; Virtuelles und Reales, Poetisches und Politisches, Historisches und Mythisches. So geschieht es denn, wie Devrient über ein Gespräch mit Wagner zum Thema Theaterreform reichlich unbefriedigt notiert, daß dieser »freilich immer mit der Theorie ins Unendliche verläuft«[79]. Mit Wagners Reden und Denken mag es sich verhalten wie mit seiner »Zusammenstellung der Siegfriedsagen«, zu welcher Devrient bemerkt: »Auch holt Wagner immer zu weit aus und knetet seine modernen Anschauungen ein«[80]. Entlegenes und Konkretes, Ästhetisches und Ökonomisches, Religiöses und Persönliches, – man weiß nie, wovon genau die Rede ist. Ein Geflecht von Beziehungen tut sich auf, ein Netz von Abhängigkeiten, welches jede Frage nach dem individuellen Gegenstand oder auch nur nach dem jeweiligen Gegenstandsbereich gleichsam federnd abfängt, da jeder fragende Zugriff aufs Einzelne sogleich ein ganzes Gewebe in Schwingung versetzt.

Und hier berühren sich Funktion und Eigenart der kunsttheoretischen Schriften Wagners. Ihre Funktion korrespondiert ihrem unbegrifflich-integrativen Charakter. Denn jener »Nutzen«, den Julian Schmidt als fehlend einklagt, besteht für Wagner gerade darin, daß durch die gedankliche wie stilistische Eigenart der Schriften ein Übergang von der Theorie zur Kreativität gesucht wird. Der Reflexionsbedarf wird aufge-

---

[78] Jochen Hörisch, Erlösung dem Erlöser. Zur Kritik von Theologie und Teleologie bei Wagner und Novalis, in: Bayreuther Programmheft II »Parsifal« 1985, S. 6f.

[79] Devrient, Aus seinen Tagebüchern, a.a.O., Bd. 1, S. 446 (Eintragung v. 19. September 1848); Gesprächsgrundlage ist Devrients Reformschrift »Das National-Theater des neuen Deutschland«, die Wagner aufgrund heftiger Presseattacken in zwei aufeinanderfolgenden Stellungnahmen, erschienen im Januar 1849, gleichwohl entschieden verteidigt; vgl. SSD XII, 233ff. u. Komm. ebenda S. 425f.

[80] Ders., Aus seinen Tagebüchern, a.a.O., Bd. 1, S. 450 (Eintragung v. 12. Oktober 1848).

nommen und transformiert, »aufgehoben« im Medium einer theoretisch-literarischen Verlautbarung, die Form und Gehalt des Kunstwerks weitest möglich antizipiert.

Hintcrläßt der Quellenbestand dieser Schriften im großen ganzen den Eindruck, daß in der Verknüpfung der Gegenstände und Gegenstandsbereiche eine gewisse Beliebigkeit vorwaltet, die inkonsistente, wechselnde Bündnisse begünstigt, so wird jedoch zu fragen sein, ob nicht eine auf spezifiziertes Wissen ausgerichtete Erwartungshaltung alles das unter die Rubrik des Zufälligen subsumieren läßt, was vorgegebenen Ordnungsprinzipien nicht einpaßbar ist.

Wie gravierend die Probleme im Umgang mit den Wagnerschen Schriften sind, welche Ratlosigkeit Fragen des methodischen Zugriffs wie der interpretatorischen Konsequenzen hervorrufen, illustriert ein neueres Beispiel:

> »Auf den ersten Blick erscheinen Wagners Schriften als ein diffuses Gewirr unhaltbarer Argumentationen. Sie enthalten gleichermaßen falsche wie treffende ästhetische Urteile, Vermischungen künstlerischer und revolutionärer Ideen; Wagner drängt sich dem Leser mit ideologisch überfrachteten und unrealistischen politischen Stellungnahmen auf und der Leitfaden des Ganzen ist letztlich eine beinahe hysterisch anmutende Apologie der eigenen Leistung, des eigenen, noch ungeschaffenen Werkes. In diesem Wirrwarr ist es nicht leicht, sich zurechtzufinden. Dennoch entsteht immer wieder auch der Eindruck der Schlüssigkeit und es scheint, als sei man am Ende eines Gedankenganges überzeugt worden. Aber nicht nur durch Wagners aufdringliches Pathos ... sondern weil der dargelegte Sachverhalt doch irgendwie stimmt.«[81]

Wie ist das möglich? – Wenn dem so ist, fehlt in der Forschung nicht nur der »Versuch, Wagners Schriften als selbständige Ästhetik des Dichterkomponisten zu bewerten, in ihnen die ästhetische Grundlegung seiner späteren Werke zusammengefaßt zu sehen«[82]. Es fehlt ihr vor allem das Bewußtsein, daß, bevor in den inhaltlich-ideologischen Diskurs über maßgebliche oder vorgebliche Ansichten Wagners (zu politisch-ästhetischen, poetologisch-weltanschaulichen, religiös-musikologischen und was auch immer für Gegenständen) eingetreten werden kann, die Frage

---

[81] Anette Ingenhoff, Drama oder Epos? Richard Wagners Gattungstheorie des musikalischen Dramas, Tübingen 1987, S. 2 f.; Hervorh. v. Verf.

[82] Ebenda, S. 6.

nach dem Charakter seiner Sprache – und damit nach den diesen Sprachstil formenden Strukturen seines Denkens – behandelt werden muß.

Wagners eigene Einschätzung und Stellungnahme zur Sprachform seines kunsttheoretischen Schreibens ist auffallend ambivalent. Er hat sich ebenso von ihr distanziert wie mit ihr identifiziert. Auf der einen Seite war ihm die Prosa »gewissermaßen wie das Papier, auf das er schrieb, bloßes Mittel zum Zweck«. Um »stilistische Vollkommenheit« hat er sich in der Regel nicht gekümmert und es offensichtlich nicht einmal für nötig gehalten, syntaktische Ungereimtheiten im Zug der Überarbeitung zu beseitigen.[83] Wie er letzteres später mit dem Hinweis entschuldigt, er sei eben »kein Schriftsteller«[84], beantwortet er auch bereits Röckels frühen Tadel mit dem Argument, er habe nun einmal »nichts weniger … als ›Bücher‹ zu schreiben« im Sinn gehabt. Andernfalls, entgegnet er diesem, »würdest Du Dich wahrscheinlich nicht so über meinen Styl zu beklagen gehabt haben«[85]. Wagner selbst hat also recht deutlich gesehen, daß insbesondere sein theoretisches Hauptwerk »Oper und Drama« (auch Röckels Kritik ist auf dieses gemünzt) mit seinem sprachlichen und gedanklichen Serpentinengang nur schwer nachvollziehbar ist. Er möchte daher knapp zehn Jahre nach dessen erstem Erscheinen den französischen Freunden seiner Kunst »eine etwas klarere Übersicht derjenigen Ideen« geben, welche »aus meinen früheren Kunstschriften selbst zu schöpfen ich niemand gern zumuten will«[86].

Auf der anderen Seite verteidigt er weitere acht Jahre später selbstbewußt die »Hartnäckigkeit in meinem Stile, welche dem auf Unterhaltung ausgehenden, nicht für den Gegenstand gleich interessierten Leser sehr vermutlich als verwirrende Weitschweifigkeit« erscheinen müsse. Gerade in den »Schwierigkeiten der Darstellung«, bedingt durch das »Verlangen, der Sache vollständig auf den Grund zu kommen und vor keinem Detail zurückzuschrecken«, liege die »besondere, dem ernsten Forscher sich empfehlende Eigentümlichkeit« seines Buches, für welche eine Entschuldigung vorzubringen er geradezu für »überflüssig und

---

83  Vgl. Borchmeyer, Das Theater Richard Wagners, a.a.O., S. 14.
84  Vgl. ebenda gemäß Tagebuchnotiz Cosimas v. 22. Juli 1880.
85  Brief an Röckel v. 12. September 1852; SB IV, 470.
86  GSD VII, 137.

irreleitend« hält. Als Rechtfertigungsgrund führt er einesteils die Behandlungsart, andernteils die Autorschaft an:

> »Die Probleme, zu deren Behandlung es mich drängte, sind bisher nie in dem von mir erkannten Zusammenhange, außerdem aber nie von Künstlern ... sondern nur von theoretisierenden Ästhetikern untersucht worden ...«.[87]

Hinter der im Anstrich leicht fehlerhaften, sicher beunruhigend vielfarbigen, ja überkonturierten Fassade von Wagners theoretisch-literarischem Gedankengebäude befindet sich seiner eigenen Erklärung nach eine dem behandelten Gegenstand entsprechende *Weise der Betrachtung*, welche die zugestandene Unvollkommenheit und Unübersichtlichkeit der Frontseite dadurch rechtfertigt, daß sie vorgegebene Probleme für bisher unbeachtete Zusammenhänge durchsichtig macht. Geboten wird jedoch kein terminologisch streng ausgeführtes »geschlossenes theoretisches System«[88]. Solchen Anspruch weist Wagner ausdrücklich zurück. Bei der Zusammenstellung seiner »zerstreuten« Kunstschriften zum Zweck der Veröffentlichung habe er den »Anschein eines wirklichen wissenschaftlichen Systems« gerade vermeiden wollen und sich daher der »Vorteile der chronologischen Anordnung« bedient.[89]

Sind Wagners ästhetische Vorstellungen also auch »von einem geschlossenen System weit entfernt«, so wird doch die Aufmerksamkeit »immer wieder auf die gleichen oder auf verwandte Gedanken« gelenkt. Wie Stefan Kunze scharfsinnig beobachtet, verbinden sich im Denken Wagners eine »unsystematische[n] Offenheit und Weite« mit der »Fixierung auf zentrale Vorstellungen«, so daß »der Eindruck einer steten Kreisbewegung [entsteht], die von einigen wenigen zentralen Ideen in Gang gehalten wird« und die alles, was ins Blickfeld Wagners gerät, »in ihren Sog« zieht.[90]

Was das Bild der Kreisbewegung in diesem Zusammenhang so attraktiv macht, ist die Tatsache, daß in ihm Strukturmerkmale des Wagnerschen Denkens zur Anschauung kommen. Das Augenmerk sei hier also nicht,

---

[87] Widmung der 2. Auflage von »Oper und Drama« an Konstantin Frantz (1868); GSD VIII, 198.
[88] Kunze, Der Kunstbegriff Richard Wagners, a.a.O., S. 123.
[89] GSD I, S. IV.
[90] Kunze, Der Kunstbegriff Richard Wagners, a.a.O., S. 3.

wie die Kunzesche Formulierung nahelegt, auf ein Kreisen der Gedanken um die immer gleichen Inhalte gerichtet – etwa um die Frage nach dem Wesen der Kunst, was ja auch eine zutreffende Auslegung ist –, sondern auf die Form der Anordnung der Gedanken um einen Mittelpunkt.

So spricht Nietzsche von der »adstringirende[n] Kraft« Wagners, die diesem erlaubte zu verbinden, was »den Künsten, den Religionen, den verschiedenen Völkergeschichten« eigen ist. Dabei sieht er in Wagner freilich den »Gegensatz eines Polyhistors, eines nur zusammentragenden und ordnenden Geistes«[91]. Trotz vieler gegenteiliger Behauptungen: Wagner ist kein eklektischer, kompilatorischer Denker.[92] Seine kunsttheoretischen Äußerungen verstehen sich als »Gesamtschau«, die durch »Anverwandlungen«« entsteht.[93] Sie wird jedoch nicht über den Inhalt, die thematische Zugehörigkeit, sondern über strukturelle Gemeinsamkeit gesteuert. Wagner »bannt und schließt zusammen« (um von Nietzsches sensibel geübter Sprachgewalt wiederum Gebrauch zu machen).[94] Er fixiert, er fesselt das Einzelne, das begrifflich Isolierte, das historisch Differenzierte; er entzieht ihm den Kontingenzspielraum, um es einem übergeordneten, einheitlichen Ganzen zu integrieren. Wagner entindividualisiert und enthistorisiert, indem er auf typische Merkmale reduziert; er verbindet, er vereinigt, indem er parallelisiert oder gar identifiziert, was vorderhand zumindest schwer vergleichbar, wenn nicht absolut gegensätzlich erscheint. So gelangt er beinahe zwangsläufig zu jenem von Wagner-Exegeten als verkrampft und weitschweifig beklagten synthetischen Sprachstil.

Wenn Wagner daher »einander scheinbar Fremdes auf verwandte Strukturen hin« untersucht, so ist dieses »Spiel[s] mit Strukturverwandtschaften jeglicher Art«[95], das sich für die Züricher Kunstschriften auch als »typische[s] Prinzip des Durchdringens und Vermengens von exponierten sozialrevolutionären Thesen mit kunstästhetischen Maximen und allgemein kultur-philosophischen Überlegungen« äußert, nicht

[91]  Nietzsche, Richard Wagner in Bayreuth, in: ders., Werke, a.a.O., IV. Abt. 1. Bd., S. 19.
[92]  So auch Kunze, in: Der Kunstbegriff Richard Wagners, a.a.O., S. 127.
[93]  Ebenda, S. 11 u. 127.
[94]  Nietzsche, Richard Wagner in Bayreuth, in: ders., Werke, a.a.O., IV. Abt. 1. Bd., S. 19.
[95]  Norbert Ely, »Der schöne sanfte Ton seiner Sprache, die edle freie Bildung seines Geistes...«. Adolf Wagner, der geheime Lehrmeister des jungen Richard, in: Bayreuther Programmheft VII »Der Fliegende Holländer« 1985, S. 34.

bloß ein »Taktieren und Spekulieren« auf dem Weg, sich ein »neues Kunstverständnis zu erschließen«[96]. Dieses Prinzip ist vielmehr selber Bestandteil und Grundlage eines neu erworbenen Kunstverständnisses.

Was Wagner nun immer an gedanklicher wie sprachlicher Uneindeutigkeit auf der einen, an mangelnder Flexibilität auf der anderen Seite vorgehalten werden mag: genau im gleichen Maße, wie sich diese Vorwürfe durch Beispiele nahezu beliebig erhärten ließen, werden sie als Erscheinungsweisen eines Verfahrens kenntlich, das in sich nichts weniger als uneindeutig oder unflexibel ist. Um das Wagnersche Vorgehen, die Form seines Denkens, am Bild der Kreisbewegung zu erläutern:

*Erstens* lassen sich gemäß der Anlage dieses Bildes prinzipiell alle Gegenstände in die Bewegung um den Mittelpunkt einbeziehen, die dann, in den »Sog« dieser Bewegung geraten, konzentriert, d.h. zugleich verdichtet werden; sie werden aufgrund typologischer Befragung (bei aller vermeintlichen oder tatsächlichen Gegensätzlichkeit) in Relation zum Mittelpunkt kreisförmig aufeinander zugeordnet. *Zweitens* liegt im Bild der Kreisbewegung jene allumfassende, für Wagners philosophisches wie kompositorisches Verhalten gleichermaßen bedeutungsvolle Einheit, die durch die konzentrische Anordnung der so anverwandelten Gegenstände zur Anschauung kommt. *Drittens* bringt dieses Bild sowohl die prinzipielle Endlosigkeit der Bewegung, als auch, rein formal betrachtet, den regulativen Charakter des Mittelpunkts zum Ausdruck; es zeigt die bis ins Unendliche wiederholbare Umschreibung eines selbst unartikulierbaren, im landläufigen Sinn weder realen noch fiktiven, in allen seinen Trabanten aber unmittelbar wirksamen archetypischen Fluchtpunkts.[97]

Diese typisierende Verdichtung des einzelnen zu einer in unendlichen Varianten reproduzierbaren Ganzheit, die im Bild der Kreisbewegung

---

[96]  Rainer Franke, Richard Wagners Zürcher Kunstschriften. Politische und ästhetische Entwürfe auf seinem Weg zum »Ring des Nibelungen«, Hamburg 1983, S. 33.

[97]  Vgl. C.G. Jungs weit über die Grenzen der Psychologie hinaus tragfähige Bestimmung des Archetypus-Begriffs: »Was ein archetypischer Inhalt immer aussagt, ist zunächst sprachliches Gleichnis. Spricht er von Sonne und identifiziert mit ihr den Löwen, den König, den vom Drachen bewachten Goldschatz und die Lebens- oder ›Gesundheits‹-Kraft des Menschen, so ist es weder das Eine noch das Andere, sondern das unbekannte Dritte, das sich mehr oder weniger treffend durch alle diese Gleichnisse ausdrücken läßt, das aber – was dem Intellekt stets ein Ärgernis bleiben wird – unbekannt und unformulierbar

44

als Form des Wagnerschen Denkens beschrieben wurde, prägt die Schriften gedanklich und sprachlich bis in den Satzbau hinein. Ihre »labyrinthische[n] Satzkonstruktionen« insbesondere in »Oper und Drama« korrespondieren der darin ausgelebten »unendliche[n] Reflexion«. Die Eigenart von Wagners Erkenntnis- und Gestaltungswillen, das aus unterschiedlichsten Bereichen zusammengetragene umfangreiche Gedankenmaterial »im Rahmen einer weitgespannten Ideenperspektive zu integrieren«, veranlaßt ihn, sich jener »komplizierten und äußerst unübersichtlichen Satzgebilde[n]« zu bedienen.[98] Er möchte, wie er selber sagt, »die stets das ganze Bild seines Gegenstandes in sich schließende Anschauung ... in jedem Satze vollständig geben«[99], und zwar natürlich nicht additiv, sondern wesenhaft verdichtend. Dieses Bestreben schlägt sich in der vorzugsweisen Verwendung »hypotaktischer Satzperioden«[100] nieder, deren hierarchisch ausgefächertes, ursprungsbezogenes Ordnungsprinzip sich genau in das zur Veranschaulichung des Wagnerschen Denkens herangezogene Bild der Kreisbewegung fügt.

Die Absicht Wagners, das seiner inneren Anschauung gegenwärtige »ganze Bild« in möglichst jeder Satz- und Sinneinheit sprachlich wiederzugeben, und der »Zweifel daran, ob ihm dies gelinge, treibt ihn zur fortgesetzten Wiederholung des Versuches« an.[101] Dieses Verfahren ist es, zusammen mit seinem für »Oper und Drama« bezeugten Vorsatz, »mit diesem buche keine lücken mehr zu lassen«[102], das den Eindruck des grenzenlos Assoziativen und Iterativen im Stil der Wagnerschen Prosa erzeugt.

Wenn es in der Tat die »theoriegerechte Entfaltung des ›ganzen Bildes‹« ist, die Wagner zu schaffen machte, so darf das Scheitern dieses Unternehmens jedoch nicht aus der »Häufung von ausweichenden Metaphern« geschlossen werden,[103] im Gegenteil: Wenn überhaupt eine annäherungsweise Übersetzung von Anschauung in Theorie möglich ist,

---

bleibt ...«. (Carl Gustav Jung, Der Kind-Archetypus, in: ders., Gesammelte Werke Bd. IX,1, Olten/Freiburg i.Br. 1976, S. 174.)
[98] Kropfinger, OuD 498 u. 455.
[99] GSD VII, 113.
[100] Borchmeyer, Das Theater Richard Wagners, a.a.O., S. 14.
[101] GSD VII, 113.
[102] Brief an Ernst Benedikt Kietz v. 13. Dezember 1850; SB III, 481f.
[103] Kropfinger, Wagner und Beethoven, a.a.O., S. 83.

so doch gerade durch den Einsatz der Metapher, unbeschadet der Schwierigkeit ihrer »verstehenden Anwendung« durch den »Überschuß an Intention«, den sie birgt.[104]

Die Wagnerschen Metaphern sind »Schaltstellen der Darstellung«[105], indem sie von der »authentischen Leistungsart der Erfassung von Zusammenhängen« Gebrauch machen, welche der Metaphorik nach Blumenbergs Referat der communis opinio eignet. Und er hat Recht, wenn er die Metaphern zwar als »Leitfossilien einer archaischen Schicht des Prozesses der theoretischen Neugierde« bezeichnet, sie aber zugleich vor dem Anachronismusvorwurf in Schutz nimmt. Er will ihr »Rätsel … nicht allein aus der Verlegenheit um den Begriff« verstanden wissen und sieht sie in Übereinstimmung mit der neueren Forschungsmeinung nicht mehr »vorzugsweise als Leitsphäre abtastender theoretischer Konzeptionen, als Vorfeld der Begriffsbildung, als Behelf in der noch nicht konsolidierten Situation von Fachsprachen«[106]. Eine mit dem Regressionsargument geführte Abqualifizierung metaphorischen Sprechens bei Wagner darf daher getrost als überholt, wenn nicht tendenziös eingestuft werden.[107] Die Wagnersche Metaphorik läßt sich nämlich nicht auf die Bedeutung »naturmetaphorischer Illustrationen« reduzieren. Und wer sie im Zug aufklärerischen Begriffsutopismus' pauschal als »regressives Element … in einer Sprache, die nicht analysiert, sondern abtastet«, bewertet, der bekundet, daß er wesentliche Ergebnisse der Forschungsarbeit von Jahrzehnten nicht nur in den Sprachwissenschaften, sondern auch in der Wissenschafts- und Mythosforschung schlechterdings nicht zur Kenntnis genommen hat.[108]

---

[104] Ders., OuD 501 Anm. 16.

[105] Ebenda.

[106] Blumenberg, Schiffbruch mit Zuschauer, a.a.O., S. 77.

[107] So bei Andrea Mork, Richard Wagner als politischer Schriftsteller. Weltanschauung und Wirkungsgeschichte, Frankfurt a.M./New York 1990 (Diss. TH Aachen), S. 21ff.

[108] Ebenda, S. 24. Dies zeigt sich weiterhin daran, daß Wagners Verzicht auf eine »Verkettung von Argumenten«, auf »eine Schritt für Schritt vorgehende Beweisführung« bruchlos als Indiz für eine »durch ständige Wiederholung und Einsatz von schillernden Losungsworten gekennzeichnete Beschwörungsrhetorik« verwendet (S. 24.), daß sein »Antiintellektualismus« als »Suggestivkraft«, die sich einer vermeintlich »antirationalen Struktur seines Denkens« verdankt, beschrieben wird (S. 21). Damit verfällt die Autorin den perspektivisch bedingten Täuschungen, die sich durch die einseitige Orientierung am aufklärerischen Vernunft- und Humanitätsbegriff und einem unreflektiert positiven Wissenschaftsbegriff unter Ausschluß alternativer Formen von »Rationalität«, des Erkenntnisgewinns und der Sinnstiftung, ergeben. (Zum Stellenwert dieser Arbeit in der Wagnerforschung, vgl. die Rezension von Udo Bermbach in: Polit. Vierteljahrsschr., 4/91, S. 714f.; seine Zusammenfassung lautet: »Morks Buch fällt – dies muß mit aller Deutlichkeit gesagt werden – in

In Wagners gesamtem Denken kommt dem Prinzip der versuchsweisen Reproduktion des »ganzen Bildes« in jedem seiner Teile, wie Wagner es für die Eigenart seiner Schriften als gesetzgebend darstellt, eine umfassende Gültigkeit zu. Man beachte die Notiz Cosimas anläßlich einer abendlichen Vorlesung aus »Oper und Drama«: »R. freut sich mit mir, ›es ist alles ein Gedanke‹, sagt er ...«[109] Die Bedeutung jenes Gedankens zeigt sich wesentlich daran, daß Wagner neben dem schriftstellerischen auch sein kompositorisches Verfahren diesem Prinzip integrativen Sprechens unterstellt sieht:

> »Das Eigentümliche meiner Kunst z.B. ist, daß ich jede Einzelheit als Ganzes betrachte und mir nicht sage, da dies oder jenes nachfolgen wird, mußt du es so und so machen, etwa so und so modulieren ... und doch weiß ich, daß ich unbewußt einem Plane gehorche.«[110]

Die in der inneren Anschauung Wagners immer schon vorhandene Ganzheit seines Gegenstandes prägt jedes Detail ihrer Übersetzung: das sachliche, das sprachliche, das musikalische. Mit seiner Verhältnisbestimmung von Theorie und künstlerischem Prozeß, wie er sie, die Zürcher Kunstschriften in Relation zu seinem »Ring«-Projekt setzend, aus einer zeitlichen Distanz von zehn Jahren vornimmt, dürfte es daher im großen ganzen seine Richtigkeit haben:

> »Lassen Sie sich ... sagen, daß selbst meine kühnsten Schlüsse auf die zu ermöglichende dramatisch-musikalische Form mir dadurch sich aufdrängten, daß ich zu gleicher Zeit den Plan zu meinem großen Nibelungendrama ... im Kopfe trug und dort in der Weise ausbildete, daß meine Theorie fast nichts anderes als ein abstrakter Ausdruck des in mir sich bildenden künstlerisch-produktiven Prozesses war.«[111]

Weder hat dieser künstlerisch-produktive Prozeß etwas mit »musikdramatischer Montagetechnik« gemein, noch ist sein vielschichtig ausgeprägter »abstrakter Ausdruck«, Wagners Kunsttheorie, gerade in ihrer Eigenschaft als »Pendant«, wesenhaft ein »schweifendes Theoretisieren«[112]. Vielmehr gehorchen beide, Kunst und Theorie, bestimmten, der wissenschaftlich-analytischen Rationalität offensichtlich zuwiderlaufenden Gesetzen. Daß diese Gesetze sich nun in Wagners Mythostheorie

---

nahezu jeder Hinsicht hinter den Stand der erreichten Differenzierungen in Sachen Wagner und der in den letzten Jahren geführten Diskussion zurück.«)

[109] CT II, 160 v. 15. August 1878.
[110] CT I, 433 v. 3. September 1871.
[111] GSD VII, 118.
[112] Mork, Richard Wagner als politischer Schriftsteller, a.a.O., S. 23f.

wiederfinden, daß Wagner sich gewissermaßen an der Bestimmung des mythischen Gegenstandes entlang bewegt, um den Gesetzen des eigenen Denkens und Schaffens einschließlich derjenigen seines Schriftstellertums auf die Spur zu kommen, ist das eigentlich Spannende nicht nur an seiner Mythostheorie, sondern auch an seiner Sprachführung: mythisches Denken in Kunst, Theorie und Prosa.

Stehen die Schriften für Wagner im Dienst der Aufklärung und Selbstaufklärung »über mein Verfahren, soweit es mir selbst bewußt geworden ist«[113], so stellen sie gerade durch ihre Art der syntaktisch wie semantisch bewerkstelligten Auskunftsverweigerung einen wertvollen Indikator für die Wagnersche Kunst selber dar. Ist diese auch, mit Nietzsche zu sprechen, »auf dem Kahne der schriftstellerischen Aufzeichnung nicht einzuschiffen«[114], so erfüllt dieses Schrifttum, auch und besonders für den modernen Rezipienten, eine wichtige propädeutische Funktion, und zwar im Hinblick auf das Werk wie auf eine Philosophie der Kunst jenseits psychologisierender und historisierender Reduktionismen: es lockt die wissenschaftliche Neugier in unwegsames Gelände, führt sie auf unausgetretenen Pfaden und fordert sie auf, sich dem ganz anderen Modell der Kunst- und Wirklichkeitserfahrung zu stellen.

Quellengrundlage für dieses Unternehmen bildet das Wagnersche Schrifttum insgesamt, seine schriftstellerischen Abhandlungen, seine Entwürfe und Fragmente, seine Autobiographie, seine Briefe – und im Rückbezug und Verweis, sein musikdramatisches Werk. Daneben werden Zeugnisse Dritter herangezogen, insbesondere die Tagebuchaufzeichnungen Cosima Wagners. Alle verwendeten Quellen liegen in gedruckter Form vor, ausgenommen die erste Fassung der »Wibelungen«-Abhandlung, die in einer Abschrift Hans von Bülows im Nationalarchiv der Richard-Wagner-Stiftung, Bayreuth eingesehen werden kann.

Im Mittelpunkt der Untersuchung stehen zwei Abhandlungen Wagners, die nach ihrer inhaltlichen und intentionalen Ausrichtung ebenso verschieden sind, wie sie sich in ihrer Funktion der (Selbst-)Verständigung und in ihrer Sprach- und Gedankenführung vielfach eng berühren und ergänzen: Die »Wibelungen«Schrift (1848/49) und »Oper und Drama«

---

[113] GSD VII, 117.
[114] Nietzsche, Richard Wagner in Bayreuth, in: ders., Werke, a.a.O., IV.Abt. 1.Bd., S.72.

(1850/51). Erstere geht von der Suche nach dem Gegenstand aus, ist stoffgeleitet und formt dieses historisch und sagengeschichtlich aufgenommene und etymologisch aufbereitete Material zu einem gigantischen geschichtsmythologischen Entwurf, einer »Weltgeschichte aus der Sage«. Letztere behandelt die Frage nach Wesen und Form des musikalischen Dramas, nach der Art der Handlungs-, Sprach-, und Melodieführung und ihres Zusammenhangs sowie nach Form und Wirklichkeitsform des zugehörigen Gegenstandes. Beide Schriften verkörpern nahezu idealtypisch je einen Aspekt von Wagners »Arbeit am Mythos«[115] und sind aufgrund der Komplementarität ihrer Zugänge bestens geeignet, Wagners eigentümliche Verfahrensweise anhand ihrer Gegenstände und seines Umgangs mit diesen in den Blick zu nehmen.

---

[115] Vgl. Blumenbergs gleichnamigen Titel, zuerst erschienen Frankfurt a.M. 1979.

# C. Die Forschung: Kunst im Zwang der Interpretation

»Die immer wiederkehrende Bemerkung über den legendären Umfang der Wagnerliteratur ist – das weiß jeder, der sich ernsthaft mit Wagner beschäftigt – ein irreführendes Klischee«[1]. Dies gilt allemal, wenn es um die Frage der Kenntnis und einer angemessenen Berücksichtigung der stilistischen Eigenart der Wagnerschen Schriften in der Forschung geht. Dies gilt nicht minder, wenn die Untersuchung und interpretierende Anwendung der Form des Wagnerschen Denkens hinsichtlich seiner theoretischen Positionen auf dem forschungsgeschichtlichen Prüfstand stehen.

Bei der unübersehbaren Flut von Publikationen zum Thema »Wagner«, die bis heute nicht abebbt, steht fest, daß »die Wagner-Literatur... von der Wagner-Forschung noch keineswegs eingeholt« ist. Daß es vor allem »ein Desiderat an Wagner-Philologie im engeren Sinn gibt«[2], gilt dabei nicht nur für die musikwissenschaftliche Quellenforschung, sondern betrifft das Wagnersche Schrifttum insgesamt.[3] Es ist mit Sicherheit davon auszugehen, daß Wagners Schriften nach wie vor – und »entgegen einer weitverbreiteten Meinung« – eine »noch nicht annähernd ausgeschöpfte Quelle zum Verständnis seines eigenen musikdramatischen Schaffens« sind. Dies ist um so bemerkenswerter, als die Zürcher Kunstschriften einen »gewichtigen und durchaus eigenständigen Beitrag zum kunstphilosophischen, insbesondere literatur- und musiktheoretischen Diskurs des 19. Jahrhunderts« leisten, und zwar nicht nur »in der Nachfolge des deutschen Idealismus und der ›Hegelschen Linken‹«[4], sondern zugleich im Vorgriff auf Positionen, die das 20. Jahrhundert im Bereich des Strukturalismus und insbesondere der Wissenschaftstheorie ausbilden wird.

---

[1]  John Deathridge/Egon Voss, Wagnerforschung – Und weiter nichts?? Weiter nichts?? Zur Einführung in das Wagner-Werk-Verzeichnis, in: Wagnerliteratur – Wagnerforschung. Bericht über das Wagner-Symposium München 1983, hg. v. Carl Dahlhaus u. Egon Voss, Mainz 1985, S. 181.

[2]  Reinhold Brinkmann, Musikforschung und Musikliteratur. Eine Niederschrift von Improvisationen über ein so nicht gegebenes Thema, in: Wagnerliteratur – Wagnerforschung, a.a.O., S. 150f.

[3]  Vgl. auch Dieter Borchmeyer, Wagner-Literatur – Eine deutsche Misere. Neue Ansichten zum »Fall Wagner«, in: Internationales Archiv für Sozialgeschichte der deutschen Literatur, 3. Sonderheft, Tübingen 1993.

[4]  Jürgen Kühnel, Wagners Schriften, in: RWHb 471;. vgl. auch die Studie von Kurt Knopf, Die romantische Struktur des Denkens Richard Wagners, (Diss.) Jena 1932.

Besonders auffällig ist, daß in bezug auf Wagners Zentralschrift »Oper und Drama« kaum ein Versuch unternommen wurde, diese »differenziert zu interpretieren«. Daß die nicht allein thematisch übergreifende, sondern vor allem perspektivisch mehrfach überlagerte Abhandlung »noch nicht *in toto* interpretiert worden ist«[5] – jedenfalls nicht in einer der Vielschichtigkeit und Beziehungsfülle des Textes, seiner Argumentationsstruktur wie seinem Sprachstil angemessenen Weise –, sollte eigentlich nicht überraschen. Angesichts des Wagnerschen Verfahrens, Elemente verschiedener Kontexte und Realitätsebenen zu einem nur äußerst schwer entwirrbaren Beziehungsgeflecht zu verweben, sieht sich jede wissenschaftliche Untersuchung vor nahezu unlösbare Probleme gestellt. Dies hat die freiwillige oder unfreiwillige Kapitulation der Interpreten vor dem »Beziehungszauber« der Schriften zur Folge, die sich in Form der kommentierenden Paraphrase,[6] in Gestalt der selektiven Behandlung einzelner fachspezifischer Themen oder einfach durch Abstinenz vollzieht.

Was für die Interpretation der theoretisch bedeutungsvollsten Abhandlung Wagners insgesamt an Defiziten zu beobachten ist, betrifft nicht minder ihr zentrales Thema: den Mythos. Wagners eigene Deutung des Mythos in »Oper und Drama« wurde bis auf wenige markante Ausnahmen »kaum beachtet«[7] und hat bisher noch keine ausführliche Untersuchung erfahren. Das gleiche gilt in einem wohl noch höheren Maß für seine »Wibelungen«-Schrift. Und beides verwundert wiederum nicht, weil eine genetisch, systematisch und in bezug auf das Musikdrama funktional angelegte Deutung des Mythos sich vor dieselben Schwierigkeiten gestellt sieht, die die Wagnerschen Texte jedem Versuch einer analytischen Auflösung ihrer komplexen, mit konzentrischen Überlagerungen arbeitenden Argumentationsstruktur bieten.

Beobachtet man nun die vom Institut der Richard Wagner-Gesamtausgabe in München ausgehenden Tendenzen der heutigen Wagnerforschung, so mag gerade dieses kaum begrenzbare, weil weite Bereiche von Theorie und Werk Wagners durchdringende, ja für beide in mehrfacher Hinsicht geradezu den Nährboden abgebende Problemfeld

---

[5]  Deathridge, Grundzüge der Wagner-Forschung, in: RWHb 822f.
[6]  Vgl. Paul Moos, Richard Wagner als Ästhetiker. Versuch einer kritischen Darstellung, Berlin/Leipzig 1906.
[7]  Deathridge, Grundzüge der Wagner-Forschung, a.a.O., S. 823.

des Mythos noch lange der Annahme von seiten »veritabler Forschung« harren. Wie »wichtig und notwendig strikte Wagnerforschung ist«, läßt sich nicht bestreiten; desgleichen nicht, daß es hier »einen großen Nachholbedarf« gibt. Selbstverständlich ist Wagner ein »Gegenstand für die Wissenschaft«, auch wenn sich gelegentlich der Eindruck aufdrängt, »als versagten die Methoden der Wissenschaft vor Wagner«[8]. Es ist nämlich im Zeitalter der Wissenschaftstheorie – jener philosophischen Disziplin, in deren Mittelpunkt nicht das »Wissen um Sachverhalte«, sondern das »Wissen um das Entstehen des Wissens, um seine Bedingungen und Voraussetzungen, um die Ziele und Zusammenhänge, Querverbindungen und Grenzen« steht[9] – nachdrücklich zu fragen, was für ein Begriff von Wissenschaft, ihren Methoden und insbesondere ihren Prämissen, jeweils zugrunde liegt, da es bekanntlich eben diese sind, die das Feld möglicher Resultate abstecken.

Zu überprüfen ist daher, ob eine Forschung, die sich ausschließlich als »vorbehaltlose Kritik an der Überlieferung« versteht, indem sie »vor allem den Mythen, die sich um die hehren Gestalten und ihre Werke zu ranken pflegen, Zweifel und prinzipiellen Unglauben« entgegensetzt, von ihrem Ansatz her geeignet ist, jene »ganze Wahrheit«, die im Streit der Parteiungen für und gegen Wagner nicht in den Blick hätte kommen können, zu erfassen. Kann eine Forschung, der es schlichtweg um das geht, was »tatsächlich geschehen ist: die historische Wahrheit« – und um nichts anderes! –, kann eine solche im (begreiflichen, vielfach berechtigten und gelegentlich wohltuenden) Eifer bilderstürmerischer Ambitionen begriffene Forschung für sich beanspruchen, jene, wie unterstellt, in Sachen Wagner bisher weitgehend verfehlte »ganze Wahrheit« zu bieten?[10]

Wenn Wagner also etwa seine Werke, beginnend mit dem »Fliegenden Holländer«, als »logisch-konsequenten und geschlossen-einheitlichen Weg zum Musikdrama verstanden wissen wollte« und seine Schaffensgeschichte im nachhinein – bewußt oder unbewußt – dieser Überzeugung

---

8  Voss, Vorwort zu: Wagnerliteratur – Wagnerforschung, a.a.O., S. 7.
9  Heinrich in: ders. (Hg.), Wissenschaftstheorie Bd. 1. Probleme und Positionen der Wissenschaftstheorie, Freiburg i. Br. 1974, S. 9.
10  Forschung begriffen als Instanz, »altvertraute und vor allem liebgewordene Bilder in Frage zu stellen oder gar zu zerstören«; vgl. Voss, Von Notwendigkeit und Nutzen der Wagnerforschung. Ein Abriß über das Wagner-Werk-Verzeichnis und die Wagner-Gesamtausgaben, in: Bayreuther Programmheft I »Lohengrin« 1987, S. 16f.

gemäß darstellte, widersprechende Details in der chronologischen Abfolge einebnend, so folgt daraus nicht, daß seine eigene Interpretation der Zusammenhänge lediglich als »Halbwahrheit« – bezogen auf jene »ganze Wahrheit«, die der historischen Rekonstruktion (idealiter) sich enthüllte – einzustufen und Wagner damit der Legendenbildung und Selbstmystifikation überführt wäre.[11]

Wenn Wagner, um das markanteste der zum Beweis seiner »Mythisierung« vorgetragenen Beispiele zu nehmen,[12] seinen »Barbarossa« nicht erst im Zusammenhang mit den Revolutionsereignissen des Jahres 1848 (so seine Darstellung in »Eine Mitteilung an meine Freunde« (1851),[13] in seiner Autobiographie (1868)[14] und den dieser als Vorlage dienenden »Annalen« (1868),[15] sondern unzweifelhaft bereits 1846 konzipierte[16] (und zwar, nebenbei bemerkt, in Übereinstimmung mit seiner »Wibelungen«-Vorbemerkung (1849),[17] so beweist das nicht, daß Wagner seinen »Rotbart« »unabhängig von ›Siegfried‹ entworfen« hat[18] – und dies nicht vornehmlich deshalb, weil es eben doch einen »unmittelbaren Hinweis« auf eine so frühe Beschäftigung Wagners mit dem »Nibelungen«-Projekt gibt.[19] Es beweist aber vor allem nichts gegen Wagners

---

[11] Vgl. ebenda, S. 16 u. 27.

[12] Deathridge/Voss, Wagnerforschung – Und weiter nichts?? a.a.O., S. 188.

[13] GSD IV, 313.

[14] ML 389f.

[15] BB 113.

[16] Wagners Datierung eines Teils der Prosaskizze zu »Friedrich I.« lautet auf den 31. Oktober 1846; vgl. SSD XI, 271.

[17] Vgl. GSD II 115: »Auch mich beschäftigte in der anregungsvollen letzten Vergangenheit die von so vielen ersehnte Wiedererweckung Friedrich des Rotbarts und drängte mich *mit verstärktem Eifer* zur Befriedigung eines *bereits früher* von mir gehegten Wunsches, den kaiserlichen Helden... von neuem für unsre Schaubühne zu beleben.« (Hervorh. v. Verf.) Dies wird erst in WWV 329 (Nr. 76), nicht aber in Voss' polemisch gehaltenem »Abriß« darüber zumindest erwähnt. Außerdem weist Wagner auch in seiner »Mitteilung an meine Freunde« darauf hin, daß ihn die beiden »Entwürfe zu ›Siegfried‹ und ›Friedrich der Rotbart‹« »bereits seit längerer Zeit beschäftigt hatten« (GSD IV, 311).

[18] Deathridge/Voss, Wagnerforschung – Und weiter nichts?? a.a.O., S. 186.

[19] Vgl. den mündlichen Bericht des dänischen Komponisten Niels W. Gade (1817-1890) über seinen Besuch in Dresden zu Wagners Aufführung von Beethovens IX. Sinfonie im April 1846:
»Noch in seinem Alter erzählte Gade von seiner Begegnung mit Richard Wagner, den er später nie wieder traf... . Er hatte sich die interessante Äußerung eingeprägt, die Wagner, schon damals von seinen Nibelungenplänen erfüllt, zu ihm machte: ›Ich muß nach Ihren altnordischen Edda-Dichtungen greifen, die sind viel tiefsinniger als unsere mittelalterlichen.‹« (William Behrend, Niels W. Gade, Leipzig 1918, S. 37; zit. n. Richard Wagner, Sämtliche Werke Bd. 29,I: Dokumente zur Entstehungsgeschichte des Bühnenfestspiels Der Ring des Nibelungen, hg. v. Werner Breig u. Hartmut Fladt, Mainz 1976, S. 26.)

Behauptung, daß für ihn beide Stoffe »in einem unmittelbaren und ganz bestimmten Zusammenhang miteinander«[20] stehen. Und wenn er auch, entgegen der Darstellung in seiner Autobiographie, den »Rotbart«-Stoff »beim Erfassen durch die mächtigere Anziehungskraft« des Sagenstoffes nicht »sogleich« fallen ließ,[21] diesen vielmehr nach Beendigung der Dichtung zu »Siegfrieds Tod« doch noch einmal wiederaufnahm – in welchem Ausmaß und mit welcher Absicht auch immer[22] –, so beweist auch dieses nicht, daß »der unmittelbare und prinzipielle Zusammenhang zwischen ›Friedrich I‹ und ›Siegfrieds Tod‹ nichts anderes als eine Fiktion«[23] ist.

Trägt Wagners Beschäftigung mit beiden Stoffen gewiß nicht von vornherein den Charakter einer »grundsätzliche[n] ästhetische[n] Auseinandersetzung«[24], als welche sie im nachhinein erscheint, so ist ihr doch diese entscheidende Bedeutung zugewachsen. Es muß erklärt werden, daß Wagner in seiner Beschäftigung mit beiden für ihn ebenso gegensätzlichen wie verwandten Gegenständen jene »Entscheidung von historischer Bedeutung«[25] für den Mythos und gegen die Historie

---

Diese Bemerkung ist im Zusammenhang mit der von Gade seinerzeit begonnenen Komposition einer (Fragment gebliebenen) Nibelungen-Oper zu sehen, deren Libretto – von Louise Otto in Anlehnung an Vischers Exposition »Vorschlag zu einer Oper« (Kritische Gänge Bd. 2, Tübingen 1844, S. 399ff.) verfaßt – sich wesentlich am Nibelungenlied als dem deutschen Nationalepos und bewußt nicht an den altnordischen Dichtungen des Nibelungenkreises orientiert, was Wagner offenbar damals schon zum Widerspruch reizte. (Genau zu diesem Textbuch dürfte bereits vordem an Wagner eine Anfrage um Vertonung ergangen sein, die dieser aufgrund eigener dichterischer Ambitionen ablehnte; vgl. Wagners Brief an den Dresdener Bibliothekar Gustav Klemm v. 20. Juni 1845; SB II, 437.)
Wenn Wagner also 1851 schreibt: »Hatte mich nun schon längst die herrliche Gestalt des Siegfried angezogen, so entzückte sie mich doch vollends erst, als es mir gelungen war, sie, von aller späteren Umkleidung befreit, in ihrer reinsten menschlichen Erscheinung vor mir zu sehen. Erst jetzt auch erkannte ich die Möglichkeit, ihn zum Helden eines Dramas zu machen, was mir nie eingefallen war, solange ich ihn nur aus dem mittelalterlichen Nibelungenliede kannte.« (GSD IV, 312) – so darf man, der Erinnerung Gades zufolge, wohl davon ausgehen, daß Wagner mit der »Möglichkeit«(!), Siegfried »zum Helden eines Dramas zu machen«, auch bereits 1846 spielte. Dies aber bedeutet eine Bestätigung der auch im historischen Sinn zu Unrecht beargwöhnten Behauptung Wagners, er habe beide Stoffe, den historischen um Friedrich Rotbart und den sagenhaft-mythischen um Siegfried, gleichzeitig vor Augen gehabt, mag er auch ihrer »Gleichartigkeit« (ML 390) erst zwei Jahre später gewahr geworden sein.

[20] Deathridge/Voss, Wagnerforschung – Und weiter nichts?? a.a.O., S. 185.
[21] ML 390.
[22] Vgl. nachfolgend im ersten Teil unter A.1.
[23] Deathridge/Voss, Wagnerforschung – Und weiter nichts?? a.a.O., S. 187.
[24] Ebenda, S. 185.
[25] Ebenda.

begründet sieht. Da hilft es wenig, Wagner Ungenauigkeit im Detail oder absichtsvolle Verzeichnung – zu Recht oder zu Unrecht – vorzuwerfen. Denn tritt bei seinen entstehungsgeschichtlichen Rückblicken der zeitliche Konnex hinter den sachlichen zurück, und geht es gar nicht um chronologische Exaktheit, sondern um sinnhafte Zusammenhänge, so muß das Augenmerk der Forschung eben auf diese gelenkt werden. Im Vordergrund von Wagners autobiographischen Reminiszensen steht die Beobachtung analoger Beziehungen und struktureller Verwandtschaften, die er – wenig bekümmert um das Gebot historischer Authentizität – mitunter auch auf die Zeitskala überträgt.[26] Unbeschadet der Forderung, diese Unebenheiten zu registrieren, ist es unumgänglich, dieselben zu qualifizieren und zu relativieren angesichts der Tatsache, daß Wagner bei der resümierenden Wiedergabe seiner Schaffensgeschichte auf die Vermittlung einer Sichtweise der Dinge setzt, derzufolge etwa zwischen dem Heros der Geschichte Friedrich Rotbart und demjenigen der Sage eine »mythische Identität«[27] waltet.

Wie soll sich eine Forschung, eine »Wagnerforschung, die diesen Namen wirklich verdient«[28], diesem Ansatz gegenüber verhalten? Wie verhält sich jene Wagnerforschung, die diesen Namen mit einiger Ausschließlichkeit für sich requiriert, tatsächlich gegenüber diesem Anspruch?

Zweifellos wird die spezifisch Wagnersche Betrachtungsweise von der offiziellen Wagnerforschung in keiner Weise ernstgenommen. Sie wird nicht auf ihre Bedeutung hin befragt, nicht ihrer Bedeutung entsprechend gewürdigt, ja überhaupt nicht als solche zur Kenntnis genommen oder gar eigens thematisiert. Die aus ihr resultierenden Deutungen

---

[26] Dies gilt auch für die La Spezia-Vision, die ihm das Orchestervorspiel zum »Rheingold« eingegeben haben soll (ML 511f.). Wagner gibt, den musikalischen und literarischen Quellen zufolge, ein historisch-philologisch unzutreffendes, zumindest äußerst verzerrtes Bild von der Entstehungsgeschichte des »Rheingold«-Vorspiels (vgl. Reinhard Wiesend, Die Entstehung des »Rheingold«-Vorspiels und ihr Mythos, in: Archiv für Musikwissenschaft 49, H.2, 1992, S.122-145). Genau besehen gibt er überhaupt keine Entstehungsgeschichte. Er entwirft einen Entstehungsmythos, ein aitiologisches Bild, das mehr ist als eine »Selbststilisierung des Künstlers« (vgl. ebd. S.138f.), mehr auch als ein nach Schopenhauer gemodeltes »poetische[s] Stilmittel« (ebd. S.145). Es gewährt Einblick in die »objektive, elementare Qualität« des Vorspiels und die Eigenart des aus ihm musikalisch wie inhaltlich entwickelten Dramas (vgl. ebd. S.145 u. 140). Die Frage nach einer »inneren Berechtigung« dieser »Inspirationslegende« (ebd. S.140 u. 144) ist daher nicht beantwortet mit dem Hinweis, daß Wagners Selbstdarstellung in »Mein Leben« eben auch als »tendenziell gefärbtes Künstlerbild« konzipiert worden sei (ebd. S.145).

[27] GSD II, 120.

[28] Voss, Vorwort zu: Wagnerliteratur – Wagnerforschung, a.a.O., S.7.

werden vielmehr als schlechtes, darum nicht minder zählebiges Erbe betrachtet, das es endlich und endgültig zu tilgen gelte. Aufgabe einer so verstandenen Wagnerforschung sei es deshalb, einer solchen, die Tatsachen weitgehend verunklärenden Tradition ein »kritisches Wagnerbild«[29] entgegenzustellen.

Das Fundament, auf dem dieses »kritische Wagnerbild« errichtet wird, ist das Feld historisch-kritischer Forschung. Diese wird – bei aller Vorsicht, die in bezug auf die Unmöglichkeit, historische Wahrheit zur Gänze zu ergründen[30] sowie vollständige Objektivität walten zu lassen,[31] geäußert wird – von dem Gedanken getragen, daß durch schlichte Darlegung der Tatsachen, nach Art des Rankeschen »wie es eigentlich gewesen«[32], der Wahrheit in Sachen Wagner so nah wie nur irgend möglich zu kommen sei. Daß aber, nach dem berühmten Diktum Droysens, »die Tatsachen überhaupt nicht sprechen außer durch den Mund dessen, der sie aufgefaßt und verstanden hat«[33], bewahrheitet sich auch hier. Die vermeintliche Deutungsabstinenz blockiert alle Interpretationsansätze, die sich nicht auf die verifizierbare Ereignisgeschichte reduzieren lassen. Ein solcher Standpunkt, der »strikte Wagnerforschung« mit der Ermittlung »historischer Wahrheit« identifiziert und diese wiederum für die »ganze Wahrheit« hält, ist fragwürdig und allemal unzureichend.

Was dagegen not tut, ist die Thematisierung jener Diskrepanz, die sich zwischen historisch-kritischer Quellenforschung und Wagners Selbstdarstellung auftut. Es handelt sich dabei um ein Desiderat, das von musikwissenschaftlicher Seite als ungenutzte Chance einer Forschung, die sich »auf die bloße Vermittlung positiven Wissens«, auf die »Dokumentation« zurückzieht, bereits eingeklagt wurde.[34] Um solche Widersprüche wissenschaftlich zu behandeln, gibt es sicher verschiedene Wege, wobei üblicherweise nur Ansätze soziologischer oder psychologischer Art in Betracht kommen. Diese gelten der Auslotung des sozialen

---

[29]  Ebenda.
[30]  Voss, Von Notwendigkeit und Nutzen der Wagnerforschung, a.a.O., S. 16.
[31]  Ders., Vorwort zu: Wagnerliteratur – Wagnerforschung, a.a.O., S. 7.
[32]  Leopold von Ranke, Vorrede zur ersten Ausgabe der »Geschichten der romanischen und germanischen Völker«, in: ders., Sämtliche Werke Bd. 33/34, 3. Aufl., Leipzig 1885, S. VII.
[33]  Johann Gustav Droysen, Historik, Textausgabe v. Peter Leyh, Stuttgart-Bad Cannstatt 1977, S. 218.
[34]  Brinkmann, Musikforschung und Musikliteratur, a.a.O., S. 153f.

Umfelds resp. vermuteter psychologischer Hintergründe und werfen Fragen auf wie: Hat Wagner »bewußte[r] Fälschung aus strategischer Absicht« betrieben, oder: Liegt gegebenenfalls eine »unbewußte[n] Verdrängung« vor?[35] Die Selbstdarstellung Wagners steht dabei freilich immer als die vor der Wahrheit der Geschichte zu rechtfertigende da. Dagegen verhält es sich doch vielmehr so, daß das Argument der historischen Wahrheit nur sehr bedingt gegen Wagner einsetzbar ist, da dieses, sei es noch so gut geführt, an Wesen und Bedeutung seines Denkens und Schaffens vorbeiführt. Hier gibt es, um mit Jacob Grimm zu sprechen, »noch eine wahrheit«, die, bei unzweifelhafter Anerkenntnis des »kritische[n] princip[s]« an sich, »nicht zu sehen... höchst unkritisch« wäre.[36] Doch welche Art von Wahrheit kann Wagner hier zugeschrieben werden?

Bei dem Versuch einer Bewertung seiner Darstellungsweise – bei der Frage also, ob hier rein subjektive Vorstellungen wirken oder ob Wagner nicht doch etwas gesehen hat, Beziehungen, Zusammenhänge raum- und zeitübergreifender Art, welchen objektivierbare Kriterien zugrunde liegen – stößt man unweigerlich auf das Phänomen, daß es der jeweilige Begriff des Mythos ist, der, zumeist unausgesprochen, jede Deutung seines theoretischen und künstlerischen Werks präformiert. Denn im Zug der Selbstverständigung über das Wesen seiner Kunst spricht Wagner nicht nur *über* den Mythos, sondern er tut dieses – man denke an die sprachliche Eigentümlichkeit seiner Schriften – gleichsam *mythisch*.[37] So verfällt beides, Gegenstand und Betrachtungsweise Wagners, wissentlich oder nicht, dem Verdikt des jeweilig vorgegebenen, wie und inwieweit auch immer ausgeprägten Mythosbegriffs.

Es erscheint daher dringend geboten, Wagner-Deutung und Mythos-(vor)verständnis so zu korrelieren, daß die in der Regel implizit wirksame Abhängigkeit der Wagner-Interpretation von dem jeweils zugrundeliegenden Mythosbegriff transparent wird. Hierzu muß einerseits der aktuelle Mythosdiskurs aufgenommen und zu einem operablen Mythosbegriff verarbeitet, andererseits dieser Mythosbegriff bewußt und

---

[35] Ebenda, S. 154.
[36] Jacob Grimm, Gedanken wie sich die sagen zur poesie und geschichte verhalten, in: ders., Kleinere Schriften Bd. I, Hildesheim 1965, S. 402.
[37] In diesem Sinn läßt sich durchaus von einer »Mythisierung« von seiten Wagners sprechen, nämlich verstanden als Sinnadaption im Medium mythischer Erfahrung.

systematisch als Interpretationsgrundlage an das Gesamtwerk Wagners herangetragen werden. Dieses Verfahren bietet die Chance, die Form des Wagnerschen Denkens als Voraussetzung seines Schaffens eigens zu thematisieren und sie aus dem Niemandsland ins Zentrum wissenschaftlichen Interesses zu rücken.

Die Aufwertung, die der Mythos in den letzten Jahren – und nicht zuletzt aufgrund vielfältiger und seriöser Forschung – im öffentlichen Bewußtsein erfahren hat, ist bis zu maßgeblichen Instanzen der Wagnerforschung (mit wenigen Ausnahmen) nicht vorgedrungen. Das Motto ›Wissenschaft statt Mythos‹, wie es die historisch-kritische Wagnerforschung – wenn auch aus unmittelbar einleuchtenden Gründen quelleneditorischer Arbeit – auf ihre Fahnen geheftet hat, ist nach dem Stand der modernen Mythosforschung auch in Sachen Wagner nicht haltbar. Die Tendenz freilich, den Mythos wegzudeuten, ihn entschärfend umzudeuten, und sei es in der sprachlichen Form der Metapher, oder ihn ›ideologiekritisch‹ gegen Wagner überhaupt zu kehren –, diese Tendenz hat das Wagner-Verständnis der Nachkriegszeit, und zwar unverkennbar in Abhängigkeit eines der philosophischen Moderne, insbesondere der Frankfurter Schule verpflichteten, historisch-reduktiven Mythosbegriffs, nachhaltig bestimmt und prägt bis heute das Erscheinungsbild der Werke Wagners auf der Bühne. Bild und Text moderner Wagner-Rezeption scheinen dazu angetreten, anschaulich wie argumentativ dem Wagnerschen Mythos entgegenzutreten: ihm entweder eine Art Stellvertreterfunktion zuzuweisen, nämlich zu zeigen, daß der Mythos ›im eigentlich Sinn‹ bei Wagner keine Rolle spielt und nichts anderes ist als ein Mittel der Darstellung, eine allegorische Hülse für Inhalte, die nicht dem geschichtlich weit überholten Mythos, sondern den Problemen und Perspektiven des 19. Jahrhunderts zugehören;[38]

---

[38] Paradigmatisch hierfür: Hans Mayer, Wagners »Ring« als bürgerliches Parabelspiel (1965), in: ders., Anmerkungen zu Richard Wagner, 2. Aufl., Frankfurt a.M. 1977, S.100-111; Patrice Chéreau, Kommentare zu »Mythologie und Ideologie«, in: Bayreuther Programmheft VI »Siegfried« 1977, S.33-48, insbes. Absatz V. u. VII.: Wagners »Ring« als »Mythologie des 19. Jahrhunderts« (S.43) gefaßt und folgerichtig als »szenische Allegorie« (S.40) für die Bühne konzipiert. Zum Deutungskomplex ›Mythos als Allegorie‹ vgl. Dieter Borchmeyer, Vom Anfang und Ende der Geschichte. Richard Wagners mythisches Drama. Idee und Inszenierung, in: Peter Kemper (Hg.), Macht des Mythos – Ohnmacht der Vernunft? Frankfurt a.M. 1989, S.177ff., der jene allegorisierenden Regiekonzepte in die Nachfolge von Shaws »Ring«-Kommentar »The Perfect Wagnerite« (1898; dt. zuerst als »Ein Wagner-Brevier«, Berlin 1908) stellt und sie in ihrem aporetischen Charakter entlarvt. Mit der These vom »Mythos als Zivilreligion« wird eine neue Etappe im Diskurs

oder ihn als einen in seinen geschichtlichen ›Folgen‹ äußerst unheilvollen Versuch der »Rückkehr zur mythologischen Weltordnung«[39] zu denunzieren. Dies sind die beiden Seiten der Medaille, um die zur Frage des Mythos in der Wagnerforschung heute überwiegend und wetteifernd gestritten wird.

Entsprechend negativ ist die Bilanz der wissenschaftlichen Untersuchungen, die sich den Mythos bei Wagner *als solchen* zum Thema gesetzt haben. Gewiß, eine abrißhaft-exemplarische Übersicht hat Bemühungen der verschiedensten Fachrichtungen zu verzeichnen, Mythisches, mehr noch Mythologisches bei Wagner aufzuspüren und zuzuordnen.

So gibt es von seiten der Altgermanistik und Mediävistik zahlreiche, bis weit in das vergangene Jahrhundert zurückreichende Versuche, Wagners »Ring«-Dichtung stoff- und motivgeschichtlich auf die Verwendung der Quellen hin zu befragen;[40] neuerdings ist auch versucht worden, seinen Nibelungenmythos als »fiktives Mittelalter«, als revolutionäres »Geschichtsdrama« im Dienst eines utopischen Sozialismus zu interpretieren.[41] Verschiedene Arbeiten aus dem Bereich der Altphilologie dokumentieren den Zusammenhang von Wagners Dramenkonzeption mit dem Erbe der griechischen Antike.[42] In der Literaturwissenschaft ist

zur Entmythisierung des Musikdramas erreicht in: Udo Bermbach, Der Wahn des Gesamtkunstwerks. Richard Wagners politisch-ästhetische Utopie, Frankfurt a.M. 1994.

[39]  Mork, Richard Wagner als Schriftsteller, a.a.O., S. 23.

[40]  Franz Müller, Der Ring des Nibelungen – eine Studie zur Einführung in die gleichnamige Dichtung Wagners, Leipzig u. Berlin 1862 (Müller erkundigte sich in einem Schreiben vom 8. Dezember 1855 bei Wagner nach den Quellen, die dieser für die Erstellung der »Ring«-Dichtung verwendete, vgl. Wagners Antwortbrief v. 9. Januar 1856 nebst Kommentar in: SB VII, 334ff.); Hans von Wolzogen, Der Nibelungenmythos in Sage und Literatur, Berlin 1876; Ernst Meinck, Die sagenwissenschaftlichen Grundlagen der Nibelungendichtung Richard Wagners, Berlin 1892; Wolfgang Golther, Die sagengeschichtlichen Grundlagen der Ringdichtung Richard Wagners, Charlottenburg(-Berlin) 1902; Hans Schneider, Richard Wagner und das germanische Altertum, Tübingen 1939; Peter Wapnewski, Der traurige Gott. Richard Wagner in seinen Helden, München 1978; Volker Mertens, Richard Wagner und das Mittelalter, in: RWHb 19-59; Ulrich Müller unter Mitwirkung v. Oswald Panagl, Die mittelalterlichen Quellen zu Richard Wagners »Ring«-Dichtung – Eine Dokumentation, in: Bayreuther Programmhefte II-III »Das Rheingold« u. »Die Walküre« 1988.

[41]  Helmut G. Walther, Das Mittelalter des 19. Jahrhunderts in Wagners »Ring«. Abschied von Geschichte und Mythenzauber, in: Nordbayerischer Kurier. Festspielnachrichten 1995, Rheingold/Walküre S. 2ff.; Siegfried/Götterdämmerung S. 38ff.

[42]  George Wrassiwanopulos-Braschowanoff, Richard Wagner und die Antike. Ein Beitrag zur kunstphilosophischen Weltanschauung Richard Wagners, Bayreuth 1905 (Diss. Erlangen 1905); Robert Petsch, Der »Ring des Nibelungen« in seinen Beziehungen zur griechischen Tragödie und zur zeitgenössischen Philosophie, in: RWJb II (1907), 284-330; Curt von Westernhagen, Richard Wagner. Sein Werk, sein Wesen, seine Welt, Zürich

seine Mythos- und Kunsttheorie auf ihr Verhältnis zur deutschen Klassik und Romantik hin untersucht,[43] sind seine Dichtungen nach strukturalistischer Methode anhand ihrer »Mytheme« analysiert worden.[44] Auf dem Feld der Tiefenpsychologie ist Wagners »Ring«-Mythos auf seine Archetypik hin untersucht worden.[45] Von musikwissenschaftlicher Seite ist der strukturalistisch, tiefenpsychologisch und dialektisch fundierte Mythosbegriff aufgenommen und diskutiert[46] sowie durch Untersuchung der Zeitartikulation in Wagners Musik einer mythischen Deutung seines Kunstwerks vorgearbeitet worden.[47] Aus der Philosophie, genauer ihrer Tochterdisziplin, der Wissenschaftstheorie schließ-

---

1956, S. 132-144: Das Beispiel der griechischen Tragödie; ders., Wagner, 2. Aufl., Zürich 1979, S. 102-109: Der germanische Mythos und die griechische Tragödie; Wolfgang Schadewaldt, Wagner und die Griechen, in: ders., Hellas und Hesperien, Bd. 2, 2. Aufl., Zürich u. Stuttgart 1970, S. 341-405; Ulrich Müller, Richard Wagner und die Antike, in: RWHb 7-18; Dieter Bremer, Wagner und Aischylos, in: Bayreuther Programmheft VI »Götterdämmerung« 1986, S. 1-22; ders., Vom Mythos zum Musikdrama. Wagner, Nietzsche und die griechische Tragödie, in: Wege des Mythos in der Moderne. Richard Wagner »Der Ring des Nibelungen«, Eine Münchner Ringvorlesung, München 1987, S. 41-63; Villy Sorensen, Griechische und nordische Mythologie als Inspirationsquellen Richard Wagners, in: Bayreuther Programmheft V »Siegfried« 1989, S. 1-24; Ulrich Müller/Oswald Panagl, Literatur und Mythologie der Griechen in Richard Wagners »Ring«-Dichtung. Eine kommentierte Dokumentation, in: Bayreuther Programmhefte III-VI »Ring«-Zyklus 1990.

43 Fritz Strich, Die Mythologie in der deutschen Literatur von Klopstock bis Wagner, Bd. 2, Halle a.S. 1910, S. 450-478; Klaus Ziegler, Mythos und Dichtung, in: Reallexikon der deutschen Literaturgeschichte, begründet v. Paul Merker u. Wolfgang Stammler, Bd. 2, 2. Aufl., Berlin 1965, § 6; Heinz Gockel, Mythologie als Ontologie. Zum Mythosbegriff im 19. Jahrhundert, in: Helmut Koopmann (Hg.), Mythos und Mythologie in der Literatur des 19. Jahrhunderts, Frankfurt a.M. 1979, S. 25-58; Dieter Borchmeyer, Das Theater Richard Wagners. Idee – Dichtung – Wirkung, Stuttgart 1982; ders.: »Faust« und »Der Ring des Nibelungen«. Der Mythos des 19. Jahrhunderts in zwiefacher Gestalt, in: ders. (Hg.), Wege des Mythos in der Moderne, a.a.O., S. 133-158.

44 Dagmar Ingenschay-Goch, Richard Wagners neu erfundener Mythos. Zur Rezeption und Reproduktion des germanischen Mythos in seinen Operntexten, Bonn 1982.

45 Jolande Jacobi, Archetypisches im Ring des Nibelungen, in: Richard Wagner und das neue Bayreuth, hg. v. Wieland Wagner, München 1962, S. 136-149; Lynn Snook, Weltgeschichte aus dem Mythos, in: Bayreuther Programmheft V »Walküre« 1975, S. 4ff.

46 Carl Dahlhaus, Musik als strukturale Analyse des Mythos. Claude Lévi-Strauss und der »Ring des Nibelungen«, in: Wege des Mythos in der Moderne, a.a.O., S. 64-74; Robert Donington, Richard Wagners »Ring des Nibelungen« und seine Symbole. Musik und Mythos, Stuttgart 1976; Peter Ackermann, Richard Wagners »Ring des Nibelungen« und die Dialektik der Aufklärung (Frankfurter Beiträge zur Musikwissenschaft, Bd. 9), Tutzing 1981.

47 Pierre Boulez, Die neuerforschte Zeit, in: Bayreuther Programmheft I »Rheingold« 1976, S. 19-36; Stefan Kunze, Zeitstrukturen in Wagners Musikdrama, in: Bayreuther Programmheft II »Der Fliegende Holländer« 1980, S. 70-84.; ders., Zeit und Zeitlosigkeit im Musikdrama, in: ders., Der Kunstbegriff Richard Wagners, a.a.O., S. 217-237; Richard Klein, Solidarität mit Metaphysik? Ein Versuch über die musikphilosophische Problematik der Wagner-Kritik Theodor W. Adornos, Würzburg 1991.

lich stammt der in vorliegendem Buch systematisch weiterverfolgte Ansatz, den dort entwickelten, gegen die Form wissenschaftlichen Denkens exakt abgegrenzten und vor diesem rehabilitierten Mythosbegriff an das Werk Wagners heranzutragen.[48]

Was zum Thema Mythos bei Wagner grundsätzlich aussteht, ist zunächst eine detaillierte Untersuchung seiner theoretischen Äußerungen über das Wesen des Mythos sowie über den Zusammenhang von Mythos und Geschichte einerseits, Mythos und Drama andererseits, und zwar vor dem Hintergrund der von Wagner sehr deutlich gesehenen Dominanz des historischen, des wissenschaftlichrationalen Denkens seiner Zeit. Darüber hinaus bedarf es der Reflexion über die »Bedingungen und Voraussetzungen... die Ziele und Zusammenhänge, Querverbindungen und Grenzen« dieser Art des »Wissens«,[49] um einer längst überfälligen Grundlagendiskussion zum Wesen des Wagnerschen Dramas, die der Sachlage nach von einer Neubesinnung auf das Wesen des Mythos ausgehen muß, den Boden zu bereiten.[50]

---

[48] Kurt Hübner, Wirklichkeit und Unwirklichkeit des Mythos in Richard Wagners Werk, in: Bayreuther Programmheft IV »Walküre« 1984, S. 20ff.; in veränderter Form wiederum in: ders., Die Wahrheit des Mythos, München 1985, Kap. XXVIII »Richard Wagners Mythos vom Untergang des Mythos«; ders., Lebensgeschichte und Welterlösung. Zum Problem moderner Wagner-Inszenierungen, in: RWBl 12, 3-4/88, S. 75-90.

[49] Vgl. Rombach, Wissenschaft und Wissenschaftstheorie, a.a.O., S. 9.

[50] Vgl. Rezension d. Verf. (P.-H. Drescher) v. Kurt Hübners »Die Wahrheit des Mythos«, München 1985, in: RWBl 9, 3-4/85, S. 210ff.

# D. Die Grundlage: Mythos und Wahrheit

Wenn Wagner im Jahre 1877 klagend konstatiert, »daß man jetzt mit einer dem Mythos so entfremdeten Welt es zu thun habe«, so darf diese Feststellung getrost, klagend oder nicht, über weit mehr als ein Jahrhundert bis in unsere Zeit vorangeschoben werden, ohne daß sie – trotz postmoderner Mythenrenaissance – etwas von ihrer Gültigkeit verlöre.

Eine Welt, in der »Mythen und Mythos durch die Geschichte hindurch bis in unsere verdämmernden Tage« als »der Wirklichkeit sowie der menschlichen Erfahrung absolut zuwiderlaufen[d]« gedeutet werden,[1] eine »vom Geschichtsdenken geprägte[n] Welt«, in welcher der Mythos deshalb als eine »dubiose Angelegenheit« begriffen wird, weil er sich nicht auf »historische Fakten« gründet, ja »diesen widerspricht«[2], ist von der Mythosferne der Wagnerära, deren Unvertrautheit mit und deren Voreingenommenheit gegenüber dem Mythos, nicht so weit entfernt, wie es die gegenwärtige Konjunktur der Mythosthematik suggerieren möchte, wie es vor allem der fundierten Arbeit von Generationen von Mythos-Forschern entspräche.

Allein die Verwendung des Wortes »Mythos« – und nicht allein umgangssprachlich – spricht hier buchstäblich für sich. Da gibt es eigentlich nichts, was *nicht* als Mythos bezeichnet werden könnte. Seien es Sachverhalte, Personen oder Meinungen: was diese unter den Begriff des »Mythos« zusammenzwingt, ist die Behauptung ihrer Irrealität, ihrer Irrationalität, ihrer Unwahrheit: »In der Umgangssprache des heutigen Menschen bedeutet Mythos alles, was im Gegensatz steht zur ›Wirklichkeit‹.«[3]

So hat es das wieder erwachte Interesse am Mythos, an seinen Bildern, seinen Gegenständen, seinen Funktionen, mit dem Erbe eines inflationär gebrauchten, in der Regel metaphorisch-pejorativ eingesetzten und damit weitgehend (sinn-)entleerten Mythosbegriffs zu tun, demgegen-

---

[1]  Günter Kunert, Auf der Suche nach dem verlorenen Halt. Die Mythen und die Wirklichkeit menschlicher Erfahrung, in: FAZ Nr. 261 v. 9. November 1985.
[2]  Hermann J. Abs, Geleitwort zu: Rainer Cadenbach, Mythos Beethoven. Ausstellungskatalog, Laaber 1986, S. 5.
[3]  Mircea Eliade, Gefüge und Funktion der Schöpfungsmythen, in: Die Schöpfungsmythen, Darmstadt 1980, S. 11.

über die Frage nach der Wahrheit des Mythos obsolet erscheint. Selbst wenn der »Rätselcharakter des Mythos«, sein »mehrdeutiges Gefüge«, »seine unendliche Interpretierbarkeit« und die von ihm ausgehende Provokation für ein aufgeklärtes Vernunftdenken heute wieder positiv aufgefaßt werden, selbst wenn seine »Modelle der Weltdeutung« ernstgenommen, in ihm gar »alternative Weltzugänge« gesehen werden, gilt die an den Mythos gerichtete philosophische Wahrheitsfrage als zirkuläre Bestätigung der rationalen Kriterien wissenschaftlichen Denkens und seiner »Überlegenheit«[4].

Freilich ist es richtig, daß Mythen nicht über sich selbst theoretisieren; fraglos ist es das »Bedürfnis« des »Logos«, der über die »Rekonstruktion« versucht, den Mythos wieder zum Sprechen zu bringen: ein vergebliches Unterfangen nach dem repräsentativen Urteil eines kundigen Literaturwissenschaftlers.[5] Hier darf jedoch aus wissenschaftstheoretisch-philosophischer Sicht entgegnet werden, daß Mythen aus der »Perspektive des theoretisierenden Logos« nur dann »immer stumm« erscheinen, die »Definitionsversuche der Logiker« nur dann »so oft den Charakter von Wutausbrüchen gegen jemanden an[nehmen], der nicht hören will«[6], wenn es diesem Logos nicht gelingt, ausreichend Distanz zu sich selbst zu gewinnen, indem er sich gerade in der Fähigkeit zur Selbstreflexion vom Mythos unterscheidet (und damit der Rede vom »Mythos der Wissenschaft« seinerseits begegnet).

Um mit dem Mythos ›wirklich‹ ins Gespräch zu kommen, genügt es also nicht, diesen als das »stets mögliche Andere des Logos... statt als dessen ferne Vorgeschichte« zu betrachten; es reicht nicht aus, ihn am »Gegenpol zum logisch-begrifflichen Denken« anzusiedeln,[7] ohne dieses Denken – als einen uns verbliebenen Schlüssel zum Mythos – selbst auf seine Kategorien, seine Funktionsweise und -gesetze hin zu befragen. Aufgrund der Differenzbestimmung, die der selbstkritische Logos zum Mythos vorzunehmen in der Lage ist, vermag er am Mythos doch mehr zu begreifen als »was ihm gleicht«[8]; er kann an seinem »ewige[n] Gegenüber« doch einen Zugang zu »jener entscheidenden Qualität, die

---

4   Peter Kemper, Vorwort, in: ders (Hg.), Macht des Mythos – Ohnmacht der Vernunft? Frankfurt a.M. 1989, S. 7.
5   Gert Mattenklott, Wen interessieren heute Göttergeschichten? in: Kemper (Hg.), Macht des Mythos – Ohnmacht der Vernunft? a.a.O., S. 14f.
6   Ebenda, S. 15.
7   Ebenda, S. 14f.
8   Ebenda, S. 15.

das Anderssein ausmacht«[9], finden, und damit auch die Frage nach der Wahrheit des Mythos wieder offen halten.

Diese Frage verdankt ihre Aktualität also der Tatsache, daß sie eben nicht identisch ist mit der Suche nach dem Sinn von un-logischen Phantasievorstellungen. Sie wird daher zu Unrecht vielfach noch immer behandelt als sentimental-nostalgisches Relikt einer Lieblingsidee der Romantiker, an der die heutigen Vertreter postmoderner Wissenschaftsfeindlichkeit in krampfhaftem Selbstwiderspruch eigensinnig festhalten.

Während man über Jahrhunderte, von der antiken bis zur modernen Aufklärung, im wesentlichen das suchte, was man im Mythos nur »anders gesagt«, d.h. »allegorisch« verschlüsselt glaubte, war es die Mythosforschung der Romantik – sie spielt in der Gesamtentwicklung der deutschen Mythostheorie eine »alle anderen Epochen unvergleichlich überragende Rolle«[10] –, mit der sich zuerst die Erkenntnis vom Mythos als einer eigenen, originären und unübersetzbaren Weise menschlicher Welterfahrung und Weltauslegung Bahn zu brechen begann. Dennoch konnte diese den von ihr empfundenen und postulierten Wahrheitsanspruch des Mythos nur unzureichend begründen. Den offensichtlichen Widerspruch mythischer Weltsicht zum »Erfahrungs-, Tatsachen- und Wirklichkeitsbegriff der Neuzeit und ihrer Wissenschaft«, der im Zeitalter des Barock und der Aufklärung grundsätzlich und ausdrücklich zur »erkenntnismäßige[n] Abwertung des Mythischen« geführt hat,[11] kann auch die romantische Mythostheorie nicht überwinden. Gleichwohl bezeichnet sie eine geistesgeschichtliche Wende, deren Signum Schellings bekannte Begriffsbestimmung ist. Der Mythos ist hiernach nicht »allegorisch«, als bloßes Gleichnis, sondern – ein »eigenes Princip« verkörpernd – nur aus sich selbst heraus, d.h. »tautegorisch« zu verstehen.[12]

Die zu Beginn des 19. Jahrhunderts sich durchsetzende Entdeckung der historischen Dimension allen Seins hat den Mythos, seine Wahrheit und Wirklichkeit, in eine ferne Vergangenheit entrückt. Im Zeitalter des

---

[9]  Ebenda.
[10] Klaus Ziegler, Mythos und Dichtung, in: Reallexikon der deutschen Literaturgeschichte, Bd. 2, 2. Aufl., Berlin 1965, S. 572.
[11] Ebenda, S. 570.
[12] Friedrich Wilhelm Joseph Schelling, Einleitung in die Philosophie der Mythologie, Darmstadt 1973 (Nachdruck d. Ausg. v. 1856), S. 196 u. 243.

Historismus wird auch das Phänomen des Mythos letztlich unter dem dominierenden Aspekt des Geschichtlichen behandelt und gedeutet: im Bewußtsein von Evolution und Fortschritt sieht man die Wahrheit des Mythos vornehmlich in seiner historischen Tatsächlichkeit und seiner Funktionalität in einem frühen mentalen und sozialen Zusammenhang. Sein Erkenntniswert aber wird gegenüber dem Stand neuzeitlich-wissenschaftlichen Denkens als primitiv und minderwertig eingestuft.

Erst im Laufe unseres Jahrhunderts beginnt der Mythos zu einem Potential zu werden, »das ihn für Philosophie und Wissenschaft zum Gegenspieler macht und wissenschaftliche Rationalität zur Besinnung auf ihre Grenzen zwingt«[13]. Denn offenbar erst die fundamentale Krise wissenschaftlichen Denkens bietet geschichtlich die Voraussetzung für eine Entdeckung und Würdigung des Mythos als einer eigenen Form des Denkens, als eines eigenen Erkenntnissystems zur Konstituierung und Koordinierung von Wirklichkeit.

Deutet Max Weber zu Beginn dieses Jahrhunderts den Prozeß der zunehmenden »Intellektualisierung und Rationalisierung« als »Wissen davon oder den Glauben daran«, daß man »alle Dinge – im Prinzip – durch *Berechnen beherrschen* könne« und es »also prinzipiell keine geheimnisvollen Mächte gebe, die da hineinspielen«[14], so ist es die Besinnung auf die erkenntnistheoretischen Grundlagen dieser »Entzauberung der Welt«[15], die in etwa gleichzeitig die »Geburtsstunde der modernen Mythos-Forschung«[16] einleitet. Aus der Bewegung des Neukantianismus in Gestalt der bis in die Gegenwart folgenreichen Untersuchungen Ernst Cassirers zur Form mythischen Denkens[17] erwächst zuerst das Bewußtsein dafür, »daß auch eine mythische Kultur auf ein System von Anschauungen und Begriffen gestützt wird, die man *ihre* apriorischen Grundlagen nennen kann«[18].

Wie Kurt Hübner aus wissenschaftstheoretischer Sicht erläutert, wird dem Mythos durch den Transzendentalismus Cassirers, da er ihn

---

[13]  Axel Horstmann, Mythos, Mythologie, in: Historisches Wörterbuch der Philosophie, hg. v. Joachim Ritter u. Karlfried Gründer, Bd. 6, Basel 1984, Sp. 300.

[14]  Max Weber, Wissenschaft als Beruf, (1919) 7. Aufl., Berlin 1984, S. 17.

[15]  Ebenda.

[16]  Hübner, Die moderne Mythos-Forschung – eine noch nicht erkannte Revolution, in: Borchmeyer (Hg.), Wege des Mythos in der Moderne, a.a.O., S. 238.

[17]  Ernst Cassirer, Philosophie der symbolischen Formen, Zweiter Teil: Das mythische Denken, Berlin 1925.

[18]  Hübner, Die moderne Mythos-Forschung, a.a.O., S. 238.

entwicklungsgeschichtlich einbindet, dennoch nur »eine Art provisorischer Wahrheit auf niedrigem Niveau« attestiert.[19] Dagegen behaupte der die Ergebnisse Cassirers mitverarbeitende Strukturalismus Lévi-Strauss' bereits die »Gleichwertigkeit von Mythos und Wissenschaft«, wenn auch nur hinsichtlich der »*formalen* Identität ihrer Rationalität«. Jene Richtung der neueren Forschung, die den Mythos zwar gleichfalls als ein in sich geschlossenes, die gesamte Lebenswirklichkeit umfassendes System der Anschauung und des Denkens betrachte, dieses aber zugleich aus der »Erfahrung einer göttlichen Gegenwart, etwas Numinosem« herleite – Hauptvertreter sind Walter F. Otto, Wilhelm Grönbech, Karl Kerényi, Mircea Eliade und André Jolles –, könne, ähnlich wie die romantische Mythosforschung, ihre These lediglich historisch aufweisen, nicht aber philosophisch begründen.[20] Hierin erzielt die Wissenschaftstheorie und wesentlich die auf ihren Fundamenten aufbauenden Untersuchungen Hübners forschungsgeschichtlich einen Durchbruch, indem sie nicht allein das Erfahrungssystem des Mythos zu beschreiben, sondern darüber hinaus vor dem Überlegenheitsanspruch wissenschaftlichen Denkens zu rechtfertigen erlauben. Aufgrund dieser Qualitäten birgt insbesondere das von Hübner bereitgestellte Instrumentarium die historische Chance, auch in der Wagnerforschung von einer zeitgeschichtlich-ideologisierten zu einer philosophisch-fundierten Mythosdiskussion zu gelangen.

Geht es in der Wissenschaftstheorie – »dieser von der Selbstreflexion der Wissenschaft bis zu ihren bohrenden Selbstzweifeln handelnden philosophischen Disziplin«[21] – vor allem um die Beziehung der Wissenschaft zur Wirklichkeit und Wahrheit, so werden aus ihren Reihen genau die für die Eröffnung der modernen Mythosdiskussion entscheidend wichtigen Fragen gestellt, nämlich: »Ist die Wissenschaft wirklich die der Vernunft einzig angepaßte Form der Wirklichkeitsbetrachtung?« und: »Haben wir mit ihr wirklich den einzig möglichen Schlüssel an der Hand, uns Zugang zur Wahrheit zu verschaffen...?«[22].

Aufgrund der wissenschaftstheoretischen Einsicht in die Unmöglichkeit, der Wissenschaft eine »absolute Grundlage« zu geben – der Einsicht,

---

[19]  Ebenda, S. 245; vgl. auch ders., Die Wahrheit des Mythos, a.a.O., S. 65f.
[20]  Ders., Die moderne Mythos-Forschung, a.a.O., S. 242ff.
[21]  Ders., Die Wahrheit des Mythos, a.a.O., S. 413.
[22]  Ders., Aufstieg vom Mythos zum Logos? Eine wissenschaftstheoretische Frage, in: Kemper (Hg.), Macht des Mythos – Ohnmacht der Vernunft? a.a.O., S. 36.

daß auch die Wissenschaft eine geschichtliche Wirklichkeit darstellt und damit kontingent ist –,[23] versteht sich die Wissenschaftstheorie als Instanz, Mythosforschung als ein Zuendedenken wissenschaftlicher Selbstreflexion zu betreiben. Sie begreift sich gleichsam als Ort der Vollendung einer »stille[n] Revolution«, die durch die Resultate einer fast zweihundert Jahre währenden Mythosforschung eingeleitet wurde.[24] Grundlegende Überzeugungen unserer Epoche erschütternd, führt sie die philosophische Frage nach der Wahrheit des Mythos – bisher Fluchtpunkt moderner Mythosforschung – einer »ontologischen Lösung« zu.[25]

Hierbei erfolgt die Erforschung der Grundlagen des Mythos über den systematischen Vergleich der wissenschaftlichen Denk- und Erfahrungsformen mit denjenigen des Mythos. Wissenschaft und Mythos werden anhand der sie definierenden Strukturen – jener Strukturen, die als »Begriffsgefüge« das »Sein im Ganzen« beschreiben, d.h. der »Ontologien«[26] – auf ihre spezifischen Unterschiede hin befragt. Da in diesem Sinn also auch mythisches Denken ontologisch begründet ist, wird die Frage nach der Wahrheit des Mythos zur Frage nach der Rechtfertigungsfähigkeit mythischer Ontologie.[27]

Da nun eine Ontologie, sei sie wissenschaftlich oder mythisch, wissenschaftstheoretisch ein Erfahrungssystem a priori darstellt, sie mithin einen »durch bestimmte Grundbegriffe oder Grundvorstellungen gesetzten Rahmen« bereitstellt, durch den überhaupt erst festgelegt wird, was innerhalb seiner Grenzen etwa ein Gegenstand, eine Tatsache, eine Erklärung dieser Gegenstände und Tatsachen ist; da also eine Ontologie als »eine Art Instrument, womit Erfahrung organisiert wird«, überhaupt erst die apriorischen Voraussetzungen für Erfahrung liefert, kann sie nicht selbst auf Erfahrung gründen.[28] Sie kann aber auch nicht aus der Vernunft hergeleitet werden, weil auch die Vernunft ein ontologisches Fundament zu ihrer Voraussetzung hat.[29]

---

23  Vgl. ders., Die Wahrheit des Mythos, a.a.O., S. 410 u. 413, sowie auch ders., Die Metaphysik und der Baum der Erkenntnis, in: Stuttgarter Hegel-Kongress (1987). Metaphysik nach Kant? Hg. v. Dieter Henrich u. Rolf-Peter Horstmann, Stuttgart 1988, S. 37.
24  Ebenda, S. 410.
25  Ders., Die moderne Mythos-Forschung, a.a.O., S. 256.
26  Ders., Aufstieg vom Mythos zum Logos? a.a.O., S. 37.
27  Vgl. ders., Die moderne Mythos-Forschung, a.a.O., S. 245f.
28  Ders., Aufstieg vom Mythos zum Logos? a.a.O., S. 43.
29  Vgl. ebenda, S. 44 sowie ders., Die moderne Mythos-Forschung, a.a.O., S. 249f.

Hieraus folgt im Argumentationsgang wissenschaftstheoretischer Mythosforschung, daß es keine Möglichkeit gibt, durch Wissenschaft den Vorzug wissenschaftlicher Wahrheit vor derjenigen des Mythos zu begründen. Der Wissenschaft eignet nicht mehr Rationalität als dem Mythos; sie enthält »nicht mehr und nicht weniger Vernunft als der Mythos, sondern nur eine andere«[30].

Der Vorzug wissenschaftlichen Denkens vor demjenigen des Mythos läßt sich, so ein weiteres Argument des Wissenschaftstheoretikers, auch nicht dadurch beglaubigen, daß man auf die praktischen Erfolge wissenschaftlicher Rationalität, die umwälzenden Errungenschaften auf dem Gebiet der Technik verweist. Denn auch die Zwecke, die ein Denken verfolgt, werden durch die ihm zugrundeliegende Ontologie bestimmt und sind ebensowenig verabsolutierbar wie die Ontologie selbst.[31] Wie aber funktioniert das Erfahrungssystem des Mythos? Wie entfaltet es die ihm eigene lebensgestaltende und wissen-schaffende Potenz? Und welche Kategorien sind es, die mythischem Denken zugrunde liegen?

Aufgrund eingehender Analysen der Formen mythischer Rationalität – hier hat Hübner Pionierarbeit geleistet – vermag er anhand wesentlicher Aspekte (so der Frage nach dem Gegenstandsbegriff, nach der Auffassung von Abläufen, nach der Vorstellung von Raum und Zeit), Mythos als ein Denksystem zu erfassen, das gerade auch für das Verständnis von Theorie und Werk Wagners von entscheidender Bedeutung ist.

Die hinsichtlich des uns vertrauten Wirklichkeitsverständnisses gänzlich anders bestückte und strukturierte Erfahrungswelt des Mythos beginnt sich aufzutun, wenn es gelingt, die dem Mythos fehlende »erklärende Distanz zur Wirklichkeit«[32] nicht als einen Mangel, sondern als ein systemimmanentes Merkmal mythischer Ontologie zu begreifen. Denn das primär analytische Verfahren wissenschaftlichen Weltbegreifens, auf den Mythos angewandt, ist in Gefahr, mit seinem Instrumentarium gerade den Gegenstand zu zerstören, den es sich eben aneignen will. Die für den Mythos konstitutiven Gegenstände zerfallen vor den Augen einer die eigenen Denkschemata allzu unbedenklich auf den Mythos ausbreitenden wissenschaftlichen Neugier in die Teile, die dem Differen-

---

[30] Ders., Aufstieg vom Mythos zum Logos? a.a.O., S. 44.
[31] Vgl. ebenda, S. 45.
[32] Ders., Die nicht endende Geschichte des Mythischen, in: Scheidewege 16, 1986/87, S. 22.

zierungsbedürfnis postmythischen Denkens vertraut und selbstverständlich, dem Mythos aber fremd sind. Wer in das System mythischer Ontologie, in die mythische Form der Organisation von Erfahrung einzudringen versucht, wird finden, daß jene Gegenstände, die er streng auseinanderzuhalten gewohnt ist, bis zur Ununterscheidbarkeit eng miteinander verbunden sind und auch nur in dieser Einheit überhaupt als existierend vorgestellt werden können.

Es ist die Rede von der »Einheit des Ideellen und Materiellen«, des Inneren und Äußeren, des Göttlichen und Menschlichen, die »für den Mythos eine ebenso grundlegende Bedeutung [hat] wie ihre Auflösung für die wissenschaftliche Ontologie«[33]. Denn es ist ja doch die Trennung von Ich und Welt, von Subjekt und Objekt – der Name Descartes steht für diesen gewichtigen Schritt in der Entwicklung unserer Geistesgeschichte –, welche die wissenschaftliche Ontologie prägt und unser Wirklichkeitsverständnis, unser gesamtes Weltbild mit all ihren Ausläufern, auf dem Gebiet der Kultur nicht minder als auf dem der Technik, bedingt und bestimmt. Für den Mythos dagegen ist die Einheit von Subjekt und Objekt, d.h. auch von Mensch und Natur, von Natur und Geschichte, konstitutiv, – »sie prägt mythische Gegenständlichkeit von Grund auf«[34]. Wie aber hat man sich mythische Gegenständlichkeit in der Einheit des Ideellen und Materiellen vorzustellen?

Der Gegenstandsbereich mythischen Denkens, der weder eine Natur- oder Menschenwelt für sich genommen, noch auch eine Psyche oder eine Geschichte an sich kennt, ist vielmehr durch das alldurchdringende Wirken numinoser Wesen definiert. Der mythische Gegenstand in der Einheit des Ideellen und Materiellen ist etwas »Numinoses«, ist die »Erscheinung eines numinosen Wesens«[35]. Dabei ist unter dem Begriff des Numinosen nach Hübner »eine allgemeine religiöse Kategorie« zu verstehen, nämlich das »Göttliche«, das »in Raum und Zeit erscheint«, das »Heilige« – in Anlehnung an Rudolf Otto[36] –, das den Menschen »im ›Mysterium tremendum‹ erzittern läßt und ihn zugleich im ›Mysterium fascinosum‹ in seinen Bann zieht«.[37]

---

[33] Ders., Die Wahrheit des Mythos, a.a.O., S. 109.
[34] Ebenda.
[35] Ebenda, S. 110.
[36] Vgl. Rudolf Otto, Das Heilige. Über das Irrationale in der Idee des Göttlichen und sein Verhältnis zum Rationalen, München 1987 (zuerst ebenda 1936).
[37] Hübner, Kritik der wissenschaftlichen Vernunft, Freiburg/München 1978, S. 29.

Die Wirkung dieser numinosen Wesen erstreckt sich dabei über den gesamten Lebenskreis[38] und gibt sich durch Zeichen, durch Numina, kund[39] – sei es in der Natur, sei es im Menschen oder in seinem geschichtlich-gesellschaftlichen Dasein. Für den Mythos ist also kein Naturgegenstand etwas rein Materielles, keine menschliche Eigenschaft etwas rein Ideelles; vielmehr wirkt in beiden eine »mythische Substanz«, die dem je gleichartigen Naturgegenstand und der je gleichartigen menschlichen Eigenschaft ihre unverwechselbare Identität verleiht. Dies eben geschieht durch die Gegenwart eines numinosen Wesens, durch die Anwesenheit einer Gottheit, deren Name zwar ein Individuum bezeichnet, der zugleich aber die Funktion eines Allgemeinbegriffs übernimmt, indem er »mannigfaltige Einzelerscheinungen zusammenzufassen und zu ordnen« erlaubt. Nach dem Prinzip der Analogie oder Ähnlichkeit verteilt sich hierbei die Wirkung der jeweiligen Gottheit in der Art, daß sie überall da Identisch auftritt, eine »substantielle Einheit« bildend, wo nämliches geschieht.[40]

So ist zum Beispiel in allem Dunklen, Düsteren dieselbe göttliche Substanz anwesend: Erebos, die Finsternis, ist wirksam in Nacht, Schlaf, Tod und Verhängnis. Selbst bei Kausalverhältnissen wird mythisch »die Ursache wie ein substantieller Bestandteil der Wirkung« vorgestellt, auch wenn beide, Ursache und Wirkung, auffällig Gegensätzliches darstellen. Der Mythos bewerkstelligt dies nach dem Schema von Zeugung und Geburt, so daß etwa in allen Gliedern einer genealogischen Reihe eine »gemeinsame Substanz« vorhanden und jeweils »identisch anzutreffen« ist. So ist mythisch auch in Verhältnissen der »raumzeitlichen Berührung« das »Nachfolgende im Schoße der Vergangenheit eingeschlossen« gedacht, der Tag in der Nacht, die Nacht im Tag, selbst wenn es sich um einen polaren Gegensatz handelt.[41]

Wie nun die Gegenstände mythischer Erfahrung im Gegensatz zu denjenigen unseres, auf der physikalischen Ontologie basierenden, wissenschaftlichen Denkens »von durchgängiger numinoser Belebung«[42] sind, wird der Wandel dieser Gegenstände und werden ihre

---

[38]  Vgl. ders., Aufstieg vom Mythos zum Logos? a.a.O., S. 47.
[39]  Vgl. ders., Die Wahrheit des Mythos, a.a.O., S. 110 sowie ders., Die moderne Mythos-Forschung, a.a.O., S. 247.
[40]  Vgl. ders., Die Wahrheit des Mythos, a.a.O., S. 111ff. u. 174ff.
[41]  Vgl. ebenda, S. 112f. u. 181.
[42]  Ders., Wirklichkeit und Unwirklichkeit des Mythos in Richard Wagners Werk, in: Bayreuther Programmheft IV »Walküre« 1984, S. 35.

Beziehungen zueinander nicht mit Hilfe von Gesetzen und Regeln erklärt, sondern aufgrund von numinosen Ursprungsgeschichten, sogenannten »Archái«[43]. Diese Archái oder Archetypen sind »regelhafte Ereignis- und Handlungsabläufe, die beständig wiederkehren«[44], nicht aber in Form der »ständige[n] Neuauflage und serielle[n] Nachahmung eines Prototyps«[45], sondern durch identische Wiederholung des jeweiligen Urereignisses dergestalt, daß »*dasselbe* Urereignis *identisch wieder geholt*« wird.[46]

Das heißt also: *Immer wenn* und *überall wo* in der Natur, im Menschen, in Gesellschaft und Geschichte ein Ereignis eintritt, eine Handlung vollzogen wird, ist es die nämliche Kraft, die nämliche göttliche Substanz, das nämliche numinose Wesen, dessen Präsenz gerade diesen Vorgang immer wieder ursprünglich bewirkt. Am Beispiel des griechischen Mythos erläutert, ist es die jedmalige Rückkehr Persephones aus dem Hades, die den Eintritt des Frühlings bewirkt, ist es die jeweilige Anwesenheit Demeters, die das Korn reifen läßt, ist es die jeweilige Gegenwart des Zeus, die Blitz, Regen und Feuer hervortreibt.[47] Dementsprechend spiegelt sich auch in jeder menschlichen Tätigkeit ›nur‹ ein Vorgang wider, den eine Gottheit vorgezeichnet hat und der durch die Gegenwart dieser selben Gottheit seine jeweilige Erneuerung erfährt. Mit den Worten Hübners: »...überall wo Krieg ist, da ist auch Ares, auf den alle zu beachtenden Regeln zurückgeführt werden; wer töpfert oder Olivenhaine anbaut, dem hat Athene das gezeigt; überall ist Aphrodite, wo die Menschen in Liebe entbrennen, überall Apollo, wo uns die Musik entrückt usf.[48]«

Eine solche Ursprungsgeschichte, eine Arché, ist daher einerseits ein »singuläres Ereignis«, »etwas Konkretes«, andererseits aber »überall und allgemein« wirksam, und verkörpert so die mythischem Denken eigene Einheit von Ideellem und Materiellem, von Allgemeinem und Besonderem. Eine Arché ist eine »ganzheitliche Gestalt«, die die »Geschichte eines Wesens« enthält, eine Geschichte nämlich, die man »auf nichts

---

[43]  Vgl. ders., Die Wahrheit des Mythos, a.a.O., S. 135ff.
[44]  Ders., Wirklichkeit und Unwirklichkeit des Mythos, a.a.O., S. 36.
[45]  Ders., Die Wahrheit des Mythos, a.a.O., S. 142.
[46]  Ders., Wirklichkeit und Unwirklichkeit des Mythos, a.a.O., S. 36.
[47]  Vgl. ders., Die Wahrheit des Mythos, a.a.O., S. 110 u. 113.
[48]  Ders., Wirklichkeit und Unwirklichkeit des Mythos, a.a.O., S. 36.

reduzieren, in nichts auflösen, durch nichts erklären« kann, die vielmehr, »als Ganzes, selbst das Schema einer Erklärung« ist.[49]

Nicht also ist im Mythos ein stattgehabtes Ereignis ein für allemal vorüber. Dies würde unserer Vorstellungsweise entsprechen, die von der Einmaligkeit eines jeden Ereignisses ausgeht und auf dieser Basis allenfalls Strukturverwandtschaften registriert. Die können zwar den raum-zeitlichen oder kausalen Ereigniszusammenhang transzendieren, keinesfalls aber – denn das widerspräche unserem Wirklichkeitsverständnis, basierend auf den Kategorien wissenschaftlicher Ontologie – als identische Wiederholungen ein und desselben, für uns in sich bereits unwirklichen Urereignisses aufgefaßt werden.

Diese Differenz im Wirklichkeitsverständnis wissenschaftlichen und mythischen Denkens ist wesentlich abhängig von den extrem unterschiedlichen Vorstellungen von Raum und Zeit. Denn die neuzeitlicher Wissenschaft entstammende Auffassung, daß Raum und Zeit »kontinuierliche Media« sind, *in* welchen Gegenstände sich befinden,[50] ist von derjenigen mythischer Denkweise fundamental verschieden. Mythisch betrachtet sind Raum und Zeit in diesem Sinn gar nicht existent. Der Mythos kennt ebensowenig »›an sich‹ leere Räume« wie eine unbedingt »offene Zeit« und Gegenstände an sich, d.h. Gegenstände unter Absehung ihrer raum-zeitlichen Seinsweise. Im Mythos bilden vielmehr »Raum und Rauminhalt«, das Wo und das Was, ebenso wie das Wann und das Was, »Zeit und Zeitinhalt«, eine »unauflösliche Einheit.[51]« Mythisches Denken arbeitet mit »ganzheitliche[n] Raum- und Zeitgestalten numinoser archetypischer Ereignisse«[52], nicht aber mit der uns vertrauten begrifflichen Trennung von Raum und Zeit einerseits, von Gegenstand, Ereignis und deren gesetz- oder regelhafter Ablauf- und Verhältnisbestimmung andererseits.

Dies bedeutet aber auch, daß im mythischen Denken Raum und Zeit nicht einfach existent, als eine Art Substrat nicht einfach vorhanden sind, sondern daß das, was die mythische Raum- und Zeitauffassung insgesamt in der Durchdringung von »heiligem« und »profanem Raum«, von »heiliger« und »profaner Zeit« ausmacht, durch die ent-

---

49 Ders., Die Wahrheit des Mythos, a.a.O., S. 140.
50 Ebenda, S. 99.
51 Ebenda, S. 157, 164 u. 170.
52 Ders., Wirklichkeit und Unwirklichkeit des Mythos, a.a.O., S. 37.

sprechenden Archái, die betreffenden numinosen Urereignisse, überhaupt erst gestiftet wird. Dies ist zum einen der Raum als »Sinnbezirk«, der in den Raum als »geographischem Ort« eingebettet liegt,[53] diesen überlagert, überformt, durchwirkt, so daß der einmalige geographische Ort als profaner Raum zu anderen einmaligen geographischen Orten sinnhaft in Beziehung gebracht, mit anderen zu einem mythischen Raum zusammengefaßt und verschmolzen wird. Dies ist zum anderen die Zeit als »Zeitgestalt« der Arché, die in den irreversiblen Gang der profanen Zeit »abgebildet und eingebettet [wird], wo immer sich eine Arché ›ereignet‹«, so daß dann »im Gegenwärtigen Vergangenes und Zukünftiges« zusammenfallen.[54]

Vor dem mythischen Auge gibt es somit nichts, was zwischen Himmel und Erde, Leben und Tod, in Freund- und Feindschaft, Sitte, Kunst und Kult nicht durch numinose Wirkenskräfte in Gestalt göttlicher Wesen vorgegeben wäre und immer neu ins Werk gesetzt wird. Der mythisch denkende Mensch sieht sich in ein »Sinngefüge numinoser Mächte einbezogen«[55], erfährt sich selbst und seine Geschichte als »Schauplatz eines numinosen Seins und Wirkens«[56].

Da die wissenschaftstheoretische Forschung den Mythos im Rang einer Ontologie sieht, vermag sie – dem erkenntnistheoretischen Grundsatz folgend, daß es »keine beweisbare Wahrheit oder Falschheit für welche Ontologie auch immer« geben kann – die »Gleichberechtigung von Mythos und Wissenschaft« zu behaupten. Diese Gleichberechtigung wird freilich nicht als eine »Konkurrenzfähigkeit« von Wissenschaft und Mythos aufgefaßt, da ihre Kategorialsysteme ja durchaus verschiedene Gegenstandsbereiche konstituieren, d.h. eben nicht denselben »Wirklichkeitsaspekt« behandeln. Die theoretische Gleichstellung mythischer und wissenschaftlicher Erklärungen wird folglich in dem Sinn vertreten, »daß die einen die anderen, als auf etwas Unvergleichliches bezogen, nicht ausschließen«[57].

Unter Betonung des »aspektischen Charakter[s] der Wirklichkeit« wird so der Weg zu einem »modernen Ontologienpluralismus« geebnet.[58]

---

[53] Ders., Die Wahrheit des Mythos, a.a.O., S. 164f. u. 170.
[54] Ebenda, S. 142ff. u. 157.
[55] Ders., Die nicht endende Geschichte des Mythischen, a.a.O., S. 22.
[56] Ders., Die Wahrheit des Mythos, a.a.O., S. 129.
[57] Ders., Die moderne Mythos-Forschung, a.a.O., S. 250 u. 255f.
[58] Ders., Die Metaphysik und der Baum der Erkenntnis, a.a.O., S. 40.

Auf dieser Basis können dem Mythos wie der Wissenschaft ihre jeweiligen Zuständigkeitsbereiche ohne Hierarchisierung hinsichtlich der Erkenntnisleistung angewiesen werden. In allen Fällen der Wertung wissenschaftlicher und mythischer Denkformen wird letztlich nicht eine »theoretische Entscheidung« gefällt, sondern ein »Bekenntnis« abgelegt.[59]

Wenn es insofern als erwiesen gelten darf, daß »der Wissenschaft theoretisch kein höheres Recht zukommt als dem Mythos«[60] – eine Erkenntnis, die sich mindestens ebensosehr der »Aufklärung *über* die Wissenschaft« als der »Aufklärung *durch* die Wissenschaft« verdankt[61] –, dann müßte der »Schizophrenie des modernen Menschen«[62] zugunsten eines neuen Gleichgewichts zwischen wissenschaftlicher und mythischer Wirklichkeitsdeutung begegnet werden können; dann würden die allerorts lebendigen mythischen Potentiale nicht verdrängt, nicht zu »Zerrbilder[n] des Mythischen« als »Syndrom« dieser Verdrängung entstellt, sondern könnten konstruktiv zur Verarbeitung existentieller Erfahrungen genutzt werden.[63] Diesbezüglich spricht Hübner auch vom »existentiellen Primat« mythischer Seinserfahrung, d.h. vom »Recht, den Mythos der Wissenschaft gegebenenfalls vorzuziehen, wenn *seine* Aspekte der Wirklichkeit gefordert werden«[64]. Und ein Ort der Verarbeitung solcher Grenzerfahrungen, an dem die mythische Sichtweise als eine »Alternative zur Wissenschaft«[65] in höchst sublimierter Form zur Entfaltung kommen kann, ist eben die Kunst und, in geradezu paradigmatischer Weise, diejenige Richard Wagners.[66]

Es gilt daher, durch Anwendung eines ontologisch gefaßten Mythosbegriffs auf den Bereich der Kunst und Kunsttheorie unser gängiges Kunstverständnis von den Fundamenten her zu revidieren und zu

---

59 Ders., Die nicht endende Geschichte des Mythischen, a.a.O., S. 22f.
60 Ders., Wirklichkeit und Unwirklichkeit des Mythos, a.a.O., S. 43.
61 Ders., Mythische und Wissenschaftliche Denkformen, in: Hans Poser (Hg.), Philosophie und Mythos. Ein Kolloquium, Berlin/New York 1979, S. 92.
62 Ebenda.
63 Vgl. ders., Die Wahrheit des Mythos, a.a.O., S. 16.
64 Ders., Wirklichkeit und Unwirklichkeit des Mythos, a.a.O., S. 43 u. 36.
65 Ders., Kritik der wissenschaftlichen Vernunft, a.a.O., S. 396.
66 Vgl. Constantin von Barloewen, Vom Primat der Kultur – Die Technologie als Kultur, in: Bayreuther Programmheft VII »Parsifal« 1990, S. 19-38, der die Begründung seines Plädoyers für einen »ganzheitlichen Kulturbegriff« (stillschweigend) auf die Hübnerschen Thesen der Gleichwertigkeit und Komplementarität mythischer und wissenschaftlicher Rationalität stützt und Wagner zu seinem »Kronzeugen« ernennt (S. 37f.).

relativieren, das wie auch immer auf der Polarität von Kunst und Wirklichkeit beruht. Denn wenn mythisch Gedachtes und Erfahrenes erwiesenermaßen nicht weniger wahr und wirklich ist als wissenschaftlich Erprobtes, kann die uns gewöhnliche wissenschaftlich gefaßte Wirklichkeit im mythischen Kunstwerk – nicht nur als eine tolerierte, sondern als eine vor dem Anspruch intersubjektiv vermittelter Rationalität unzweifelhaft legitimierte – Ergänzung, Vertiefung, Bereicherung erfahren. Auf diesem Weg mag ihr Gefüge raumzeitlicher und kausaler Gebundenheit für Zusammenhänge, für Beweg- und Hintergründe transparent werden, die im System wissenschaftlicher Vernunft einfach nur eine Leerstelle ausmachen.

# Erster Teil

## Geschichte und Mythos
## »Die Wibelungen. Weltgeschichte aus der Sage«

> »Er meint... das, was die Menschen sich
> gedacht und gebildet haben, sei wichtiger als
> das wirklich Geschehene.«
>
> Richard Wagner
> nach Cosima Wagner

## A. Einführung

Wagners »Wibelungen«-Abhandlung stellt eine im Vergleich zu seinen kunsttheoretischen Schriften von der Forschung deutlich vernachlässigte schriftstellerische Arbeit dar, und dies, wie sich zeigen wird, nicht eben zufällig. Sie ist von der thematischen Anlage wie von der Fülle und Heterogenität des einbezogenen Materials her nur schwer zugänglich und kaum einzuordnen, weder als literarisches noch auch als ein wie auch immer wissenschaftlich zu rubrizierendes Werk. Aus diesen Gründen erscheint es geboten, dieser noch so wenig erschlossenen und dementsprechend unzureichend bekannten Studie Erläuterungen allgemeiner Art voranzustellen, die der Bestimmung ihres produktions- und rezeptionsgeschichtlichen Standorts dienen.

### 1. Entstehungs- und publikationsgeschichtliche Verortung

»Auch mich beschäftigte in der anregungsvollen letzten Vergangenheit die von so vielen ersehnte Wiedererweckung *Friedrich des Rotbarts* und drängte mich mit verstärktem Eifer zur Befriedigung eines bereits früher von mir gehegten Wunsches, den kaiserlichen Helden... von neuem für unsre Schaubühne zu beleben«,[1] schreibt Wagner im September 1849 in seinem Schweizer Exil. Diese Bemerkung hat Wagner nun nicht etwa seinem Barbarossa-Projekt zugedacht, das von ihm unter dem Titel »Friedrich I.« mit der Datierung vom 31. Oktober 1846 sowie Zusätzen der folgenden eineinhalb bis zweieinhalb Jahre in fünf Akten skizziert worden war.[2] Es handelt sich vielmehr um den Beginn der Vorrede zu

---

[1]  GSD II, 115.
[2]  Vgl. WWV Nr.76; veröffentlicht wurde Wagners Staufer-Fragment postum erstmals 1911 in: SSD XI, 270ff.

seinem »Wibelungen«-Aufsatz, den er eigenen Angaben zufolge im Spätsommer 1848 in Dresden verfaßte.[3] Offenbar begreift Wagner in seiner kleinen Einführung zum Text seine »Wibelungen«-Abhandlung als eine Art Vorstudie zu einem geplanten Staufer-Drama, wie aus dem Fortgang seiner erläuternden Introduktion zu entnehmen ist:

> »Das Ergebnis der Studien, durch die ich mich meines Stoffes mächtig zu machen suchte, legte ich in der vorliegenden Arbeit nieder.«[4]

Wenn, wie Wagner 1849 meint, die »Wibelungen« entstehungsgeschichtlich als Vorarbeit zu einem historischen Schauspiel (nicht zu einem musikalischen Drama, wie an anderer Stelle betont wird[5]) um den symbolträchtigen Kaiser Friedrich Barbarossa zu sehen sind, so erscheint diese Wagnersche »Wibelungen«-Schrift in gesteigertem Maße merkwürdig als Zeugnis seines theoretischen Umgangs mit historischen Gegenständen, seines Suchens und Fragens nach diesen und hinter diese. Denn in ihrem welt- und vorgeschichtlich ausgreifenden, gewaltigen Gedankengebäude füllt die Gestalt des Stauferkaisers gleichsam nur mehr die oberste Zinne aus.

So hat die ursprünglich anvisierte und fixierte Thematik – »Friedrich vom ronkalischen Reichstage bis zum Antritte seines Kreuzzuges«[6] – eine immense Ausweitung erfahren, zeitlich, räumlich und gedanklich, die, symptomatisch für das Wagnersche Denken überhaupt, seine »Wibelungen«-Abhandlung charakterisiert. In der rückblickend zuordnenden Einleitung, die an die politischliterarische Aktualität der Rotbart-Thematik anzuknüpfen sucht, ist hiervon freilich nicht die Rede. Sie enthält lediglich den Hinweis, daß die »Einzelnheiten« der vorliegenden Arbeit zwar »für den Forscher wie für den mit dem Zweige der hierher gehörigen Literatur vertrauten Leser nichts Neues« enthalte, die »Zusammenfügung und Verwendung dieser Einzelnheiten« aber einigen seiner Freunde doch interessant genug erschienen seien, um die »Veröffentlichung der kleinen Schrift zu rechtfertigen«[7].

---

3   Vgl. insbesondere Wagners »Annalen« unter August 1848; BB 113. Zur Datierungsproblematik s. die nachfolgenden Seiten.
4   GSD II, 115.
5   »Eine Mitteilung an meine Freunde«; GSD IV, 311 u. 314 sowie ML 390.
6   GSD IV, 313.
7   GSD II, 115.

In der Tat liegt die Bedeutung dieser »kleinen Schrift« (ihr äußerer Umfang nimmt immerhin 40 Druckseiten ein[8]), in Wagners auch hinsichtlich der zeitgenössischen Staufer-Rezeption einschließlich ihrer dichterischen Ausprägungen[9] höchst eigentümlichen Perspektive. Aus dieser wird eine »Zusammenfügung« von Geschichten aus historischen und sagenhaft-mythischen »Einzelnheiten« zu *einer* Geschichte, einer »Weltgeschichte aus der Sage« vorgeführt, die alle historischen Ereignisse, Handlungsträger, Modalitäten und Mentalitäten als Derivate mythischer Urereignisse zeigt.

Der ungewöhnliche Titel der Schrift signalisiert bereits dieses Verfahren. Er wurde erst im Zuge der Überarbeitung von »Die Gibelinen« in »Die Wibelungen« geändert, fungiert in dieser Form dann aber als eine Art sprachliches Sigel für Wagners geschichtsmythologisches Konzept. Aus diesem Grund hat er auf diese von ihm selbst kreierte Benennung offensichtlich großen Wert gelegt – und seinen neuen, gewiß unpopulärer gefaßten Titel wohl gegenüber dem Verdacht einer verkaufsmindernden Wirkung verteidigt.[10]

Zu den Merkwürdigkeiten dieser Schrift gehört es auch, daß bei ihrer Entstehung offenbar dasselbe unauflösliche Ineinander von Geschichte und Mythos vorherrscht, wie es für ihren Inhalt konstitutiv ist. So sind in der neueren Forschung Zweifel an Wagners Darstellung der Entstehungsgeschichte geäußert worden, die seine chronologische Anordnung von Geschichte und Mythos, von geschichtlichem und mythologischem Gegenstand, von »Friedrich« und »Siegfried« – so scheint es wenigstens – einigermaßen durcheinanderbringen. Wagners ex post vorgebrachte Behauptungen – sie gelten zum einen der *Gleichzeitigkeit* der thematischen Aktualität beider Gegenstände,[11] zum anderen dem zeitlichen *Nacheinander* ihrer Verarbeitung: zuerst »Friedrich« dann »Siegfried«; dazwischen,

---

[8]  Später spricht Wagner dann auch von einem »größeren Aufsatz«; ML 390.
[9]  Vgl. Gertrud Diez, Das Bild Friedrich Barbarossas in der Hohenstaufendichtung des 19. Jahrhunderts, Diss. Freiburg 1943; Karl Schuster, Die Politik der Hohenstaufen im deutschen Drama, Diss. Wien 1952; Walter Migge, Die Staufer in der deutschen Literatur seit dem 18. Jahrhundert, in: Die Zeit der Staufer. Geschichte – Kunst – Kultur, Katalog der Ausstellung, Bd. 3, Stuttgart 1977, S. 275-290; Klaus Schreiner, Friedrich Barbarossa, Herr der Welt, Zeuge der Wahrheit, die Verkörperung nationaler Macht und Herrlichkeit, in: Die Zeit der Staufer. Geschichte – Kunst – Kultur, Katalog der Ausstellung, Bd. 5, Stuttgart 1977, S. 521-579.
[10] Vgl. Brief an Uhlig v. 8. Februar 1850; SB III, 221.
[11] »Eine Mitteilung an meine Freunde«; GSD IV, 311 u. 313.

den Übergang bildend, die »Wibelungen«[12] – werden anhand neuerer quellenkritischer Untersuchungen hinterfragt und schließlich als – vermeintliche – Stilisierung entlarvt.[13]

Diese Zweifel gründen sich in erster Linie auf den Handschriften-Befund der Rotbart-Skizzen. Diesen zufolge wurde das Barbarossa-Projekt nicht erst im Revolutionsjahr 1848, sondern bereits 1846 konzipiert (Prosaskizze mit Wagners Schlußvermerk »31. Oct. 1846«); und es wurde nicht bereits im Sommer 1848, sondern erst im Frühjahr 1849 wieder aufgegeben (der letzte Nachtrag Fragment-Teil IIb ist frühestens Ende Dezember 1848, vermutlich noch später niedergeschrieben worden[14]). Die Einwände der Forschung stützen sich weiterhin auf eine Tagebucheintragung Eduard Devrients vom 22. Februar 1849.[15] Diese berichtet von einer »Wibelungen«-Vorlesung Wagners (dies tat er gewöhnlich nach Beendigung neu verfaßter Schriften und Dichtungen, wie es z.B. für »Siegfrieds Tod« wenige Wochen früher belegt ist[16]) und neuerlichen Dramatisierungsabsichten, die Wagner hinsichtlich des Stauferthemas bekundet habe. Nicht zuletzt verweist das erhaltene »Wibelungen«-Manuskript selbst nach Schriftart, Schriftduktus und verwendetem Papier eindeutig auf den Anfang des Jahres 1849.

So stellt sich also die Frage: Sind Wagners »Wibelungen« im August 1848 entstanden, wie die autobiographischen Schriften übereinstimmend nahelegen, also *vor* seinem »Nibelungenmythus. Als Entwurf zu einem Drama« (Abschlußdatum 4. Oktober 1848) und *vor* »Siegfrieds Tod«, der Urfassung der späteren »Götterdämmerung« (Abschlußdatum des Prosaentwurfs 20. Oktober 1848, der Dichtung 28. November 1848) oder vielleicht doch erst Anfang des Jahres 1849, also *danach*?

Der Gedanke einer Umdatierung des »Wibelungen«-Essays wirkt auf den ersten Blick attraktiv, auch wenn die vertraute, nahezu dogmatisierte Reihenfolge in der Entstehung der Wagnerschen Arbeiten ›Von der Historie zum Mythos‹ aufgrund des letzten Rotbart-Nachtrags bereits

---

[12]  Vgl. ebenda u. »Annalen« BB 113 sowie ML 390.
[13]  Vgl. WWV Nr.76 S.329f. u. Deathridge/Voss, Wagnerforschung – Und weiter nichts?? a.a.O. S.185ff.
[14]  Dies ergibt sich aus der hier verwendeten lateinischen Schrift mit Kleinschreibung, deren erster datierter Beleg vom 18. Dezember 1848 (Brief an Eduard Devrient) stammt.
[15]  Devrient, Aus seinen Tagebüchern, a.a.O., Bd.1, S.470.
[16]  Gustav Adolph Kietz, Richard Wagner in den Jahren 1842-1849 und 1873-1875, 2.Ausg., Dresden 1907, S.69f.

durchbrochen ist. Sollte mit den »Wibelungen« eine weitere Verschiebung in dieser Reihe zugunsten der Historie vonstatten gehen?

Bei diesem Umdatierungsunternehmen kommt man jedoch über Spekulationen nicht hinaus, die sich zudem auf einer recht schwachen Indiziengrundlage bewegen: Eine Wagnersche Vorlesung seiner »Wibelungen« beweist nicht deren Neuentstehung, lediglich ihre neuerliche Aktualität, da es sich zudem bei dem überlieferten Manuskript anerkanntermaßen um eine Reinschrift, d.h. um eine Abschrift und nicht um eine Erstschrift handelt. Die Frage, wann Wagner seine »Wibelungen« zuerst schriftlich fixierte, ist auf diesem Weg nicht zu beantworten. Vielleicht war es ja doch, wie Wagner erklärt, bereits im Sommer 1848?

Hierfür spricht auch der Inhalt der Schrift. In ihm, dem Sammelbecken umfassender, über Jahre hin gepflegter historischer Detailstudien, entlädt sich gleichsam das historische Thema, um für die anstehende Gewichtsverlagerung zum Mythos hin wieder Raum zu schaffen. Im einzelnen ist vor allem die Nähe einschlägiger Partien der »Wibelungen«-Schrift zum Rotbart-Fragment, insbesondere zum Fragment-Teil IIa auffällig.[17] Dieser wurde, wie der Handschriftenvergleich ergibt, noch vor 1849 niedergeschrieben und dürfte (wie ich an anderer Stelle wahrscheinlich zu machen gesucht habe[18]) bereits im Frühsommer 1848 in zeitlicher Nähe zu Wagners Rede vor dem Vaterlandsverein (14. Juni 1848) notiert worden sein.

Nimmt man also an, Wagners »Wibelungen« seien doch schon im Sommer 1848 entstanden, dann stellt sich die Frage, warum er *nach* der Konzeption seines »Nibelungenmythus« und *nach* der Fertigstellung von »Siegfrieds Tod« seinen »Wibelungen«-Aufsatz wieder vorgenommen, ihn abgeschrieben und vorgetragen hat, und warum für ihn der geschichtliche Gegenstand zu diesem Zeitpunkt noch immer – oder bereits wieder – von Interesse war.

Gewiß, die zeitgeschichtlichen Rahmenbedingungen, die Revolutionsereignisse mit dem durch sie erzeugten Erwartungsdruck sorgten für die Aktualität des politisch symbolträchtigen historischen Gegenstands. Daher mag Wagner durchaus auf den Gedanken verfallen sein, in Zeiten

---

[17] Vgl. GSD II, 145-155, v.a. 146ff. im Verhältnis zur Prosaskizze Fragment-Teil IIa (SSD XI, 271), wo ein mythischer Herrschaftsbegriff vorgestellt wird; s. nachfolgend S. 160ff.
[18] Vgl. ebenda S. 174 Anm. 106.

nationalpolitischer Bestrebungen der im Vergleich zum mythischen Siegfried populäreren historischen Gestalt den Vorzug zu geben.

> »Als die politischen Bewegungen der letzten Zeit hereinbrachen und in Deutschland zunächst im Verlangen nach politischer Einheit sich kundgaben, mußte es mich dünken, als ob Friedrich I. dem Volke näher liegen und eher verständlich sein würde als der rein menschliche Siegfried.«[19]

Bei der Wiederaufnahme des Geschichtsthemas mögen solche Überlegungen eine Rolle gespielt haben, sie scheinen mir aber nicht den eigentlichen Motivationskern zu treffen. Das neuerliche Interesse, das Wagner in den Februarwochen des Jahres 1849 dem geschichtlichen Gegenstand entgegenbringt, dürfte dem Bestreben entsprungen sein, eben diese Gestalt, gerade *nachdem* er den Mythos konzeptionell durchlaufen hatte, erneut in einem »weltgeschichtlichen« Kontext, im Horizont mythischer Geschichtsauffassung, zu betrachten. Gerade *nachdem* der »Nibelungenmythus« entworfen und als dessen Teilausprägung »Siegfrieds Tod« gedichtet war, wird die mythische Substanz, der mythische Archetypus in ihm nach geschichtlicher Anwendung, nach weltgeschichtlicher Ausweitung und Auswirkung verlangt haben. Wagner hat in bezug auf den geschichtlichen Gegenstand gewissermaßen einen zweiten Durchgang unternommen, in einem reiferen Stadium noch einmal Geschichte und Mythos in ihrer Verhältnismäßigkeit betrachtet, um sowohl die historische Relevanz des Mythos als auch die mythische Relevanz der Historie für sich zu klären.

Das bedeutet aber in bezug auf die Thesen Wagners im Rahmen seiner Selbstdarstellung zum einen, daß die von ihm behauptete *Gleichzeitigkeit* der Aktualität von Geschichte und Mythos durchaus nicht zweifelhaft ist, ja gar nicht besser bestätigt werden könnte als gerade durch die Wiederaufnahme des geschichtlichen Gegenstands im »Wibelungen«-Aufsatz. Das bedeutet zum anderen, daß der von Wagner bezeichnete *Übergang* von der Historie zum Mythos aufgrund quellenkritischer Beobachtungen gleichfalls nicht in Frage steht, da Wagner diesen Übergang eben in seinen und durch seine »Wibelungen« sich vollziehen sieht, sei er nun vor oder definitiv erst nach seiner »Nibelungen«-Konzeption abgeschlossen.

---

[19]  GSD IV, 113.

Somit ergibt die historisch-kritische Rekonstruktion der Entstehungsge-schichte der »Wibelungen«-Schrift wie des Rotbart-Fragments keine Widerlegung der schaffensgeschichtlich bedeutsamen Grundthesen Wagners, auch wenn (und dies ist hierbei seine einzige Ungenauigkeit) das Rotbart-Fragment de facto bis zu einem Jahr länger, also evtl. bis in den Herbst 1849 (der Überarbeitungszeit für die Erstveröffentlichung der »Wibelungen«) aktuell war.

Bleiben die wesentlichen Aussagen Wagners von seiner chronologischen Inkorrektheit unberührt, so resultiert dies aus der Eigenart seiner Darstellung. Sie verkürzt den Gang der Geschehnisse, tut dies aber in idealtypischer Form. Sie zieht die Details zu einem Ereignis zusammen, sie verdichtet die Einzelerfahrungen zu einer Gesamterfahrung und verknüpft diese mit den aus ihren Elementen sukzessive gewonnenen Erkenntnis. Der gegen die Selbstdarstellung Wagners gerichtete Vorwurf der »biographische[n] Mythisierung«[20], so kritisch er von seinen Urhe-bern gemeint ist, enthält, seines pejorativen Charakters entkleidet, eine sachlich zutreffende und völlig wertneutrale Beschreibung der Wagner-schen Darstellungsform, durch deren Mißverstehen mehr Wahrheit verloren geht als mit der Aufdeckung ihrer chronologischen Unstimmig-keiten zu gewinnen ist.

Zur Unklarheit der entstehungsgeschichtlichen Zusammenhänge und ihrer Deutung trägt auch der Überlieferungsbestand der »Wibelungen«-Schrift mit bei. Er läßt eine Erstschrift vermissen, so daß die Forschung von der bereits erwähnten Abschrift Wagners vom Frühjahr 1849 ausgehen muß.[21] Darüber hinaus existiert eine Abschrift Hans von Bülows (1830-1894), damals Leipziger »Studiosus juris«, an dessen häufigere Besuche, zusammen mit seinem gleichaltrigen Freund Karl Ritter, sich Wagner später noch erinnert.[22] Diese Bülowsche Abschrift dürfte in der Zeit zwischen dem 22. Februar 1849, dem Tag der »Wibelungen«-Vorlesung Wagners (an welcher der damals 19jährige Wagner-Verehrer vermutlich teilgenommen hat[23]), und der Mitte des

---

[20]  Deathridge/Voss, Wagnerforschung – Und weiter nichts?? a.a.O., S. 188.
[21]  Aus den zahlreichen, z.T. umfangreichen Korrekturen, Streichungen und Ergänzungen zu schließen, diente sie als Vorlage für die ein halbes Jahr später erfolgte Überarbeitung im Vorfeld der Erstveröffentlichung.
[22]  Vgl. ML 375.
[23]  Wie für Wagners Vorlesung von »Siegfrieds Tod« im Dezember 1848 belegt ist (vgl. Kietz, Richard Wagner in den Jahren 1842-1849 und 1873-1875, a.a.O., S. 69). Zu Bülows

darauffolgenden Mai entstanden sein, da Wagner unmittelbar nach seiner Flucht aus Dresden sein offensichtlich verliehenes »Wibelungen«-Manuskript von Bülows Jugendfreund zurückfordert:

> »Der junge Ritter, Waisenhausstraße... hat meinen Text zu Siegfried und noch einen Aufsatz: die Gibelinen, was ich auch haben möchte...«.[24]

Diese Abschrift Bülows ist identisch mit der Urschicht des überlieferten Wagnerschen Manuskriptes und enthält damit die z.T. nicht unwesentlichen, bis heute unveröffentlicht gebliebenen Varianten der publizierten Fassungen.[25] Die erste Druckversion hat Wagner im September 1849 erstellt (und auch dieses Manuskript ist verschollen). An Uhlig schreibt er am 16. September, er habe seinen »nibelistischen aufsatz für die herausgabe fertig gemacht«, mit der Bitte, sein »schriftchen... an buchhändler Wigand in Leipzig abgehen zu lassen«[26], in dessen Verlag die »Wibelungen«-Schrift 1850 erscheint. Die zweite Druckfassung, die Wagner 1871 für die Veröffentlichung im 2. Band seiner »Gesammelten Schriften und Dichtungen« anfertigt,[27] zeigt gegenüber dem Erstdruck nur geringfügige stilistische Abweichungen. Allerdings sind hier zwei für den politischen Kontext der Entstehungszeit interessante Stellen gestrichen.[28]

Unverändert geblieben ist auch das zur Erstveröffentlichung vorangestellte Vorwort. Dieses schließt, das Publikationsunternehmen zusätz-

---

Verhältnis zu Wagner in damaliger Zeit vgl. den Brief an seine Mutter v. 26. August 1848 aus Leipzig: »Am Donnerstag war ja in Dresden ›Tannhäuser‹! Ein starkes Wonne- und Wehgefühl ergriff mich. Was hätte ich gegeben, um da anwesend zu sein! Ich wäre zu Fuß hingegangen, wenn die Möglichkeit vorhanden gewesen wäre, und wäre, wie Tannhäuser selbst nach Rom, ins Theater gewallfahrtet, um mich auf lange Zeit zu erquicken und zu erheben! – Ich muß oft sagen: ich danke dir Gott, daß ich nicht bin wie Jene (d.h. nicht die Zöllner, sondern die Pharisäer); daß ich im Stande bin, die ganze Heiligkeit und Göttlichkeit der Musik, die dieses Werk zur inneren Anschauung bringt, zu fassen...« (Hans von Bülow, Briefe und Schriften, hg. v. Marie von Bülow, Bd. 1, Leipzig 1895, S. 123).

[24] Brief an Minna Wagner v. 14. Mai 1849; SB II, 655.

[25] Zur Berücksichtigung jener Passagen wird im folgenden aus Bülows Handschrift zitiert und nicht aus dem – gerade hinsichtlich der veränderten oder gestrichenen Partien – äußerst unübersichtlichen Manuskript Wagners.

[26] SB III, 122.

[27] Vgl. CT I, 396 u. 458.

[28] Es handelt sich erstens um die Schlußworte des Erstdrucks, die im zweiten Nachtragsband 1911 (SSD XII, 229) wieder abgedruckt wurden (vgl. S. 178 dieser Arbeit), und zweitens um eine Passage im III. Teil der Abhandlung (Erstdruck S. 19), die handschriftlich nicht

lich rechtfertigend, mit dem Gedanken, daß die »Wibelungen«-Abhandlung als »Vorarbeit« die einzige Ausbeute der Bemühungen Wagners um den historischen Stoff bleiben werde, da »durch sie selbst« er zum Aufgeben seines dramatischen Planes bestimmt worden sei, »und zwar aus Gründen, die dem aufmerksamen Leser nicht entgehen werden«[29].

Wenn er sich aufgrund der Studien zur Geschichte um Friedrich I., welche die »Wibelungen«-Schrift dokumentierten, von seinem Stauferprojekt distanziert hat, so stellt sich hier, an die Lektüre der geschichtsmythologischen Abhandlung, die späterhin kunstästhetisch bedeutsame Frage: Warum also hat Wagner sein Barbarossa-Projekt fallen lassen?

## 2. Schaffensgeschichtliche Verortung

Mit der Frage nach den Gründen für diese Preisgabe ist das Feld der Wagnerschen Kunst und Ästhetik im engeren Sinn betreten, auf dem Bedeutung und Stellenwert der »Wibelungen«-Schrift im großen Kontext seines künstlerischen Wollens und Wirkens zu bedenken sind.

Hierbei bleibt gültig und wesentlich – unbeschadet der entstehungsgeschichtlich geglätteten Darstellung Wagners und entgegen einiger Stimmen in der neueren Forschung[30] –, daß sich in seiner »Wibelungen«-Schrift eine grundlegende Wende vollzieht. Als »Eselsbrücke« zum »Ring des Nibelungen«[31] ist in dieser »merkwürdigen Schrift« zu beobachten, wie sich »der historische Stoff in einen mythischen verwandelt«[32]. Nun lassen sich bei diesem Übergang von der Historie zum Mythos mehrere Stufen unterscheiden.

*Erstens* manifestiert sich dieser Übergang im Wechsel der Leitfiguren. Die Gestalt des geschichtlichen Friedrich Rotbart wird überlagert und abgelöst von der sagenhaft-mythischen Heldengestalt des altheidnischen Siegfried. Dabei wird die Sage um die historische Gestalt miteinbezogen (Barbarossa- und Kyffhäusersage), nicht aber umgekehrt (wie im 19.

---

nachgewiesen ist (d.h. erst nach dem Ende der Revolutionsereignisse eingefügt worden sein muß) und später auch nicht wieder abgedruckt wurde (vgl. weiter unten S. 92 Anm. 59).

[29] GSD II, 115.

[30] Vgl. Sieghard Döhring, Meyerbeers Konzeption der historischen Oper und Wagners Musikdrama, in: Wagnerliteratur – Wagnerforschung, a.a.O., S. 100; implizit Gerhard von Graevenitz, Mythos. Zur Geschichte einer Denkgewohnheit, Stuttgart 1987, S. 261ff. (vgl. Borchmeyer, Wagner-Literatur, a.a.O., S. 50ff.).

[31] Martin Gregor-Dellin, Richard Wagner. Sein Leben, sein Werk, sein Jahrhundert, München 1980, S. 247.

[32] Westernhagen, Wagner, a.a.O., S. 140.

Jahrhundert bis heute vielfach versucht[33]) die Historie um die sagenhaft-mythische Gestalt berücksichtigt.

*Zweitens* zeigt sich dieser Übergang inhaltlich thematisch am Hinübergleiten von Fragen, die sich um Idee und Wirklichkeit des König- und Kaisertums im Anspruch auf die »Weltherrschaft« bewegen, zu Fragen, wie die Entstehung der historischen Formen von Herrschaft zu denken, was »irdische[n] Macht«[34] überhaupt ist. Diese Verschiebung mündet im Versuch, Macht und Herrschaft als solche mythisch zu begründen.

*Drittens* besteht dieser Übergang – und zwar über Wagners Interpretation hinaus (er argumentiert gattungstypologisch: Mythos oder Historie, mythische oder historische Gegenstände, als Alternative Musikdrama oder Schauspiel[35]) – im Wandel der Form des Denkens als dem ontologischen Fundament der Konstituierung und Deutung dieser Gegenstände. In der »Wibelungen«-Schrift kündigt sich die Wende von der Form historisch-linearen und individualisierenden zu derjenigen strukturell-mythischen und archetypischen Denkens im Bewußtsein seiner Stoff- und Sprachgestaltung an.

*Viertens* bezeichnet die »Wibelungen«-Schrift im Zusammenhang mit diesem Übergang den Weg Wagners vom »unwillkürlich«, ohne »kritisches Bewußtsein« schaffenden,[36] zum reflektierenden und theoretisierenden Künstler. In ihr, der ersten schriftstellerischen Arbeit mit geschichts- und mythostheoretischen Überlegungen, werden die Grundpfeiler nicht nur für Wagners geschichtsmythologisches »Wibelungen«-Gebäude, sondern in ontologischer Hinsicht für seine gesamte Ästhetik errichtet. Auslöser ist die in den »Wibelungen«-Diskurs einbrechende Differenzerfahrung zwischen Wagners Geschichts- und Zeitgeschichtsbewußtsein einerseits und seiner ganz dem Mythos zuneigenden Kunst- und Wirklichkeitsanschauung andererseits.

Mit diesen Charakteristika zur Übergangsthese wird jedoch nicht behauptet, daß die »Wibelungen«-Schrift eine unvermittelte Zäsur in

---

[33]  Von Karl Wilhelm Göttling, Über das Geschichtliche im Nibelungenlied, Rudolstadt 1814 (diese Studie hat Wagner in den Frühjahrsmonaten 1849 aus der Dresdener Bibliothek entliehen; vgl. S. 102 Anm. 22) bis Otto Höfler, Siegfried, Arminius und der Nibelungenhort, Wien 1978; vgl. Werner Hoffmann, Das Siegfriedbild in der Forschung, Darmstadt 1979 (Erträge der Forschung, Bd. 127), S. 20ff. u. 46ff.
[34]  GSD II, 133.
[35]  Vgl. GSD IV, 311 u. ML 390.
[36]  GSD IV, 272.

Wagners künstlerischer Schaffenspraxis darstellt. Denn fraglos weisen die drei vorausliegenden »romantischen Opern« mit ihrer Geschichts- und Wirklichkeitsdeutung, mit der Art ihrer Verarbeitung der vielfach historischen Gestalten und Konstellationen selbst bereits auf den Mythos hin. Nichtsdestoweniger ereignet sich in dieser Abhandlung ein Umschwung, der einen Bewußtwerdungsprozeß bezüglich der Voraussetzungen dieser Schaffenspraxis, ihrer Mittel sowie der Art und Bedeutung ihrer Resultate in Gang setzt.[37]

In diesem Sinn der Initialisierung eines Bewußtseinsvorgangs also markiert die »Wibelungen«-Schrift den Übergang Wagners von der Historie zum Mythos; in dieser Hinsicht bezeichnet sie in seiner Entwicklungsgeschichte einen Scheitelpunkt – das Entstehungsjahr 1848 bricht im übrigen Wagners Lebensgang (1813-1883) kurioser oder symbolischer Weise in zwei Teile von je 35 Jahren –, der Elemente des Vorher und Nachher in sich vereinigt und diese einer Form der Anschauung und des Denkens unterstellt, die den »historische[n] Stoff in einen mythischen verwandelt«.

Was aber entwicklungsgeschichtlich in der Diachronie als Übergang von der Historie zum Mythos erscheint, liefert in der synchronen Betrachtung eine Strukturbestimmung des Wagnerschen Denkens, die durch die Interpretation seiner Ästhetik, ihrer kulturgeschichtlich-geschichtsphilosophischen Umrahmung wie ihren sprach- und musiktheoretischen Details bestätigt wird.

Mit der Frage nach der Beschaffenheit dieses Übergangs ist also zugleich diejenige nach dem Verhältnis von Geschichte und Mythos im Denken Wagners gestellt. Gelingt es, ihrer Beantwortung näher zu kommen, würden sich auch jene für das Aufgeben seines »dramatischen Planes« maßgeblichen »Gründe« dem Feld der Begrifflichkeit öffnen, die Wagner in seiner »Wibelungen«-Arbeit beschlossen sieht.

Um diese Gründe der Abkehr von der Geschichte als Gegenstand und Deutungsform, die ja nicht nur bezüglich seiner Ästhetik, sondern

---

[37] Wie Wagner erklärt, sei ihm im Umgang mit dem Rotbart-Stoff sein »bisher unbewußtes Verfahren in seiner künstlerischen Notwendigkeit... zum Bewußtsein« gekommen; und mit dessen Preisgabe habe er »eine neue und entscheidendste Periode« seiner »künstlerischen und menschlichen Entwickelung angetreten, die Periode des bewußten künstlerischen Wollens auf einer vollkommen neuen, mit unbewußter Notwendigkeit... eingeschlagenen Bahn«; GSD IV, 319f.

zudem hinsichtlich seiner gesamten Welt- und Geschichtsanschauung eine radikale und grundsätzliche ist, zu fassen, wird im einzelnen zu beobachten sein, wie Wagner an dieser Nahtstelle seiner künstlerischen Entwicklung die Geschichte betrachtet, wie er an das historische Material herangeht, wie er Personen, Handlungen und Abläufe deutet, was er eigentlich in der Geschichte sucht und an ihr zu zeigen bemüht ist.

## 3. Kurzcharakteristik des Inhalts

In seinem »Wibelungen«-Aufsatz versucht Wagner, in einem großen Entwurf (Welt-)Geschichte in Verbindung mit (Helden-)Sage von den mythischen Anfängen bis in seine Gegenwart hinein zu deuten und darzustellen. Es ist die Rede von »Indien als der Urheimat der Menschheit, einem Urkönigtum in den Gebirgen Asiens... und von der Translation dieser Herrschaft mit globalem Anspruch von den asiatischen/ indischen Urkönigen über Troja und die ›trojanischen‹ Franken und Römer auf die staufischen Herrscher des Mittelalters«[38].

Im Mittelpunkt dieser ›Geschichte‹ stehen das Geschlecht bzw. der Stamm oder das Volk der *Franken* – diese gelten als das »uralte Königsgeschlecht« der »Wibelungen« oder »Gibelinen« – und die Sage von den *Nibelungen* als dem fränkischen »Erbeigentum«, ihre »Stammsage«. Durch Korrelation von Stamm und Stammsage, »Gibelinen« und »Nibelungen«, gewinnt Wagner eine Art historischer Gesetzmäßigkeit, das »wibelingische Prinzip«[39], das er deutend über die Geschichte breitet.

Dieses »wibelingische Prinzip« geht seinem Inhalt nach auf eine spezifische Deutung der Nibelungensage zurück, die den Nibelungenhort »und die in ihm liegende Macht« als »Kern« versteht, »zu dem sich alle weitere Gestaltung der Sage wie zu ihrem unverrückbaren Mittelpunkte verhält«[40]. Es bezeichnet das im Bewußtsein einer »Urberechtigung« erfolgende unermüdliche Streben nach »Weltherrschaft«: »...in dem alten Königsgeschlechte der Franken, in welchem sich unter dem Namen der ›Wibelungen‹ oder ›Gibelinen‹ ein uralter Königsanspruch bis zum Anspruch der Weltherrschaft steigerte«[41], habe es bis zu dessen

---

[38]  Kühnel, Wagners Schriften, in RWHb 491.
[39]  GSD II, 125.
[40]  GSD II, 119.
[41]  GSD II, 118.

Erlöschen mit dem Fall Konradins – und nachher nicht mehr – ein Königtum nach dem »hohen, idealen Begriffe von dieser Würde« gegeben.[42]

## 4. Rezeptionsgeschichtliche Verortung

In der Wagner-Exegese fristet der »Wibelungen«-Aufsatz vergleichsweise ein Randdasein. Überblicklich drängt sich sogar der Eindruck auf, als wisse die Forschung mit diesem Text nicht so recht etwas anzufangen, – und dies ist nicht verwunderlich. Es werden hier Historie, Sage und Mythos in einer Weise miteinander in Beziehung gebracht, die auf einen Historiker ebenso irritierend und überspannt wirken muß wie auf einen Literaturwissenschaftler, Philosophen oder Politologen.

Immerhin sind im Laufe einer Wirkungszeit von rund einhundertvierzig Jahren doch einige sehr verschiedene Zugänge gesucht und versucht worden: Von der naiven Paraphrasierung über den historischen Verifikationsversuch und die Deutung als Forum der Stofferarbeitung im Vorfeld der Dichtungen zum »Ring des Nibelungen« und zu »Parsifal« bis zur Auswertung als Quelle für Wagners politisches und sozialrevolutionäres Denken; daneben stehen jene Lesarten, für die die Abhandlung in ihren einzelnen Ableitungsmanövern wie in ihrer Gesamtkomposition wesentlich ein Kuriosum ist.

Das erste bekannte Zeugnis einer »Wibelungen«-Rezeption stammt von dem mit Wagner gut bekannten (und diesen in seinen Gedankenflügen vielfach kritisch begleitenden) Dresdener Theaterkollegen im Schauspiel-Ressort Eduard Devrient. Anläßlich der »Wibelungen«-Vorlesung Wagners charakterisiert er die Abhandlung wie folgt:

> »Zu Haus las Kapellmeister Wagner eine geschichtsphilosophische Arbeit vor, in der er mit außerordentlich geistreicher und poetischer Kombination die erhabene Begeisterung für die Weltherrschaft aus den frühesten Sagenquellen entwickelte. Friedrich I. stieg als der gewaltigste Träger des ganzen Inhalts dieser Idee, von riesengroßer, wundervoller Schönheit auf.«[43]

Devrient liefert eine pointierte Zusammenfassung des Inhalts der »Wibelungen«-Schrift, der man die Perspektive des Theatralikers anzumerken meint. Sie zeichnet sich vor allem durch eine affirmativ-enthusiasti-

---

[42]  GSD II, 122.
[43]  Devrient, Aus seinen Tagebüchern, a.a.O., Bd. 1, S. 470.

sche Aufnahme des Hauptgedankens und seiner mythologisch-dramaturgischen Durchführung aus.

Eine ähnlich affirmative Haltung findet sich noch fünfzig Jahre später bei Henri Lichtenberger, der auf sechs Seiten versucht, den Inhalt der »Wibelungen«-Schrift anempfindend nachzuerzählen.[44] Paraphrase und Interpretation greifen hier bruchlos ineinander; Reflexionen über die Bedeutung des Inhalts (in historischer, philosophischer oder ästhetischer Hinsicht) sind nicht Gegenstand der Darstellung.

Lichtenbergers Interesse gilt auch nicht der Geschichts- oder Mythosdeutung, sondern dem »Wibelungen«-Essay als »Dichtung«. Er will einen Blick auf das bis heute »verhältnismäßig unbekannte Werkchen« um der »großartigen Synthese« willen werfen, die darin jene zwei Stoffe um Friedrich Barbarossa und Siegfried gefunden hätten. Wagner habe durch erfindungsreiche Verschmelzung der Siegfried- und Nibelungensage mit der deutschen Kaisergeschichte »eine Art Abriß der Geschichtsphilosophie in mythischer Ausdeutung« geliefert.[45]

> »Man kann nur staunen, mit welch mächtiger Einbildungskraft Wagner diese phantastische und gewaltige, Jahrhunderte umspannende Sagenbildung geschaffen hat, die auf die deutsche Kaisergeschichte ein unerwartetes Licht wirft, indem sie die großen Sagenkreise des Mittelalters, die der Nibelungen und des Graals vereinigt.«[46]

Jene »sonderbare Synthese von Geschichte und Sage« der »Wibelungen« sei vornehmlich darum bedeutsam, weil sie »das geheime Band zwischen dem ›Ring‹ und den späteren Werken« zeige, die »Wibelungen« als »Vorläufer nicht allein des ›Ringes‹, sondern auch des ›Parsifal‹« erkennbar würden.[47] Ob allerdings diese »dichterischen Phantasien für das Verständnis der Sage oder der geschichtlichen Tatsachen irgendwie von Belang« seien, hält er für fraglich.[48]

Eine in diesem Punkt ganz andere Ansicht bekundet Max Zenker in seinem »Wibelungen«-Aufsatz von 1898.[49] Auf der Basis einer gleichfalls

---

[44] Henri Lichtenberger, Richard Wagner der Dichter und Denker. Ein Handbuch seines Lebens und Schaffens, 2. verbesserte u. erweiterte Aufl., Dresden 1913 (1. Aufl. 1899), S. 230ff.
[45] Ebenda, S. 229.
[46] Ebenda, S. 230.
[47] Ebenda, S. 236.
[48] Ebenda, S. 229.
[49] Max Zenker, Über Wagners Schrift: Die Wibelungen, in: BBl 21, 1898, S. 51ff.

90

noch positiven emotional nachvollziehenden Grundhaltung versucht er darzulegen, »wie die von Wagner kundgegebene Anschauung, geschichtliche Vorgänge als Ausdruck einer fortherrschenden, fast unbewussten Allgemeinvorstellung zu deuten, in geschichtlichen Einzelzeugnissen sich bestätigt findet«[50].

Zenker faßt den Grundgedanken der Schrift – d. i. die »Vorstellung der geheimnissvollen Macht des Goldes, insbesondere des fränkischen Königsschatzes«[51] – im Sinne Wagners als historisch bedeutsam auf und geht auch davon aus, »dass zahlreiche weitere Ideen unserer Schrift von fachmännischem Scharfsinn geschichtlich belegt werden können«[52]. Er schließt seine Untersuchung mit der Wiedergabe einer Grundüberzeugung, die Wagner nicht trefflicher hätte formulieren können:

> »Des Dichters Blick schaute tiefer in das Volksleben und dessen Vorstellungen, die wir nachträglich lückenhaft aus den geschichtlichen Aeusserungen zu erkennen und in ihrem wahren inneren Zusammenhange nur zu ahnen vermögen.«[53]

Mit wachsendem zeitlichen – und geschichtlichen – Abstand zur Entstehung der »Wibelungen«-Schrift wird diese von ihren Interpreten auch mit immer größerer innerer Distanz betrachtet. Der Erfahrungswandel, den das 20. Jahrhundert gebracht und deutlich sichtbar den Nachkriegsentwicklungen der zweiten Jahrhunderthälfte aufgeprägt hat, hinterläßt seine Spuren auch bei der Rezeption der Wagnerschen »Wibelungen«-Schrift, sofern diese überhaupt noch in die Betrachtungen einbezogen wird. Die Wagner-Exegeten distanzieren sich hierbei nicht nur vom Inhalt des »Wibelungen«-Essays, sondern von den Welt- und Selbstdeutungen Wagners überhaupt, gleichviel ob diese nun theoretisch-literarisch oder musikalisch-dramatisch vermittelt werden.

In der Folgezeit lenkt die »Wibelungen«-Schrift dann als Ausdruck zeitgeschichtlicher Fragen und Konflikte erneut die Aufmerksamkeit auf sich. Auf diesem Weg versucht Reinhold Brinkmann (Berner Vortrag 1976[54]) eine politische Auslegung des Essays, in welcher die »Wibelungen«-Geschichtsdeutung und -Poetik zum Derivat der für den Zeitge-

---

[50]  Ebenda, S. 52.
[51]  Ebenda.
[52]  Ebenda, S. 59.
[53]  Ebenda.
[54]  Reinhold Brinkmann, Mythos – Geschichte – Natur. Zeitkonstellationen im »Ring«, in: Richard Wagner. Von der Oper zum Musikdrama, hg. v. Stefan Kunze, Bern 1978, S. 61ff.

nossen Wagner spürbar brisanten revolutionsgeschichtlichen Ereignisse wird.

>»Merkwürdig ist diese Abhandlung deshalb, weil sie versucht, die mythische Gestalt Siegfrieds mit der geschichtlichen Friedrichs I., Barbarossa, zu verbinden, und dieses aus einer Projektion aktueller, gegenwärtiger politischer Probleme.«[55]

Brinkmann sieht die Funktion der Beschäftigung Wagners mit diesem Gegenstand vor allem in der geschichtsphilosophisch bewerkstelligten Entlastung vom Druck der Gegenwartsprobleme:

>»Der aktuelle Zweck solcher anempfindenden Geschichtsdarstellung ergibt sich aus dem, was Wagner als weltgeschichtliche Dimension seiner Ergebnisse begriff. [...] Siegfried wie Rotbart erweisen sich damit als Stoffe von Zeitenwenden und so als geeignet, die Not der Gegenwart auf ein Ziel hin auszurichten.«[56]

Brinkmanns Versuch zur Rekonstruktion von Wagners »eklektischem« Aufwand..., Mythos, Geschichte und Gegenwart zu kontaminieren«, geht indes nicht auf. Mag »Wagners Gegenwart« die »Möglichkeit der Wiederkehr... in keinem anderen als Friedrich Wilhelm IV. von Preußen« personifiziert gesehen haben, Wagner teilte diesen Glauben nicht. Seine Abhandlung ist auch in ihrer ersten Fassung nicht dahingehend zu interpretieren, daß mit dem Preußenkönig an der Spitze des Reiches »eine dritte Weltzeit der Geschichte beginnen« könne.[57] Ihre (eindeutig vor der Ablehnung der Kaiserkrone entstandenen) Schlußworte[58] enthalten nämlich nicht nur jene von Brinkmann zitierte sehnsuchts- und erwartungsvolle Frage nach der Wiederkunft Friedrichs oder Siegfrieds, sondern auch ihre hier völlig außer acht gelassene abschlägige Antwort.[59]

---

[55] Ebenda, S. 66.
[56] Ebenda, S. 67.
[57] Ebenda.
[58] Sie gehören zur Urschicht der »Wibelungen«-Reinschrift (Febr. 1849) und sind damit auch Bestandteil der Bülowschen Abschrift (S. 35).
[59] Vgl. SSD XII, 229 u. S. 178 dieser Arbeit. – Eine weitere Absage an das Kaisertum für die Zukunftsgestaltung Deutschlands erteilt Wagner in einer zweifelsfrei nach dem Ende der Revolution in den III. Teil des »Wibelungen«-Textes eingefügten Passage, die, allzusehr seinen damaligen sozialrevolutionären Impetus verratend, nur im »Wibelungen«-Erstdruck (S. 19) enthalten ist. Sie lautet: »Niemand weiß gegenwärtig z.B. besser als das deutsche Volk, daß ihm nicht ein Kaiser, sondern die Befriedigung wirklicher, positiver Bedürfnisse noth thut, und es ist hierin unendlich weiser, genialer und wahrhafter als unsere Professoren, welche in der Kaiserfrage gelehrte Überzeugungen aussprachen, in welchen deutliche Spuren eines schauerlichen Wahnsinns unverkennbar waren.«

Dem besonderen Interesse entsprechend, das die neuere Forschung dem Einfluß politischer und sozialrevolutionärer Ideen auf das Denken und Schaffen Wagners entgegenbringt, widmet das Richard-Wagner-Handbuch dem Thema »Richard Wagner und die Revolution von 1848/49« einen eigenen Artikel. In ihm findet auch die »Wibelungen«-Schrift Berücksichtigung, allerdings in einer sehr pauschalierenden Form. Der Autor Rüdiger Krohn schlägt sie mit den anderen etwa gleichzeitig entstandenen Arbeiten Wagners über einen Leisten, indem er lediglich feststellt, sie sei wie diese »wesentlich durch jenes revolutionäre Ideen-Gemisch beeinflußt«.[60]

Auch Martin Gregor-Dellin versäumt in seiner romanesken Wagner-Biographie nicht, auf die »Vermengung von Mythos und Zeitgeschichte, Kunst und Politik, Oper und Achtundvierzigertum« in den »Wibelungen« hinzuweisen. Endlich sei es Wagner gelungen, mit seinem »grenzenlos schweifenden Kultur-Feuilletonismus« auch »die Sozialisten und die deutschen Sagen unter einen Hut zu bringen«[01]. Diesem offensichtlichen Faktum wird allerdings weder analysierend noch interpretierend Rechnung getragen. Der Autor nimmt es vielmehr – gleichsam ersatzweise – zum Anlaß, vor dem »bedenklichste[n] Element« der Wagnerschen Kunst, vor der »Ambivalenz, Fragwürdigkeit und Mißbrauchbarkeit« des in ihm angelegten »Heilscharakters« zu warnen.[62]

Peter Wapnewski wiederum, der die »Wibelungen« als Teil der »Ring«-Vorgeschichte behandelt, wendet sich bevorzugt Wagners genealogisch-etymologischen Bemühungen zu. Diese erklärt er aus der Wagnerschen »Stabreim-Poetik« und behandelt sie dementsprechend als unterhaltsame Kuriosa am Rande.[63] Insgesamt vermag er die »Wibelungen«-Schrift nicht anders denn als Produkt einer »exzentrischen Verwirrung« zu verstehen.[64]

Im Rahmen einer systematischen Behandlung von Wagners Schriften versucht Jürgen Kühnel eine zusammenfassende Charakteristik auch

---

[60]  Rüdiger Krohn, Richard Wagner und die Revolution von 1848/49, in: RWHb 99.
[61]  Gregor-Dellin, Richard Wagner, a.a.O., S. 246.
[62]  Ebenda, S. 246f. Wie Reinhold Brinkmann beschränkt auch er sich darauf, den »beschwörenden Ausruf« der »Wibelungen«-Schlußworte – hier als wirkungsmächtige Illustration seiner kritischen Haltung – zu zitieren, und versäumt gleichfalls, auf die entscheidend wichtige Erwiderung wenigstens hinzuweisen.
[63]  Wapnewski, Der traurige Gott, a.a.O., S. 118.
[64]  Ders., Die Oper Richard Wagners als Dichtung, in: RWHb 270.

des »Wibelungen«Essays.[65] In dieser »geschichtsmythologische[n] Abhandlung« habe Wagner seine »umfangreiche Kenntnis antiker und mittelalterlicher Mythologie und Literatur (und deren romantische Interpretationen) frei[!] verarbeitet«. Daß »Geschichte und Mythologie korrespondieren«, wird festgestellt, nicht aber weitergehend reflektiert. Auch hier wird der »aktuelle Bezug auf die Revolution von 1848« und zu den »politischen Vorstellungen Wagners« nicht zuletzt unter Hinweis auf den »originale[n] Schluß der Abhandlung mit seiner Beschwörung einer Wiederkehr Barbarossas = Siegfrieds« (und gleichfalls ohne Erwähnung ihrer beschwichtigenden Neutralisierung) herzustellen gesucht.

Den aktuellen Bezug der »Wibelungen« nicht zu den politischen Ereignissen, wohl aber zu den in der Musikkultur lebendigen Traditionen der Zeit sucht Gerhart von Graevenitz im Rahmen seiner Untersuchungen auf, die als eine Art Entmythologisierung durch (literar-)historische Kritik verstanden werden wollen.[66] Wagner habe in den »Wibelungen« die »politisch-ideologische Allegorie der Großen Oper« Scribescher Provenienz »ins Mythologische auszudehnen« begonnen, indem er »das literarische Prinzip der Großen Oper, die Wiederholung des immer gleichen Heldenbilds... zum Thema, zum Geschichtsprinzip« erhoben und damit die »literarische[n] Technik« der Wiederholung »in die universalhistorische Kategorie« transponierte.

Mit dem Bemühen von Graevenitz', am Gegenstand auch der Wagnerschen Kunst- und Geschichtsphilosophie den »romantischen Synkretismus« durch die »wissenschaftliche, topische Methode« zu überwinden, wird auf dem Feld der »Wibelungen«-Exegese ein genuin mythischer Deutungsansatz gleichsam übersprungen. Denn die bis dahin vorgenommenen Interpretationsansätze – mehr liegt nicht vor, von einer eigentlichen »Wibelungen«-Literatur kann gar nicht die Rede sein – haben Wagners mythische Geschichtsdeutung, sein auch den »Wibelungen« strukturgebendes, mythisches Prinzip, in keiner Weise verarbeitend aufgenommen. Die mehrerorts erteilten Hinweise auf Wagners geschichtsphilosophisch ausgerichtete Synthese von Geschichte, Sage und Mythos bleiben ungeerdet; sie verlaufen ins Leere, wenn die »Wibelun-

---

[65] Kühnel, Wagners Schriften, in: RWHb 491-493 unter Nr. 48.
[66] Graevenitz, Mythos. Zur Geschichte einer Denkgewohnheit, a.a.O., S. 270f.

gen«-Schrift doch schließlich nur als eklektisches Konstrukt einer über-
bordenden Phantasie verstanden wird.

Mögen Wagners Verknüpfungen und Überblendungen für analytisch
geschultes Denken auch höchst ungewohnt und fragwürdig erscheinen,
mag es schwer fallen, dahinter mehr zu sehen als eine »wirre historische
Vision, in der mythische Elemente mit historischen sich verbinden«[67],
mehr auch als die »poetische Kraft und Anschaulichkeit« Wagnerscher
Gedanken,[68] so gibt es in jenem Wirren, Visionären, Phantastischen
doch Regelhaftigkeiten, Gesetzmäßigkeiten des Denkens und Schauens
zu entdecken, deren Bedeutung weit über den Rahmen der »Wibelungen«-Geschichtsmythologie hinausreicht. Die Inhalte dieser Schrift und
ihr zeitgeschichtlicher Bezug, wie sie sonst mit wechselnder Auslegung
wie selbstverständlich im Zentrum des Interesses stehen, werden peri-
pher; sie geben einer Untersuchung der Form des Wagnerschen Denkens Raum, deren mythische Strukturen für jene, dem heutigen Verständnis kaum mehr zugänglich erscheinende ›Konstruktionen‹ verantwortlich sind.

---

[67] Wapnewski, Der traurige Gott, a.a.O., S. 118.
[68] Wolfgang Golther, GSD X, 34 (Kommentarteil).

## B. Geschichte als »Chronik« – Wagners geschichts-mythologisch-reduktiver Geschichtsbegriff

Grundlegend und bestimmend für Wagners Behandlung der Geschichte im vorliegenden »Wibelungen«-Text ist die Gegenüberstellung von Geschichte und Sage, die Parallelisierung des Gegensatzpaares Sage und Geschichte. Als Formen der Erinnerung, der Tradierung vergangenen Seins und Bewußtseins werden sie aufeinander bezogen, miteinander verbunden und gegeneinander ausgespielt. So behandelt Wagner die Sage in bezug auf die Überlieferung vergangener Wirklichkeit grundsätzlich als alternative Form zur »Geschichte als Erzählung«, wobei er letztere für sich genommen als defizitäre Form begreift, Leben der Vergangenheit reflektierend und gestaltend einzuholen. Nur in der Kombination beider Überlieferungsformen sieht er »Geschichte« im eigentlichen Sinn gegeben.

Was Wagner auf der Suche nach vergangener Wirklichkeit »geschichtlich«, d.h. in den Überlieferungen der Historiographie vorfindet, ausgehend von seinem Hauptbetrachtungsfeld, der mittelalterlichen Geschichte,[1] ist »unsere trockene Chronikengeschichte«[2].

### 1. »Herren- und Fürstengeschichte«

Diese »trockene Geschichtbeschreibung der damaligen Zeit« charakterisiert Wagner als »Herren- und Fürstengeschichte« und bezieht sich dabei explizit auf den Stauferhistoriographen des 12. Jahrhunderts, Otto von Freising. Hierbei versteht er unter »Herren- und Fürstengeschichte« offensichtlich erst in zweiter Linie eine Geschichte, die ›Herren und Fürsten‹ zu ihrem Gegenstand macht. Primär meint er eine vom Standpunkt der ›Herren und Fürsten‹ geschriebene Geschichte im Gegensatz zu einer im Sinne des Volkes verfaßten, einer »Volksgeschichte«[3].

---

[1]  Wagners Hauptquellen sind, dem Bestand seiner Dresdener Bibliothek zufolge: Friedrich von Raumer, Geschichte der Hohenstaufen und ihrer Zeit, 2. Aufl., Leipzig 1840f. (DB Nr. 112); M. Simonde de Sismondi, Histoire des Républiques Italiennes du Moyen Age, cinquième Edition, 8 tomes, Bruxelles 1838-39 (DB Nr. 131); Johann Wilhelm Loebell, Gregor von Tours und seine Zeit, Leipzig 1839 (DB Nr. 83).
[2]  GSD II, 125.
[3]  GSD II, 124ff.

In Otto von Freising sieht er den Verfasser und Vertreter dieser »Herren-
und Fürstengeschichte«, sein Werk wird ihm zum Paradigma einer
solchen. Er verbindet daher mit dem Namen Ottos eher die Vorstellung
des Bischofs und Reichspolitikers als die des bedeutenden, in der
Nachfolge Augustins stehenden Geschichtsphilosophen der Zweistaa-
tenlehre. Aufgrund seines Ausgangsinteresses, des Dramatisierungsplans
um »Friedrich I.«, dürften Wagner von Ottos Geschichtswerk auch
weniger die »Chronica« als die »Gesta Friderici« vor Augen gestanden
haben, wie sie ihm sehr wahrscheinlich auch nur in der Vermittlung
Raumers bekannt waren.

Es ist ein sehr pauschales Bild mittelalterlicher Geschichtsschreibung,
das Wagner hier zeichnet. Seine Kritik an Ottos »Herren- und Fürstengeschichte« ist ja auch nicht historisch, sondern typologisch motiviert.
Sie dient dazu, den *Typus* des »Chronikenhistorikers«[4] auszubilden, der,
außerhalb der lebendigen Volkstradition stehend, die unter- und hinter-
gründigen Zusammenhänge der von ihm selbst berichteten Ereignisse
nicht zu erkennen vermag. Seine Entfremdung vom lebendigen »Volksmunde« und dessen Überlieferung in der Sage mache es ihm unmöglich,
die Geschichte, die er schreibt, selbst »mit Geist und Herz« zu verstehen.[5] Dies könne nur das »Volk«, das sein Wissen über Vergangenes
(und gegenwärtig in die Zukunft Wirkendes) auf seine Weise – authen-
tisch – niederlegte.

In dieser Vorstellung, die für das »Volk« die Deutungskompetenz
bezüglich der eigenen Geschichte – und gegen die ›Herren und Fürsten‹
und deren ungleich beengtere Perspektive – einfordert, mag man
durchaus Züge zeitgenössischer Adelskritik (Wagners Aristokratiefeind-
lichkeit dokumentiert anschaulich seine im Juni 1848 gehaltene Rede
vor dem Dresdener Vaterlandsverein[6]) entdecken sowie Elemente eines
romantischen Volksenthusiasmus, wie er sich in der Tradition des
Herderschen Volksgeist- und Volkspoesiegedankens[7] insbesondere im
Kreis der Heidelberger Romantik entfaltete.

---

4    GSD II, 137.
5    GSD II, 123.
6    »Wie verhalten sich republikanische Bestrebungen dem Königtume gegenüber?« vgl. SSD
     XII, 220ff.
7    Vgl. Hugo Moser, Sage und Märchen in der deutschen Romantik, in: Die deutsche
     Romantik, hg. v. Hans Steffen, 3.Aufl., Göttingen 1978, S.254f.

Anlaß und Exempel dieser Wagnerschen Chronistenkritik sind allerdings nicht gesellschaftskritischer oder philosophisch-poetologischer, sondern etymologischer Art. Es geht um die Deutung des Namens der *Gibelinen*, welche die kompositorisch-geschichtsphilosophische Anlage der »Wibelungen«-Schrift trägt: Wagner interpretiert die Bezeichnung »Ghibellinen« (= »Waiblinger«) für die staufische/kaiserliche Partei als »Wibelungen«, eine dem Stabreim folgende Angleichung – »Wibelungen« vs. »Welfen« – von »Nibelungen«[8]. Das »Herrscherhaus der Staufer (-Ghibellinen-Wibelungen)« erscheint in solcher Herleitung als die »ans Welfische W- assimilierte Form der alten *Nibelungen*«[9]. Diese eigentliche Bedeutung und Beziehung des Namens sei bei dem »Chronikenhistoriker« Otto freilich nicht zu finden:

> »Hätten wir ... statt einer Herren- und Fürstengeschichte eine *Volks*geschichte, so würden wir in ihr jedenfalls auch finden, wie den deutschen Völkern von jeher für jenes wunderbare, Scheu erregende, und von allen als von höherer Art betrachtete fränkische Königsgeschlecht ein Name bekannt war, den wir endlich geschichtlich in italienischer Entstellung als ›Ghibelini‹ wiederfinden.«[10]

Der »gelehrte Bischoff« habe entsprechend »die Schreibart: ›Guibelingi‹ im Latein, also den heimischen Namen romanisierend«, aufgenommen, ihn aber nicht mehr verstanden, »was den Chronisten selbst so verwirrte, daß er diesen Namen von einem ganz beziehungslosen Dorfe: Waiblingen herzuleiten für gut hielt«[11].

Wagner geht hier (in der zitierten Erstfassung) davon aus, daß Otto bei der Erklärung des Namens der Kaiserpartei darum fehlliege, weil ihm – aus seiner Sicht einer »Herren- und Fürstengeschichte« – die im Volk tradierte ursprüngliche Bedeutung einfach nicht mehr zugänglich war:

> »Das Volk wußte besser als der gelehrte Bischoff, wen es darunter verstand, denn es verstümmelte den Namen der Nibelungen erst bei dem Aufkommen der ihm näher stehenden ›Welfen‹«.[12]

Losgelöst vom wissens- und erinnerungsträchtigen »Volksmunde« und der ihn leitenden geschichtsbewegenden Kraft habe »unsere trockene

---

8  Vgl. Kühnel, Wagners Schriften, in: RWHb 492.
9  Wapnewski, Der traurige Gott, a.a.O., S. 119.
10  GSD II, 123.
11  Bülows Handschrift, S. 9.
12  Ebenda.

Chronikengeschichte« nur zu Fehldeutungen geschichtlich überlieferter Daten gelangen können.

Diese Wagnersche Grundthese erfährt im Zug der Überarbeitung noch eine Verdeutlichung und ironisierende Verschärfung des Gegensatzes von gelehrtem einzelnen und eigentlicher, kollektiv verwalteter Volksweisheit: Noch ehe »gelehrten Chronisten es beikam, sich mit der Erklärung dieser ihnen unbegreiflich gewordenen populären Benennungen zu befassen«, habe »das Volk die Namen der ›Welfen‹ und ›Wibelungen‹ lange gekannt und genannt«; der »Bischof Otto von Freisingen« sei »in gelehrter Verlegenheit auf den Einfall« geraten, »die Benennung der kaiserlichen Partei von dem Namen eines ganz gleichgültigen Dorfes, Waiblingen, herzuleiten – ein köstlicher Zug, der uns recht deutlich macht, wie kluge Leute Erscheinungen von weltgeschichtlicher Bedeutsamkeit, wie diesen im Volksmunde unsterblichen Namen, zu verstehen imstande sind![13]«

Auch wenn Wagner diese Chronistenkritik vollkommen eigenständig ausmünzt, hat er zu ihrer Formulierung auch zeitgenössische Literatur herangezogen. Zur Herleitung des Namens der Gibelinen durch Otto sind aller Wahrscheinlichkeit nach die »Untersuchungen zur Geschichte der teutschen Heldensage« von Franz Joseph Mone (sie waren für seine damaligen Studien auch in anderer Hinsicht von Bedeutung[14]) Stichwortgeber gewesen.

In diesem (von der historisch-philologischen Forschung seiner kühnen Brückenschläge wegen skeptisch betrachteten) Buch interpretiert Mone eine diesbezügliche Stelle bei Otto[15] dahingehend, daß die Namen der Welfen und Gibelinen in die Zeit der fränkischen Kaiser zurückgingen und es daher falsch wäre, »den Namen Gibelin durch die schwäbischen Dörfer Waiblingen« zu erklären. Mone unterstellt Otto sogar, den Namen Gibeling vorsätzlich »unkentlich zu machen und an einen Ort

---

[13]  GSD II, 124.
[14]  Sie gehören seiner Dresdener Bibliothek an (DB Nr. 93), und er erwähnt sie noch 1856 im Rahmen einer Aufstellung mit dem besonderen Vermerk »sehr wichtig«; vgl. Wagners Brief an Regierungsrat Franz Müller in Weimar vom 9. Januar 1856, der sich bei Wagner anläßlich einer Arbeit »Über die sagengeschichtlichen Grundlagen der Ringdichtung« nach der von ihm benutzten Literatur erkundigte; SB VII, 337.
[15]  »(de gest. Frid. II, c.2): duae in Romano orbe apud Galliae Germaniaeve fines famosae familiae hactenus fuere, una Henricorum de Gueibelinga, alia Guelforum de Altdorfio...«; Mone, Geschichte der teutschen Heldensage, a.a.O., S. 23.

anzuknüpfen«; und da sich »die Absicht der Entstellung... schwerlich läugnen« ließe, mutmaßt er über die Gründe einer solchen: Der Name Gibeling möchte wohl einen »spöttischen Sinn« gehabt haben, »in Schwaben und Baiern..., wo die Welfen übermächtig waren und Otto schrieb...«; ferner, »weil er mütterlicherseits von den fränkischen Kaisern abstammte«, habe er durch eine solche »Verdrehung« den »Schimpf von seinem Geschlechte wegzuwälzen« gesucht.[16]

Derlei historisch-politische Spekulationen und psychologische Hintergründigkeiten sucht man bei Wagner freilich vergebens. Wenn dieser für seine Namensherleitung der Gibelinen auch bei Mone anknüpft, so tut er es nicht wie jener in quellenkritisch-historischer, sondern gleichsam in sprachgeschichtlich-mythologischer Absicht. Ihm geht es um den, wie er meint, fachwissenschaftlich beglaubigten, aber schließlich doch nur die Funktion eines sekundierenden Alibis ausfüllenden Nachweis für seine zeit- und geschichtsübergreifende These, daß die *Gibelinen-Wibelungen* die *Nibelungen* seien.

## 2. »Wibelungen«-Etymologie

Hierzu bemüht er ein etymologisches Experiment, das die Namen seiner Hauptakteure zunächst über die Sprache miteinander in Beziehung bringt.

In der »Wibelungen«-Erstfassung stützt Wagner seine Identitätsthese (Gibelinen = Nibelungen = Wibelungen) vorsichts- und vermutungshalber noch zweifach ab: Die »linguistische Schwierigkeit« der »Veränderung des Anfangsbuchstabens N in G« will er einerseits, gleichsam noch tastend, »durch das Wesen der oft unbegreiflich neu gestaltenden und übertragenden Sage selbst gehoben« wissen, die doch, »so gestaltet, wie sie endlich uns erhalten ist, eine auffallende Verwechslung darin« zeige, »wem die Nennung ›Nibelung‹ zugeteilt wird«. Andererseits bemüht er sich um eine »rein sprachliche, auf das im Volksmunde begründete Gesetz des Stabreims sich stützende Erklärung«, wonach die »Nibelungen« sich analog zu den »Welfen« in »Wibelungen« bzw., gemäß dem Italienischen, »Guelfen« in »Guibelinen« gewandelt hätten.[17]

---

[16] Ebenda, S. 23f.
[17] Bülows Handschrift, S. 8f.

»Welche Erklärung aber nun auch die begründetere sein möge« – Wagner legt sich hier noch nicht fest –, es geht ihm allein darum, »die Überzeugung der Identität jenes Namens [der Nibelungen] mit der Nennung des uralten fränkischen Königsgeschlechtes« zu gewinnen.[18] Zu diesem Zweck konzentriert er sich in den gedruckten Fassungen mit gesteigertem Selbstbewußtsein auf die Stabreimversion:

> »Die linguistische Schwierigkeit dieser Erklärung löst sich mit Leichtigkeit, sobald wir eben den Ursprung jener Buchstabenverwechselung richtig erwägen; dieser lag im Volksmunde, welcher sich die Namen der beiden streitenden Parteien der Welfen und Nibelungen nach der der deutschen Sprache inwohnenden Neigung zum Stabreime geläufig machte…«.[19]

Bei dieser Präzisierung hat möglicherweise der Jenenser Philologe Karl Wilhelm Göttling Pate gestanden. In seiner Studie »Nibelungen und Gibelinen« (1816) heißt es nämlich:

> »Ganz sprachgemäß ist übrigens die Veränderung der Waiblinger in Nibelungen… Nibelungen ist unstreitig die ältere Form für Waiblinger oder Gibelinen.«[20]

Wagner hat also wie Göttling die historischen Gibelinen/Waiblinger mit den sagenhaft-mythischen Nibelungen sprachgeschichtlich über die Wirkung des Stabreims identifizieren wollen.[21] Ein direkter Einfluß Göttlings auf Wagner ist allerdings nicht nachweisbar; es gibt keinerlei Erwähnung Wagners in bezug auf diesen Autor, noch befindet sich eines seiner Werke in Wagners Dresdener Bibliothek. Dennoch darf es als wahrscheinlich gelten, daß Wagner dieses Buch bekannt war, hat er doch eine früher erschienene Arbeit Göttlings über das Frühjahr 1849 aus der Königlich-Sächsischen Bibliothek entliehen.[22]

---

[18]  Ebenda, S. 9.
[19]  GSD II, 124.
[20]  Karl Wilhelm Göttling, Nibelungen und Gibelinen, Rudolstadt 1816, S. 29.
[21]  Hierauf haben bereits hingewiesen: Guido Adler, Richard Wagner. Vorlesungen gehalten an der Universität zu Wien, Leipzig 1904, S. 126; Wolfgang Golther im Kommentarteil zu GSD X, S. 34.
[22]  Göttling, Geschichtliches im Nibelungenliede, Rudolstadt 1814 (entliehen vom 10. Februar bis 19. Juni 1849); vgl. Magee, Richard Wagner and the Nibelungs, a.a.O., S. 214. Wagner war überhaupt ein fleißiger Benutzer der Dresdener Staatsbibliothek und mit dem dortigen Fachpersonal bekannt, so auch mit dem »ebenso wunderlich schrullenhaften, als kenntnisreichen« Sagen- und Literaturwissenschaftler Hofrat Dr. J.G.Th. Gräße, der sein Buch über »Die Sage vom Ritter Tannhäuser, aus dem Munde des Volkes erzählt, mit verwandten Sagen verglichen und kritisch erläutert« (nur in der 1. Auflage von 1846) dem verehrten »Königl. Sächs. Hofkapellmeister Richard Wagner« gewidmet hat; vgl. Glasenapp, Das Leben Richard Wagners, Bd. 2, a.a.O., S. 103f. u. 156.

Geht Göttling wie Wagner davon aus, daß »die ursprüngliche Entstehung des Namens der Gibelinen mit der Zeit« verloren ging, und sich daher »die späteren Geschichtschreiber auf so verschiedenen Wegen« abmühten,[23] so unterscheidet sich doch seine Geschichtsdarstellung von der Wagners grundsätzlich.

Während jener um die historisch-philologisch exakte Untermauerung einer *geschichtsphilosophischen Idee* bemüht ist (ihm geht es um den Nachweis einer »in den Werken des [›teutschen‹] Dichtergeistes« ausgebildeten und in ihrer Geschichte verwirklichten »fortschreitenden Heldenerziehung«),[24] gelten Wagners etymologische Anstrengungen gerade nicht der Begründung einer solchen. Wenn er in seinen »Wibelungen« mit Hilfe eines »etymologischen Hochseil-Kunststücks sonderbarster Art, das verblüfft und erheitert[!], die Hohenstaufen von den Nibelungen« ableitet,[25] so zielt sein Ableitungsversuch auf den sprachwissenschaftlich beglaubigten, mit (sprach-)wissenschaftlicher Autorität versehenen Aufweis einer Strukturanalogie zwischen Sage und Geschichte, der zur Grundlage einer *mythischen Geschichtsdeutung* wird. Für ihre Durchführung, für Art und Aussagewert des geschichtsmythologischen Resultats, spielt die Triftigkeit der etymologischen These dann aber kaum mehr eine Rolle. Es ist gerade das Bemerkenswerte an Wagners »Wibelungen«-Essay, daß die Geschichtsdeutung und -darstellung sich nicht über geschichtliche oder auch sprachgeschichtliche Beweisführungen deduzieren läßt: Es ist vielmehr die »mythische Identität«[26] der Nibelungen und Franken, aus welcher Wagner seine »Weltgeschichte« zu schöpfen hat.

Die Funktion seiner alliterativen Wortableitung liegt also darin, über den sprachgeschichtlichen Bezug auf die Erkenntnis nicht eines *historischen*, sondern eines *mythischen* Zusammenhangs von Sage und Geschichte hinzuarbeiten, der sich ihm im Rückgriff auf den gemeinsamen mythischen Ursprung letztlich als substantielle Einheit beider offenbart.

In dieser mythisch ausgerichteten, sprachgeschichtlichen Korrelation von Geschichte und Sage kommt im Zusammenhang von Name und Sein, von Benennung und Identität zudem ein Element mythischen

---

23 Göttling, Nibelungen und Gibelinen, a.a.O., S. 32.
24 Ebenda, S. 8.
25 Gregor-Dellin, Richard Wagner, a.a.O., S. 245.
26 GSD II, 120.

Denkens zum Tragen, das Existenz und Eigenart eines Wesens, eines Menschen, eines Volkes an das Vorhandensein eines eigent(üm)lichen Namens bindet: Der Name hat »Wirklichkeitsbedeutung«; in ihm fallen Idealität und Materialität des Bezeichneten zusammen,[27] so zusammen, daß Sein und Schicksal unaufhebbar in ihm gebannt liegen.[28]

Angesichts dieses auf mythische Deutung der Geschichte und der sie begleitenden Sage zielenden Erkenntnisinteresses gerät Wagners Chronistenkritik freilich in ein versöhnlicheres Licht. Die historiographische Leistung Ottos von Freising wird in ihrer spezifischen Eigenart, Thematik und Problematik aus Wagners Blickwinkel mythischer Wirklichkeitsdeutung gar nicht sichtbar. Es sind zwei Welten, die sich nur oberflächlich berühren.

### 3. »Pragmatische Oberfläche der Vorfallenheiten«

Nichtsdestoweniger nimmt das Werk des »Chronikenhistorikers« in einer zum Typus der »trockene[n] Chronikengeschichte« stilisierten Form in den »Wibelungen« – in Wagners Ästhetik wird dieses zum Typus der »wahre[n] Geschichte«, der Geschichte als Überlieferung, als Forschungs- und Darstellungsobjekt überhaupt erweitert – eine wichtige Stellung ein. Es gibt die (Negativ-)Folie ab zu einer hypostasierten Idealform, einer Weise der Geschichtstradierung und des Geschichtsverständnisses, die Wagner wie gesehen als »Volksgeschichte« apostrophiert.

Dieser Gegensatz – »trockene Chronikengeschichte« versus »Volksgeschichte« – ist aber nicht nur gattungstypologisch als Opposition der Gegenstandsbereiche – »christliche Weltchronik« versus »profane Volksgeschichte« (origo gentis)[29] – zu verstehen. Mit seinen methodologischen

---

[27]  Hübner, Die Wahrheit des Mythos, a.a.O., S. 178; vgl. auch ebenda S. 123ff. »Die mythische Bedeutung von Name und Wort«.

[28]  Für den identitätsstiftenden Zusammenhang von Name und Sein gibt es in Wagners musikdramatischem Werk eine Fülle von Beispielen. In der »Ring«-Tetralogie denke man an die Wölfinge/Wälsungen, die Walküren und besonders Brünnhilde, aber auch an Loge, Erda und die Rheintöchter; in »Parsifal« an die von Görres entlehnte (historisch-philologisch im übrigen gleichfalls unstimmige) etymologische Herleitung (parsi Fal = der reine Tor); überhaupt an das Phänomen der Namenlosigkeit oder des Namensverlustes, der Namensfindung oder der Namensstiftung (WehwaltSiegmund, Siegfried, Parsifal, Kundry), des Namenstausches (Tristan-Isolde), der Silbenumkehrung des Namens (Tristan-Tantris) und der Anonymitätsforderung (Lohengrin).

[29]  Vgl. Herbert Grundmann, Geschichtsschreibung im Mittelalter, in: Deutsche Philologie im Aufriß, Bd. III, hg. v. Wolfgang Stammler, 2. Aufl., Berlin 1967, Sp. 2234.

Implikaten reicht er bis in geschichtstheoretisch relevante Bereiche hinein, indem er zugleich mit den unterschiedlichen Bezugsquellen die Verschiedenheit der Deutungs- und Darstellungsformen bezeichnet.

Wichtige Ansätze hierzu dürfte Wagner in Georg Waitz' Aufsatz »Ueber die Entwicklung der deutschen Historiographie im Mittelalter« (1844) gefunden haben.[30] Hier werden im Rahmen einer dezidiert historischen Darlegung mittelalterlicher Historiographiegeschichte die »blossen Chroniken« den »Völkergeschichten« – mit deutlicher Sympathie für die letzteren – gegenübergestellt. Den Autoren der »Völkergeschichten« hält Waitz allerdings vor, sie schrieben sämtlich nicht vom Standpunkt der »Nationalität des Volkes«, dessen Geschichte sie darstellten, sondern wie Jordanis aus römischer, Gregor und Beda aus kirchlicher Sicht. Sie schöpften zwar aus der Sage des jeweiligen Volkes, stellten sich aber zugleich »mit ihrer Gelehrsamkeit derselben gegenüber«[31].

Wagner mag auf seine Weise auch vermerkt haben, daß Waitz die Berücksichtigung der Sage für die Aufzeichnung der »Völkergeschichten« der frühen vorkarolingischen Zeit ausdrücklich als einen »Fortschritt« bezeichnet, und zwar entgegen der Auffassung »mancher«, wie der Ranke-Schüler betont, die dies »vielleicht eher als Rückschritt bezeichnen, weil an die Stelle der einfachen wenn auch dürftigen und trockenen Wahrheit nun wohl eine reichere Ueberlieferung, aber auch nicht selten ein Erzeugniss bunter Phantasie getreten sei«. Als Gründe für seine positive Beurteilung der Sagendurchwobenheit dieser »Völkergeschichten« nennt Waitz zum einen die Form der Aufzeichnung – »weil diese Werke von dem notizenhaften, zusammenhanglosen Aufzeichnen der einzelnen Facta« abgingen –, zum anderen ihren Inhalt – »weil sie auch ein Volk in seiner Besonderheit und Eigenthümlichkeit« auffaßten –.[32] Beide Argumente löst Wagner nun aus ihrem historischen Kontext und sucht sie einerseits geschichtstheoretisch, andererseits völkerpsychologisch zu unterfangen, um auf diesem Weg die *grundsätzli-*

---

[30]  In: Zeitschrift f. Geschichtswissenschaft, hg. v. Adolph Schmidt, Bd. 2, Berlin 1844, S. 39-58, 98-114. Waitz dürfte zusammen mit Heinrich Sybel zu jenen Autoren gehören, die Wagner »in anziehender Weise Belehrungen über das Ur-Königtum der Deutschen« vermittelten – und deren Namen ihm zur Zeit der Niederschrift seiner Autobiographie ziemlich genau zwanzig Jahre später »entfallen« waren (ML 390).

[31]  Ebenda, S. 44f.

[32]  Ebenda, S. 43.

*che* Bedeutung der Sage für das Verständnis von Geschichte und ihre Darstellung abzuleiten.

Aufgrund seines gleichfalls historisch-nationalen Standpunkts, darüber hinaus aber engagiert parteilichen Gestus, bietet Georg Gottfried Gervinus' Behandlung mittelalterlicher Geschichtsschreibung für Wagner noch direktere Anknüpfungspunkte. Denn nach Gervinus' Urteil über die frühmittelalterliche »Volksgeschichte«[33] hat etwa Cassiodor in seiner Gotengeschichte »nicht im Sinne des Volks, sondern in gelehrten oder politischen Absichten« geschrieben, ist durch die »Kirchenhistorie« eines Gregor und Beda »die Volkssprache verachtet« worden. Die »Gelehrten« hätten sich immer weiter von ihren Nationen entfernt, hätten die »Pflege des historischen Liedes oder der Volksgeschichte« versäumt, so daß nun »die historischen Werke... als Chroniken dürr und trocken« dalägen und »die inneren Zustände in unserer Heimath kaum ahnen« ließen.[34]

Richtet sich der Vorwurf bei Waitz wie bei Gervinus gegen den volksfremden Standpunkt und die gelehrten Ansichten oder Absichten der ›Volkshistoriographen‹ und verbindet Gervinus mit diesem Vorwurf auch denjenigen der Kargheit der Aufzeichnungen, so kehren diese Kritikpunkte bei Wagner in einer verschärften Form wieder: Er verklagt geradezu den »gelehrte[n] Schulmeister des Volkes«[35], der in seinem Dünkel nur vermeintlich mehr weiß als das Volk, das er zu belehren beansprucht und dessen Überlieferungen er darum glaubt mißachten zu dürfen. Darüber hinaus aber übersteigt Wagner die historisch-didaktische Position seiner Lehrmeister ins Geschichtstheoretisch-Grundsätzliche:

> »...der gelehrte Geschichtschreiber, der sich nur an die pragmatische Oberfläche der Vorfallenheiten hält, ohne das Band der wesenhaften Volksallgemeinheit nach dem unmittelbaren Ausdrucke desselben [d.i. der Sage und des Mythos] zu erfassen, [ist] pedantisch unwahrhaftig..., weil er den Gegenstand seiner eigenen Arbeit selbst nicht mit Geist und Herz zu verstehen vermag und [wird] daher, ohne es zu wissen, zu willkürlicher, subjektiver Spekulation hingetrieben...«[36]

---

[33] Georg Gottfried Gervinus, Geschichte der poetischen National-Literatur der Deutschen, 5 Bde., 2. Aufl., Leipzig 1840-1844 (DB Nr. 33), Bd. 1. Wagner hat diese ausgiebig studiert, wie aus zahlreichen (für Wagner untypischen) Anstreichungen insbesondere im 1. Band hervorgeht.

[34] Ebenda, S. 57 u. 59.

[35] GSD II, 123.

[36] Ebenda.

Wagners Kritik an einer Historiographie, die glaubt, die Sage vernachlässigen zu müssen, verknüpft somit den Vorwurf des (bei Waitz und Gervinus benannten) lehrhaften Pragmatismus sowohl mit dem der annalistisch-additiven Verkürzung der Geschichte auf ihre ereignishafte »Oberfläche« als auch mit demjenigen ihrer subjektiv-spekulativen Beurteilung. Mit beiden Folgerungen, dem Subjektivitätsvorwurf wie dem der ereignisgeschichtlichen Reduktion, eröffnet Wagner gleichsam eine neue Diskursebene. In Umkehrung der positivistisch-objektivistischen Tendenz der Geschichtswissenschaft im 19. Jahrhundert (welcher sich freilich von seiten der Historiker gerade Gervinus vehement widersetzte[37]) formuliert er seine Kritik an der »nackten Geschichte« des faktenbeflissenen ›Nur-Historikers‹. Nicht dieser nämlich, und wenn er sich noch so sehr »den Kopf zerbricht«, könne aus sich und seiner Kenntnis der Ereignisse heraus die ihm vorliegende Geschichte begreifen. Nicht er sei »wahrhaftig«, sondern das »Volk« in seiner Wesenhaftigkeit, weshalb die Erzeugnisse des Volkes, die Sage als unmittelbarer Ausdruck der »wesenhaften Volksallgemeinheit«, und nicht diejenigen seines Historiographen als objektiv und damit wesentlich erkenntnisträchtig zu gelten hätten.[38]

Diese Auffassung findet Wagner gerade auch im Falle der Namensherleitung der »Gibelinen«[39] oder »Wibelingen«[40] bestätigt:

> »Betrachten wir den Namen *Wibelingen*, wie er uns im Gegensatze zu den *Welfen* zur Bezeichnung der kaiserlichen Partei… so häufig vorkommt, so erkennen wir bei näherer Untersuchung die vollständige Unmöglichkeit, durch uns überlieferte *geschichtliche* Denkmäler diesen gleichwohl höchst bedeutungsvollen Namen zu erklären.«[41]

Diese Uninformiertheit der historiographischen Quelle, jenen »höchst bedeutungsvollen Namen« betreffend, hält Wagner also nicht für eine singuläre oder zufällige Erscheinung. An ihr sucht er vielmehr die immer und in jedem Fall gültige Regel hinsichtlich des Wissensgehalts rein geschichtlicher Überlieferung zu demonstrieren:

---

[37] Vgl. hierzu Jörn Rüsen, Der Historiker als »Parteimann des Schicksals«. Georg Gottfried Gervinus und das Konzept der objektiven Parteilichkeit im deutschen Historismus, in: Objektivität und Parteilichkeit, hg. v. Reinhart Koselleck, Wolfgang J. Mommsen u. Jörn Rüsen, München 1977 (Beiträge zur Historik, Bd. 1), S. 77ff.

[38] GSD II, 119 u. 123.

[39] Bülows Handschrift, S. 8.

[40] GSD II, 122.

[41] GSD II, 122f.

»…die nackte Geschichte an und für sich bietet uns überhaupt nur selten, stets aber unvollkommen das für die Beurteilung der innersten… Beweggründe des… Strebens ganzer Geschlechter und Völker genügende Material dar: wir müssen dies in der Religion und Sage suchen, wo wir es dann auch in den meisten Fällen mit überzeugender Bestimmtheit zu entdecken vermögen.«[42]

Beklagt Gervinus in seinem literarhistorischen Werk, daß die Trokkenheit der mittelalterlichen Geschichtstradierung die »inneren Zustände in unserer Heimath« kaum ahnen ließe, so unternimmt Wagner in seinem geschichtsmythologischen Essay, diese Tradition auf das Fehlen von Indizien zur »Beurteilung der innersten… Beweggründe« geschichtlichen Handelns hin zu verklagen. Nicht auf die »inneren Zustände«, also nicht auf die kultur- und gesellschaftsgeschichtlichen Hintergründe der chronistisch überlieferten Ereignisgeschichte wie bei Gervinus, sondern auf die (inwieweit überhaupt noch historisch faßbaren?) »innersten«, nämlich mentalen oder völkerpsychologischen »Beweggründe« ist Wagners Augenmerk gerichtet.

In diesem Sinne auch interpretiert er die seiner Ansicht nach äußerst geschichtsträchtige, ja geschichtsmächtige Sage von der trojanischen Abkunft der Franken und kritisiert ihre abwertende Behandlung durch den »Chronikenhistoriker«:

> »Wie tief bedeutungsvoll muß uns… die historisch bezeugte Tatsache erscheinen, daß die Franken, kurz nach der Gründung ihrer Herrschaft im römischen Gallien, sich für ebenfalls *aus Troja Entsprossene* ausgaben. Mitleidsvoll lächelt der Chronikenhistoriker über solch abgeschmackte Erfindung, an der auch nicht ein wahres Haar sei.«[43]

Daß Wagner als »Chronikenhistoriker« hier nicht allein Gregor von Tours, den im 6. Jahrhundert schreibenden Verfasser der (von späteren Schriftstellern auch als »Chronik« zitierten) »Historia Francorum«, sondern zugleich den Interpreten und Biographen Gregors im 19. Jahrhundert, Johann Wilhelm Loebell, anspricht, ist nach Durchsicht der (in Wagners Bibliothek vertretenen) Gregor-Monographie Loebells[44] nicht zweifelhaft. Im zeitübergreifenden Typus des »Chronikenhistorikers« verurteilt Wagner jenen historisch-kritischen Umgang mit der

---

[42] GSD II, 123.
[43] GSD II, 137.
[44] Johann Wilhelm Loebell, Gregor von Tours und seine Zeit vornehmlich aus seinen Werken geschildert, Leipzig 1839; DB Nr. 83 (nachfolgend zit. nach der 2. Aufl., Leipzig 1869).

Volkstradition, der die Sagenüberlieferung für das Verständnis der Geschichte als weitgehend irrelevant oder gar irreführend zurückweist.

Wenn daher Loebell seinem Bezugsautor unterstellt, er habe die »Sage vom trojanischen Ursprung der Franken« in seiner Darstellung der fränkischen Geschichte »der Erwähnung nicht werth« gehalten, er habe »die Nichtigkeit ihrer Grundlage« erkannt und sie daher »mit Stillschweigen« übergangen, so ist diese Deutung gewiß auf den Widerstand Wagners gestoßen; desgleichen, wenn Loebell die von Fredegar (dem Epitomator und Fortsetzer Gregors im 7. Jahrhundert) zur Herkunft der Franken angefügte Nachricht »auf ihr wahres Gebiet, nämlich auf das einer über ihre Quellen völlig sorglosen Erfindung«, mit dem Argument zu verweisen sucht, es sei doch »ein alter Ehrgeiz vieler Völker« gewesen, »sich einen trojanischen Ursprung beizulegen«[45]:

> »Seitdem die Anknüpfung Roms an diese Sage durch Virgil aller Welt geläufig geworden war, hielt man es für keine geringe Ehre, in eine so vornehme poetische Vetterschaft mit dem weltherrschenden Volk treten zu können. Der Mensch hat ein geistiges Bedürfniß, auf den Ursprung der Dinge zurückzugehen; wo die Wahrheit nicht zu finden ist, vertritt... die Fabel ihre Stelle. Fabelhafte Anfänge der Nationen sind daher immer so begierig aufgenommen worden, daß Erdichtung hier das freieste Spiel treiben durfte, und dunkle unbestimmte Ueberlieferungen von uralten Einwanderungen gaben diesen Erfindungen einen weiten, willkürlich zu benutzenden Spielraum.«[46]

Wagners Gedankengang, der von demselben Tatbestand der (bewußten) Anknüpfung der fränkischen Trojanersage an die römische Tradition ausgeht, schlägt mit seiner Fragestellung genau die umgekehrte Richtung ein. Sein Weg führt ihn zu einer radikalen Umwertung des Quellenwerts der Sage, indem diese – als mythopoetische »Erfindung« – nicht mehr in Opposition zur historischen »Wahrheit«, sondern in ihren Dienst gestellt wird:

> »Wem es aber darum zu tun ist, die Taten der Menschen und Geschlechter aus ihren innersten Trieben und Anschauungen heraus zu erkennen und zu rechtfertigen, dem gilt es über alles wichtig, zu beachten, was sie von sich *glaubten* oder glauben machen wollten. Kein Zug kann nun von augenfälligerer geschichtlicher[!] Bedeutung sein, als diese naive Äußerung der Franken von dem Glauben an ihre Urberechtigung zur Herrschaft beim Eintritt in die römische Welt... Auch sie stammten also aus Troja...«[47]

---

[45]  Ebenda, S. 336 u. 376.
[46]  Ebenda, S. 376f.
[47]  GSD II, 137.

Für Wagner ist, was die Menschen »von sich glaubten oder glauben machen wollten«, offensichtlich nicht nur nicht weniger wichtig, sondern auch nicht weniger wahr als das, was sie taten. Um diese »Taten« der Menschen aus ihren »innersten Trieben und Anschauungen« heraus zu »erkennen«, ja zu »rechtfertigen«, d.h. zu zeigen, daß es mit den Fakten – hinsichtlich der Sagen – durchaus seine Richtigkeit hat (und umgekehrt), legt er beiden, den Handlungen wie den (Selbst-)Deutungen der jeweiligen geschichtlichen Subjekte, eine Art Notwendigkeitscharakter bei, der etwa für historische »Erfindungen« im Loebellschen Sinn gar keinen »Spielraum« läßt.

Auf solche – wesentlich unhistorische – Weise sucht Wagner das Verhalten der historischen Protagonisten nicht etwa zu verteidigen oder zu entschuldigen, sondern zu erklären. Nichts anderes nämlich bedeutet für ihn, einen Zusammenhang zu erkennen und zu erklären: »Erkenntnis« – im Bereich der natürlichen wie der menschlichen Sphäre – ist für Wagner »das Begreifen der Notwendigkeit in den Erscheinungen, deren Grund uns Willkür deuchte«[48].

Seine Fragen an die Geschichte nehmen daher auch die Form an: ›Warum mußte es kommen, wie es tatsächlich kam?‹ und nicht etwa: ›Warum kam es so, da es doch auch anders hätte kommen können?‹. Diese Art der Aneignung von Geschichte, die historische Kontingenz durch eine mythisch-mental begründete Notwendigkeit ersetzt – und nicht, wie die idealistische Tradition (von Hegel über Ranke zu Droysen und Gervinus) durch eine theologisch, teleologisch oder ästhetisch postulierte[49] –, ist ein starkes Indiz für den (geschichtsphilosophisch geschulten) Mythiker Wagner.[50]

Dieser konnte freilich – unbeschadet der Distanz, die er zu Loebells sagenkritischer Behandlung einnimmt – wesentliche Kritikpunkte Loebells am frühmittelalterlichen Geschichtswerk Gregors für die eigene geschichtsmythologisch ausgerichtete Historiographiekritik übernehmen:

---

[48] »Das Kunstwerk der Zukunft«; GSD III, 43.
[49] Vgl. Reinhart Koselleck, Der Zufall als Motivationsrest in der Geschichtsschreibung, in: ders., Vergangene Zukunft. Zur Semantik geschichtlicher Zeiten, 2. Aufl., Frankfurt a.M. 1984, S. 170ff.
[50] Über den Zusammenhang von Mythos und Notwendigkeit bei Wagner vgl. weiter unten S. 260f.

»Die Dinge erscheinen gar nicht nach ihren innern Beziehungen, sondern nur mit ihrer äußern Oberfläche abgespiegelt. Nirgends verräth sich eine Spur von dem Bestreben, sie vermittels der ihnen inwohnenden Gedanken zu erklären; nirgends wird auch nur auf die Hebel und Triebräder der Begebenheiten die in der Eigenthümlichkeit der Verhältnisse und der Individualität der Handelnden liegen, hingewiesen. [...] Am öftersten aber werden die Begebenheiten, ohne alle Beziehung auf ihre Beweggründe, oder ihre Wurzeln in frühern Ereignissen ganz nackt hingestellt und in buntem Wechsel... ganz mechanisch aneinander gereiht.«[51]

Loebell liefert die Stichworte, insbesondere die Opposition von dargebotener Ereignis-»Oberfläche« und unberücksichtigt bleibenden »Beweggründen«. Doch während Loebell aus der Sicht des Historikers bestrebt ist, anhand der von ihm genannten »Beweggründe« – der synchronen (der »Eigenthümlichkeit der Verhältnisse« und der »Individualität der Handelnden«) wie der diachronen (der »Wurzeln in frühern Ereignissen«) – die »Begebenheiten« der Geschichte zu erklären, will Wagner gerade umgekehrt anhand der »nackten Geschichte« zur »Beurteilung der innersten... Beweggründe« vorstoßen. Und erst vom Ergebnis der Beurteilung dieser Beweggründe, die gewiß wenig Ähnlichkeit haben mit den von Loebell gemeinten, erwartet er sich ein angemessenes Verständnis nicht des ereignisgeschichtlichen Verlaufs selber, sondern seiner »geschichtlichen Bedeutung«. Trotz ähnlich lautender Chronistenkritik ist also der Trennpunkt zwischen dem Historiographen Loebell und dem Geschichtsmythologen Wagner bereits überschritten, bevor die spezifischen Divergenzpunkte im Hinblick auf die Behandlung der Sagenüberlieferung überhaupt zur Sprache kommen.

Wagners Tendenz deutlich näher als Loebells Position des aufgeklärten Mythenkritikers liegt daher diejenige des Rechtshistorikers Heinrich Künßberg, der in seiner Studie »Das Recht der Deutschen in seinen geschichtlichen Grundlagen und seiner Fortbildung untersucht« die Sagenüberlieferung gezielt für die Erklärung geschichtlicher Ereignisse heranzieht. Wagner hat sich diesen Band für seine Bibliothek besorgen lassen und mag darin nicht nur mit Interesse, sondern auch mit viel Sympathie zur »ungeschichtlichen Natur der angeblichen Urgeschichte der Römer« gelesen haben:

»Sollen wir... dieses Volk wegen der Leichtgläubigkeit gering schätzen, womit dasselbe eine Masse von Fabeln und Mährchen sich als wirkliche Thatsachen

---

[51]  Loebell, Gregor von Tours, a.a.O., S. 349.

hat aufheften lassen? Eine solche Betrachtungsweise würde nur in eine Zeit passen, worin die Geschichtsforschung und Geschichtschreibung sich blos um äußerliche Begebenheiten und das Wissen derselben kümmert und gegen das innerliche Wesen und Weben der Völker gleichgültig ist. Dem heutigen Zustande deutscher Bildung sagt eine so platte und oberflächliche Behandlung der Geschichte nicht zu. Gerade auf unserem Standpuncte erscheinen die römischen Mythen als das großartigste und bewundernswertheste aller Römerwerke, besser geeignet, uns über die Möglichkeit der römischen Weltherrschaft aufzuklären, als Alles, was Montesquieu zu diesem Zweck aufzählt.«[52]

Diese im romantischen Erbe wurzelnde Auffassung vom Wert der Sagen- und Mythenüberlieferung für das Verständnis auch des ereignisgeschichtlichen Tatbestands konnte Wagner als Bestätigung der eigenen Ansicht lesen. Denn hier werden die »römischen Mythen« nicht nur beigezogen, sondern zur Erklärung der »Möglichkeit« der römischen Weltherrschaft allen anderen Quellengattungen und den durch sie eröffneten faktengesättigten Argumenten (vor allem verfassungs- und kulturgeschichtlicher Art) vorgezogen. Das Gemeinsame beider Auffassungen liegt in der Berücksichtigung der Sagen- und Mythentradition für eine Betrachtung der Geschichte, die den strukturellen Untergrund des Ereignisverlaufs nicht vornehmlich aufgrund politischer und sozioökonomischer Regelkreise, sondern in mentaler bzw. völkerpsychologischer Hinsicht untersucht.

Ist Wagner aber wie Künßberg, der als Historiker die »Möglichkeit« des Faktums der römischen Weltherrschaft unter Zuhilfenahme der Mythentradition erklären will, nicht nur bemüht, die Ereignisse selber, sondern darüber hinaus die Gründe für die Ereignisse zu erklären, verwandelt sich ihm das Mittel der Erklärung zu ihrem Objekt. Sage und Mythos als Quelle von Geschichtserkenntnis und das durch sie tradierte Wissen in bezug auf die Bedingung der »Möglichkeit« geschichtlichen Handelns lösen sich aus dem Funktionalisierungszusammenhang zugunsten der Historie, wenn Wagner nicht nur erklären will, warum die Römer (oder die Nibelungen-Franken) so erfolgreich waren, sondern warum sie dies überhaupt wollten, was sie dazu antrieb, befähigte und berechtigte, sozusagen von höherer Hand bestimmte. Seine Art, die Ereignisse nicht mehr ›oberflächlich‹ entlang der Chronologie zu betrachten und nicht kausalmechanisch, sondern über einen

---

[52] Heinrich Künßberg, Das Recht der Deutschen in seinen geschichtlichen Grundlagen und seiner Fortbildung untersucht, Stuttgart 1846 (DB Nr. 74), S. 473.

synchronen Beziehungszusammenhang zu erklären, macht nicht halt bei den historisch verifizierbaren Bedingungsgefügen; er verlangt, gleichsam hinter die Geschichte zu blicken, d.h. zum mythischen Ur-Grund der Ereignisse selber vorzudringen.

In solcher Perspektive erscheinen die »Taten« der Menschen, die tatsächlichen Ereignisse, gegenüber jenen »innersten... Beweggründen« freilich sekundär, desgleichen die »geschichtlichen Denkmäler« als Quelle der Ereignisgeschichte im Vergleich zu den Sagen und Mythen als Tradierungsmedium dieser »Beweggründe«. Denn wie ergiebig die historischen Quellen auch immer fließen mögen, die trefflichste Rekonstruktion des tatsächlich Stattgehabten erbrächte für Wagner doch nicht das eigentlich Interessierende und Gesuchte, lieferte ihm keine befriedigende Erklärung des Erfahrenen, vermöchte ihm seine Frage nach dem letzten Warum nicht zu lösen.

Im Vorfeld seiner Ästhetik und auf der Suche nach den sie tragenden Prinzipien gewinnt Wagner hiermit eine Auffassung der Geschichte, der Geschichtsermittlung und -vermittlung, deren Verhältnisbestimmung zu Sage und Mythos für sein ferneres Denken und Schaffen grundlegend bleibt. Dementsprechend äußert er sich noch gut dreißig Jahre nach Beendigung seiner »Wibelungen«-Schrift auf eine Frage Cosimas zum »Studium der Geschichte bei der Jugend und wie man beginnen müsse«:

> »Er meint, von der Entstehung des Menschen und dann von seinem Auswandern, Wiederkehr nach den Gebieten des Ganges, dann die Gestalten von Semiramis, Kyros, um endlich an die Griechen zu kommen; *und zwar ohne Kritik des Sagenhaften, denn das, was die Menschen sich gedacht und gebildet haben, sei wichtiger als das wirklich Geschehene.* – «[53]

## 4. Die »innersten... Beweggründe«

Um dieses Wichtigere, die Vorstellungen und Ziele der Menschen vergangener Zeit zu erkunden, seien daher »Ur- und Stammsagen« zu befragen. Sie böten nicht nur, wie die »nackte Geschichte« in Gestalt der historiographischen Tradition, lediglich die »Konsequenzen« der Wesenhaftigkeit von Menschen und Geschlechtern, sondern eine »deutlichere Erklärung« dieser »wesenhaften Eigentümlichkeit« selber.[54] In ihr und nicht in ereignisgeschichtlichen oder strukturgeschichtlichen Bedin-

---

[53] CT II, 445 v. 17. November 1879; Hervorh. v. Verf.
[54] GSD II, 119.

113

gungen anderer Art sieht Wagner die »innersten… Beweggründe« der Geschichte beschlossen.

Wagner geht also auch in seinen »Wibelungen« nicht, wie es der Gegenstand wohl erwarten ließe, mit einer wie auch immer (wenn nicht politikgeschichtlich, so doch wenigstens kultur- oder religionsgeschichtlich) angelegten *historischen* Fragestellung an die Geschichte heran; vielmehr begegnet er ihr mit einem völkerpsychologisch-anthropologisch getarnten, letztlich aber *mythischen* Erkenntnisinteresse. Und eben dieser mythisch-transhistorische Zugang bestimmt die Art und Weise, wie Sage und Mythos auf die Geschichte bezogen werden, und diese ist in ihrem Verfahren, Ursachenforschung im Bereich der »innersten Triebe und Anschauungen« (und nicht etwa im Bereich der Ereignisse und Konstellationen oder der individuellen Charaktere) als Erklärung für die Ereignisgeschichte zu betreiben, wesentlich ungeschichtlich. Frage und Antwort bedingen sich gegenseitig und bilden einen geschlossenen Zirkel, dem die Historie als Gegenstand der Forschung und forschungsgerechter Darstellung nicht angehört.

Dementsprechend verhält es sich mit der inhaltlichen Bestimmung der »wesentlichen Eigentümlichkeit« von Menschen und Geschlechtern in Wagners »Wibelungen«-Geschichte. Sie unterstellt den tragenden geschichtlichen Subjekten ein »rastloses Streben und Drängen nach nie erreichten Zielen«[55]. Aufgabe einer wesenhaft verstehenden, die geschichtliche Bedeutung umgreifenden Darstellung des Gewesenen müsse es daher sein, die Gründe für dieses übergeschichtliche Wollen, die »innersten (gleichsam instinktmäßigen) Beweggründe« dieses »rastlosen Drängens und Strebens ganzer Geschlechter und Völker«[56] als für den Ereignisgang ursächlich zu erwägen. Als Quellenbasis für solches Fragen kann keine Historie, und sei sie mentalitätsgeschichtlich noch so offen, befriedigen; die Frage nach dem Mythos in der Geschichte verlangt den Mythos und seine Ausprägungen in der Sage als Quelle der Geschichtserkenntnis.

Indem Wagner also Verhaltensweisen geschichtlicher Individuen und Kollektive aufgreift, die ihm ›rational‹ nicht auflösbar, im Blick auf den überlieferten geschichtlichen Kontext nicht verstehbar und erklärbar

---

[55]  Ebenda.
[56]  GSD II, 123.

erscheinen, konzentriert sich sein Interesse auf jene Elemente der Geschichte, die über historische Dokumente, historische Forschung, die über jede Art geschichtswissenschaftlicher Rekonstruktion grundsätzlich nicht faßbar sind, weil sie im Rahmen des Systems wissenschaftlich-historischer Rationalität gar nicht vorkommen können. Wagners Fragestellung gegenüber der Geschichte: Warum verhalten sich die Menschen, Geschlechter und Völker scheinbar so ›irrational‹, so wider alle historisch erkundbare Vernunft? Was treibt sie an, welches sind die ›Gründe‹ für ihr geschichtliches ›Bewegen‹ und ›Bewegtwerden‹? – provoziert geradezu eine alternative Anschauungsform. Seine Suche nach den Ur-Gründen jenseits der Historie läßt ihn direkt auf den Mythos als einer eigenen Denk- und Deutungsform zusteuern: Indem er die Historie mit Fragen belastet, die sie nicht lösen und als unfachgemäß gar nicht erst zulassen kann, rückt der Mythos als Quelle der Information und Interpretation an ihre Stelle.

In dieser Konstellation fungiert die »trockene Chronikengeschichte«, die »nackte Geschichte an und für sich«, im Typus einer ›Nichts-als-Geschichte‹ als Gegenbild zu Wagners Idee einer Geschichte aus Mythos und Sage. Die Geschichte im Nacheinander der Ereignisse und ihre historischen causae (letztere kommen allerdings kaum in den Blick) werden den mythischen ›Ur-Sachen‹ diametral entgegengestellt. Wagner schreibt die Geschichte als Geschichte der innersten Beweggründe für Verhaltensweisen, die zweckrationales Handeln kategorial übersteigen. Es ist daher die Frage nach den Ur-Gründen, den Ur-Zusammenhängen, die ihn von der Geschichte der Ereignisse und ihren geschichtsimmanenten Erklärungsweisen zum Mythos der Anschauungen und Antriebe führt. Sie prägt sein Denken und Schaffen weit über den »Wibelungen«-Kontext hinaus und bildet eine Art Leitfaden im Prozeß seiner Aktualisierung des Mythos in der Kunst.

Denn nicht nur im »Ring des Nibelungen«, wo dieses Streben nach »Macht ohne Maß«[57] im Raub des Rheingolds und dem daraus geschmiedeten Ring seine mythische Be-Gründung und in der Rückgabe und Auflösung des Rings im »Rhein« seine – vorläufige – Vollendung findet, auch bereits in Wagners erstem sagenhaft-mythischen Bühnenwerk, dem »Fliegenden Holländer«, geht es um solches Streben nach

---

57  »Rheingold« 4. Szene; MD 566.

einem letztlich Unerreichbaren, der Beherrschung des Elementaren als einer Versuchung Gottes: »Und Satan hört's... Und verdammt zieht er nun durch das Meer...«[58]. Das Eindringen Tannhäusers in den »Venusberg« und die Willenhaftigkeit seiner Pilgerschaft zeugen von dem nämlichen Hang zum Unbezwingbaren wie Klingsors gewaltsames Ertöten der eigenen Triebnatur mit dem Ziel, sich in den Besitz der Heilsgüter zu bringen: »...und bald – so wähn' ich – hüt ich mir selbst den Gral«[59].

Selbst in Wagners einziger ›komischer Oper‹, den »Meistersingern von Nürnberg«, dreht sich die Handlung um dieses Motiv des maß- und zweckvergessenen Strebens der Menschen, welches das Buch der Geschichte anfüllt, ohne von der historischen Vernunft erfaßbar zu sein. Wie in den »Wibelungen« wird dieses Streben nicht nur als eine subjektive Kategorie vorgestellt, sondern als eine objektive Macht, die hier »Wahn« genannt wird.

> »*Sachs* sitzt am Fenster auf einem hohen Stuhle, vor sich auf dem Schoße einen großen Folianten aufgeschlagen, im Lesen vertieft«.[60] »Er sucht in der Chronik der Welt nach ähnlichen wilden Vorfällen, die ihm das Wesen des Wahns erklären sollten, welcher die Menschen so oft bewältigt und zu den unsinnigsten Handlungen treibt, daß sie ohne Grund sich anfallen, suchen und meiden, bekriegen und verfolgen, und keines doch welchen Dank und Lohn davon hat. Nun findet er, daß am Ende doch alle Bücher doch einzig nur davon voll sind...«[61], – »daß man könne aufschlagen wo man wolle, eigentlich doch alles nur Zeugnis davon gäbe, daß Narrheit und Unsinn des Menschen rechte Art sei.«[62]

Oder wie es in der Dichtung heißt:

> Wahn! Wahn!
> Überall Wahn!
> Wohin ich forschend blick
> in Stadt- und Weltchronik,
> den Grund mir aufzufinden,
> warum gar bis aufs Blut
> die Leut' sich quälen und schinden
> in unnütz toller Wut? [...]
> Wer gibt den Namen an? – «[63]

---

[58] »Holländer« 2. Aufzug; MD 193.
[59] »Parsifal« 2. Aufzug; MD 841.
[60] »Meistersinger« 3. Aufzug, 3. Prosaentwurf (1861); SSD XI, 388.
[61] Ebenda, 2. Prosaentwurf (1861); SSD XI, 366.
[62] Ebenda, 3. Prosaentwurf; SSD XI, 389.
[63] Ebenda; MD 461.

Wie Wagner in den »Wibelungen« fragt sein Hans Sachs nicht nach den historisch verifizierbaren Gründen, warum Menschen dieses oder jenes tun, warum sich dieses oder jenes ereignete, sondern nach Gründen für die Geltung der Prämisse seiner Geschichtsdarstellung, nämlich warum die Menschen scheinbar so sinn- und zwecklos agieren. Die wissenschaftlich-rationale Unerklärbarkeit des ereignisgeschichtlichen Bestandes (oder die vergleichsweise Bedeutungslosigkeit einer solchen Erklärung) immer schon vorausgesetzt, fragen beide nach Art und Eigenschaft der »Beweggründe« selber, nach dem »Wesen des Wahns«, d.h. nach der Art jener Macht oder Instanz, die für Wesen und Wirken der Menschen verantwortlich gemacht und in den »Meistersingern« gleich einer »Schwundstufe«[64] mythischer Personalität präsentiert wird:

> »'s ist halt der alte Wahn,
> ohn den nichts mag geschehen,
> 's mag gehen oder stehen!
> Steht's wo im Lauf,
> er schläft nur neue Kraft sich an:
> gleich wacht er auf; –
> dann schaut, wer ihn bemeistern kann!…«[65]

Wenn Wissenschaft, und nicht zuletzt die historische, wesentlich Bedingungsforschung ist,[66] dann hat man Wagners Intention als diejenige des Erforschers, des erforschenden Gestalters des Unbedingten zu beschreiben. Das Forschen nach den Gründen für rastloses Streben nach nie erreichten Zielen (im Geist der »Wibelungen« positiv gefaßt) oder für der Menschen sinnlos-selbstquälerischen »Wahn« (im Sinn der Sachsenschen Welt- und Selbstüberwindung negativ gewendet) läuft einer jeden im engeren Sinn historischen oder generell wissenschaftlich-rationalen Erforschung von Gründen und Bedingungen zuwider, so zuwider, daß nicht nur die Inhalte, sondern auch die Formen ihrer Thematisierung inkompatibel sind.

---

64 In Analogie zu der von Odo Marquard geprägten Formel von den »Schwundstufen der Geschichtsphilosophie« vgl. ders., Schwierigkeiten mit der Geschichtsphilosophie, Frankfurt 1973 und ders., Die Geschichtsphilosophie und ihre Folgelasten, in: Geschichte – Ereignis und Erzählung, hg. v. Reinhart Koselleck u. Wolf-Dieter Stempel, München 1973 (Poetik und Hermeneutik, Bd. 5), S. 467ff.

65 »Meistersinger« 3. Aufzug; MD 461.

66 Vgl. Robert Spaemann, Ende der Moderne? in: Moderne oder Postmoderne? Zur Signatur des gegenwärtigen Zeitalters, hg. v. Peter Koslowski, Robert Spaemann, Reinhard Löw, Weinheim 1986, insbesondere S. 28 u. 30.

Findet sich also in den »Wibelungen« die an der historischen Vorlage durchgeformte Variante eines inhaltlichen Grundmotivs Wagnerschen Gestaltens, so korrespondiert dieses einer Form des Denkens, die das Motiv des Strebens nach der »Weltherrschaft« der Wibelungen/Franken in seiner Geschichtsmächtigkeit darzustellen und zu begründen erlaubt. Solches Streben über Menschenmaß hinaus (mythologisch gesprochen: das Messen mit den Göttern) wird dabei freilich nicht unter moralischem Gesichtspunkt als verwerflich verurteilt, sondern unter mythischem als ein Prinzip der Verfaßtheit der Welt dargetan.

Spielt sich Menschsein für Wagner somit immer an der Grenze menschlicher Möglichkeiten ab und verlangt ihre Überschreitung, sei es als Wille zur Macht oder zum Tod – ihm eignet der »Zug zur grenzenlosen Ferne, die Todesnähe, die kühne Erwartung, der keine Erfüllung genügt«[67] –, so ist es die *Form mythischer Anschauung* im Zusammendenken von Immanenz und Transzendenz, die diese Anthropologie in den Horizont geschichtlicher Wirklichkeit hebt. Durch sie werden die »Beweggründe« für das menschliche Wollen und Wirken über das geschichtlich Bestehende und sich Verstehende hinaus, wird der Imperativ zur Übersteigung der dem Menschen existentiell wie intellektuell gesetzten Schranken als mythischer Ur-Grund der Geschichte selber offenbar.

Im Nachdenken über die »Wibelungen«-Geschichte ist Wagner von der Frage nach den Gründen des Handelns zur Frage nach den »Beweggründen« des Wollens und Denkens von Menschen und Völkern gelangt. Von dieser Frage und ihrer mythischen Beantwortung führt ein direkter Weg zu jener ästhetischen Forderung, die dem musikdramatischen Kunstwerk als inhaltliche Komponente das aller Historie und ihrem ereignis-oberflächlichen Deutungs- und Darstellungsrepertoire enthobene »Reinmenschliche« zuweist.

---

[67] Ernst Jünger, Philemon und Baucis. Der Tod in der mythischen und in der technischen Welt, in: ders., Zahlen und Götter. Philemon und Baucis, zwei Essays, Stuttgart 1974, S. 115.

# C. Sage als Quelle von Geschichtserkenntnis

Wagners »Weltgeschichte aus der Sage« arbeitet mit zwei Voraussetzungen, mit zwei Thesen gewissermaßen, wovon die eine auf einen Geschichtsbegriff, die andere auf einen Begriff der Sage abzielt. Sie bilden die beiden Pfeiler, die Wagners Geschichtsmythologie von den zwei einander komplementär zugeordneten Seiten her abstützen.

Sieht Wagner in der Geschichtsüberlieferung eine reduktive Form der Wissensvermittlung, in der die Fülle geschichtlicher Lebens- und Sinnzusammenhänge auf die Ebene der Ereignisgeschichte begrenzt bleibt, so erkennt er der Sage die Eigenschaft zu, jene Tiefendimension der historischen Geschehensabläufe zu enthalten, die es ermöglicht, Geschichte erst eigentlich, sozusagen »mit Geist und Herz zu verstehen«. Um »heller und mit vollerem Herzen... als unsere trockene Chronikengeschichte es uns je zu gewähren vermag«, in die weltgeschichtliche »Entwickelung« und ihre »Haupttriebfedern« zu blicken,[1] bedürfe es des Wissens der Sage. In ihrem intimen, durch wechselseitige Beeinflussung und Aufhellung bestimmten Verhältnis zum Gang der Geschichte vermöchte sie mehr und tieferes über Ursachen und Gründe zu berichten als alle noch so hintersinnig ermittelten Fakten.

Darum die Frage: Was ist nach Wagner eine Sage, daß er aus ihr meint, Geschichte erklären zu können? Hierbei geht es zum einen um die Verknüpfung, die Vereinigung der Sage mit der Geschichte, zum anderen um ihre Rückbindung, ihre Verwurzelung im Mythos. Wo also sieht Wagner zunächst die Verzahnungen von Sage und Geschichte in Deutung und Wirklichkeit, wo und wie sieht er sie jene Leerstellen ausfüllen, die im Überlieferungsbestand der Historie offen geblieben und auch von ihrer interpretierenden Aufbereitung im Rahmen der Geschichtsschreibung unbesetzt und überhaupt größtenteils unbeachtet geblieben seien?

Was der Sage ihre Deutungskompetenz im Hinblick auf die Geschichte verleiht und jeder genuin historiographischen Geschichtstradierung abgeht, ist ihre Entstehung aus dem »Volk«; ihr Erklärungspotential

---

[1]  GSD II, 125.

verdank sie der charakteristischen Eigenschaft, »unmittelbarer Ausdruck« der »wesenhaften Volksallgemeinheit« zu sein.[2]

Um den Sinn dieser spätromantisch inspirierten Vorstellung im Kontext seiner Suche nach Wegen der Geschichtserkenntnis zu verstehen, ist zunächst mit Wagner zu fragen:

## 1. »Wer ist das Volk?«[3]

In Brockhaus' »Bilder-Conversations-Lexikon« aus dem Jahre 1841 ist unter dem Artikel »Volk« zu lesen:

> »Volk und *Volksstamm* bedeuten eine durch die Bande gemeinsamer Abstammung, Sprache und Sitte verbundene Menschenmenge, die man auch, vorzüglich wenn sie sehr zahlreich ist, eine *Nation* nennt. [...] In einem andern Sinne versteht man unter Volk überhaupt sämmtliche, der Regierung eines Staats untergeordnete Bewohner desselben, die Unterthanen; endlich wird auch nur im Gegensatze zu den gebildetern Classen der große rohe Haufe unter dem Volke oder gemeinen Volke verstanden.«[4]

Der Brockhaus-Artikel nennt drei Aspekte des Volksbegriffs: einen genetisch-kulturellen, einen politischen und einen sozialen. Im Vergleich hierzu zeigt der von Wagner kurze Zeit nach seiner »Wibelungen«-Überarbeitung unternommene Definitionsversuch einige bemerkenswerte Abweichungen:

> »Das Volk war von jeher der Inbegriff *aller der einzelnen*, welche ein *Gemeinsames* ausmachten. Es war vom Anfange die Familie und die Geschlechter; dann die durch Sprachgleichheit vereinigten Geschlechter als Nation. Praktisch durch die römische Weltherrschaft, welche die Nationen verschlang, und theoretisch durch das Christentum, welches nur noch den Menschen, d.h. den christlichen, nicht nationalen Menschen, zuließ, hat sich der Begriff des Volkes dermaßen erweitert oder auch verflüchtigt, daß wir in ihm entweder den Menschen überhaupt, oder, nach willkürlicher politischer Annahme, einen gewissen, gewöhnlich den nichtbesitzenden Teil der Staatsbürgerschaft begreifen können.«[5]

---

[2]  GSD II, 123.

[3]  »Das Kunstwerk der Zukunft«; GSD III, 47.

[4]  Bilder-Conversations-Lexikon für das deutsche Volk. Ein Handbuch zur Verbreitung gemeinnütziger Kenntnisse und zur Unterhaltung, 4 Bde., Leipzig 1837-1841, Bd. 4, S. 619. – Nach einer von Minna Wagner (bibliographisch ungenau) erstellten Liste befanden sich in Wagners Dresdener Bibliothek zwei verschiedene, nicht erhaltene Brockhaus-Ausgaben, nämlich eine 4bändige, das »Conversations-Lexikon der Gegenwart«, Leipzig 1838-41, und eine 15bändige, die »Allgemeine deutsche Real-Encyklopädie für die gebildeten Stände. Conversations-Lexikon«, 9. Aufl., Leipzig 1843-48. Beide verzeichnen den Artikel »Volk« nicht.

[5]  GSD III, 47.

Wagner unterscheidet also vier Aspekte des Volksbegriffs: einen genetischen, »die Familie und die Geschlechter« betreffend, einen davon abgeleiteten sprachlichen, die »Nation«, einen anthropologischen, »den Menschen überhaupt« sowie einen sozialen, »einen gewissen, gewöhnlich den nichtbesitzenden Teil der Staatsbürgerschaft«, ausmachend. Die Abweichungen zur enzyklopädischen Bestimmung des (Wagner möglicherweise bekannten) Brockhaus-Artikels sind augenfällig: *Erstens* differenziert Wagner innerhalb des genetisch-kulturellen Aspekts noch einmal zwischen Familie und Geschlecht einerseits sowie (Sprach-) Nation andererseits; *zweitens* begründet er den sozialen Aspekt nicht über die Bildung, sondern über den Besitz; *drittens* nennt er eine rein politische Bedeutung des Begriffs nicht,[6] führt dafür aber *viertens*, und das ist für den Zusammenhang dieser Untersuchung bemerkenswert, einen weiteren Gesichtspunkt ein, nämlich einen anthropologischen.

Und genau besehen ist es auch nur dieser vierte Punkt, der bei Wagner als gültige Bestimmung des Volksbegriffs noch übrigbleibt.[7] Denn da sich dieser im Lauf der Geschichte »dermaßen erweitert oder auch verflüchtigt« habe, daß er seiner einstigen Bedeutung, den Ursprungszusammenhang einer Gemeinschaft von Menschen anzuzeigen, verlustig ging, zugleich aber seine aktuelle Verwendung als soziologische Kategorie (Volk = die Unbemittelten) nach Wagner einer unverbindlichen politischen Setzung entspringt, vermag der Begriff des Volkes für ihn schließlich nur noch »den Menschen überhaupt« zu bezeichnen.

Zielt Wagners Volksbegriff (selbst in der sozialrevolutionären Rede vom Volk als einer Notgemeinschaft) auf eine übernationale, anthropologisch gefaßte Allgemeinheit, so setzt diese Erweiterungs- und Generalisierungstendenz fort, was in Wagners Verständnis der Sage als Ausdruck der »wesenhaften Volksallgemeinheit« bereits vorgezeichnet ist. Volk und Sage korrespondieren einander, jedoch nicht nur innerhalb eines gegebenen historisch-geographischen Rahmens, was Gegenstand der zeitgenössischen Sagenforschung ist.[8] Für Wagner bestimmt sich das

---

6   Eine solche wird dennoch in seinen anschließenden Überlegungen als »Gesamtheit aller Staatsangehörigen« vorausgesetzt; vgl. ebenda.

7   Wagners politisch-ideologische Bestimmung des Volkes als »Inbegriff aller derjenigen, welche eine gemeinsame Not empfinden«, ist eine gegenwartsbezogene Anwendung dieses anthropologischen Volksverständnisses; GSD III, 48 und in diesem Sinne auch SSD XII, 259.

8   Die Brüder Grimm sehen das »Wesen der Sage« im Gegensatz zum Märchen in ihrer »Gebundenheit«, »daß sie an etwas Bekanntem und Bewußtem hafte, an einem Ort oder einem durch die Geschichte gesicherten Namen«. Nach diesen beiden Kriterien nehmen

Verhältnis von Sage und Volk aber gerade nicht nur über die Geschichte, sondern – in der Ausrichtung auf ein raum- und zeitübergreifendes, die Geschichte wesenhaft durchwaltendes, mythisch gebundenes Allgemeinmenschliches – wesentlich metahistorisch.

Damit entfernt sich Wagner vom Erbe romantischer Geschichtsanschauung, das ihm lediglich als Ausgangspunkt dient. Als Indiz hierfür können auch bereits die terminologischen Varianten des Volksbegriffs in der Verwendung der Komposita gewertet werden: In den »Wibelungen« ist außer vom »Volksmunde« nur je einmal von »Volkswesen«, »Volksgeist« und »Volksallgemeinheit«, an zentraler Stelle aber dreimal von »Volksanschauung«[9] die Rede. Wagner schreibt:

> »Religion und Sage sind die ergebnisreichen Gestaltungen der Volksanschauung vom Wesen der Dinge und Menschen.«[10]

Im Begriff der »Volksanschauung« liegt mehr und anderes als in den romantisch-idealistischen Prägungen »Volkswesen« und »Volksgeist«; er verweist über die inhaltliche Bestimmung hinaus auf eine kategoriale, die dem Volk eine eigene Form des Denkens vindiziert, die von der des historisch Gelehrten einst und jetzt wie von der gegenwärtig allgemein verbreiteten grundlegend abweicht.

Aus dieser Form des Denkens, die Wagner hier noch »*Volks*anschauung« nennt, sieht er als »ergebnisreiche Gestaltungen« nicht nur die Sage, sondern – auf den Mythos vorausweisend – auch die Religion hervorgehen. In den nachfolgenden (gleichfalls nachgeschriebenen) Sätzen läßt sich dann die wenn auch noch unfertige Herauslösung des Volksbegriffs aus der romantisch-historischen Tradition des Sagen- und Mythenverständnisses unmittelbar beobachten:

> »Das Volk hat von jeher die unnachahmliche Befähigung gehabt, sein eigenes Wesen nach dem Gattungsbegriffe zu erfassen und in plastischer Personifizierung deutlich sich vorzustellen. Die Götter und Helden seiner Religion und

---

sie die Einteilung ihrer Sammlung der »Deutschen Sagen« vor: die »mehr geschichtlich gebundenen« werden von den »mehr örtlich gebundenen« getrennt; vgl. Brüder Grimm, Deutsche Sagen, Stuttgart 1974, S. 7 u. S. 13; in Wagners Dresdener Bibliothek befinden sich die beiden Bände der 1. Auflage von 1816 u. 1818 (DB Nr. 23).

[9] Diese Passage gehört zu den 1849 hinzugefügten und steht damit in unmittelbarer zeitlicher Nähe zur Abfassung der Schrift »Das Kunstwerk der Zukunft«, das in seinem 3. Abschnitt »Das Volk und die Kunst« (die oben zitierten) Überlegungen zum Begriff des Volkes enthält.

[10] GSD II, 123.

Sage sind die sinnlich erkennbaren Persönlichkeiten, in welchen der Volksgeist sich sein Wesen darstellt: bei der treffenden Individualität dieser Persönlichkeiten ist ihr Inhalt dennoch von allgemeinster, umfassendster Art, und
verleiht eben deshalb diesen Gestalten eine ungemein andauernde Lebensfä-
higkeit, weil jede neue Richtung des Volkswesens sich unmerklich auch ihnen
mitzuteilen vermag, sie daher diesem Wesen immer zu entsprechen imstande
sind.«[11]

In den individuellen Gestaltungen des Volkes (oder der Völker), in ihren
Göttern und Helden, sieht Wagner also gerade das Überindividuelle,
das Intersubjektive. Dem Volk erkennt er die Fähigkeit zu, sein individu-
elles Wesen gattungstypologisch, also anthropologisch zu erfassen, d.h.
das aus eigener individueller Wesensart gestaltend auszufiltern, was allen
Völkern, allen Menschen als das Gattungsmäßige gemeinsam ist. Die
durch die »Volksanschauung« gebildeten »Persönlichkeiten« in Religion
und Sage vereinen Individualität und Plastizität auf der einen, Umfang
und Allgemeinheit auf der anderen Seite und dürfen damit – im Vorfeld
von Wagners mythopoetischer Theorie der »Verdichtung« wie in ihrem
Sinne – als paradigmatisch für die Eigenschaft mythischer Gestaltungen
überhaupt gelten.

Mit diesen Überlegungen gelangt man unversehens tief in die Wagnersche Mythostheorie. Sie gebärdet sich hier noch stark psychologistisch,
da Religion und Sage als Produkte der Selbstdarstellung des Volkes
gedeutet werden. In Gedankenführung und Ausdrucksweise wird jenes
Rezeptionserlebnis spürbar, das Wagner gerade zu dieser Zeit die
»lebhaft anregende[n] Lektüre mehrerer Schriften Ludwig Feuerbachs«[12] vermittelte.

Was dieses Erlebnis in der Überarbeitungsphase der »Wibelungen«-
Schrift, d.i. im Übergang zum ästhetischen Thema, bedeutend werden
läßt, ist die anthropologische Ausrichtung der Feuerbachschen Religionsphilosophie angesichts des historisch-nationalen Verständnisses religiöser Überlieferung der Romantiker. Für die in den »Wibelungen«
sich ereignende Wendung von der (historischen) Individualität und

---

[11] Ebenda.
[12] Einleitung zum 3. u. 4. Bd. d. Gesammelten Schriften; GSD III, 3. Wie Wagner berichtet,
las er ab Sommer 1849, also nach Beendigung der »Wibelungen«-Erstfassung und vor der
Überarbeitung im Herbst desselben Jahres, zunächst mit großer Begeisterung die »Gedan-
ken über Tod und Unsterblichkeit«, dann mit abnehmender Neigung »Das Wesen des
Christentums« (vgl. ML 443). Darüber hinaus kannte er zumindest die »Grundsätze der
Philosophie der Zukunft«, denen er den Titel seiner zweiten (Feuerbach gewidmeten)
Züricher Kunstschrift »Das Kunstwerk der Zukunft« nachbildete; vgl. auch S. 237
Anm. 38.

Nationalität zur (mythischen) Universalität in der Auffassung von Volk, Sage und Religion übernimmt Feuerbachs religionsphilosophische Lehre eine Art Katalysatorfunktion, indem sie das Wagnersche Interesse durch ihre anthropologische Begründung bindet – und aus demselben Grund sukzessive wieder einbüßt. Denn in Fragen der Deutungskompetenz religiös-mythischer Bildungen für die Erfassung von Wirklichkeit überhaupt gehen beide grundverschiedene Wege. Während Feuerbach eine solche absolut negiert, betreibt Wagner ihre erkenntnistheoretisch-ontologische Begründung[13] (freilich ohne sich deshalb des revolutionären Potentials zu begeben, das die Religionskritik Feuerbachs zur zeitkritischen Diagnose von Politik und Gesellschaft bereithält).

In seinen »Wibelungen« berühren sich somit Feuerbachsches Religionsverständnis (Götter und Helden sind Projektionen menschlicher Wesensart[14]) und romantische Tradition mit der Vorstellung vom dichtenden Volkskollektiv, ohne daß eine der beiden Positionen im Hinblick auf Wagners mythostheoretische Begründung der Ästhetik des Musikdramas über den Rang eines bildungs- und entwicklungsgeschichtlich relevanten Propädeutikums hinauskäme.

Wagners synkretistisch anmutendes Verfahren, alles an Begriffsbildungen und Philosophemen aufzusaugen und einzuverleiben, was für die Ausprägung der eigenen Vorstellungen hilfreich zu sein verspricht, hat auch zur Aufnahme Hegelscher Ideen und Termini geführt, insoweit solche ihm zugänglich waren.[15] So dürften in seine Rede vom »Volks-

---

[13]  Vgl. weiter unten S. 248f. Daß dieser Ansatz überdies im 19. Jahrhundert eine mächtige Tradition aufweist, von Schelling über Görres und Friedrich Ast bis zu Richard Wagner, belegt Heinz Gockel in seinem Aufsatz: Mythologie als Ontologie. Zum Mythosbegriff im 19. Jahrhundert, in: Helmut Koopmann (Hg.), Mythos und Mythologie in der Literatur des 19. Jahrhunderts, Frankfurt a.M. 1979, S. 25-58.

[14]  Zur Bedeutung der Feuerbachschen Projektionsthese im Kontext von Wagners Mythostheorie, vgl. S. 248f.

[15]  Wie Wagner in seiner Autobiographie berichtet, hat er in der »letzten Periode« seines Dresdener Aufenthalts des »ungeheuer berühmten«, ihm »als Schlußstein aller philosophischen Erkenntnis… gepriesenen gewaltigen Geistes« »Philosophie der Geschichte« studiert (ML 443). Ein Exemplar der Hegelschen »Vorlesungen über die Philosophie der Geschichte« (hg. v. Eduard Gans, 2. Aufl., Berlin 1840) befindet sich in seiner Dresdener Bibliothek (DB Nr. 55). Auch wenn er später unter dem Einfluß Feuerbachs und vor allem Schopenhauers über Hegels Philosophie mit schroffer Ablehnung urteilt – in einem Brief an Hans von Bülow schreibt er besonders drastisch vom »Hegel'schen Philosophie-Quatsch, der allemal da am trivialsten ist, wo er am tiefsten scheint« (3. März 1855; SB VII, 39) –, sollte daraus für die Zeit um 1850 weder auf Desinteresse noch auf Abneigung geschlossen werden. Das Gegenteil dürfte der Fall sein, mißt man den Grad seiner philosophischen Adaptionswilligkeit an dem seiner ironisierenden Zurückweisung.

geist« als einem »topos der deutschen Philosophie und Wissenschaft«[16] auch Elemente Hegelschen Gedankengutes eingeflossen sein, das in der ursprünglichen Fassung in weit stärkerem Maße präsent ist. Einen entsprechenden Abschnitt hat Wagner – zweifellos aus diesem Grund – in der Überarbeitung für den Erstdruck an markanter Stelle feuerbachisch redigiert und in den »Gesammelten Schriften« ganz gestrichen. Diesem bisher unveröffentlichten Abschnitt sind nachfolgend die sinnrelevanten Parallelstellen der Erstdruckfassung von 1850 in runden Klammern beigefügt:

> »...von dort her [aus Asien] kehrte, durch die höchste Kraft des Geistes gewonnen, endlich in neuesten Zeiten die sichere Kunde zurück, daß sie alle leiblich und geistig eines Stammes und eines Rechtes, daß alle Geschlechter und Stämme dem einen Grunde und dem einen Zweck, dem des reinen Menschenthumes angehören (dem des reinen Menschseins, gemeinschaftlich angehören), und daß in jedem Menschen der Priester und der König, wie Seele und Leib, Leben und Bewußtsein zu einem göttlichen Bekenntnisse des Schöpfers von sich selbst vereinigt sei (von der ewig einen und wahrhaftigen Natur gezeugt sei). So ward endlich die Sehnsucht nach dem Gral im Osten befriedigt – in der Tiefe der ganz zu sich kommenden Seele des wahren Menschenthumes (in der Tiefe der ganz zu sich kommenden und sich begreifenden Seele der Menschheit) ward er entdeckt.«[17]

Wie markant und bezeichnend diese Veränderungen von der Hegelschen zur Feuerbachschen Version der Wagnerschen »Wibelungen«-Utopie auch sein mögen – das Menschsein wird einmal, hegelsch anempfunden, auf das Selbstbekenntnis des Schöpfers, Hegels »absoluten Geist«, rückbezogen, das andere Mal, feuerbachisch gemodelt: auf die Natur und ihre Selbsterkenntnis im Menschen; es ist der Weg vom »Volkswesen«, vom »Volksgeist«, zum »reinen« und »wahren Menschenthum«, zum »reinen Menschsein«, zur »Menschheit«, der beide Fassungen verbindet.

Wenn sich Wagner also bei der Adaption fremden Gedankenguts um die weltanschaulichen Implikationen vergleichsweise wenig bemüht zu haben scheint, diese zumindest gegebenenfalls rasch und offenbar ohne Verluste des von ihm selbst Intendierten oder Intuitierten zu wechseln vermochte, so forderte er doch ihre Tauglichkeit zu einer integrativ-

---

[16] Ulrich Wyss, Die wilde Philologie. Jacob Grimm und der Historismus, München 1979, S. 77.
[17] Bülows Handschrift, S. 33 bzw. Erstdruck (Leipzig 1850), S. 67f.

einkreisenden Beschreibung dessen, was der eigenen Vorstellungswelt und -weise auszusagen notwendig schien. Im anthropologisch-universell gefaßten Begriff der »Volksanschauung« findet Wagner den Schlüssel, der ihn vom psychologischen Ansatz – und schließlich im Gegensatz zu diesem – zur ontologischen Begründung des Mythosverständnisses als Fundament seines Schaffens und Denkens führt.

In diesem Sinn geht Wagner für die Entstehung der Sage ausnahmslos von anonymen Größen wie »Volksgeist«, »Volksallgemeinheit« und »Volksanschauung« aus und tritt in die Problematik der Autorfrage, wie sie innerhalb der Romantik unter den Begriffen »Volkspoesie« oder »Naturpoesie« versus »Kunstpoesie« zentral und kontrovers diskutiert wurde, erst gar nicht ein. Um den literarischen Aspekt der Sage, die Literarisierung der Volkssage zu epischer (und dramatischer) Dichtung und deren Analyse qua Dichtung, kümmert er sich im Rahmen seiner geschichtsphilosophischen Propädeutika nicht. Die Frage der literarischen Form und Qualität wird vom Interesse an dem vorliterarischen Ursprung verdrängt; sie verliert sich hinter der Suche nach den Grundlagen der einfachen Volkssagen wie der großen Heldenepen, die er im »Volk«, in der Form seiner Anschauung als einer für »den Menschen überhaupt« gültigen, zu entdecken glaubt. Mit diesem Verständnis der Sage steht Wagner daher der spätromantischen »mythisch-volksgebundenen« Tradition der Brüder Grimm, Görres' und Uhlands weit näher als der frühromantischen »ästhetisch-literarischen« Tradition Tiecks, von der Hagens, Arnims und Brentanos.[18]

Dementsprechend finden sich die Begriffe »Heldensage« oder auch »Göttersage«, die den »Complex der gesammten auf einen Gegenstand bezüglichen Sagen« bezeichnen[19] und damit eine Art literarische Gattungsbestimmung darstellen, bei Wagner nicht. Dieser operiert mit den historisch-ethnologisch orientierten Begriffen »Stammsage« oder »Ur- und Stammsage« (und spricht auch einmal in etwas abseits liegendem Kontext von »Volkssagen« und ihre »Lebendigkeit im neunzehnten Jahrhunderte«[20]). Obwohl also der Terminus »Heldensage« in den »Wibelungen« nicht vorkommt, bezieht sich Wagner mit seinen Inhal-

---

[18]  Vgl. Moser, Sage und Märchen in der deutschen Romantik, a.a.O., S. 255ff.

[19]  Artikel »Sage« in: Allgemeine deutsche Real-Encyklopädie für die gebildeten Stände, 15 Bde., 9. Aufl., Leipzig 1843-48, Bd. 12, S. 465.

[20]  GSD II, 144.

ten doch beinahe ausschließlich auf eben diese: in erster Linie auf die »Nibelungensage« als dem »Erbeigentum des fränkischen Stammes«[21], der »urfränkischen Stammsage«[22]; in zweiter Linie auf die Ilias und die Äneis als der »Stammsage der Hellenen«[23] wie der »römischen Stammsage«[24].

Wagner betrachtet die Sage also ausschließlich als Produkt der »Volksanschauung«; er setzt ihren Begriff unterhalb der literaturwissenschaftlich relevanten Schwelle an und steuert damit direkt auf die sein Geschichts- und Mythosverständnis unmittelbar aufrührenden Fragen nach »Ursprung und Fortbildung«[25] der (Helden-)Sage zu.

## 2. »Erinnerungen« an die »Urheimat«

Wagner verarbeitet Heldensage als »Stammsage« der verschiedenen Völker, insbesondere der Franken, und deutet ihre Inhalte offenbar auch als Erinnerungsträger vorgeschichtlicher Zustände und Ereignisse:

> »Ihre Herkunft aus Osten ist den europäischen Völkern bis in die fernsten Zeiten im Gedächtnis geblieben: in der Sage, wenn auch noch so entstellt, bewahrte sich dieses Andenken.«[26]

Mit diesem Ansatz liegt Wagner auf der Linie zeitgenössischer Indogermanistik, für welche bis mindestens in die Mitte des 19. Jahrhunderts die von Historikern und Philologen allgemein geteilte Ansicht in Geltung war, daß die Wurzeln der indogermanischen Völker und Sprachen in Asien liegen.[27] So haben wir nach Wagner auf dem »Gebirge Asiens«, dem »sogenannten indischen Kaukasus… die Urheimat der jetzigen Völker Asiens und aller der Völker zu suchen, welche in Europa einwanderten«. Die »Erinnerung an die asiatische Urheimat« weise vor allen Dingen auf »die Entstehung der Völkerstämme aus der Familie«, auf die Form von »Urkönigtum« und »Patriarchat« hin, in welcher »die königliche und die priesterliche Gewalt« noch vereint gewesen sein.

---

[21] GSD II, 119.
[22] GSD II, 124.
[23] GSD II, 140.
[24] GSD II, 135.
[25] So der Titel einer Abhandlung Wilhelm Grimms, die dieser der ersten Ausgabe seiner »Deutschen Heldensage«, Göttingen 1829, (sie ist auch Bestandteil von Wagners Dresdener Bibliothek; DB Nr. 47) anfügte.
[26] GSD II, 115f.
[27] Vgl. Otto Schrader, Sprachvergleichung und Urgeschichte. Linguistisch-historische Beiträge zur Erforschung des indogermanischen Altertums, 3. Aufl., Jena 1907, S. 13f.

Diese »Urheimat« sei »der Ursitz aller Religionen, aller Sprachen, alles Königtumes dieser Völker« zugleich gewesen. Diese hätten sich somit das Wissen über ihre Herkunft, Sprache, Kultur und Gesellschaftsordnung der frühesten Tage, wenn auch getrübt, im »Andenken« der Sage bewahrt.[28]

Von dieser Voraussetzung ausgehend, konnte die Sage zum Instrument prähistorischer Erkenntnis werden. Solche Bestrebungen hat Wagner bei Althistorikern und Altphilologen seiner Zeit beobachten können, und zwar hinsichtlich der römischen Geschichte zumindest in Niebuhrs gleichnamigem Werk, in bezug auf den griechischen Kulturkreis jedenfalls in Karl Otfried Müllers »Geschichten hellenischer Stämme und Städte«[29].

Beide Forscher sind in ihren Arbeiten nach der Prämisse verfahren, »daß man durch das Mythische zum Historischen vordringen könne«[30]. Hierbei scheint der um eine Generation jüngere Müller die Methode Niebuhrs von der römischen auf die griechische Geschichte übertragen und wie sein Vorbild versucht zu haben, »durch Rückschlüsse aus unverstandenen Überresten« die Geschichte der alten Volksstämme zu rekonstruieren.[31] Doch im Gegensatz zu denjenigen Niebuhrs sind Müllers zum Teil Fragment gebliebene Werke nach neuerer Ansicht kaum in einer Geschichte der Historiographie zu besprechen, weil in ihnen »Erzählung und Untersuchung« zu wenig getrennt seien.[32] Dies dürfte auch der Grund dafür sein, warum gerade Müllers Werk, für das

---

[28]  GSD II, 116. Man vergleiche hierzu Görres' Rede vom »Caucasus« in Asien, in dessen Nähe er den »Urstaat« vermutete, und der (Nibelungen-)Sage als »Mitgabe, die bey ihrem Zuge nach dem Westen die Völker aus dem Stammland mitgenommen«; vgl. Die zwölf Säulen am Riesenwege (aus: Beiträge zur Zeitung für Einsiedler, 1808), in: ders., Gesammelte Schriften, hg. v. Wilhelm Schellberg, Bd. 3, Köln 1926, S. 324 u. 326 sowie Mythengeschichte der asiatischen Welt (1810), in: ders., Gesammelte Schriften, Bd. 5, Köln 1935, S. 21ff.

[29]  Beide Werke befinden sich in seiner Dresdener Bibliothek, wobei er Niebuhr späterhin in die Reihe derjenigen Historiker stellt, die ihn bei seinen »historischen Studien« in den entscheidenden spätvierziger Jahren (neben Gibbon und »Droysens Geschichte Alexanders und des Hellenismus«) besonders gefördert hätten (ML 356). Barthold Georg Niebuhr, Römische Geschichte, 3 Theile, Berlin 1833-1843; fünfter Theil, Jena 1845 (DB Nr. 102); Karl Otfried Müller, Geschichten hellenischer Stämme und Städte, zweite Ausg. v. F.W. Schneidewin, Breslau 1844 (DB Nr. 96).

[30]  George Peabody Gooch, Geschichte und Geschichtsschreiber im 19. Jahrhundert, Frankfurt a.M. 1964, S. 47.

[31]  Vgl. Eduard Fueter, Geschichte der neueren Historiographie, 3. Aufl., München/Berlin 1936, S. 471.

[32]  Ebenda.

der »mythische Ausdruck«, die »mythische Darstellungsweise« sowohl Instrument als Gegenstand der Untersuchung ist,[33] dem Denken Wagners besonders nahesteht. Dementsprechend hat dieser Müllers Studien (zumindest) über die Dorier – die »Prolegomena« scheint er nicht gekannt zu haben – noch bis ins Alter gelesen und geschätzt.[34]

Gilt K.O. Müller ex post weniger als Historiker denn als Mythologe, als »Pfadfinder im Wirrnis der Mythen«, so war ihm die mythologische Forschung anfänglich doch eher Mittel zum Zweck einer »Geschichte der griechischen Stämme«. Wenn er die Mythenforschung hierbei als sein »Hauptwerkzeug« verwendete, um »die Mythen geschichtlich nutzbar zu machen«[35], wenn er sie im Namen der Historie als Hilfswissenschaft einsetzte, so mag Wagner hier wohl angeknüpft haben, ist dann aber unverkennbar auf die Gegenspur gewechselt. Denn spricht er auch von der »Erinnerung«, vom »Gedächtnis«, vom »Andenken« der Völker, das in ihren Sagen aufbehalten sei, liegt doch die Vermutung eines ernstzunehmenden historischen Interesses gänzlich fehl. Es ist nicht die mythologische Erzählung, die auf ihre Historizität untersucht, sondern umgekehrt die (aus der Sagenüberlieferung hypostasierte) Geschichte, die auf Spuren des Mythos hin betrachtet wird.

Denn wenn Wagner die Erzählungen vom Uranfang der Dinge und Menschen, vom Uranfang religiösen, sozialen und kulturellen Lebens, auf die historische Ereignisebene projiziert, wenn er die Überlieferung der Sage, alle Quellenkritik verachtend, unmittelbar als Geschichte setzt, mit Geschichtlich-Tatsächlichem gleichsetzt, hebt er den geistes-, bewußtseins- und wissenschaftsgeschichtlich entscheidend bedeutsamen, komplexen Bezug von Mythos und Geschichte auf zugunsten der Wahrheit und Wirklichkeit mythischer Archetypologie. Er entdifferen-

---

[33] Vgl. Karl Otfried Müller, Prolegomena zu einer wissenschaftlichen Mythologie, Göttingen 1825, S. 78 (Reprograf. Nachdruck Darmstadt 1970). – In dieser systematischen Schrift, »die noch heute nicht übersehen werden sollte« (Martin P. Nilsson, Geschichte der griechischen Religion, Bd. 1: Die Religion Griechenlands bis auf die griechische Weltherrschaft, 3. Aufl., München 1967 (Nachdruck 1976, S. 4), sucht Müller seine Methode im Umgang mit den mythologischen Quellen darzulegen und zu rechtfertigen. Mit diesem »wahrhaft morgendliche[n] Werk der mythologischen Forschung« (Karl Kerényi, Über K.O. Müllers Werk und Leben, Vorwort zur Neuausgabe der »Prolegomena«, Darmstadt 1970, S. V) gilt Müller heute als »Vorläufer der kritischen Mythenforschung« (Christoph Jamme, Einführung in die Philosophie des Mythos, Band 2: Neuzeit und Gegenwart, Darmstadt 1991, S. 74).

[34] Vgl. CT I, 74f. u. CT II, 556 u. 721.

[35] Vgl. Nilsson, Geschichte der griechischen Religion, Bd. 1, a.a.O., S. 3.

ziert historisches und mythisches Denken, historische und mythische Wirklichkeit, indem er die Geschichte – als Ereignis und Erzählung – mythisch deutet. Damit bestimmt, was wahr und wirklich ist, nicht die historisch-kritische Vernunft, sondern die Erfahrungsform des Mythos, innerhalb welcher Ideelles und Materielles, Ideales und Reales, Gedanke und Tat, Mythos und Geschichte, noch ununterschieden sind.

Besonders deutlich zeigt sich diese Wendung im Vergleich mit Niebuhrs »Römischer Geschichte«. Denn in ihr herrscht zwar auch eine ausgesprochene Wertschätzung der Sagen- und Mythenüberlieferung – romantischer Tradition folgend, wird diese als »Volksglaube«, als »Gemeingut der Nation«, als »Werk des ganzen Volks«, das »nicht dem Einzelnen«, dessen »launenhafter Willkühr« »frey stand«, begriffen[36] –, in Niebuhrs »Römischer Geschichte« ist aber zugleich ein dezidiert historisches Interesse leitend.

Aus diesem historischen Geist heraus nimmt er die überlieferte Erzählung, »wie sie den Römern Jahrhunderte lang heilig« war, vor dem »Ansehen der würklichen Geschichte« in Schutz und hält den antiken Schriftstellern vor, sie hätten sich an den alten, einem noch nicht geschichtlichen Zeitalter angehörigen Sagen »aufs Aergste« versündigt:

> »Der Wunsch dieser Historiker war die ganze mythische Zeit für die Geschichte zu gewinnen: ihre Voraussetzung, daß die dichterischen Erzählungen immer einen Kern trockner Geschichte hätten: und ihr System, durch Beseitigung des Wunderbaren dahin zu gelangen den zu enthüllen.«[37]

Niebuhr distanziert sich von einer direkten Übersetzung sagenhaft-mythischer Überlieferung ins Historische, von dem Bestreben des »Pragmatismus«, wie es in K.O. Müllers »Prolegomena« heißt, »die Mythen zur Historie zu machen«[38]. Er verwahrt sich, so am Beispiel der Erzählung vom »Raub der Sabinerinnen«, entschieden gegen den Verdacht, selbst eine »nüchterne Auslegung des Gedichts, wie ich sie mit Ekel verwerfe«, anzubieten; er sucht aber darum nicht minder jeweils den »historischen Grund«, wo Sage »Andenken« und »Erinnerung« bewahrt, wo sie »historische Ueberlieferung« gibt.[39] Obwohl er die

---

36  Niebuhr, Römische Geschichte, Erster Teil, dritte vermehrte u. verbesserte Ausgabe, Berlin 1828, S. 232, 284 u. 247. (In Wagners Dresdener Bibliothek befindet sich der erste Teil von Niebuhrs Römischer Geschichte in der hierzu unveränderten vierten Aufl. v. 1833.)

37  Ebenda, S. 260f.

38  K.O. Müller, Prolegomena zu einer wissenschaftlichen Mythologie, a.a.O., S. 97.

39  Niebuhr, Römische Geschichte, a.a.O., S. 198 u. 322ff.

dichterische Erzählung, ganz im Sinn der aristotelischen Tradition, als »etwas anderes aber auch besseres als blosse Geschichte, auf deren Boden wir nur wiederfinden was uns im Leben ermüdet und bekümmert«, ansieht, sucht er in ihr doch stets die »historische Thatsache«[40]. Er befaßt sich überhaupt nur mit der Sagenüberlieferung, insofern sie solche zu enthalten verspricht. Wenn er also etwa für die »troische Sage«, die nicht aus der griechischen Literatur genommen, sondern einheimisch sei, annehmen müsse, daß sie dennoch »keine historische Wahrheit habe«; wenn ihr »auch nicht die geringste historische Wichtigkeit« eignete, – »so wünschte ich diesen Gegenstand verlassen zu dürfen«[41].

Was Niebuhr hier versucht, ist die Verbindung von historischer Erkenntnis und mythologischer Überlieferung, ohne die letztere in ihrer Eigenart und ihrem Eigenwert anzutasten; er achtet das spezifisch Ungeschichtliche mythologischer Erzählungen als das nicht in historische Fakten übersetzbare Wunderbare:

> »...man kann diesem seine Eigenthümlichkeit rauben, und so lange weglassen und ändern bis es zu einem gewöhnlichen möglichen Vorfall wird, aber man muß auch fest überzeugt seyn, daß das übrig bleibende Caput mortuum nun nichts weniger als ein historisches Factum seyn wird. Mythologische Erzählungen... sind Nebelgestalten, oder oft gar eine Fata morgana, deren Urbild uns unsichtbar, das Gesetz ihrer Refraktion unbekannt ist; und wäre es das auch nicht, so würde doch keine Reflexion so scharfsinnig und gelehrt verfahren können, daß es ihr gelänge aus diesen wunderbar vermischten Formen das unbekannte Urbild zu errathen. Aber solche Zauberbilder sind... nicht ohne einen verborgenen Grund realer Wahrheit.«[42]

Bei aller historisch-hermeneutischen Zurückhaltung gegenüber den »Nebelgestalten« der mythologischen Überlieferung bleibt der historische Zugriff Niebuhrs unverkennbar: er unterstellt für das mythologische »Urbild« einen, obzwar geheimnisvoll verborgenen und rätselhaft gebrochenen, letztlich aber doch *historischen* »Grund realer Wahrheit«. Auch die schließlich unbezwingbaren Schwierigkeiten der Erkundung dieses ereignisgeschichtlichen Grundes werden wiederum historisch durch eine Art Zeitalterlehre aufgefangen:

> »Zwischen einer völlig dichterischen [Zeit], welche mit der Geschichte in einem schlechterdings irrationalen Verhältnisse steht, und dem ächthistori-

---

[40] Ebenda, S. 275 u. 321.
[41] Ebenda, S. 209.
[42] Ebenda, S. 246f.

schen Zeitalter steht bey allen Völkern ein gemischtes, wenn man seine Beschaffenheit mit einem Namen bezeichnen will, mythischhistorisches, in der Mitte.«[43]

Auf der Basis einer scharfen begrifflichen Trennung von Mythos und Geschichte, die er der Zeitskala anzumessen sucht, sieht Niebuhr seine Aufgabe darin, aus der am »Eingang der Geschichte« stehenden »edeln Sage« die vorgeschichtlichen Anfänge römischen Volkstums und römischer Herrschaft »einigermaßen« zu ergründen.[44] Für ihn ist das Bewußtsein der historischen Gebundenheit der Mythologie leitend; er betrachtet sie – wie selbst K.O. Müller, der Systematiker unter den Mythologiehistorikern der Zeit – als einer »*besondre[n] Epoche* der Cultur eines Volks«[45] zugehörig.

Im Gegensatz zu Niebuhr, der die alte Sage zwar mythisch nennt, sie aber nichtsdestoweniger als Chiffre für einen (darum so kaum je ermittelbaren) historischen Ereignisgrund nimmt, begreift Wagner diese unmittelbar mythisch im Sinn der Einheit von Sage und Wirklichkeit, von Mythos und Geschichte. Die alte Sage wird ihm zur Quelle des vorgeschichtlichen Anfangs als eines historisch fortwirkenden Mythos. Denn eben weil er die Geschichte, seine »Wibelungen«-Weltgeschichte, mythisch erzählt, wird ihm die alte Sage *qua Mythos* zur Geschichtsquelle. Diesen Zusammenhang beleuchtet seine Deutung der Sagen um Troja, in welchen er einen »Kern« vermutet, der »in Wahrheit viel älter« sei als seine »neue Verkleidung in das römisch-griechische Trojanergewand«[46].

Diese »zu geschichtlichem Bewußtsein herangereifte alte Stammsage« erzähle, »Troja (Ilion)... sei jene heilige Stadt Asiens gewesen, aus welcher das julische (ilische) Geschlecht herstamme: Äneas, der Sohn einer Göttin, habe, während der Zerstörung seiner Vaterstadt durch die vereinigten hellenischen Stämme, das in dieser Urvölkerstadt aufbewahrte höchste Heiligtum (das Paladium) nach Italien gebracht: von ihm stammen die römischen Urgeschlechter, und vor allen am unmittelbarsten das der Julier; von ihm rühre, durch den Besitz jenes Urvölkerheiligtumes, der Kern des Römertumes, ihre Religion, her«[47].

---

[43]  Ebenda, S.274.
[44]  Niebuhr, Römische Geschichte, a.a.O., S.231.
[45]  K.O. Müller, Prolegomena zu einer wissenschaftlichen Mythologie, a.a.O., S.78.
[46]  GSD II, 138.
[47]  GSD II, 137f.

Bei den »hellenischen Stämmen« habe »als letzte deutliche Erinnerung endlich der vereinigte Unabhängigkeitskampf gegen die Priamiden und die Zerstörung Trojas als der bezeichnetste Ausgangspunkt eines neuen geschichtlichen Lebens, alles übrige Andenken fast völlig verlöscht«. Die Römer hätten »zu ihrer Zeit, bei genauerem Bekanntwerden mit der historischen Stammsage der Hellenen, die ihnen verbliebenen dunkeln Erinnerungen von der Herkunft ihres Urvaters aus Asien an jenen deutlich ausgeprägten Mythus des gebildeteren Volkes« angeknüpft, desgleichen »die Franken, als sie die Sage und die auf sie begründeten Ableitungen kennen lernten«[48].

In Abweichung von den Ambitionen des Historikers rekurriert Wagner hinsichtlich dieser Stammsagen auf einen »Kern«, der sich zu diesen wie der Ursprung zu seinen Derivaten verhält. Er erklärt, daß sich die »Sage von einer uralten Stadt oder Burg, welche einst die ältesten Geschlechter der Menschen bauten und mit hohen (Kyklopen-)Mauern umgaben, um in ihnen ihr Urheiligtum zu wahren«, bei fast allen Völkern der Welt zu finden sei »und namentlich auch bei denen, von welchen wir vorauszusetzen haben, daß sie sich von jenem Urgebirge Asiens aus nach Westen verbreiteten«[49].

Hieraus leitet er ab, daß diese uralte Stadt oder Burg das »Urbild« jener »sagenhaften Städte« sei, für welche Troja paradigmatisch steht; diese »Urstadt« sei von den zu Völkern angewachsenen Stämmen in Gestalt der »neuen Stammstadt« jeweils nachgebildet worden. Und eben diese faßt Wagner als (vor-)geschichtlich gerade insofern, als er in ihr die Wiederholung des mythischen Urbilds, des Archetypus' der »Urstadt«, zu entdecken glaubt. Das Urbild jener asiatischen »Urstadt« ist ihm dabei nichts weniger als eine Fiktion:

> »War das Urbild dieser sagenhaften Städte in der ersten Heimat der bezeichneten Völker nicht wirklich einst vorhanden gewesen? Gewiß hat es eine älteste, eine erste ummauerte Stadt gegeben, welche das älteste, ehrwürdigste Geschlecht, den Urquell alles Patriarchentumes, d.i. Vereinigung des Königtumes und Priestertumes, in sich schloß.«[50]

Jene asiatische »Urstadt« ist für Wagner archetypisch jedoch nicht nur im Sinn eines heuristischen Prinzips, eines Interpretationsmodus', son-

---

[48]  GSD II, 139f.
[49]  GSD II, 138.
[50]  Ebenda.

dern eines Wirkungspotentials, das die Geschichte der Ereignisse und Gedanken wie ihrer Erzählungen durchdringt:

> »Je weiter die Stämme von ihrer Urheimat nach Westen hin sich entfernten, desto heiliger ward die Erinnerung an jene Urstadt; sie ward in ihrem Gedenken zur Götterstadt, dem Asgard der Skandinaven, dem Asciburg der verwandten Deutschen. Auf ihrem Olympos finden wir bei den Hellenen der Götter Stätte wieder, dem Capitolium der Römer mag sie ursprünglich nicht minder vorgeschwebt haben.«[51]

So ist das Wagnersche Verfahren von einem prähistorischen Ansatz ebenso weit entfernt wie von einem postmythisch-euhemeristischen. Denn seine Beschreibung der Verwandlung von Urerinnerung in Göttergeschichte ist nichts weniger als eine »Reduktion des Götter-Mythos auf Menschengeschichten«[52] nach rationalistischer Manier. Sie geht vielmehr von einer mythischen, auch räumlich konzentrierten Ursituation in der Einheit von Göttlichem und Menschlichem aus und verfolgt deren raumzeitliche Expansion und historisch-ethnologische Differenzierung:

> »Alle größeren Geschichtsvölker, die nacheinander vom indischen Kaukasus bis an das Mittelländische Meer auftreten, kennen eine solche heilige, der uralten Götterstadt auf Erden nachgebildete Stadt sowie deren Zerstörung durch die neuen Nachkömmlinge.«[53]

Nur für die deutschen Stämme sei »von jener Urstadt nachgebildeten, großen Mutterstädten…, die diese etwa auf ihrer langen nordwestlichen Wanderung« gegründet hätten, nichts bekannt. Ihnen sei dafür die »Erinnerung an die älteste heimatliche Götterstadt selbst« verblieben. Diese Urstadt habe sich nun, »durch materielle Reproduktion nicht in sinnlicher Erinnerung erhalten«, habe in der »abstrakteren Vorstellung eines Götteraufenthaltes, Asgard, fortgedauert«; denn erst in der »neuen festeren Heimat, dem heutigen Deutschland«, fände sich die »Spur von Asenburgen«[54].

---

[51]  Ebenda.
[52]  Axel Horstmann, Mythos, Mythologie, in: Historisches Wörterbuch der Philosophie, a.a.O., Bd. 6, Sp. 281.
[53]  GSD II, 139.
[54]  Ebenda.

Als Begründung für dieses Fehlen von Mutter- oder Stammstädten bei den Deutschen (wie zu ihrer Kompensation) verfolgt Wagner – den Bogen zu seiner »Wibelungen«-Konzeption zurückschlagend – die deutschen »Erinnerungen« somit bis zu den mythischen Anfängen:

> »Waren die deutschen Erinnerungen undeutlicher, so waren sie aber auch noch älter, denn sie hafteten unmittelbar an der ältesten Heimat, der Burg (Etzel- d.i. Asci-burg), in welcher der von ihrem Stammgotte gewonnene und auf sie und ihre streitliche Tätigkeit vererbte Nibelungenhort verwahrt wurde...«[55]

Wagner verwendet die fränkische Trojanersage, die im Geschichtswerk Gregors und Loebells als historische »Erfindung« unberücksicht bleibt, als mythisches Propädeutikum für seine »Weltgeschichte aus der Sage«. Hierbei wird freilich die Sage weniger auf die Frühgeschichte (mit dem Ziel ihrer historischen Aufhellung) als die Frühgeschichte auf die Sage (mit dem Resultat ihrer zirkulären Bestätigung) angewendet, so daß fraglos am Ende das nicht herauskommt, was man eine (prä)historische Erkenntnis nennt.

Darüber hinaus entzieht Wagner mit seinem Verfahren, alle Überlieferung als »Erinnerung« zu deuten und damit potentiell als historisch ansprechen zu können, dem genuin Historischen gleichsam den Existenzgrund. Auf der Suche und Wiedersuche nach dem mythischen Archetypus, der die Wirklichkeit schaffend durchdringt, löst sich das Historische als spezifische, kategorial eigen bestimmte Wirklichkeitsdimension im Alles des Mythischen auf. Wahrheit und Wirklichkeit in der Zeit und ihre Kriterien, die die Historie zuallererst konstituieren, gehen in Wagners Weltbetrachtung mythischer Daseinsdeutung auf und unter.

Wenn also K.O. Müller in den griechischen Mythen die »älteste Geschichte der griechischen Stämme« enthalten sieht[56] und mit dieser Prämisse »wissenschaftliche Mythologie« in historischer Absicht betreibt, so arbeitet Wagner mit derselben Prämisse, deutet aber die Mythen wie die Geschichte in geschichtsmythologischer Absicht selbst wiederum mythisch.

---

[55] GSD II, 140.
[56] Rudolf Pfeiffer, Die klassische Philologie von Petrarca bis Mommsen, München 1982, S. 228.

## 3. Wahrheit der »Volksanschauung«

Aber nicht nur hinsichtlich des Uranfangs und der Vor- und Frühgeschichte sieht Wagner das Leben im Bann des Mythos. Wirkungsmacht
und Deutungskompetenz des Mythos beobachtet er bis in geschichtliche
Zeiten und ihre historiographisch überlieferten Ereigniszusammmen-
hänge.

Dementsprechend vermißt er gerade in der Historiographie das Bewußtsein solcher Abhängigkeit, das ja nicht wie in der Vorgeschichte
durch die Eigenart der mythologischen Quelle selber nahegelegt wird.
So nennt er die Historie in idealtypischer Verkürzung »trockene Chronikengeschichte« oder »nackte Geschichte«, ihre Verfasser schlicht »gelehrte Geschichtschreiber«, die ihren Gegenstand aus sich heraus gerade
nur »pedantisch unwahrhaftig« aufzufassen und darzustellen verstün-
den. Dagegen sei das Volk »in seinem Dichten und Schaffen durchaus
genial und wahrhaftig«, weil es in seiner Sagenbildung die Gebundenheit an mythisches Sein und Denken unmittelbar betätige und auf diese
Weise den Schlüssel für sinnhafte Beziehungen und Urzusammenhänge
in Händen halte.

In dem Wagner nun Sage und Mythos im Blick auf Geschichtsdeutung
und Geschichtsschreibung nicht nur für einen begrenzten Zeitraum
oder auch in Ergänzung lückenhafter historiographischer Überlieferung, sondern generell und umfassend in Dienst nehmen will, erlangt
seine Rede von der »Wahrhaftigkeit der Volksanschauung« und der
Unwahrhaftigkeit im Verfahren des »Chronikenhistorikers« Bedeutung
weit hinaus über den noch vorsichtig im Gewand subjektiver Wahrnehmung und Redlichkeit auftretenden Geltungsanspruch sagenhaft-mythischer Erfahrung. Bedachtsam spricht er nicht von der ›Wahrheit‹ der
Volksüberlieferung, weil er im Gegenzug die noch so »trockene« historiographische Aufzeichnung nicht pauschal der ›Unwahrheit‹ bezichti-
gen will. Bietet ihm die »Chronikengeschichte« im Kern nicht eigentlich
›Unwahrheit‹, so erbringt sie in ihrer Unfähigkeit zu umfassender
Deutung doch auch nicht ›Wahrheit‹.

Obwohl Wagner diesen augenscheinlichen Widerspruch zwischen dem
faktenbezogenen Wahrheitsbegriff eines wissenschaftlichen Geschichtsverständnisses und dem antithetisch hierzu aufgerichteten Wahrheits-
postulat hinsichtlich der Sagen- und Mythenüberlieferung in seiner

»Wibelungen«-Schrift nicht eigens thematisiert, lebt diese doch in und von diesem Spannungsfeld. Seine geschichtsmythologische Konzeption basiert im einzelnen wie im ganzen auf der von den Romantikern – gerade von den der Historie besonders verpflichteten wie Jacob Grimm und K.O. Müller – erstrittenen eigenqualifizierenden Aufwertung von Mythos und Sage gegenüber der ›historischen Wahrheit‹.

Zu dieser Frage konnte Wagner im Artikel »Sage« seiner 15bändigen »Brockhaus«-Ausgabe eine nach beiden Seiten hin offene Stellungnahme finden. Die Sage wird dort als »Erzählung« beschrieben, die »Begebenheiten wie geschehene vorführt«, die aber »der historischen Wahrheit entbehrt«; sie wird damit einerseits in »Gegensatz zu der wahren, beglaubigten Geschichte« gebracht, andererseits aber hinsichtlich der ihr eigenen religiösen Wahrheit gewürdigt:

> »Die echte Sage ist nicht Lüge; sie ist nicht ersonnen, um zu täuschen, sie wurzelt vielmehr im lebendigsten Glauben und geht ursprünglich hervor aus dem Drange des dichterischen Volksgeistes...«[57]

Glaube und Volksgeist genießen hier (noch) eine Autorität, welche die Wahrheit der Sage bekundet, wenn auch nicht eigentlich begründet. Im Parallelartikel der nächstfolgenden Auflage wird diese Wahrheit dann bereits eindeutig auf das Dichterische fixiert. Im verschärften Gegensatz von »historischer und poetischer Wahrheit« wird ihr Geltungsbereich auf die letztere beschränkt und damit die (bis dahin gleichsam noch unentschiedene) philosophische Frage nach der Wahrheit der Sage zugunsten der Historie verneint.

Die »Phantasie« des Volkes nämlich bilde ihre Sagen einer »Hauptidee« entlang, der die »Nebenumstände« passend beigelegt oder »neue unhistorische Nebenzüge« hinzugefügt würden. Da dies aber gerade ohne Absicht und Bewußtsein, vielmehr »im festen Glauben, nur der Wahrheit zu dienen«, geschehe, seien die Sagen als Zeugnisse einer längst überholten »Entwicklungsstufe der Vorstellungsweise des Volkes« zu deuten, auf welcher »historische und poetische Wahrheit« noch fast zusammenfielen.[58]

Um dem Dilemma einer vermeintlichen Unvereinbarkeit der Wahrheitsansprüche von Sage und Historie zu entgehen, ohne die Sage in

---

[57] Allgemeine deutsche Real-Encyklopädie, 9. Aufl., Bd. 12, (1847), S. 465.
[58] Allgemeine deutsche Real-Encyklopädie, 10. Aufl., (1854), Bd. 13, S. 325.

ihrer Wahrheit auf das Nur-Poetische zu reduzieren, weisen die Romantiker (ihnen ist erstzitierter Brockhaus-Artikel verpflichtet) der Sage wie dem Mythos auf der einen Seite, der Historie als Wissenschaft auf der anderen Seite verschiedene Seins- und Kompetenzbereiche zu. Auf diese Weise versuchen sie, einem konkurrenzfreien Nebeneinander beider, jeweils als wirklichkeitsbezogen und seinsrelevant eingestuften Wahrheiten zuzusteuern:

> »Man verkannte... die eigenen Gesetze der Sage, indem man ihr bald eine irdische Wahrheit gab, die sie nicht hat, bald die geistige Wahrheit, worin ihr Wesen besteht, ableugnete und sich... etwas zu widerlegen anschickte, was in ganz verschiedenem Sinn behauptet werden mußte. Denn die Sage geht mit andern Schritten und sieht mit andern Augen, als die Geschichte tut...«[59]

So beschreiben die Grimms das Verhältnis von »sagenwahrheit« und »historischer wahrheit« als das zwischen »geistiger« und »irdischer Wahrheit«, zwischen »fühlbarer« und »greiflicher« Wahrheit, zwischen »reinmythischer göttlicher« und »reinhistorischer (factischer) wahrheit«,[60] wobei jeweils die letztere durch den geschichtswissenschaftlichen Grundsatz der Quellenkritik ermittelt und beglaubigt sei:

> »das kritische princip, welches in wahrheit seit es in unsere geschichte eingeführt worden, gewissermaßen den reinen gegensatz zu diesen sagen gemacht, und sie mit verachtung verstoßen hat, bleibt an sich... unbezweifelt; allein, nicht zu sehen, daß es noch eine wahrheit gibt, außer den urkunden, diplomen und chroniken, das ist höchst unkritisch...«[61]

Wie »lässig« die Sagen auch »in allem äußern erfunden« würden, es sei »wahrheit in ihnen, ob auch die sicherheit abgeht«[62]. Dem Bemühen, diese »sagenwahrheit« zu qualifizieren und gegenüber dem »kritischen princip« abzugrenzen, gelten die Argumente der geschichtskundigen Sagenforschung:

> »...alles, was wir in ihnen [den Sagen] für unwahr erkennen, ist es nicht, insofern es nach der alten ansicht des volkes von der wunderbarkeit der natur gerade nur so erscheinen, und mit dieser zunge ausgesprochen werden kann. und in allen den sagen von geistern, zwergen, zauberern und ungeheuern wundern ist ein stiller aber wahrhaftiger grund vergraben, vor dem wir eine

---

59   Brüder Grimm, Deutsche Sagen, a.a.O., S. 19.
60   Jacob Grimm, Gedanken über mythos, epos und geschichte (1813), in: ders., Kleinere Schriften, Bd. IV,1, Hildesheim 1965, S. 74f.
61   Ders., Gedanken wie sich die sagen zur poesie und geschichte verhalten (1808), in: ders., Kleinere Schriften Bd. I, Hildesheim 1965, S. 402.
62   Ebenda.

innerliche scheu tragen, welche in reinen gemütern die gebildetheit nimmer verwischt hat und aus jener geheimen wahrheit zur befriedigung aufgelöset wird.«[63]

Worin aber besteht jene »geheime wahrheit«? Wie an anderer Stelle zu erfahren ist, herrsche in den Sagen »bei allem fragmentarischen eine hervorgreifende wahrheit in auffassung des totaleindrucks der begebenheit«, wogegen in der »neueren geschichte… vielleicht mehr wahrheit des details« enthalten sei.[64] Die Wahrheit der Sagen sei »nicht eine diplomatische, sondern eine innere, welche auf lebendigem Begreifen und Anschauen ruht«[65].

Obwohl die Argumente der Brüder Grimm zugunsten der »sagenwahrheit« in Richtung auf Gefühl und religiöse Haltung gelagert sind, so daß die Wahrheitsfrage der Innerlichkeit des Subjekts anheimgestellt scheint, birgt die Metaphorik ihrer Sprache doch den Anspruch auf Anerkennung eines objektiven Wahrheitsgehalts. Die Entstehung der Sagen aus der einst intersubjektiv verbindlichen »ansicht des volkes von der wunderbarkeit der natur« verbürgt ihre Selbstständigkeit und Eigengesetzlichkeit gegenüber der Historie. Die vollständig »eigenen Gesetze« wiesen der Sage Qualitäten in der Erfassung von Wirklichkeit zu, die sie nicht nur der historischen Kritik entzöge, sondern für dieselbe eher dienlich, wenn nicht unentbehrlich machte.

Sage und Mythos werden bei den Grimms also nicht einfach »erkenntnismäßig subjektiviert«[66]; die »innere… auf lebendigem Begreifen und Anschauen« beruhende Wahrheit ist keine subjektive, es steht »objective begeisterung«[67] dahinter. Daher diagnostizieren die Grimms beim »allein schreibende[n] Mensch[en]… mehr oder weniger Einseitigkeit und Schwäche«, da dieser »nicht mehr alles lauter und rein schauen« könne.[68] Der »einzelne« könne eben nur »eine chronik schreiben«; maße er sich aber an, »das Ganze zu ergreifen und darzustellen…, vor

---

63  Ebenda, S. 400.
64  Jacob Grimm, Von übereinstimmung der alten sagen (1807), in: ders., Kleinere Schriften Bd. IV, 1, S. 10 Anm. 4.
65  Wilhelm Grimm, Über die Entstehung der altdeutschen Poesie und ihr Verhältnis zu der nordischen (1808), in: ders., Kleinere Schriften, hg. v. Gustav Hinrichs, Bd. I, Berlin 1881, S. 107 Anm. 47.
66  Klaus Ziegler, Mythos und Dichtung, in: Reallexikon der deutschen Literaturgeschichte, begründet v. Paul Merker u. Wolfgang Stammler, Bd. 2, 2. Aufl., Berlin 1965, S. 574.
67  Jacob Grimm, Gedanken über mythos, epos und geschichte, a.a.O., S. 74.
68  Jacob Grimm an Savigny v. 26. Dezember 1811, in: Briefe der Brüder Grimm an Savigny, hg. v. Wilhelm Schoof, Berlin/Bielefeld 1953, S. 128.

der organischen Geschichte« würde sein Werk »allzeit als Lüge mit Schanden bestehen«[69].

Es ist augenfällig, daß Wagner mit seinen Ansichten zum Verhältnis von Geschichte und Sage, mit seinen Einsichten in die Art der Gültigkeit und Wahrheit ihrer Aussagen auf diesem von den Romantikern erarbeiteten Fundament steht. Hier liegen die Grundbausteine nicht nur für seine Auffassung von Wesen und Wert der Geschichtstradierung qua Historiographie, sondern vor allem auch für seine Mythostheorie, wie sie im Rahmen der »Wibelungen«-Geschichtsmythologie angelegt (und in der kunsttheoretischen Programmatik von »Oper und Drama« entfaltet) ist.

Hierbei untersucht Wagner die »ansicht des volkes von der wunderbarkeit der natur« nicht als eine »alte«, geschichtlich überholte, sondern als eine in ihren Strukturen potentiell gegenwärtige. Damit löst er sich von der romantischen Tradition der historisierenden Betrachtung des mythischen Gegenstandes, wie sie mit wechselnder Perspektive für das ganze 19. Jahrhundert kennzeichnend ist. Er geht nicht, wie die Brüder Grimm und andere – um die »sagenwahrheit« vor den Angriffen des aufkommenden geschichtswissenschaftlichen Wahrheitsanspruchs zu schützen – in die historische Defensive, wo sie vergangener Wirklichkeit und ihrer Naturreligiosität übereignet wird.

Wagner identifiziert ihren Geltungsbereich also gerade nicht mit ihrem Entstehungs(zeit)raum, wie dies etwa auch bei K.O. Müller der Fall ist. Für diesen sind die »Bildner des Mythus« durch »Antriebe, die auf alle gleich wirkten«, auf die spezifisch »mythische Darstellungsweise« hingeführt worden. Dementsprechend sei in den Mythen »eine *Gesammtheit* von Wissen und Denken enthalten«, welche, der Eigentümlichkeit dieses »mythischen Ausdrucks« gemäß, einer »besondre[n] Epoche der Cultur eines Volks« zugehöre und eben in dieser ihre Verbreitung, ihre Gültigkeit, ihre Wahrheit habe. Hierdurch begründet Müller mit bestechender Konsequenz die Beobachtung, daß »diese mythenbildende Thätigkeit in unserm heutigen Denken keine Analogie« habe.[70]

Die Brüder Grimm wie K.O. Müller verfechten somit die These von einem objektiven Wahrheitsgehalt der Sagen und Mythen, erschlossen

---

[69]  Wilhelm Grimm an Savigny v. 19. November 1812, ebenda, S. 144.
[70]  K.O. Müller, Prolegomena zu einer wissenschaftlichen Mythologie, a.a.O., S. 111f. u. 78.

und beglaubigt aus der für sie konstitutiven Ursprungssituation. Wenn Wagner nun desgleichen die Sagen und Mythen in ihrer Geschichtlichkeit wahrnimmt, so geschieht dies doch immer in der mehr oder minder bewußten Absicht, die diese formenden Denk- und Deutungsmuster aus der Tiefe der Zeiten in die Gegenwart einzuholen und für die Zukunft ästhetisch nutzbar zu machen. Insofern bildet sein erklärter Wille zur Reaktualisierung des Mythos im Drama einschließlich seiner mythostheoretischen Begründung – und schließlich die Tatsache des Kunstwerks selber – die unmittelbare Gegenthese zu Müllers Diktum von der gesamtgeschichtlich bedingten Absenz »mythenbildende[r] Thätigkeit in unserm heutigen Denken«. In Wagners Schaffen und Denken hat man recht eigentlich das Paradigma einer solchen »Analogie« in der Moderne zu sehen.

In den »Wibelungen«, seiner ›historischen‹ Abhandlung, spricht Wagner allerdings noch verhalten nur von der »Wahrhaftigkeit der Volksanschauung«. Ihm gelingt es hier weit weniger als den geschichtswissenschaftlich beflissenen Mythen- und Sagenforschern der Romantik, seine Vorstellung von Geschichte und Geschichtsdeutung fachgerecht zu begründen. Darum tritt er sicher und selbstbewußt auch nur innerhalb seiner mythologischen Weltgeschichtskonzeption auf; nach außen gibt er sich eher zögerlich und verwundbar, möchte er doch die Schrift nur seinen »Freunden, nicht der historisch-juristischen Kritik – öffentlich« vorgelegt wissen.[71] Das von dem ingeniösen Künstlerinstinkt Wagners entworfene »Wibelungen«-Konzept setzt den Intellekt des wohlinformierten Geschichtskundlers Wagner in Verlegenheit: Nur dem »Gefühl« seiner »Freunde« wagt er zuzumuten, was die mythische Phantasie an Gestaltungsversuchen, was die theoretische Neugier an ersten Begründungsversuchen unternommen hat.

## 4. Strukturgeschichte aus der Sage

Gleichwohl verfährt Wagner hier ansatzweise nach einer Methode, die heute in den Kanon geschichtswissenschaftlicher Forschung gehört. Wenn er nämlich die Nibelungensage als Repräsentantin der »Ur- und Stammsagen« faßt und auf Stammes- oder Völkerspezifika untersucht, wird sie ihm zum Zeugnis der Wesensart ihrer Bildner, des Volkes der Wibelungen/Franken. Sie wird ihm zum Ausdruck mentaler Vorausset-

---

[71] GSD IV, 314.

zungen geschichtlichen Handelns, sogenannter Strukturen, die man –
mit einem wenig später etablierten Terminus der Wissenschaftssprache
umschreibend – völkerpsychische Strukturen nennen könnte.[72]

Indem Wagner nicht die »Oberfläche der Vorfallenheiten«, sondern ihre
»innersten... Beweggründe« im Auge hat und nicht nach dem ereignisgeschichtlichen Ablauf, sondern nach den Bedingungen seiner Möglichkeit fragt, wählt er einen forschungsgeschichtlichen Zugang, der ihm
den Gegenstand historischer Erfahrung in der Art einer »Strukturgeschichte« präsentiert.

Der Strukturbegriff, der sich in der Geschichtswissenschaft des 20.
Jahrhunderts aufgrund sozialgeschichtlicher Fragestellungen etabliert
hat – Fernand Braudel, Otto Brunner und Werner Conze gelten als
Protagonisten der Strukturgeschichte –, avancierte bereits um die Jahr-
hundertwende gerade in der Psychologie zum Wissenschaftsterminus.[73]
In der Historie sind Strukturen im Gegensatz zu Ereignissen »als solche
überindividuell und intersubjektiv«; »im Hinblick auf ihre Zeitlichkeit«
indizieren sie »mehr Dauer, größere Stetigkeit, Wandel allenthalben nur
in längeren Fristen«[74].

Für Wagners Vorstellung von der Sage als Indikator der »wesenhaften
Eigentümlichkeit« von Geschlechtern und Völkern sind diese Charakteristika maßgebend, desgleichen die Verhältnisbestimmung von Struktur
und Ereignis, der zufolge die »strukturelle[n] Bedingungen... ein Ereignis in seinem Verlauf ermöglichen« und als »nicht chronologisch gebundene causae die Ereignisse erklären helfen«, ohne jedoch anders als »im

---

[72] Die wissenschaftliche Disziplin der Völkerpsychologie, die in der zweiten Hälfte des 19.
Jahrhunderts von Moritz Lazarus, Heymann Steinthal und Wilhelm Wundt begründet
wurde, bemühte sich um die systematische Erfassung des »Volksgeistes«, wie er in Religion,
Sprache, Mythos, Kunst, Rechtsordnung und Brauchtum zum Ausdruck kommt. Mit den
– wenn auch stark historisierenden – Vorstellungen der »Völkerpsychologie« Wundts
(10 Bde., Stuttgart 1900-1921), einer »Sammlung aller Tendenzen und Hypothesen der
Mythendeutung des 19. Jahrhunderts« (Jamme, Einführung in die Philosophie des
Mythos, a.a.O., S. 95), ist Wagner in der Auffassung verbunden, daß der »Mythus« als
»Schöpfung der Volksphantasie« die »gesamte Weltanschauung des Naturmenschen, seine
praktische Lebensrichtung« spiegelt (vgl. Axel Horstmann, Der Mythosbegriff vom frühen
Christentum bis zur Gegenwart, in: Archiv f. Begriffsgeschichte 23, 1979, S. 199), so daß er
Mythos und Sage (auch) als Quelle völkerpsychologisch rückbezogener Ereignisgeschichte
deuten kann. – Daß Wagner von diesen Forschungen, etwa über die von Lazarus und
Steinthal gegründete »Zeitschrift für Völkerpsychologie und Sprachwissenschaft« (1859-
90), in seinen späteren Jahren Kenntnis genommen hätte, ist nicht nachweisbar.

[73] Vgl. Karl-Georg Faber, Theorie der Geschichtswissenschaft, München 1971, S. 101f.

[74] Reinhart Koselleck, Darstellung, Ereignis und Struktur, in: ders., Vergangene Zukunft. Zur
Semantik geschichtlicher Zeiten, 2. Aufl., Frankfurt a.M. 1984, S. 146f.

Medium von Ereignissen« greifbar zu sein.[75] So treten auch die mentalen oder völkerpsychischen Strukturen in Wagners »Wibelungen« nur in ihren Objektivationen, den geschichtlichen Handlungen und Begebenheiten einerseits, den Formen ihrer sagenhaft-mythischen, mündlich tradierten oder auch literarisierten (Selbst-)Deutung andererseits in Erscheinung.

Bei der Auffassung des »Volkswesens« und der »Volksanschauung« als Strukturen zur »Erklärung« des »geschichtlichen Gebarens« ihrer Träger[76] differenziert Wagner, genau genommen, zwischen einer langfristigen psychischen Struktur, die der »wesenhaften Eigentümlichkeit« eines Volkes zuzuordnen ist, und mittelfristigen, dieser Grundstruktur untergeordneten, mentalen Strukturen, die sich als »Gesinnungen« auf konkrete Umstände beziehen. Hinsichtlich der Ereignisgeschichte sind beide zeitlichen Ebenen als Orte der den Geschichtsmythologen Wagner interessierenden »Beweggründe« deutbar. Als Strukturen sind sie innerer Art, tragen ihren »anthropologischen Charakter« in anderer Weise als »Institutionen und soziale[n] Gebilde[n]«, indem sie gerade nicht als »von Menschen gesetzte Ordnungen« – ihrer Substanz nach nicht einmal als »sich wandelnde Erscheinungen« – betrachtet werden können.[77]

So ist für die strukturgeschichtliche Sicht Wagners die Beobachtung der Korrelation von »Volksbewußtsein«, geschichtlichen »Taten« und der aus den Sagenüberlieferungen gestalteten »poetischen Literatur« in ihrer Gleichzeitigkeit wichtig.[78] Dagegen ist für die historisierende Perspektive der Brüder Grimm die Gegenüberstellung »alte sage« – »neuere geschichte«,[79] Sage und Geschichte in zeitlicher Sequenz gesehen, symptomatisch: »...Sagen und Geschichte, welche nebeneinander stehen«, bringen uns »nacheinander die Vorzeit« nahe, indem die alte Poesie bewahrt, was »unsere Geschichte längst nicht mehr erreichen kann«[80].

Wagner interessiert die Parallelität von »Volksbewußtsein« und »Taten«, die er anhand der Nibelungensage und des wibelingisch-fränkischen

---

[75]  Ebenda, S. 149.
[76]  GSD II, 119.
[77]  Vgl. Theodor Schieder, Geschichte als Wissenschaft, 2. Aufl., München/Wien 1968, S. 175 u. 189.
[78]  GSD II, 125.
[79]  Jacob Grimm, Von übereinstimmung der alten sagen, a.a.O., S. 10 Anm. 4.
[80]  Brüder Grimm, Deutsche Sagen, a.a.O., S. 7 u. 9.

Geschlechts diachron verfolgt, um die Modifikationen der »oft unbegreiflich neu gestaltenden und übertragenden Sage«[81] wieder auf die historische Ereignisebene zurückzubeziehen. Sage und Geschichte eines Volkes verhielten sich in ihrer Entwicklung korrelativ, sie werden in einem Verhältnis direkter Proportionalität zueinander gesehen: In demselben Maß, wie ein Volk »in tätiger Geschichtsentwickelung«[82] voranschreitet, entwickelt es auch seine Stammsage, in die »Züge aus der Geschichte«[83] eingehen und der sich »jede neue Richtung des Volkswesens«[84] mitteilt. Gerade in dieser Hinsicht seien die Franken von den »übrigen deutschen Stämmen« verschieden. Ihre Stammsage zeige den »hohen eigentümlichen Vorzug«, der »Besonderheit des Stammes angemessen, sich fort und fort bis zum geschichtlichen Leben entwickelt« zu haben, wogegen die Stammsage der übrigen Deutschen, insbesondere der Skandinaven, ihrer Geschichtsferne entsprechend, »im religiösen Mythus haften« geblieben sei.[85]

Was Wagner in Gegenüberstellung zu den »Skandinaven« vorzugsweise den »Franken« als dem Handlungssubjekt seiner »Wibelungen«-Weltgeschichte zuschreibt, nämlich ein gesteigertes Maß an Geschichtlichkeit ihres Wirkens wie ihrer Welt- und Selbstdeutung als »Stammsage«, findet sich in Gervinus' »Geschichte der poetischen National-Literatur« allgemein den Deutschen zugeteilt. Denn dort erklärt er, daß »der Norden Alles gerne ins Grausame, Mysteriöse und Räthselhafte zieht, was in Deutschland weit mehr im Kreis der Wahrscheinlichkeit und historischen Helle liegt«[86].

Bei Gervinus, dem »historische[n] Betrachter eines Productes der Volkssage«, mag Wagner den Gedanken des gemeinsamen Fortschreitens von Lebenswirklichkeit und Sagenbildung in der Zeit der Abhängigkeit der Sage vom geschichtlichen Leben in bezug auf die »Eigenthümlichkeiten der Nationen«[87] vorgefunden haben – freilich nicht den für seine Konzeption viel weitergehend bestimmenden einer umgekehrten Abhängigkeit der Geschichte von der mythisch gegründeten Sage. Dort

---

[81] Bülows Handschrift, S. 8.
[82] GSD II, 131.
[83] GSD II, 120.
[84] GSD II, 123.
[85] GSD II, 131.
[86] Gervinus, Geschichte der poetischen National-Literatur der Deutschen, Erster Teil, a.a.O., S. 29.
[87] Ebenda, S. 52f.

heißt es nämlich, daß bei den Deutschen »die frühe Bekanntschaft mit gebildeten Völkern, die frühe Gelegenheit zu größeren und allgemeiner merkwürdigen Thaten... die Sage viel heller und geschichtlicher« gestaltet habe, während bei den Skandinaven »die längere Abtrennung, das Stillleben und die Abhängigkeit von einer wilden, großen Natur alle Vorstellungen geheimnißvoller, die Sage mythischer« werden ließ.[88] Für Gervinus hängt es von den »Verhältnissen der Zeiten und Räume«, von der »Natur und der Geschichte des Volkes« ab, welchen Charakter seine Sagen vorzugsweise tragen:

> »Ist ein Volk geneigt zur Betrachtung und Abstraction, zu Beschaulichkeit und sinniger Versenkung, oder wie die Scandinaven beherrscht von einer gewaltigen Naturumgebung, welche die menschlichen Kräfte überragt, fehlt ihr wie den Kelten und Indiern die geschichtliche Entwicklung, Thatsachen, und mit Ihnen die Kenntniß des handelnden Menschen, so wird jeder Sage, die es in seinem Schooße erzeugt, das historische Element abgehen, und jeder, die es adoptirt, wird es das historische Element abstreifen.«[89]

Während Gervinus die für die Sagenbildung konstitutiven Elemente aneinanderreiht, ohne sie in einen hierarchischen Zusammenhang zu bringen, nimmt Wagner eine klare Rangordnung vor. Für ihn ist die »wesenhafte Eigentümlichkeit« der Geschlechter und Völker, weit entfernt, eine bloße ›Neigung‹ zu sein, die Grundlage und Voraussetzung aller weiteren Faktoren. Aus ihr entstehen Mythos, Sage und Geschichte, wobei die beiden letzteren in Art und Grad ihrer wechselseitigen Ausbildung abhängige Variablen bleiben; die »Natur« der Völker, was immer sie ausmacht und wie immer sie beschrieben wird, dominiert ihre »Geschichte« wie ihre Erzählung dieser Geschichte in der Sage. Gervinus setzt grundsätzlich einen historischen Ursprung von Sage und Mythos voraus, der durch objektive (die geographisch-klimatische Lage) und subjektive Bedingungen (den Kenntnis- und Entwicklungsstand) verschleiert bliebe:

> »Aller Sage Grund beruht immer auf Thatsächlichem, nur dies macht sie zur Erzählung; der Mensch hat nichts zu erzählen, was sich nicht auf Beobachtungen thatsächlicher Verhältnisse bezöge. Seine Erzählung wird Geschichte, wo sie ein klares Object hat, dem das erzählende Subject gewachsen ist; sie wird Sage und Mythus, wo der Gegenstand unfaßlich, der Erzähler noch nicht beobachtungsfähig ist.«[90]

---

88  Ebenda, S. 22.
89  Ebenda, S. 47f.
90  Ebenda, S. 48.

Demgegenüber sucht Wagner umgekehrt im Mythos den Ursprung der Historie wie der sie begleitenden Sage, indem er den »Weg der Entwikkelung der Sage, und endlich der Geschichte, aus dem Urmythus«[91] zu bezeichnen unternimmt.

Beiden Positionen liegt somit ein jeweils anderes Verständnis von Geschichte und Mythos zugrunde, ein anderes Verständnis von dem, was »thatsächliche Verhältnisse« sind und was einen »Erzähler« »beobachtungsfähig« macht, – man denke nur an Wagners Kritik am Typus des »Chronikenhistorikers«. Nimmt er in seinen »Wibelungen« den – aus geschichtswissenschaftlicher Sicht – realitätsenthobenen, intuitiv-mythischen Standpunkt ein, so kann Gervinus' Position – aus derselben Perspektive – doch auch die erkenntnistheoretische Naivität des historischen Aufklärers nicht verleugnen.

Wagner verwendet mithin Sage in bezug auf Geschichte als »Material« zur »Beurteilung der innersten... Beweggründe... ganzer Geschlechter und Völker«, da er in ihr wie in der Geschichte Objektivationen eines nur indirekt faßbaren Wesenskerns sieht. Insofern überliefert nicht nur die »nackte Geschichte« lediglich »Konsequenzen« der »wesenhaften Eigentümlichkeit«, auch die Sage ist demnach ein Gewand, gleichsam ein Ereignis, das dieses Wesen, diese völkerpsychische Struktur, indiziert.[92] Gegenüber der Historie als Überlieferung zeichnet sie sich allerdings dadurch aus, daß sie als Ergebnis der Selbstdarstellung des Volkes zwischen der Faktizität seiner Geschichte und jenem Wesenskern zu vermitteln vermag. Sie bietet eine immanente Deutung historischer Vorgänge und Zusammenhänge, zugleich aber auch eine Erhellung jener von Wagner immer und überall gesuchten Wesenhaftigkeit.[93]

---

[91]  GSD II, 132.

[92]  Ähnliche Vorstellungen finden sich wieder bei Dilthey, der, romantische Motive aufgreifend, »die Verwandtschaft, welche die verschiedenen Lebensgebiete miteinander innerhalb einer Nation verbindet, aus einer gemeinsamen Tiefe, die keine Beschreibung erschöpft«, herleitet. Es sei »der Mensch einer Nation in einer gegebenen Zeit, der in jede Lebensäußerung auf einem bestimmten Gebiet der Kultur etwas von der Besonderheit seines Wesens hinein gibt« (Wilhelm Dilthey, Der Aufbau der geschichtlichen Welt in den Geisteswissenschaften, Frankfurt a. M. 1981, S. 210). Doch während der »Mythos« hier in den »Kultursystemen« der Menschheit als ein Element unter anderen fungiert, zeichnet er sich bei Wagner als Form mythischen Denkens durch seine Dominanz über alle anderen Äußerungen kulturellen Lebens aus.

[93]  Vgl. Ernst Pitz in seinem Aufsatz »Geschichtliche Strukturen. Betrachtungen zur angeblichen Grundlagenkrise der Geschichtswissenschaft«, in: HZ 198, 1964, S. 271, in dem er auch »Begriffe der Kunst- und Literaturgeschichte« wie »Volksmärchen« und »Heldensage« als »Motivationsketten«, auf die er »den Begriff der Struktur anwenden« will, versteht;

146

Fraglos ist es die Suche nach dieser Wesenhaftigkeit der Völker und ihres geschichtlichen Handelns, die Wagner den Weg gehen heißt von der Historie als Geschehensabfolge über die Sage als Indikator wesenhaft bedingter »Beweggründe« zum Mythos als dem »Urgrund« der Sage wie der Geschichte. Sein struktureller Zugang ist diesbezüglich als eine Zwischenstufe, eine historischem Fragen angeglichene Etappe zu verstehen, die Geschichte und Sage antithetisch aufeinander bezogen zeigt, um beide alsdann in einer mythisch gebundenen und darum allein mythisch zu deutenden Geschichte dialektisch zusammenzuführen.

---

diese enthielten nämlich Motive, »denen sich die Menschen der jeweiligen Zeit unterwarfen, um ihrer immateriellen Persönlichkeit Ausdruck zu geben«. Wird sich der Historiker jener Ausdruckformen bedienen, um die »Motive« der Menschen einer »jeweiligen Zeit« zu eruieren, so übersteigt der Mythopoet und Geschichtsmythologe Wagner den geschichtswissenschaftlichen Raum, um das Wesen der »immateriellen Persönlichkeit« selber mythisch deutend zu ergründen.

# D. Weltgeschichte aus dem Mythos

Behandelt Wagner die Sage einerseits gleichsam als ideellen Teil der realen Geschichte, diese bestimmend und deutend, und führt er sie andererseits, wie die Geschichte selber, auf den Mythos zurück, so ist es gerade diese Rückführung beider auf ein mythisches, genauer naturmythisches Fundament, das die Komposition des »Wibelungen«-Essays trägt. Sollte da nicht auch, statt von der »Weltgeschichte aus der Sage«, so Wagners Untertitel, von der »Weltgeschichte aus dem Mythos« gesprochen werden?

## 1. »Urmythus« als »Naturanschauung«

»Dem Forscher ist erwiesen, daß der Urgrund auch dieser [Nibelungen-]Sage religiös-mythischer Natur ist«[1]; in ihr sei, »wie in jeder uralten Sage ähnlicher Art, ein ursprünglich religiöser Kern deutlich erkennbar«[2], dies die an die zeitgenössische Forschung angelehnte Grundthese Wagners.[3] Was aber versteht er unter dem religiösen Kern der Sage? Und was ist ihm der religiös-mythische »Urgrund« der Nibelungensage?

Die »tiefste Bedeutung« der Nibelungensage erkennt Wagner im »Urbewußtsein des fränkischen Stammes«[4], den Grund dieses »Urbewußtseins« wiederum in dem allen Völkern gemeinsamen »religiösen Mythus«, dem »Urmythus« der frühesten Naturanschauung. Der »erste Natureindruck« sei es, der »als gemeinschaftliche Grundlage der Religion aller Völker«[5] ihrer Sagenbildung wie ihrer Geschichte vorausliege.

> »Den ersten Eindruck empfängt der Mensch von der ihn umgebenden Natur, und keine Erscheinung in ihr wird von Anfang an so mächtig auf ihn gewirkt haben als diejenige, welche ihm die Bedingung des Vorhandenseins oder doch

---

[1]  GSD II, 119.
[2]  GSD II, 130.
[3]  Die mythologische Auslegung der Heldensage hat bekanntermaßen während des gesamten 19. Jahrhunderts – ausgehend von dem Creuzer-Schüler Franz-Joseph Mone und Uhlands »Mythus von Thor« über Lachmann, Müllenhoff, Wilhelm Müller bis zu Symons – eine hervorragende Rolle gespielt. Vgl. hierzu Werner Betz, Die deutsche Heldensage, in: Deutsche Philologie im Aufriß, hg. v. Wolfgang Stammler, Bd. 3, 2. Aufl., Berlin 1962 (Nachdruck 1967), insbesondere Sp. 1884ff.; Theodor Haarer, Geschichte der deutschen Heldensagenforschung von den Anfängen bis Andreas Heusler, Diss. (masch.) Tübingen 1924, insbesondere S 49ff.; zur Zentralgestalt der Nibelungensage speziell Werner Hoffmann, Das Siegfriedbild in der Forschung, Darmstadt 1979 (Erträge der Forschung, Bd. 127), S. 4ff.
[4]  GSD II, 119.
[5]  GSD II, 131f.

Erkennens alles in der Schöpfung Enthaltenen auszumachen schien: das ist *das Licht, der Tag, die Sonne*. Dank, und endlich Anbetung, mußte diesem Elemente sich zunächst zuwenden, um so mehr als sein Gegensatz, die Finsternis, die Nacht, unerfreulich, daher unfreundlich und grauenerregend erschien. Ging dem Menschen nun alles Erfreuende und Belebende vom Lichte aus, so konnte es ihm auch als der Grund des Daseins selbst gelten: es ward das Erzeugende, der Vater, der Gott; das Hervorbrechen des Tages aus der Nacht erschien ihm endlich als der Sieg des Lichtes über die Finsternis, der Wärme über die Kälte usw., und an dieser Vorstellung mag sich zunächst ein sittliches Bewußtsein des Menschen ausgebildet und zu dem Innewerden des Nützlichen und Schädlichen, des Freundlichen und Feindlichen, des Guten und Bösen gesteigert haben.«[6]

Für Wagner ist es die ins Religiöse gesteigerte Naturanschauung, die den Menschen zur Bildung von Mythos und Sage herausfordert, die ihn göttliche Gestalten in der Natur sehen und herauskristallisieren heißt. Insofern steht er unmittelbar in der Tradition Herders, der wohl als erster erkannte, »daß die Mythologie eine Weltschau ist, in der der Mensch versucht hat, das Tiefste und Wesentlichste von dem, was er vom Kosmos und in seinem Innern erlebt, auszudrücken«[7].

So sehr diese Position derjenigen des Historikers entgegensteht, der die Urgestalten mythischer Bildung in der Ereignisgeschichte vermutet und sie demgemäß in den Relikten historischer Überlieferung aufzuspüren sucht, so sehr entspricht sie Wagners Auffassung vom Wesen der Kunst. Für ihn befindet sich der produktive Künstler in einer der originären Situation der Mythenbildung analogen Situation: Es ist die nämliche Form der (Natur-)Anschauung, die der kollektiven Bildung und Fortbildung mythischer Gestalten wie dem individuellen künstlerischen Schaffensprozeß unterliegt.[8] So ist es die Entstehung des »Urmythus« aus der »Naturanschauung«, die hier als Paradigma der Welt-und Selbstdeutung geschichtlicher Subjekte für den historischen wie den ästhetischen Kontext bereitgestellt wird.

---

[6] GSD II, 130f.
[7] Jan de Vries, Forschungsgeschichte der Mythologie, Freiburg/München 1961, S. 124. Diese Affinität entspringt jedoch wohl nicht einer direkten Beeinflussung. Obwohl Wagner einen Band »Ausgewählte Werke« von Herder besaß (DB Nr. 61), scheint er kein näheres Verhältnis zu ihm gefunden zu haben (vgl. Westernhagen, Richard Wagners Dresdener Bibliothek, a.a.O., S. 54)
[8] Auch hierbei mag Herder als Bezugsgröße gelten, war er es doch, der den Mythos zuerst »für poetisch, religiös und volkstümlich« erklärte (de Vries, Forschungsgeschichte der Mythologie, a.a.O., S. 124).

## 2. »Sonnengott« und »Stammvater«

Kann die Sage von den Untergründen der Geschichte künden, so vermag sie dies nicht aufgrund ihrer Geschichtlichkeit, sondern ihrer Verwurzelung im Mythos; hierdurch gewinnt sie jenen Blickpunkt, der ihr erlaubt, den historischen Tatbestand zugleich zu integrieren und zu transzendieren. Aus dieser Sicht entwickelt Wagner, analog zu seiner Vorstellung vom gemeinsamen Ursprung der Religionen aus dem »religiösen Mythus«, seine Auffassung von der Entstehung der Sage aus demselben religiös-mythischen »Urgrund«, und zwar an der gewandelten Bedeutung der Gestalt des Siegfried wie des von diesem gewonnenen Nibelungenhortes.

In ihrer »fernsten Erkennbarkeit«, ihrer »ältesten Bedeutung«, zeige die fränkische Stammsage ihren Helden Siegfried als den »individualisierten Licht- oder Sonnengott, wie er das Ungetüm der chaotischen Urnacht besiegt und erlegt«. Dies sei »die ursprüngliche Bedeutung von Siegfrieds Drachenkampf, einem Kampfe, wie ihn Apollon gegen den Drachen Python stritt«[9].

Wie im Fall der Religionen sucht Wagner auch hier die Gemeinsamkeit der Ausdrucksformen verschiedener Kulturen und gerade nicht ihre spezifischen Unterschiede. Genau besehen, behauptet er dabei aufgrund einer Natur, die als gleichartig wirkend vorgestellt wird, das Vorhandensein nicht allein struktureller, sondern darüber hinaus substantieller Analogien, wie sie für das Ordnungssystem des Mythos kennzeichnend sind.

Im Rahmen dieser naturmythischen Deutung erscheint Siegfrieds Tod, seine heimtückische Ermordung, wovon die Sage erzählt, lediglich als Konsequenz der Polarität der natürlichen Erscheinungen:

> »Wie nun der Tag endlich doch der Nacht wieder erliegt, wie der Sommer endlich doch dem Winter wieder weichen muß, ist aber Siegfried endlich auch wieder erlegt worden...«[10]

Sieht Wagner die »ursprüngliche Bedeutung von Siegfrieds Drachenkampf« in der naturmythischen Vorstellung der Überwindung der Nacht durch das Licht, des Sieges des Sonnengottes über das »Ungetüm

---

[9] GSD II, 119 u. 131.
[10] GSD II, 131f.

der chaotischen Urnacht«, so deutet er auch den Erwerb dieses Kampfes naturmythisch:

> »Als das Licht die Finsternis besiegte, als Siegfried den Nibelungendrachen erschlug, gewann er als gute Beute auch den vom Drachen bewachten Nibelungenhort. [...] in dem Horte beruht zugleich der Inbegriff aller irdischen Macht: *er ist die Erde mit all ihrer Herrlichkeit selbst, die wir beim Anbruche des Tages, beim frohen Leuchten der Sonne als unser Eigentum erkennen und genießen, nachdem die Nacht verjagt, die ihre düsteren Drachenflügel über die reichen Schätze der Welt gespenstisch-grauenhaft ausgebreitet hielt.*«[11]

Im »religiösen Mythus der Skandinaven« sei aufbewahrt, was in der »fränkischen Stammsage« schließlich »zu sittlicher Bedeutung geschichtlich sich ausgebildet« habe. Dort sei Name und Ort jener »Nachtgeister« bezeichnet, die die »inneren Schätze« der Erde gewannen: in »›Nifelheim‹, d.i. Nibel=Nebelheim« durchwühlen die »Kinder der Nacht und des Todes« die Erde, schmelzen und schmieden ihre Erze zu goldenem Schmuck und scharfen Waffen.[12] Was der Norden an naturmythischer Deutung geboten, nimmt in der Nibelungensage der Franken zunehmend geschichtliche Gestalt an:

> »Betrachten wir nun aber den Hort, *das besondere Werk der Nibelungen,* näher, so erkennen wir in ihm zunächst die metallenen Eingeweide der Erde, dann was aus ihnen bereitet wird: Waffen, Herrscherreif und die Schätze des Goldes. Die Mittel, Herrschaft zu gewinnen und sich ihrer zu versichern, sowie das Wahrzeichen der Herrschaft selbst schloß also jener Hort in sich...«[13]

Der »Besitz jenes Hortes« als des »Inbegriffes der Herrschergewalt« konkretisiert sich zum Besitz der »eigentlichen königlichen Gewalt«. Den »Pipingen oder Karlingen« sei es »aufbehalten« gewesen, »nach Wiedererlangung des Nibelungenhortes den realen Wert der auf ihn begründeten weltlichen Macht zur äußersten Spitze der Geltung zu bringen: Karl der Große... gewann und beherrschte die ganze deutsche Welt und das ehemalige weströmische Reich, soweit deutsche Völker es innehatten«; in seiner Macht schien »der Keim des Nibelungenhortes zu vollster Kraft zu gelangen«[14].

---

[11]  GSD II, 133.
[12]  GSD II, 132f.
[13]  GSD II, 133.
[14]  GSD II, 120 u. 128ff.

Diese Formulierungen legen den Eindruck nahe, Wagner erzähle Geschichte metaphorisch. Doch die Art seiner Geschichtsbetrachtung ist mehr als eine Sprachform; sein Interpretatum, der Nibelungenhort der Sage, mehr als eine Metapher: er birgt die »Befähigung und Berechtigung«[15] zur Herrschaft. Für Wagner ist er damit nicht nur ein Organon zur Deutung der Geschichte ex post oder zur Selbstdeutung der Akteure im geschichtlichen Prozeß. In ihm liegt eine Potenz, die Herrschaft verleiht; ihm eignet ein Wirklichkeit schaffendes und Identität stiftendes Moment.

Mit dieser mythischen Betrachtungsweise trägt Wagner freilich eine Deutungskonzeption an die Geschichte heran, die mit uns geläufigen, historischen Interpretationskriterien unvereinbar und darum durch dieselben weder korrigierbar noch ersetzbar ist – unabhängig davon, wie man Konzept und Kriterien solch mythischer Geschichtsdeutung zu bewerten geneigt ist. Wenn Wagner also davon ausgeht, daß der Nibelungenmythos »sich fort und fort bis zum geschichtlichen Leben entwickelt« habe, daß hier ein »Wachsen des religiösen Mythus bis zur historisch gestalteten Stammsage« zu beobachten sei,[16] so bedeutet das nicht nur, daß die Sage geschichtliche Züge annimmt; es besagt vor allem auch, daß die »Geschichtsentwickelung« selbst mythische Züge trägt, daß sie den Gesetzen des »Urmythus« verpflichtet bleibt, dem sie entstammt.

In »Zusammenhang mit der Geschichte« trete nun die Nibelungensage von da an, »wo sie das menschlichere Gewand des Urheldentumes« umwerfe: »Hier erkennen wir Siegfried, wie er den Hort der Nibelungen und durch ihn unermeßliche Macht gewinnt«: dies ist die der Historie angenäherte Variante des mythischen Archetypus. Dabei ist es nicht zufällig der »Hort, und die in ihm liegende Macht«, die Wagner als »Kern, zu dem sich alle weitere Gestaltung der Sage wie zu ihrem unverrückbaren Mittelpunkte« verhalte, ansieht. Der Hort als ›Wille zur Macht‹ hätte dem fränkischen Geschlecht »seine ganz besondere Physiognomie gegeben«: nach dem Horte richte sich »alles Streben und alles Ringen«; wer ihn besitzt, »wer durch ihn gebietet, ist oder wird Nibelung«[17].

---

[15]  GSD II, 129.
[16]  GSD II, 131.
[17]  GSD II, 119 u. 132.

Doch wie in der Sage so in der Geschichte ist der Gewinner und Besitzer des Hortes selbst überwältigt, verdrängt, besiegt worden: der »Erbe des Drachen... erlegt ihn tückisch, wie die Nacht den Tag, und zieht ihn zu sich in das finstere Reich des Todes«. So wird der »Gottheld«, der den Hort, die Erde selbst mit ihren Schätzen, zuerst gewann, »teils durch seine Macht, teils durch seinen Tod, zum Nibelungen«[18]. Seinem Geschlecht hinterläßt er als »Erbteil den auf seine Tat begründeten Anspruch auf den Hort«, den »Drang«, ihn »von neuem zu gewinnen oder sich zu erhalten«[19].

Dieses »Erbteil« der Wibelungen sieht Wagner nun gleich zweifach vermittelt: sowohl *archetypisch* durch Siegfried als den »Sonnengott« wie *genealogisch* durch Siegfried als den »göttlichen Stammvater«[20] des fränkischen Geschlechtes. Dieses selbst hätte an seine göttliche Abstammung geglaubt und die Legitimation seines Handelns daraus abgeleitet. »Sonnengott« und »Stammvater« definieren so Sage und Geschichte dieses Geschlechtes; an dem Aus- oder Übermaß seines Herrschaftsanspruchs sowie an dem Willen und der Kraft zu dessen Durchsetzung »läßt es sich zu jeder Zeit in der Sage, wie namentlich auch in der Geschichte wiedererkennen, dieses Geschlecht der Nibelungen-Franken«[21].

In Wagners Geschichte aus dem Mythos ist demnach, durchaus im Sinn des mythischen Substanzbegriffs, der »göttliche Stammvater« in seinem Geschlecht als anwesend und wirkend zu denken, ebenso wie der Archetypus der Überwindung der Nacht durch den Sonnengott (und ihre Rücknahme) in jeder seiner geschichtlichen Wiederholungen als anwesend und wirkend vorgestellt werden muß.[22] Die Volksgeschichte zur »Weltgeschichte« erweiternd, erscheint Siegfried schließlich nicht mehr nur als Stammgott der Franken: »in ursprünglichster Deutung« leite die Sage »auf die Erinnerung an einen göttlichen Urvater...

---

[18] Hier schwingt das Phänomen der mythischen Aufspaltung eines Wesens in zwei, die sogenannte Gemination mit, wie sie von zeitgenössischen Sagenforschern, insbesondere von Wilhelm Müller und Friedrich Heinrich von der Hagen, für die Siegfriedgestalt und ihre Gegenspieler behauptet wurde; Wilhelm Müller, Versuch einer mythologischen Erklärung der Nibelungensage, Berlin 1841, S. 101ff.; Friedrich Heinrich von der Hagen, Die Nibelungen: ihre Bedeutung für die Gegenwart und für immer, Breslau 1819, S. 78; vgl. Werner Hoffmann, Das Siegfriedbild in der Forschung, a.a.O., S. 13.

[19] GSD II, 133.

[20] GSD II, 145.

[21] GSD II, 133f.

[22] Vgl. Hübner, Die Wahrheit des Mythos, a.a.O., S. 111ff.

vielleicht aller aus der asiatischen Urheimat hervorgegangenen Völker hin«, fände sich doch bei dem »heimischen Stammgott« Siegfried mit »Christus, Gottes Sohne, selbst die entscheidende Ähnlichkeit, daß auch er gestorben war, beklagt und gerächt wurde, – wie wir noch heute an den Juden Christus rächen«[23]. Entbehrt diese Verbindung auch des Kuriosen nicht – im »deutschen Volke hat sich das älteste urberechtigte Königsgeschlecht der Welt erhalten: es stammt von einem Sohne Gottes her, der seinem nächsten Geschlechte selbst Siegfried, den übrigen Völkern der Erde aber Christus heißt...«[24] –, so hat sie doch Methode und Konsequenz: Wagner beobachtet eine Strukturanalogie (Siegfried – Christus), die er als mythische Identität interpretiert.

Wagners ›Weltgeschichte aus dem Mythos‹ gewinnt ihre Universalität daher letztlich durch Anbindung allen menschlichen Tuns und Erleidens, Wollens und Denkens einschließlich des christlichen Gedankenguts und seiner Geschichte an die Gesetzmäßigkeit der Naturvorgänge: Siegfried ist erlegt worden, wie der Tag der Nacht, der Sommer dem Winter weichen muß; und dieser »uralte Kampf« werde nun »von uns fortgesetzt«, wobei »sein wechselvoller Erfolg« gerade derselbe sei »wie der beständig wiederkehrende Wechsel des Tages und der Nacht, des Sommers und des Winters, – endlich des menschlichen Geschlechtes selbst, welches von Leben zu Tod, von Sieg zu Niederlage, von Freude zu Leid sich fort und fort bewegt und so in steter Verjüngung das ewige Wesen des Menschen und der Natur an sich und durch sich tatvoll sich zum Bewußtsein bringt«[25].

Nach dieser Deutung vollzieht sich Geschichte in der Wiederholung naturhaft vorgegebener, archetypischer Ereignismuster. Geschichte rekapituliert Urkonstellationen und zeigt hierin eine gleichsam unendliche Variabilität. Der mit dem neuzeitlichen Begriff der Geschichte verbundene Anspruch auf Einmaligkeit ihrer Ereignisse sowie auf weitgehende

---

[23] GSD II, 144f. Wagner integriert also selbst das Phänomen der traditionellen Judenfeindschaft in sein mythisches Welt- und Geschichtsbild. Er behandelt jenen Antijudaismus, der von dem modernen Antisemitismus seit den 1870er Jahren grundlegend zu unterscheiden ist (vgl. Borchmeyer, Richard Wagner und der Antisemitismus, in: RWHb 137), als ein geschichtliches Beispiel für die Wirklichkeit des von ihm beobachteten Archetypus. Damit liegt hier ebensowenig eine antisemitische Deutung vor wie später im »Blutmythos« des »Parsifal« (vgl. Wolfgang Schild, »Mitleidvoll leidend ein wissender Tor soll durch den Speer dich heilen«, in: Bayreuther Programmheft V »Parsifal« 1993, S. 33ff.).

[24] GSD II, 146.

[25] GSD II, 132.

Autonomie ihrer Handlungsabläufe gegenüber den Naturvorgängen (und ihrer Gottheit) wird dadurch auf ein Maß zurückgenommen, das Historisch-Individuelles nur noch als inhaltliche Variante ein und desselben archetypischen Urereignisses begreifen läßt. Geschichte erscheint mithin, neuzeitliches Fortschrittsdenken ins Zyklische bannend, als Folge substantiell identischer Wiederholungen jenes mythischen Urereignisses. Eine solche Art der Geschichtsanschauung umfaßt demnach sowohl die Ereignis- wie die Deutungsebene, denn es ist derselbe Archetypus, der die Ereignishaftigkeit der Geschichte wie ihre deutende Aneignung in der Sage konstituiert. Die Zyklizität der Naturvorgänge, zu einem mythischen Archetypus gerafft, ist auf den verschiedenen Realitätsebenen wirksam, so daß die Individualität ihrer jeweiligen Inhalte als ein nachgeordneter Aspekt der mythischen Verfaßtheit der Welt erscheint.

Diese Form mythischer Wirklichkeitserfahrung bildet aber nicht nur das Fundament für die »Wibelungen«-Geschichtsdeutung Wagners, sondern darüber hinaus für entscheidende Positionen seiner Ästhetik wie vor allem für sein Kunstwerk selber, weshalb Wagners »Wibelungen«-Schrift schaffensgeschichtlich von so zentraler Bedeutung ist. Eine Fülle von Beziehungen, von Sinnzusammenhängen tut sich auf, wenn es gelingt, die in allen Wagnerschen Dramen vom »Holländer« bis zum »Parsifal« thematisierte Trias Natur – Mensch – Gott als mythische Überblendung personaler wie interpersonaler Archetypen zu sehen. Nicht allein im »Ring des Nibelungen« findet sich dieses mythische Prinzip, das dem Handlungsvollzug der Tetralogie überhaupt erst Logik und Dynamik verleiht. Verwiesen sei schlaglichtartig auf den Zusammenhang von äußerer Natur, menschlichem Lebens- und Leidensweg und göttlicher Vorsehung oder Versuchung in »Tannhäuser« (»Frau Holda [Venus] kam aus dem Berg hervor...«[26]), »Tristan« (»Frau Minne kenntest du nicht?...«[27]) und »Parsifal« (»Das ist Charfreitags Zauber...«[28]); jeweils werden Natur und Mensch zu Erfüllungsorten eines (als segens- oder unheilvoll erfahrenen) göttlichen Willens und Wirkens.

Als Archetypus dieser Geschichtskonzeption verwendet Wagner in seiner »Wibelungen-Schrift« nicht zufällig Siegfried, den »alten Naturgott«, und nicht »›Wuotan‹ (Zeus)«, den »obersten Gotte«, den »Vater

---

[26]  »Tannhäuser« 1. Aufzug; MD 228.
[27]  »Tristan und Isolde« 2. Aufzug; MD 346.
[28]  »Parsifal« 3. Aufzug; MD 861.

und Durchdringer des Alls«. Dieser sei zwar der höchste Gott, nehme »als solcher auch die Stellung eines Vaters zu den übrigen Gottheiten« ein, sei aber doch »keineswegs wirklich ein geschichtlich älterer Gott, sondern einem neueren, erhöhteren Bewußtsein der Menschen von sich selbst entsprang erst sein Dasein«; der spätere Gott sei »abstrakter als der alte Naturgott, dieser dagegen körperlicher und den Menschen gleichsam persönlich angeborener«[29].

Siegfried, »Sonnengott« und »Stammvater«, ist Gott und Mensch zugleich. In ihm sieht Wagner die seine »Weltgeschichte« tragende Einheit des Sinnlichen und Geistigen, des Partikulären und Umfassenden; in der Urgeschichte seines Sieges und Todes erkennt Wagner dieselbe Einheit des Materiellen und Ideellen wie in ihren unzähligen Wiederholungen, die durch das »sittliche Motiv der Rache«, d.i. das ins Menschliche übertragene Naturgesetz, ausgelöst werden. Daher sind ihm die in diesem Weltkreis – um den Hort – in der Nachfolge des »Gotthelden« Handelnden und Betroffenen die »Nibelungen«[30].

### 3. Von der »Weltherrschaft« zum »tatsächlichen Besitz«

Die »Nibelungen« des Mythos gerieren sich mithin geschichtlich; durch ihre Taten wie durch ihre Sagen bekennen sich die »Wibelungen« (Gibelinen-Franken) als ihre Vollstrecker. Dabei will Wagner die Verbindung beider doch eben nicht historisch-genealogisch verstanden wissen, wie Wapnewski unterstellt;[31] vielmehr nimmt er Siegfried den »Stammvater« gleichsam in die zweite Reihe seiner Geschichtsmythologie zurück, indem er sich auf die »wenn nicht genealogische, doch gewiß mythische Identität des fränkischen Königsgeschlechtes mit jenen Nibelungen der Sage«[32] konzentriert. Wapnewskis Deutungsversuch ist da-

---

[29] GSD II, 132. Vgl. Jacob Grimm, Deutsche Mythologie, 3 Bde., Graz 1968 (Nachdruck d. 4. Aufl., Berlin 1875-78), Bd. 1, S. 109ff.; Wagner besaß die 2bändige 2. Ausg. v. 1844 (DB Nr. 44) und hat dieses Werk, zunächst wohl in der Erstausgabe von 1835, anhaltend und gründlich studiert. Die Wirkung auf seine Vorstellungswelt und -weise und damit auch auf sein künstlerisches Schaffen kann kaum überschätzt werden. Er selbst bezeichnet später den »Erfolg« dieses Studiums auf seine »innere Seelenstimmung« als eine »vollständige[n] Neugeburt«, da ihm hierdurch das »Erkennen einer Welt« ermöglicht worden sei, in der er sich vordem »nur ahnungsvoll blind wie das Kind im Mutterschoße« gefühlt habe (ML 273).

[30] Vgl. ebenda.

[31] Wagner habe zu erkennen geglaubt, »es führe ein Weg zurück von den Staufern – also Ghibellinen – zu den Nibelungen«, und dementsprechend qua Etymologie die ghibellinischen Staufer mit den Nibelungen »genealogisch« verbinden wollen; Wapnewski, Die Oper Richard Wagners als Dichtung, in: RWHb 270.

[32] GSD II, 120.

mit die Pointe des Wagnerschen Mythos gerade entgangen. Als Modell der Wirklichkeitserklärung ist dieser nicht genealogisch legitimiert, sondern setzt Identität, wo Analoges geschieht. Wagner verläßt so die Bahnen historisch-linearen und kausalen Denkens und stößt in eine Region der Bezüglichkeit vor, in welcher Zusammenhänge zwischen Phänomenen wahrgenommen werden, die weder durch raumzeitliche Nähe noch durch kausale oder funktionale Abhängigkeiten vermittelt sind. Dieser Form der erklärenden Zuordnung folgend, rundet sich ihm die Geschichte um die Urbilder ihrer Sage zur »Weltgeschichte« aus dem Mythos.

Diese bietet fraglos eine so »merkwürdige Erklärung« des geschichtlichen Handelns der fränkisch-staufischen Herrscher, »wie keine andere Anschauungsweise sie uns zu geben vermag«[33]:

> »...denn in jener gewaltigen Nibelungensage zeigt sich uns gleichsam der Urkeim einer Pflanze, der für den aufmerksamen Beobachter die naturgesetzlichen Bedingungen, nach denen sich ihr Wachstum, ihre Blüte und ihr Tod gestaltet, in sich klar erkennen läßt.«[34]

Mit Hilfe der im romantischen Sprechen beliebten Pflanzenmetapher verdeutlicht Wagner seine Vorstellung der Abhängigkeit historischer Prozesse von »naturgesetzlichen Bedingungen«, seine Auffassung geschichtlicher Gegebenheiten als Elemente eines naturidentischen, zyklischen Ablaufs:

> »Sehen wir nun überblicklich die uralte Nibelungensage wie einen geistigen Keim aus der ersten Naturanschauung eines ältesten Geschlechtes entwachsen, sehen wir, namentlich in der geschichtlichen Entwickelung der Sage, diesen Keim als kräftige Pflanze in immer realerem Boden gedeihen, so daß sie in Karl dem Großen ihre stämmigen Fasern tief in die wirkliche Erde zu treiben scheint, so sehen wir endlich im wibelingischen Kaisertume Friedrichs I. diese Pflanze ihre schöne Blume dem Lichte erschließen: mit ihm welkte die Blume; in seinem Enkel Friedrich II., dem geistreichsten aller Kaiser, verbreitete sich der wundervolle Duft der sterbenden wie ein wonniger Märchenrausch durch alle Welt im Abend- und Morgenlande, bis mit dem Enkel auch dieses letzten Kaisers, dem jugendlichen Konrad, der entlaubte, abgewelkte Stamm der Pflanze mit allen ihren Wurzeln und Fasern dem Boden entrissen und vertilgt wurde.«[35]

In der mythisch-metaphorischen Verdichtung eines ihm so gleichsam zur geschichtlichen Periode geronnenen Zeitabschnitts bezeichnet Wag-

---

[33]  GSD II, 119.
[34]  GSD II, 125.
[35]  GSD II, 152.

ner im Bild der aus dem »geistigen Keim« der Nibelungensage hervorgewachsenen Pflanze die Idee einer Herrschaft, die Anspruch, Berechtigung und Verwirklichung in sich vereinigt. Diese habe sich geschichtlich genährt zunächst aus den Erfahrungen mit den römischen Eroberern: Ein der fränkischen Besitznahme im römischen Belgien »sehr vermutlich« vorausgegangener Entscheidungskampf mit römischen Legionen hätte die Franken in Besitz und Kenntnis der »Machtzeichen römischer Imperatorengewalt« gebracht:

> »An diesen Schätzen, diesen Zeichen mochte die Stammsage vom Nibelungenhorte neuen, realen Stoff zur Auffrischung finden und ihre ideale Bedeutung sich an der, mit jenem Gewinn zusammenhängenden, neu und fester begründeten königlichen Gewalt des alten Stammherrschergeschlechtes ebenfalls erneuert haben.«[36]

Wagner sieht die Nibelungensage in ihrem »innigen Bezuge zur geschichtlichen Bedeutsamkeit des fränkischen Königtumes«[37]; er schreibt ihr »historische Bedeutung«[38] zu und zeigt – die »Identität« der Nibelungen-Franken voraussetzend –, auf welche Weise die »Folgerungen und Ergebnisse hieraus für ein genaues und inniges Verständnis des wunderbaren Aufstrebens, Drängens und Handelns dieses Geschlechtes, sowie der ihnen widerstrebenden physischen und geistigen Gegensätze im Volke und in der Kirche« für ihn »so wichtig und erläuternd« sind.[39]

Dreh- und Angelpunkt der historischen Deutung der fränkischen Stammsage ist der Nibelungenhort in der Bezeichnung einer Herrschaftsform, die priesterliche und königliche Gewalt in sich vereinigt, wie sie im urköniglichen »Patriarchat« der asiatischen Urheimat vorhanden gewesen[40] und wie sie in Karl dem Großen als dem »alleinigen Vertreter und blutsberechtigten Inhaber deutschen Urkönigtumes« durch den »tatsächlichen Besitz« sowie durch die »Bestätigung« von seiten des »römischen Oberpriester[s]« zur Entfaltung gekommen sei:[41] In Karl dem Großen sei der »uralte Mythus zu seiner realsten Betätigung in einem harmonisch sich einigenden, großartigen Weltgeschichtsverhältnisse« gelangt.[42]

---

36  GSD II, 128f.
37  GSD II, 128.
38  GSD II, 130.
39  GSD II, 125.
40  GSD II, 116.
41  GSD II, 130.
42  GSD II, 142.

Nach dem Tod Karls des Großen habe die Aufspaltung von Idee und Wirklichkeit, von Legitimität und Machtausübung, das Auseinanderbrechen des »idealen« und »realen Inhaltes« des Nibelungenhortes eingesetzt, für deren Einheit sowie das Streben nach dieser Einheit der Hort das wirkungsmächtige Symbol abgab:

> »Von da ab sollte nun ganz in dem Maße, als seine reale Verkörperung sich zersetzte und verflüchtigte, das Wachstum seines wesenhaften *idealen* Gehaltes sich bis dahin steigern, wo nach aller Entäußerung des Realen die reine Idee, deutlich ausgesprochen, in die Geschichte tritt, sich endlich aus ihr zurückzieht, um auch dem äußeren Gewande nach völlig wieder in die Sage aufzugehen.«[43]

Das Geschichtlichwerden des »idealen Gehaltes« des Hortes, der »reine[n] Idee«, sieht Wagner am deutlichsten im Stauferkaiser Friedrich Barbarossa gegeben, während die Zeit nach dessen Tod schließlich den Verlust dieses Ideellen habe offenbar werden lassen. Friedrich I., »wie keiner zuvor«, habe den »Erbgedanken im erhabensten Sinne« ergriffen. Da ihm aber die »reale Macht« bereits »arg verkümmert« war, mußte er sie durch die »ideale Würde« zu ersetzen suchen, und zwar dadurch, daß er ihre »äußersten Ansprüche« zur Geltung brächte.[44]

So unterlegt Wagner dem Stauferkaiser Friedrich I. als »Ansicht... von seiner höchsten Würde«, daß es »kein Anrecht auf irgendwelchen Besitz oder Genuß dieser Welt [gebe], das nicht von diesem Könige herrühren, durch seine Verleihung oder Bestätigung erst geheiligt werden müßte«[45]. In diesem Sinne habe auch bereits sein Vorgänger, Heinrich V., begreifen müssen, »der Kaiser sei unmöglich, wenn ihm nicht die Weltherrschaft mit Einschluß der Herrschaft über die Kirche zugesprochen würde«. Der »nicht wibelingische Zwischenkaiser Lothar« habe nicht begriffen, worauf es bei der Kaiserwürde ankam: er sei zu der Kirche »in eine unterwürfig-friedvolle Stellung« getreten; »*seine* Ansprüche erhoben sich nicht bis zur Weltherrschaft«, denn, so Wagners Deutung aus der mythisch fundierten Sage, »diese waren das Erbteil der Wibelungen, der urberechtigten Streiter um den Hort«[46].

Was hier im Symbol des Hortes beschlossen liegt und als Herrschaftsprinzip deutend in die Geschichte getragen wird, entspringt der An-

---

[43]  Ebenda.
[44]  GSD II, 146.
[45]  GSD II, 146f.
[46]  GSD II, 145f.

schauungsform des Mythikers Wagner, der die Geschichte auch in ihrer politischen Verfaßtheit an den bisweilen zu Postulaten gesteigerten Kategorien mythischen Seins und Denkens zu messen unternimmt. Die Einheit des Ideellen und Materiellen, Konstituente mythischer Ontologie, wird auch in bezug auf die Herrschaftsform zum Kriterium der Deutung und Strukturierung von Geschichte.

Wenn Wagner darum, wie Eduard Devrient als Zeuge einer Wagnerschen »Wibelungen«-Vorlesung 1849 notiert, »mit außerordentlich geistreicher und poetischer Kombination die erhabene Begeisterung für die Weltherrschaft aus den frühesten Sagenquellen entwickelte« und Friedrich I. darin »als der gewaltigste Träger des ganzen Inhalts dieser Idee von riesengroßer, wundervoller Schönheit« aufstieg,[47] so ist es die mythische Begründung von Herrschaft, die Wagner dem Kaiser als die diesen leitende »gewaltige[n] Idee« von seinem »göttlichen Rechte« unterstellt.[48]

Denn es ist der mythische Begriff von Herrschaft, der in der Einheit des Ideellen und Materiellen *erstens* die Vereinigung geistlicher und weltlicher Machtausübung in einer Hand, und zwar in der des über den »Erbgedanken« mythisch legitimierten Kaisers, verlangt. Dieser überträgt die »ihm ursprünglich nicht minder als die weltliche Macht« gebührende »oberpriesterliche Gewalt« auf den »Papst zu Rom«, damit dieser als der »wichtigste Beamte des Kaisers« in »seinem Namen die Gottesschau« ausübe.[49]

Den Antagonismus zwischen Kaisertum und Papsttum, thematischer Mittelpunkt des Rotbart-Fragments (des 1846 niedergeschriebenen wie des 1849 ergänzten Abschnitts), beleuchtet Wagner dort von der weltli-

---

[47] Devrient, Aus seinen Tagebüchern, a.a.O., Bd.1, S.470; vgl. hierzu dessen kritisches Urteil über Ferdinand Hillers Oper »Konradin von Hohenstaufen« nach dem Text von Robert Reinick, die im Herbst 1847 in Dresden zur Aufführung kam: »Das Gedicht ist matt. [...] ...die Auffassung der Personen und Situationen außerordentlich kleinlich; wir denken uns die Hohenstaufenzeit von großartigerem Schnitt. Unser Freund Hiller ist doch ein Schwachmatikus, und Wagner mit seiner unmusikalischen Musik hat ihn verführt. Aber bei Wagner fühlt man immer, daß man es mit einem poetischen Kopf zu tun hat, seine Auffassung ist überall würdig und groß... . Hier ist fast alles klein in der Auffassung und die Musik auch.« (Ebenda, S.403; Eintragung v. 13. Oktober 1847) Wagner, der in »Mein Leben« über seinen Besuch der 4. Aufführung dieser, wie er sagt, »langweilige[n] Oper« ausführlich berichtet, erklärt ebenda, es sei ihm an Ort und Stelle der kaum besuchten Vorstellung gelungen, »einige schon im Sujet begründete Fehler und Schwächen dem Dichter nachzuweisen« (ML 369).

[48] GSD II, 147f.

[49] GSD II, 147.

chen Seite wie von der geistlichen: Der Kaiser beruft sich auf das »Naturgesetz«, auf die »Kraft« zur »Fortbewegung« der Geschichte; der päpstliche Legat stellt der »Gebrechlichkeit aller menschlichen Zustände« die überzeitliche Geltung und Berechtigung kirchlicher Machtausübung entgegen.[50] In seinen »Wibelungen« löst er diesen Antagonismus dahingehend auf, daß er die Herrschaftsansprüche des Papsttums bereits als Ergebnis des Auseinanderbrechens einer ursprünglich allumfassenden, Irdisches und Geistiges einheitlich in sich schließenden, mythisch legitimierten Herrschaft deutet. Die weltlichen und geistlichen Amtsträger werden als »Stellvertreter des Kaisers« aufgefaßt; von ihm gehe »ursprünglich alle irdische Machtvollkommenheit« aus, ebenso »wie von der Sonne die Planeten und deren Monde ihr Licht erhalten«[51].

Für Wagner ist also nicht der Papst als »Statthalter Gottes auf Erden... über alles Irdische gesetzt«[52], ermächtigt und befähigt, dafür Sorge zu tragen, daß durch die Herrschaft des Geistes »alle Geschöpfe glücklich seien«[53]; dieser habe vielmehr sein Amt »im Sinne des Kaisers, d.h. zum Heil und zum Frieden aller Völker der Erde« auszuüben.[54]

---

[50] SSD XI, 270 u. 272.

[51] GSD II, 147. Wagner bedient sich hierzu bemerkenswerterweise nicht zuletzt jener Argumente, die der kirchliche Antipode in seinem Rotbart-Entwurf, der (8 Jahre nach Friedrichs Tod 1198) als »Inozentius III.« zum Papst gewählte Kardinal »Lothar«, weltlichen Herrschaftsansprüchen entgegenhält (SSD XI, 270 u. 272). In Friedrich von Raumers 6bändiger »Geschichte der Hohenstaufen und ihrer Zeit«, die Wagner ausführlich studierte und in der zweiten Auflage seiner Bibliothek integrierte (DB Nr. 112, Bde. I, II u. IV), heißt es diesbezüglich: »In dem Maaße als der Mond und die Planeten der Sonne näher stehen, wird ihnen größeres Licht und größere Wärme zu Theil: in dem Maaße als sie sich aus dem Kreise dieser Einwirkung entfernen, entweicht ihr Leben und der Tod bricht herein. In demselben Verhältnisse steht die, alles eigenen Lichtes und einer unabhängigen Bahn ermangelnde weltliche Macht, zu der selbständigen, Leben in sich tragenden und Leben verbreitenden geistlichen Macht.« (Friedrich von Raumer, Geschichte der Hohenstaufen und ihrer Zeit, 2. Aufl., Bd. 2, Leipzig 1841, S. 600 f.) In mythischer Umdeutung und Anverwandlung der geistlichen Perspektive verkörpert für Wagner das aus der Dualität von Geist und Materie, Geistlichkeit und Weltlichkeit geborene Papsttum und die Kirche – ihr »Freiheitstrieb« könne idealiter als das »Ringen des Geistes nach Befreiung aus den Banden der sinnlich rohen Welt« gelten, ihr »endlicher Sieg« aber sei durch die »materielle Beteiligung an weltlichem Machtgenusse« und daher »mit der Verderbnis ihrer eigenen innersten Seele erfochten« worden (GSD II, 148) –, sondern das mythisch begründete Kaisertum jene »Macht höheren Ursprungs auf Erden«, dazu bestimmt, als »untrüglicher Leitstern«, als übergeordneter »Mittelpunkt[es]« dahin zu wirken, daß das »Vereinzelte in Zusammenhang kam, das Thörichte Verstand erhielt, und das vorher Hinfällige und Jämmerliche Festigkeit und Freudigkeit erwarb« (Raumer, Geschichte der Hohenstaufen, a.a.O., Bd. 2, S. 600).

[52] Raumer, Geschichte der Hohenstaufen, a.a.O., Bd. 2, S. 600.

[53] SSD XI, 272.

[54] GSD II, 147.

162

Wenn Wagner, bezogen auf den Kaiser Friedrich Barbarossa, den »Begriff des Herrschers... in seiner kraftvollsten und ungeheuerlichsten Bedeutung« auffaßt,[55] so zeigt sich der mythische Charakter dieses Herrschaftsbegriffes *zweitens* darin, daß in ihm Weltliches und Geistliches, »Natur« und »Geist« im Sinne der Einheit von Realität und Legitimität, von Wirklichkeit und Wahrheit, untrennbar zusammenwirken. Des Kaisers seien »Land und Flüsse, Berge, Schachten, jegliches Geschöpf und jegliche Frucht der Natur«[56], ja »sein kaiserliches Recht« erstrecke sich »bis auf die Verleihung des Wassers und der Luft«[57]. Ihm gebühre es, »als Quelle alles Rechtes und Besitzes Recht und Besitz den Menschen« zuzuteilen »nach Maßgabe des Vorhandenen, sowie nach Zahl und Bedarf der einzelnen Menschen«[58]. So sei »aller Besitz oder Genuß, den der Kaiser nicht verleiht oder bestätigt... an sich rechtlos« und gelte »als Raub«[59]: der Kaiser nämlich »verleiht und bestätigt in Berücksichtigung des Glückes, Besitzes oder Genusses *aller*, wogegen der eigenmächtige Erwerb des einzelnen ein Raub an allen ist«[60].

Dieser Herrschaftsbegriff läßt sich also hinreichend weder aus der nationalen noch aus der sozialrevolutionären Begeisterung eines Achtundvierzigers erklären. Gewiß hat Wagner nicht zuletzt im Gedanken an die »politische Bedeutung der deutschen Heimat« im »Buche der Geschichte« der »alten deutschen Kaiserwelt« nachgeschlagen.[61] Zweifellos hat er durch die Vermittlung Bakunins und insbesondere Röckels, der ihn auf den gemeinsamen Spaziergängen »fast einzig mit der Ausbeute seiner Lektüre von volkswirtschaftlichen Büchern« unterhalten hat,[62] frühsozialistisches Gedankengut wie die »Proudhonschen und

---

[55] ML 390.

[56] SSD XI, 271.

[57] GSD II, 147.

[58] SSD XI, 271.

[59] Vgl. Wagners Rotbart-Fragment (SSD XI, 271): »Darum sage ich euch, alles, was ihr genießt, ohne daß euch der Kaiser damit belehnte, genießt ihr ohne Recht, und jeder Räuber kann es euch mit demselben Rechte rauben, denn ihm so gut wie euch könnte alles Erschaffene gehören: womit der Kaiser euch nach weisem Rat und guter Einteilung belehnt, nur das gehört euch mit Recht...«.

[60] GSD II, 146. Wenn es auch zutrifft, daß nach Wagners Rotbart-Skizze »Besitz nicht erworben werden könne und rechtmäßig nur durch Beleihung entstehen könne«, so ist dieser Gedanke doch nicht jener Passage zu entnehmen, welche die Argumente des Kardinals gegen die kaiserliche Macht enthält, wie dies in Verkennung des dialogisch-antagonistischen Charakters von Wagners Entwurfstext bei Walter Beck geschieht (Richard Wagner. Neue Dokumente zur Biographie, Tutzing 1988, S. 48). Für Wagner geht es nämlich gerade um die Frage: *wer* beleiht aufgrund *welcher* Berechtigung.

[61] GSD IV, 270.

[62] ML 377.

anderer Sozialisten Lehren von der Vernichtung der Macht des Kapitales durch die unmittelbar produktive Arbeit«[63] kennengelernt. Und sicher haben diese Gedanken auch Eingang in seinen »Wibelungen«-Aufsatz gefunden, was in der Forschung vielfach konstatiert, jedoch unter Verkennung seiner mythischen Geschichtskonzeption regelmäßig zu Fehleinschätzungen geführt hat.

Dies zeigt die gängige Interpretation eines für die Druckfassung 1849 eingefügten Abschnitts über den »thatsächlichen besitz«. Wagner macht seinen Freund Uhlig bei der Übersendung des redigierten Manuskripts darauf aufmerksam und vermerkt, ihm werde »eine ergiebigere benutzung des materiales« aufstoßen.[64] Nichts anderes auch als eine solche »ergiebigere benutzung des materiales« kann hier beobachtet werden. Denn wenn man in dieser nachgeschriebenen Partie die »ersten Auswirkungen« von Wagners Proudhon-Lektüre sehen möchte,[65] so zeigen sich diese jedenfalls nicht in einer »schlagwortartigen Übernahme« sozialistischer Thesen und in einem »kaum auflösbaren Knäuel von Axiomen«, zu welchem sich sozialistische Ideen verschiedenster Herkunft »in einem philosophisch wenig geschulten Kopf wie dem Wagners« verbunden hätten.[66]

Was Wagner dagegen in jenem Abschnitt vorträgt, ist gerade die im »Nibelungenmythus... ungemein scharf gezeichnete Ansicht« vom »Wesen des Besitzes, des Eigentumes«, wonach der Hort, dieser »machtgebende Besitz«, mit »erblichem Anrechte von den Nachkommen jenes göttlichen Helden begehrt«, nie aber »in träger Ruhe, durch bloßen Vertrag,

---

[63]  ML 387. Bis zu seiner Flucht im Mai 1849 scheint Wagner das »ideologische Rüstzeug für die geistige Auseinandersetzung mit den revolutionären Strömungen seiner Zeit« (Krohn, Richard Wagner und die Revolution 1848/49, in: RWHb 87) im wesentlichen gesprächsweise gewonnen zu haben. »Das Fehlen jeder politischen Literatur in seiner Dresdener Bibliothek« legt dies nahe und bestätigt Wagners Angabe, er habe sich mit »Proudhons Schriften, namentlich mit seinem ›De la Propriété‹« (ML 433), erst nach den Maiaufständen im Juni 1849 in Paris beschäftigt (vgl. Westernhagen, Richard Wagners Dresdener Bibliothek, a.a.O., S. 53). Zum Verhältnis Wagnerschen und Proudhonschen Denkens vgl. insbesondere Maurice Boucher, Les idées politiques de Richard Wagner, Paris 1947, S. 157-162 und Manfred Kreckel, Richard Wagner und die französischen Frühsozialisten, Frankfurt a.M./Bern/New York 1986.

[64]  Brief v. 16. September 1849; SB III, 122.

[65]  Wie Werner Wolf, Einleitung zu SB III, 12.

[66]  Gregor-Dellin, Beziehungen zum Sozialismus, in: ders., Richard Wagner – die Revolution als Oper, München 1973, S. 23 u. 33.

sondern nur durch eine ähnliche Tat, wie die des ersten Gewinners es war, von neuem errungen wird«[67].

Es ist die »um des Erbes willen stets zu erneuernde Tat«, d.i. die im mythischen Sinn identische Wiederholung jenes archetypischen Urereignisses der Erschließung und Aneignung von Welt, die für Wagner »an der Spitze aller Vorstellungen von dem Urverhältnisse des Eigentumserwerbes« steht. Hiernach sei nicht das Eigentum, die Sache, sondern der Mensch in seiner mythischen Rück- und Einbezogenheit »Ausgangspunkt aller Macht«. Die Vorstellung von der Hortgewinnung zeige den »durch seine Tat, seinen Sieg, vor allem auch – seinen Besitz dem von ihm gewußten Tode geweihten« Menschen. Wagners Deutung des Horterwerbs zeigt mithin die schicksalhaft wirkende Einheit des wollenden und wissenden, des »rastlosen und leidenden« Menschen mit dem durch ihn errungenen Besitz.[68]

Es sind somit dieselben »rein menschliche[n] Bestimmungen und Beweggründe«, die »bei dem Erwerbe des Hortes« wie im »wirklichen Leben« bestimmend gewesen seien; stets sei »naturgemäß die Kraft und Tatenkühnheit der ruhmvollsten Streiter als maßgebendes Subjekt zu dem Objekt reicheren und genußbringenderen Erwerbes« getreten.[69] Dieser »heroisch-menschliche[n] Grundsatz« sei in der »geschichtlichen Einrichtung des *Lehenswesens*« noch wirksam gewesen, allerdings nur so lange, wie dieses seine »ursprüngliche Reinheit« bewahrt, wie in ihm »die Verleihung eines Genusses« nur »für diesen einen, gegenwärtigen Menschen, der aufgrund irgendeiner Tat, irgendeines wichtigen Dienstes Ansprüche zu erheben hatte«, gegolten habe,[70] d.h. gerade so lange, wie der Besitz als Lehen unmittelbar mit dem Menschen und seiner Leistung, ja seinem Leben hatte identifiziert werden können.

In Kaiser Friedrich Barbarossa erkennt Wagner den Prototyp des Nachkommens jenes Gotthelden: er habe im »Hort« die »Weltherrschaft« im umfassendsten Sinn erstrebt und ihre Güter im Blick auf das

---

[67] GSD II, 153. Eine Differenzierung Wagners zwischen Besitz und Eigentum ist nicht erkennbar.
[68] Ebenda.
[69] GSD II, 153f. Bemerkenswert ist die scheinbar paradoxe Kennzeichnung des mythischen Archetypus als »rein menschlich«; sie weist auf die ästhetische Kategorie des »Reinmenschlichen« voraus, die ganz entsprechend als mythische zu qualifizieren sein wird.
[70] Ebenda.

Ganze verwaltet. Er selber ist ihm gleich Siegfried »Hort der Welt«[71] und mit diesem identisch, nicht bloß vergleichbar, denn es ist die nämliche mythische Substanz, die diesen befähigt und berechtigt, durch die »Wieder-Holung«[72] des archetypischen Kampfes die Welterbschaft anzutreten.

So nur, aus der mythischen Rückbindung des kaiserlichen Amtes, erklärt sich auch Wagners Begriff des legitimen Eigentums: rechtmäßiger Besitz kann nur vom Kaiser ausgehen, der Recht und Besitz, das Ideelle und das Materielle, noch ununterschieden in sich vereinigt. So wenig dem Kaiser als Person Subjektcharakter zugeschrieben wird, so wenig gewinnt der von ihm verwaltete, im Doppelsinn als Leihgabe wie als Zusprechung ›verliehene‹, Besitz den Charakter eines unabhängig existierenden Objekts. Aufgrund seiner mythischen Verfaßtheit ist rechtmäßiger Besitz also grundsätzlich nicht durch die Entscheidung und den Einsatz des Subjekts zu gewinnen, da er als frei verfügbares Objekt gar nicht vorhanden ist. Der »eigenmächtige Erwerb des einzelnen« gilt als »Raub an allen«, da durch ihn die in der Person des Kaisers inkarnierte mythische Einheit von Recht und Besitz, von Subjekt und Objekt, von Ideellem und Materiellem, verletzt wird.

Aus dieser mythischen Identität realer und idealer Güter im Kaiser ergibt sich aber auch, daß der mit dem menschlichen Wesen und Schicksal unlöslich verbundene Besitz weder ausbeutbar, weder akkumulierbar noch übertragbar ist. Dies wird er erst durch die Auflösung jener mythischen Einheit, wie sie sich historisch im »nachwibelingischen Königtume[s]«[73] manifestiert. Dieses habe sich eifrigst »einen ansehnlichen Hausbesitz ›von Gottes Gnaden‹ zu ›erwerben‹« gewußt, »wie man von nun an dieses gewaltsame Aneignen oder Abfeilschen der Länder nannte«[74].

Die Folgen der »nach dem Falle der heldenhaft menschlichen Wibelungen« vollzogenen Freisetzung des Besitzes als Objekt sind umwälzend: Von nun an sei »die Berechtigung für alles Bestehende und zu Gewinnende« unmittelbar vom Besitz ausgegangen; der Besitz habe dem

---

[71] »Siegfried« 3. Aufzug; MD 734.
[72] Die »Wieder-Holung« eines Urereignisses meint, daß dieses »buchstäblich immer wieder geholt« wird und nicht nur »eine ständige Neuauflage und serielle Nachahmung« erfährt; vgl. Hübner, Die Wahrheit des Mythos, a.a.O., S. 142.
[73] GSD II, 152.
[74] GSD II, 155.

Menschen das Recht gegeben, das dieser bisher von sich aus – nach dem Grundsatz der heroisch-mythischen Erneuerung – auf den Besitz übertragen hatte. Nicht das freigewordene Subjekt, nicht der befreite Mensch verfügt souverän über das freigesetzte Objekt, sondern die »dem Besitze leibeigen gewordene[n] Menschheit« wird durch ihre ›subjektive‹ Orientierung am Besitz, am »Bodensatz des verflüchtigten Nibelungenhortes«, zu seinem Knecht.[75] Das ist der Fluch des Nibelungen Alberich, den dieser seinem Ring – dem Inbegriff des aus der Trennung von Ich und Welt, von Licht und Gold[76] hervorgegangenen, Objekt gewordenen Denkens – in die Welt zu ihrer Zerstörung mitgibt:

> »Wer ihn besitzt, den sehre die Sorge,
> und wer ihn nicht hat, den nage der Neid!
> Jeder giere nach seinem Gut,
> doch keiner genieße mit Nutzen sein!
> Ohne Wucher hüt ihn sein Herr;
> doch den Würger zieh er ihm zu!
> Dem Tode verfallen, feßle den Feigen die Furcht:
> so lang er lebt, sterb er lechzend dahin,
> des Ringes Herr als des Ringes Knecht...«[77]

Mit der »Götterdämmerung«, mit dem Ende der Ohnmacht der Götter gegenüber der Macht des Ringes, mit dem Ende der Herrschaft des die gesamte Schöpfung in das Wollende und das Gewollte, das Begehrende und das Begehrte, in Subjekt und Objekt spaltenden Liebesfluches obsiegt das Prinzip mythischer Einheit und Ganzheit. Die Schöpfung gehorcht in letzter Konsequenz jenem Grundsatz mythischer Wirklichkeit, dem sie entstammt, wobei der Verlauf ihrer Geschichte (welcher Geschichte auch immer) lediglich die Etappen markiert, in welchen dieses Gesetz sich Bahn bricht und die Konvergenz des Geschiedenen erzwingt.

---

[75] GSD II, 154f.
[76] Sind im Anfang Licht und Gold, Idealität und Materialität, weibliches und männliches Prinzip (»Frau Sonne« erhellt »des Vaters Gold«) zu mythischer Kraft und Schönheit vereint, so zerstört Alberich diesen Naturzustand. Er entreißt dem Riff das Gold, entführt es in die Tiefe und bringt den Lebensfluten dauernde Nacht. Das Licht der Sonne vermag den leeren Grund nicht zu erleuchten, wie umgekehrt das Gold nicht ohne ihre Strahlen zum Vor-Schein gebracht, zu leuchtender Wirklichkeit ›erweckt‹ werden kann. (Vgl. »Rheingold« 1. Szene; MD 531f. u. »Götterdämmerung« 3. Aufzug; MD 798.) Die gleiche Struktur findet sich übrigens in »Parsifal«: Der Gral erglüht nur im Licht der Mittagssonne; ist er verhüllt, bleibt der ›Geist‹ ohne ›Körper‹, die Welt ohne Zeichen mythischer Erfüllung (vgl. MD 836).
[77] »Rheingold« 4. Szene; MD 566f.

Vor diesem Horizont des historisch konkretisierten Zerfalls mythischer Anschauungsform und Lebenspraxis hat man Wagners mythisierende Deutung der Rotbart-Gestalt zu sehen. Ihre nahezu apologetische Behandlung im Kontext der »Wibelungen«-Weltgeschichte gilt einem *mythischen Begriff von Herrschaft,* der einen *mythischen Begriff von Besitz und Eigentum* einschließt und in dieser Form zum Modell einer am Menschen orientierten Sozialordnung wird.

Modellcharakter gewinnt die mythisch begründete Ordnung des Lehenswesens für Wagner dadurch, daß der Kaiser, gleichsam in der Stellung eines Demiurgen, ›seine‹ Güter persönlich und auf Rückfall verleiht. Damit entfällt die Machtautorisierung qua Besitz, wie sie nach dem »Untergange der Wibelungen« mit der Erblichkeit des Lehens und der damit verbundenen »Entwertung des Menschen« durch die »widermenschlichsten Einrichtungen, wie denen des Majorates« üblich geworden sei.[78]

Mit dieser idealtypischen Relationierung von Mensch und Besitz scheint Wagner nah an die Position Proudhons heranzurücken, der den Besitz als »Macht über Sachen« zum Bollwerk der Freiheit jedes einzelnen erklärt, zugleich aber die »Besitzanhäufung« als »Macht über Menschen« verurteilt.[79] Wagner läßt den proudhonistischen Gedanken des »La propriété c'est le vol« anklingen, indem er die Verselbständigung des Objekts, die Kapitalisierung des Besitzes im Rekurs auf mythisches Herrschafts- und Besitzverständnis als unmenschlich anprangert. Auch gibt er auf seine Weise ein Beispiel für die »Vernichtung der Macht des Kapitales durch die unmittelbar produktive Arbeit«[80]: Die Hortgewinnung, der Eigentumserwerb, die Appropriation erfolgt nicht »in träger Ruhe, durch bloßen Vertrag«, sondern durch eine den Menschen in seiner ganzen Existenz fordernden »Tat«. Dennoch sind Wagners Gedankenwege von denjenigen Proudhons außerordentlich verschieden.

Während nämlich Wagner den »heroisch-menschlichen Grundsatz« preist, demgemäß die »persönliche Tüchtigkeit« und die »Tugend der

---

[78] GSD II, 153f.

[79] Vgl. Kreckel, Richard Wagner und die französischen Frühsozialisten, a.a.O., S. 105f. Man beachte auch Wagners Gestaltung des »Nibelungenmythus«, in welcher Alberich, autorisiert durch die Macht des Ringes, nämlich den Liebesfluch, der das Gold erst zum Ring zwingt, Schätze anhäufen läßt, die ihm »die ganze Welt«, die Macht über »Alles was lebt«, gewinnen sollen (»Rheingold« 3. Szene; MD 558).

[80] ML 387.

Person« für den Eigentumserwerb, dem mythischen Prinzip folgend, in der ›wibelingischen‹ Geschichtsperiode bestimmend gewesen seien,[81] verurteilt Proudhon dieses »heroische Recht« der Verteilung nach dem »persönlichen Verdienste«[82]. Dieses sei vielmehr Ausgangspunkt für »die Ausbeutung des Menschen durch den Menschen«, für die »ganze zahlreiche Sippschaft von Steuern, Abgaben, Regalien, Frohnden, Pachtzinsen, Mietszinsen u.s.w. u.s.w.« gewesen,[83] somit Ausgangspunkt jener Eigentumsverfassung, gegen die Proudhon mit seiner berühmt gewordenen Formel gerade antritt.

Diese Divergenz der Positionen ergibt sich zwangsläufig aus der Tatsache, daß Proudhons Argumentation – anhand der Wagnerschen Periodisierung erläutert – ausschließlich ›nachwibelingische‹ Elemente kennt und daß dort erwartungsgemäß keine Äquivalente zu Wagners mythischem Herrschafts- und Eigentumsbegriff vorkommen. Für Proudhon ist vielmehr grundsätzlich die »Wissenschaft«, in bezug auf das »System der Gesellschaft« insbesondere die »politische Wissenschaft«, die Instanz, welche die »Wahrheit« ans Licht bringt. Dagegen enthält in Wagners weltgeschichtlicher Perspektive der Mythos, die mythische Form der Seinserfahrung, die Kriterien zur Beurteilung der ›Wahrheit‹ der Erscheinungen auch ex negativo.[84]

Unter Abgrenzung von einem auch bei Proudhon bereits reklamierten »wissenschaftlichen Sozialismus«[85] möchte man bei Wagner geradezu von einem *mythischen Sozialismus* sprechen, ist ein solcher doch nicht nur für Wagners »Wibelungen«-Geschichtsdeutung, sondern auch für seine

---

[81]  GSD II, 154.
[82]  Pierre-Joseph Proudhon, Was ist das Eigentum? Untersuchungen über den Ursprung und die Grundlagen des Rechts und der Herrschaft. Aus dem Französischen und mit einem Vorwort von Alfons Fedor Cohn, Berlin 1896, S. 216.
[83]  Ebenda, S. 217.
[84]  Auch wenn Bouchers Feststellung der 1940er Jahre bis heute gültig ist, daß »l'étude précise de l'influence de Proudhon sur Wagner reste à faire«, so vermag er doch »similitudes... assez frappantes« aufzuzeigen, die ihn sogar bis zu der Vermutung führen, daß »le rôle tutélaire et magique de l'amour qui nous paraît, dans la pensée wagnérienne, plutôt un rêve de poète qu'une conception de sociologue, n'est peut-être qu'un élargissement symphonique du motif de la mutualité« (Les idées politiques de Richard Wagner, a.a.O., S. 162). Funktion und Motiv von Wagners Proudhon-Rezeption sieht Boucher darin, daß »le musicien révolutionnaire ait crû trouver chez ce théoricien de la révolution les bases d'une doctrine politique et sociale qui, tout en flattant ses rêveries, lui paraissaient présenter certaines garanties de la science« (S. 161). Hinter Wagners Proudhon-Rezeption steht bezeichnender- und paradoxerweise einer seiner Versuche zur ›wissenschaftlichen‹ Rückversicherung der eigenen mythischen Welt-Geschichtsdeutung.
[85]  Proudhon, Was ist das Eigentum? a.a.O., S. 224.

sozialrevolutionären Vorstellungen charakteristisch, – man denke vor allem an die viel beachtete, mehr noch beargwöhnte Rede vor dem Dresdener Vaterlandsverein.[86] Auch hier argumentiert Wagner gegen das vom Menschen unabhängig gewordene Objekt, das diesen durch die zum kapitalisierten Besitz entstellte Natur und die hierdurch freigesetzte Eigendynamik in Gestalt der »Tätigkeit *des Geldes*«[87] knechtet. In rhetorischen Fragesätzen sucht er seine etwa dreitausend Zuhörer[88] von der »notwendige[n] Erlösung des Menschengeschlechts von der plumpesten und entsittlichendsten Knechtschaft gemeinster Materie« zu überzeugen – und zugleich vor der »abgeschmacktesten und sinnlosesten Lehre... der mathematisch gleichen Verteilung des Gutes und Erwerbes«, der des »Kommunismus«, zu warnen, deren auch nur kurze Herrschaft »alle Errungenschaften einer zweitausendjährigen Zivilisation auf vielleicht lange Zeit spurlos auszurotten« in der Lage sei.[89]

Auch wenn Wagner diese »Geld-Utopie«, die Abschaffung des Geldes und vor allem der Zinsen (gewiß nicht nur aus jenen »sehr durchsichtigen Gründe[n]« eigener Verschuldung, wie Kirchmeyer unterstellt) der Programmatik der »entschieden freisinnigen Partei«, genauer ihrer sozialpolitisch engagierten »äußersten Linken«[90], entnommen hat,[91] formieren sich ihre Elemente doch zu einem affirmativen Glied der

---

[86] »Wie verhalten sich republikanische Bestrebungen dem Königtum gegenüber?«, gehalten am 14. Juni 1848, tags darauf als Extra-Blatt des »Dresdner Anzeigers« erschienen, unterzeichnet mit »Ein Mitglied des Vaterlandsvereins«, abgedruckt in SSD XII, 220-229, faksimiliert in: Helmut Kirchmeyer, Das zeitgenössische Wagner-Bild, Bd. 3, Dokumente 1846-1850, Regensburg 1968.

[87] SSD XII, 222.

[88] Vgl. ML 379 und Helmut Kirchmeyer, Situationsgeschichte der Musikkritik und des musikalischen Pressewesens in Deutschland, dargestellt vom Ausgang des 18. bis zum Beginn des 20. Jahrhunderts. Das zeitgenössische Wagner-Bild. Erster Band: Wagner in Dresden, Regensburg 1972 (Studien zur Musikgeschichte des 19. Jahrhunderts, Bd. 7), S. 814.

[89] SSD XII, 223f.

[90] Zu dieser gehörte auch Wagners Freund und Kollege August Röckel, der sich als Herausgeber der (wöchentlich in 36 Nummern vom 26. August 1848 bis 29. April 1849 erschienenen) »Volksblätter« betätigte, in welchen später auch zwei Aufsätze von Wagner »Der Mensch und die bestehende Gesellschaft« (10. Februar 1849) und »Die Revolution« (8. April 1849), jeweils anonym, veröffentlicht wurden; vgl. Hugo Dinger, Richard Wagners geistige Entwickelung. Versuch einer Darstellung der Weltanschauung Richard Wagners mit Rücksichtnahme auf deren Verhältnis zu den philosophischen Richtungen der Junghegelianer und Arthur Schopenhauers, Leipzig 1892, S. 135ff. u. S. 242f. sowie die einschlägigen Partien seiner Synopse von Wagners Rede mit Parallelstellen aus zeitgenössischen Zeitungs- und Zeitschriftpublikationen, insbesondere der »Volksblätter«, S. 116ff.

[91] Kirchmeyer, Situationsgeschichte der Musikkritik, a.a.O., S. 813.

Wagner eigentümlichen Welt- und Geschichtsdeutung; und diese ist durch die Anwendung mythischer Kategorien immer mehr als der Ausdruck persönlicher und situationsbedingter Auslegung.

Erweist sich Wagners Rezeption vormarxistischer Kapitalismuskritik bereits als Adaption sozialistischen Gedankenguts an die ihm eigentümliche Form mythischen Denkens, so ist seine in der nämlichen Rede vor dem (mehrheitlich republikanisch gesinnten) Dresdner Vaterlandsverein enthusiastisch propagierte Idee der Vereinigung von Königtum und Republik als unmittelbarer Ausdruck seines mythischen Begriffs von Herrschaft zu werten. Diese in der zeitgenössischen Debatte beispiellose, vielfach als Kuriosum gehandelte, »höchsteigene politische Erfindung Wagners«[92] ist hinreichend überhaupt nur im Rekurs auf Wagners mythische Begründung von Herrschaft zu erklären.

In der Absicht, eine »Versöhnung aller streitenden Parteien« in der die »zivilisierten Nationen Europas« in »zwei Feldlager« spaltenden Frage – Republik oder Monarchie? – herbeizuführen, tritt Wagner mit der verwirrend sensationellen Forderung hervor, der König solle »der erste und allerechteste Republikaner« sein.[93] Nach der Abschaffung des Zwei-Kammer-Systems, der Einführung des allgemeinen und gleichen Wahlrechts sowie einer standesfreien Volkswehr und einer antikapitalistischen Wirtschafts- und Gesellschaftsordnung möge das »erste Gesetz« des vom König selbst zu proklamierenden »Freistaates« lauten: »Die höchste vollziehende Gewalt ruht in dem Königshause Wettin und geht in ihm von Geschlecht zu Geschlecht nach dem Rechte der Erstgeburt fort«[94].

Bei diesem Versuch einer Kompromißfindung hat sich Wagner schließlich »mit allen Meinungen überworfen«[95]; zumindest hat er sich den »Ruf eines Phantasten«[96] zugezogen. Zur Frage nach einer Erklärung

---

[92] Ebenda.
[93] SSD XII, 225f. u. 229.
[94] SSD XII, 227.
[95] Kirchmeyer, Situationsgeschichte der Musikkritik, a.a.O., S. 815, das »Dresdner Morgenblatt« referierend. In seinen Erinnerungen bezeichnet Wagner den »Erfolg« seiner Rede als »ganz schrecklich«. In den »Tageblättern« sei ein »wahrer Hagel von Verwünschung und Verspottung« losgebrochen, die bis zur energischen Forderung reichten, ihn vom Dienst zu suspendieren (ML 379).
[96] Ebenda, S. 814. Das »Dresdner Journal« vom 17. Juni 1848 druckte eine wohlwollende Berichterstattung über das Aufsehen erregende Ereignis und meldet: Wagner habe in seiner Erklärung zur Republik aufgerufen, »wenn auch in eigentümlichem und uns nicht

dieses staatstheoretischen Unikums sind in Literatur und Forschung bisher im wesentlichen drei, sich teilweise ergänzende und zum Teil widersprechende Begründungen vorgetragen worden:

Zum einen hält man Wagners Plädoyer zugunsten einer Verbindung von Republik und erblichem Königtum für den Ausdruck einer »politischen Unklarheit« und »Unklugkeit«[97], einer »wunderbar politischen Naivität« und »idealistische[n] Schwärmerei«[98]. Zum anderen unterstellt man ihm ein Opportunitätsdenken bezüglich seines königlichen Dienstherrn,[99] welches die provokante Rede gar als Loyalitäts-»Alibi« erscheinen läßt.[100] Zum dritten glaubt man in Wagners Rede einen »Hymnus auf seinen Fürsten« zu erkennen, dessen Grund »einzig und allein... in der schwärmerischen Verehrung für die Person seines mannigfachen Wohlthäters, König Friedrich August«, zu finden sei; Wagners (auch an anderer Stelle bezeugte und unbezweifelte) Verehrung für seinen König sei hier zur »ideologischen Schwärmerei« gesteigert.[101] Doch die, wenn hier auch suggestiv gestellte, Frage bleibt: »Was hätte ihn sonst bewegen können, mitten unter den Republikanern eine derartige Apotheose auf das Haus Wettin loszulassen...?«[102].

Wagners Idee eines republikanischen Königtums – oder einer monarchisch geführten Republik – und ihre Begründung lassen sich weder auf einen behaupteten Opportunismus noch auf eine auch im Kreis der Republikaner weithin verbreitete Anerkennung und Zuneigung gegenüber dem amtierenden König von Sachsen reduzieren. Sie entspringen auch nicht einfach einer wirren, politisch ungelenk gehandhabten, künstlerisch ambitionierten Phantasie. Sie sind vielmehr ein für realpoli-

---

ganz klarem Sinne«. »Dieses schöne Phantasiebild... ist freilich reicher an Problemen als an Lösungen derselben. Unter den kalten Verstandesmenschen ist die Politik des romantischen Dichters und Komponisten des ›Tannhäuser‹ eine fremde Erscheinung...« (ebenda, S. 815).

[97] Woldemar Lippert, Richard Wagners Verbannung und Rückkehr 1849-1862, Dresden 1927, S. 13 u. S. 15.

[98] Dinger, Richard Wagners geistige Entwickelung, a.a.O., S. 144.

[99] »Wagner konnte ja schlecht die Amtsenthebung seines obersten Dienstherrn, des Königs von Sachsen, verlangen, ohne nicht die unangenehmsten Konsequenzen für seine königliche Kapellmeisterstelle befürchten zu müssen.« (Kirchmeyer, Situationsgeschichte der Musikkritik, a.a.O., S. 813f.; so auch Gregor-Dellin: Wagner fand »eine Lösung, republikanisch zu sein, ohne sich mit dem Königtum jenen Ast abzusägen, auf dem er saß« (Richard Wagner, a.a.O., S. 238).

[100] Kirchmeyer, Situationsgeschichte der Musikkritik, a.a.O., S. 814.

[101] Dinger, Richard Wagners geistige Entwickelung, a.a.O., S. 143.

[102] Ebenda.

tisches und realhistorisches Denken ebenso undurchsichtiges wie vielseitig schockierendes Ergebnis mythischer Welt- und Geschichtsanschauung, das hier nachvollziehbar bis in die Tagespolitik der Dresdener Revolutionsereignisse vordringt.

Hier wie dort wird nämlich zur Begründung der Legitimität von Herrschaft die Individualität der jeweiligen Herrscherpersönlichkeit, sei es Kaiser, König oder Fürst, ausgeblendet; sie erscheint ausgelöscht zugunsten der ihr jeweils zugeschriebenen Eigenschaft, substantieller Mittelpunkt des Volkes (oder der Völker) zu sein, der alle Teile des Ganzen in sich trägt, mit allen Teilen dieses Ganzen identisch ist. Genau in diesem Sinn argumentiert Wagner in seiner Rede:

> »Und ist Einer mehr berufen, der wahreste, getreueste Republikaner zu sein, als gerade der Fürst? Res publica heißt: die Volkssache. Welcher einzelne kann mehr dazu bestimmt sein als der Fürst, mit seinem ganzen Fühlen, Sinnen und Trachten lediglich nur der Volkssache anzugehören? Was sollte ihn, bei gewonnener Überzeugung von seinem herrlichen Berufe [wie sie dem Stauferkaiser zueigen gewesen sei] bewegen können, sich selbst zu verkleinern und nur einem besonderen kleineren Teile des Volkes angehören zu wollen? Empfinde jeder von uns noch so warm für das allgemeine Beste, ein so reiner Republikaner wie der Fürst kann er nie werden, denn seine Sorgen teilen sich nie, sie können nur dem Einen, dem Ganzen angehören, während jeder von uns, der Alltäglichkeit gegenüber, seine Sorgen organisch zu verteilen hat.«[103]

Diese für die Ohren eines (in welchem Grad auch immer) revolutionär gestimmten Auditoriums zumindest kühne, wenn nicht gar ungeheuerliche Behauptung, keiner für das »allgemeine Beste« noch so Motivierte und Engagierte könne jemals ein »so reiner Republikaner« werden wie der »Fürst«, wird erst im Horizont mythischer Wirklichkeitsauffassung plausibel. Sie wird getragen von einem Element mythischen Denkens, das die Einheit des Ideellen und Materiellen in Gestalt der Einheit von Ganzem und Teil ausdrückt.[104] Für Wagner ist gerade der »Fürst« dazu »berufen«, der »wahreste, getreueste Republikaner« zu sein, d.h. »lediglich nur der Volkssache anzugehören«, weil nur in ihm die »Sorgen« unteilbar seien, diese nur in ihm »dem Einen, dem Ganzen« angehören könnten; für Wagner verkörpert der »Fürst« das Ganze des Volkes, in

---

[103] SSD XII, 225.
[104] Vgl. Kap.IX »Ganzes und Teil im griechischen Mythos. Eine genauere Bestimmung des mythischen Substanzbegriffes« in: Hübner, Die Wahrheit des Mythos, a.a.O., S.174ff.

ihm sieht er die Teile des Volkes, die Individuen, zu einem Volksganzen verdichtet und vereinigt.

Im Sinne mythischer Ontologie ist hierbei weder »dieses Ganze eine Funktion seiner Teile, weil es ja identisch in jedem Teil wiederkehrt, noch sind die Teile eine Funktion dieses Ganzen, weil sie ebenso im Ganzen wie ausgesondert aus ihm das Gleiche sind«[105]. Das Ganze lebt aus seinen Teilen, und die Teile gewinnen ihre Identität aus der Einheit des Ganzen, d.h. aus der diese Einheit gewährleistenden numinosen Substanz, die sich für Wagner in der Gestalt des legitimen Herrschers konzentriert. So läßt er in seinem Rotbart-Fragment den Kaiser zur Rechtfertigung seiner unbegrenzten Machtbefugnis genau das gleiche Argument der Unteilbarkeit der herrscherlichen »Sorgen« vortragen: »Ihr sorgt für euch allein, der Kaiser kennt nur die Sorge für euch alle!«[106] Im Herrscher, im Kaiser wie im Territorial-Fürsten, sieht Wagner die Inkarnation des Ganzen, die in bezug auf seine Teile nicht Subordination, sondern Integration ist.

Dementsprechend plädiert er in seiner Rede für das »Aufhören[s] der Untertänigkeit«[107], überhaupt für den »Untergang der *Monarchie*«, d.h. des »*Allein*herrschertum[s]«, zugunsten der »*Emanzipation des Königtums*« in seiner »vollsten, eigentümlichen Bedeutung«: »An der Spitze des Freistaates (der Republik) wird der erbliche König eben das sein, was er seiner edelsten Bedeutung nach sein soll: *der erste des Volkes, der Freieste der Freien!*«[108] Das Königtum wird hinsichtlich des Volksganzen nicht als Funktion im Sinne einer ›gesetz‹-mäßigen Zuordnung, sondern gewissermaßen als Substrat aufgefaßt. Wie Wagner in seinem (keineswegs anbiedernden) Rechtfertigungsbrief an Friedrich August II. von Sachsen schreibt, sei die »höchste Staatsgewalt« nicht »in periodischem Wechsel an einzelne aus dem Volke«, d.h. an Funktionsträger, zu erteilen, da diese ja nur jeweils einen besonderen Aspekt dieses Ganzen verkörper-

---

[105] Ebenda, S. 177.
[106] SSD XI, 271. Aufgrund der Parallelität der Argumente (wie der appellativen Rhetorik) läßt sich vermuten, daß dieser Fragment-Teil IIa in zeitlicher Nähe zur Rede vor dem Vaterlandsverein niedergeschrieben wurde, womit eine präzisere Datierung der Rotbart-Teilskizze möglich wird; im allgemeinen gelten die Eckdaten 31. Oktober 1846 (Wagners Datierung auf der Prosaskizze) und 18. Dezember 1848 (erster erhaltener Beleg für Wagners Übergang von der deutschen zur lateinischen Schrift mit Kleinschreibung), vgl. WWV Nr. 76.
[107] SSD XII, 225.
[108] SSD XII, 228.

ten. Sie könne angemessen nur durch das »erbliche Königthum« ausgefüllt werden, das jene zum »Wesen des Freistaates« gehörende »gleiche[n] ununterschiedene[n] Freiheit Aller« deshalb am besten gewährleiste, weil »der König in sich die Freiheit Aller« vereinige.[109]

In diese Argumentationslinie gehört auch Wagners Ablehnung des Konstitutionalismus. Den in den »Deutschen Vereinen« organisierten Anhängern ruft er zu: »Täuschet euch nicht, ihr, die ihr die ›konstitutionelle Monarchie auf der breitesten demokratischen Grundlage‹ wollt. Ihr seid, was die letztere (die Grundlage) betrifft, entweder unredlich, oder, ist es euch mit ihr Ernst, so martert ihr die künstlich von euch gepflegte Monarchie langsam zu Tode«[110].

Wagner, der Revolutionär, hat an die »Heiligkeit des Königthumes«[111] geglaubt und auch als Achtundvierziger an diesem Gedanken festgehalten. Er hat ihn, die geschichtsmythologische Botschaft seines »Wibelungen«-Essays überschreitend, für die eigene Gegenwart und Zukunft geradezu beschworen und verkündet, »daß das Königthum immer der heilige Mittelpunkt bleiben könnte, um den sich alle nur erdenklichen volksthümlichen Institutionen errichten ließen«[112]. Im Rückblick auf die

---

[109] Brief an Friedrich August II. von Sachsen v. 21. Juni 1848, in: Richard Wagner. Wie antisemitisch darf ein Künstler sein? Hg. v. Heinz-Klaus Metzger u. Rainer Riehn (Musik-Konzepte, 5), 2. Aufl., München 1981, S. 77f.; zuerst erschienen, herausgegeben u. kommentiert v. Jörg Heyne, in: Musik und Gesellschaft, März 1978, Berlin(-Ost). Der von Jörg Heyne in seiner »Nachbemerkung« formulierten Behauptung, daß dieser »bisher unbekannte Wagner-Brief... kraß dessen Opportunitätsdenken« zeige, kann ich nicht folgen. Wagner erläutert hier lediglich die Position seiner Rede, ohne von ihren Inhalten in irgendeiner Weise abzurücken. (Dies gilt auch für Wagners Rechtfertigungsschreiben an den Intendanten des Dresdener Hoftheaters August von Lüttichau v. 18. Juni 1848; SB II, 594ff.) Vgl. auch Gregor-Dellin: »In seiner Mischung aus Selbstverteidigung und Warnung« könne man den Brief, »die zeitüblichen Devotheiten abgezogen, schwerlich als ein Dokument opportunistischer Anbiederei interpretieren« (Richard Wagner, a.a.O., S. 240).
[110] SSD XII, 228; vgl. Dinger, Richard Wagners geistige Entwickelung, a.a.O., S. 132f.
[111] Brief an Friedrich August II. von Sachsen v. 21. Juni 1848, in: Richard Wagner. Wie antisemitisch darf ein Künstler sein? a.a.O., S. 77.
[112] Brief an Lüttichau v. 18. Juni 1848; SB II, 595. Zwischen Wagners mythischen Vorstellungen von Königtum und Herrschaft und den frühsozialistischen Proudhons etwa, der in der Rolle des Inspirators hier allgemein überschätzt wird, liegen Welten; vgl. Proudhon, Was ist das Eigentum? a.a.O., S. 222: »Jedes Königtum kann gut sein... aber legitim ist es nie. Weder die Erblichkeit, noch die Wahl, noch die allgemeine Zustimmung, noch die persönlichen Vorzüge des Souveräns, noch die Heiligung der Religion und der Zeit machen das Königtum legitim. Unter welcher Form es auch erscheinen mag, Monarchie, Oligarchie, Demokratie stets ist das Königtum oder die Regierung des Menschen durch den Menschen ungesetzlich und absurd.« Überhaupt steht Wagner mit seiner Position, wie ihm selbst durchaus bewußt war (vgl. SB II, 595), »in der Geschichte der achtundvierziger Bewegung wohl einzig da«. Dinger, der sich ausgiebig mit der zeitgenössischen Publizistik

Geschichte des Königtums meint er gar, durch die Verbindung von Königtum und Republik – einer »Revolution von oben« und einem »radikalen Republikanismus Rousseauscher Prägung« mit dem »König an der Spitze der Republik als... Verkörperung einer ›volonté générale‹«[113] – eine Erneuerung des »eigentliche[n] Königthum[s]«[114] prognostizieren zu können: »Je weiter wir in der Aufsuchung der Bedeutung des Königtums in den germanischen Nationen zurückgehen, je inniger wird sie sich dieser neu gewonnenen als einer eigentlich nur wiederhergestellten anschließen«, so daß mit der Einführung des ›republikanischen Königtums‹ gerade nur der »Kreislauf der geschichtlichen Entwicklung des Königtums« geschlossen würde.[115]

In diesem wiederum mythischem Denken verpflichteten Bild sieht Wagner den Fortgang (Kreisgang) der Geschichte vorgezeichnet. Im Erneuerungseifer der Zeit glaubt und wünscht er die Entwicklung weg von der »weiteste[n] Verirrung«, der des »*Monarchismus*«[116], weg von dem Erbe der Kapetinger – sie hätten »in allen ihren späteren Zweigen« als »Vorbild« für das moderne König- und Fürstentum gedient – und damit weg von der Tradition »alles nachwibelingischen Königtumes«[117] zur Wiederherstellung des »Königthum[s] an und für sich«[118], nämlich zur »Wieder-Holung« des mythischen Archetypus in seiner geschichtlich brillantesten Ausformung im Kaisertum Friedrich Barbarossas.

## 4. Vom Ende mythischer Geschichte

Doch jeder Erneuerungsversuch steht vor den Bruchstücken des Überkommenen. Das aus »Urzeiten ererbte Weltherrschertum Barbarossas«, die »Herrschaft Barbarossas = Siegfried« ist zerbrochen; sie ist dem »Machtanspruch der Kirche« und dem »deutschen Partikularismus, verkörpert in den Welfen«, erlegen,[119] nicht zuletzt aber dem »Geist der

---

befaßt hat, erklärt: »Es war nicht möglich, auch nur eine Stelle innerhalb der reichen demokratischen Litteratur aufzufinden, welche als Parallelstelle dieser Äußerung Wagners [zur Vereinigung von Republik und erblichem Königtum der Wettiner in Sachsen mit Vorbildcharakter für andere deutsche und europäische Staaten; vgl. SSD XII, 227] auch nur im entferntesten hätte zur Seite gestellt werden können.« (Richard Wagners geistige Entwickelung, a.a.O., S. 143).

[113] Kühnel, Wagners Schriften in: RWHb 490f.
[114] SB II, 595.
[115] SSD XII, 228.
[116] Ebenda.
[117] GSD II, 152.
[118] SB II, 595.
[119] Kühnel, Wagners Schriften, in: RWHb 492; vom »›Kapitalismus‹ der oberitalienischen Stadtrepubliken« ist bei Wagner allerdings nicht die Rede.

Freiheit in den lombardischen Stadtgemeinden«. Den mythisch vorge-
zeichneten Untergang des »himmelstürmenden Weltkönige[s]«[120] noch
halbwegs in einen Sieg verwandelnd, deutet Wagner dessen Ende, wie er
sich später noch erinnert, als ein »würdiges Weichen vor der Unmöglichkeit der Behauptung seiner idealen Ansprüche«[121]. Friedrich I. habe die
bevorstehende Zeitenwende erkannt und das ihn vernichtende »neue
Prinzip«, nämlich den »in der bürgschaftlichen Gemeinde sich verkör-
pernde[n] Geist urmenschlicher Freiheit« gewissermaßen selbst hervorgebracht: als »Vertreter des letzten geschlechtlichen Urvölkerkönigtu-
mes« habe er »im mächtigsten Walten seiner unablenkbaren Naturbe-
stimmung dem Steine der Menschheit den Funken [entschlagen], vor
dessen Glanze er erbleichen sollte«[122].

Damit erfährt das Ende der »Wibelungen«-Herrschaft, das Ende mythischer Geschichte, eine fast moderne Auslegung, eine Deutung, die sich
mit den neuzeitlichen Gegebenheiten postmythischer Partikularisierung
versöhnt zu haben scheint. Jedoch der Anschein trügt: die politische
Idee der bürgerlichen Freiheit bleibt ein Außenaspekt, der gegen den
mythischen Gedanken einer umfassenden, Recht und Macht, Geist und
Materie ununterschieden in sich vereinigenden Weltordnung kaum ins
Gewicht fällt.

Dementsprechend charakterisiert Wagner die nachwibelingische Aera
als Epoche des Verfalls. Der »Hort« als Inbegriff der Einheit von
Idealität und Realität ist »nicht mehr in der Welt«; er hat sich in das
»Reich der Dichtung und der Idee verflüchtigt« und nur einen »erdigen
Niederschlag« als »Bodensatz« zurückgelassen, den »realen Besitz«[123].
Er hat sich aufgespalten in eine materielle und eine ideelle Hälfte, in den
»tatsächlichen Besitz«, d.i. der »historische Niederschlag des realen
Inhaltes des Hortes«, und in den »heiligen Gral«, seinen »idealen
Inhalt«[124]. Friedrich I. starb bei dem Versuch, im Anschluß an die
urheimatliche Vereinigung von Königtum und Priestertum das Geschie-
dene noch einmal zusammenzuführen und die von »herrschsüchtige[n]
Priester[n]« Roms »nach Gutdünken« gedeutete, »verlorene Gottesschau« selbst wiederzufinden,[125] auf seinem dritten Kreuzzug. Er er-

---

[120] GSD II, 148.
[121] ML 390.
[122] GSD II, 149.
[123] GSD II, 155 u. 153.
[124] GSD II, 150 u. 152.
[125] GSD II, 150.

trank in jenem Fluß, der damit zur Grenzscheide der Geschichte mythischer Herrschaft zur Geschichte neuzeitlich territorialer und säkularisierter Herrschaft wird.

Was also bleibt, sind – neben der und gegen die Herrschaft des Besitzes – die Erinnerung an den »Hort« und die mit ihr verbundenen Hoffnungen. Das Volk, das nunmehr die Nibelungenlieder sang und las, ruft, seiner Sehnsucht in der Kyffhäusersage[126] Ausdruck gebend:

> »Wann kommst du wieder, Friedrich, du herrlicher Siegfried! und schlägst den bösen nagenden Wurm der Menschheit?«[127]

antwortet Wagner – entgegen der seit Rückerts »Barbarossa« (1817) gängigen Interpretation[128] – auffällig beschwichtigend; er möchte den Mythos für die national-revolutionäre, politische Erneuerungstat offenbar nicht ungebrochen in Anspruch nehmen:

> »Zwei Raben fliegen um meinen Berg, – sie mästeten sich fett vom Raube des Reiches! Von Südost hackt der eine, von Nordost hackt der andere: – verjagt die Raben und der Hort ist euer! – Mich aber laßt ruhig in meinem Götterberge!«[129]

Es wird daher sicher keine Wiederkehr mythischer Geschichte erwartet. Die »Wibelungen«-Geschichtsmythologie endet, auch unter Berücksichtigung des appellativen Schlußworts, eher verhalten-resignativ. Sie verweist zwar auf das Volk als geschichtliches Handlungssubjekt gegen die Aristokratie, läßt aber offen, ob und in welcher neu zu entwickelnden Form der wiedergewonnene »Hort« – das mythische Prinzip der Einheit von Realität und Idealität, Aktion und Legitimation – im Bereich des politisch-gesellschaftlichen Lebens zu neuer Geltung kommen und auf

---

[126] Vgl. Brüder Grimm, Deutsche Sagen, a.a.O. Nr. 23 S. 49f.

[127] SSD XII, 229. Diese Verse, Wagners Schlußworte mit Frage- und Anwortsatz, sind in der Erstveröffentlichung gesperrt gedruckt, in den »Gesammelten Schriften« gestrichen.

[128] Vgl. dessen dritte Strophe: »Er hat hinabgenommen / Des Reiches Herrlichkeit, Und wird einst wiederkommen / Mit ihr, zu seiner Zeit.« (Rückerts Werke, hg. v. Georg Ellinger, Leipzig/Wien 1897, Bd. 1, S. 56) Wie František Graus bemerkt, waren damals »nur unbelehrbare Spötter und Republikaner wie Heinrich Heine... so respektlos, den Rotbart im Kyffhäuser... zu verspotten«: »Bedenk' ich die Sache ganz genau, So brauchen wir gar keinen Kaiser.« (Heine, Deutschland, ein Wintermärchen (1844), zitiert nach Graus, Lebendige Vergangenheit. Überlieferungen im Mittelalter und in den Vorstellungen vom Mittelalter, Köln/Wien 1975, S. 346)

[129] SSD XII, 229. Man beachte, daß diese Verse nicht erst während der Überarbeitung im Herbst 1849, also nach der Ablehnung der Kaiserkrone durch Friedrich Wilhelm IV. von Preußen, sondern spätestens im Februar des Jahres niedergeschrieben wurden (sie sind Bestandteil des Bülowschen wie der Urschicht des Wagnerschen Manuskripts).

welche personelle oder institutionelle Trägerschaft es sich stützen soll-te.[130] Das in vormärzlicher Zeit kursierende und mit vielen seiner Zeitgenossen auch Wagner infizierende »Staufer-Fieber« hat diesen nicht dazu veranlaßt, ein ›Lied‹ auf die politische Zukunft der deutschen Nation anzustimmen. Seine »kaiserliche[n] Heldenverehrung« ent-sprang dem Wunsch, »die Kaisergeschichte des Mittelalters auf ihren wahren mythischen Ursprung zurückzuführen, in dem Natur und Geschichte, Göttliches und Menschliches noch eine ungeteilte Einheit bildeten«[131], und ist somit wesentlich mythisch begründet.

Was nach dem Ende mythischer Geschichte, dem Verlust des »Hortes« weiterhin bleibt, ist das »Streben nach dem Grale«. Aus Asien, der »Urheimat der Menschen«, sei er, wie der »Hort«, den Menschen als »Inbegriff alles Heiligen zugeführt« und nunmehr als der »ideelle Vertreter und Nachfolger des Nibelungenhortes« anzusehen,[132] der das Erbe mythischer Geschichte in die Zukunft trägt.

Wagners Geschichtsmythologie zeigt mithin dialektische Struktur: Dem Zeitalter des Hortes mythischer Herrschaft folgt das Zeitalter des Eigentums als Epoche des Niedergangs; in der Idee des Grals wird eine neue Stufe geschichtlichen Lebens bezeichnet, die aber weder als Endzeiterwartung noch als »Hoffnung auf die Rückkehr der ›Goldenen Zeit‹«[133] zu qualifizieren ist. Der Abschied vom Mythos *als Geschichte* ist ein endgültiger. Doch mit dem Ende mythischer Geschichte scheint sich nicht nur die Geschichte von der Macht des Mythos emanzipiert zu haben (mit den von Wagner überwiegend negativ geschilderten Folgen), sondern auch der Mythos von der Macht der Geschichte. Sein Abrük-ken von der Ereignishaftigkeit der Geschichte ist nicht das Ende

---

[130] Es läßt sich kaum von einer auch nur vagen Utopie sprechen, obwohl der geschichtsmy-thologische Kontext – im Gegensatz zum musikdramatischen Werk, in dem es gerade nicht um Geschichte und geschichtliche Zeit geht – hierfür durchaus offen wäre.

[131] Klaus Schreiner, Friedrich Barbarossa, Herr der Welt, Zeuge der Wahrheit, die Verkörpe-rung nationaler Macht und Herrlichkeit, in: Die Zeit der Staufer. Geschichte – Kunst – Kultur, Katalog der Ausstellung, Bd. 5, Stuttgart 1977, S. 539.

[132] GSD II, 151. Wagners Gedanke, das »geistige Aufgehen des Hortes in den Gral« (ebenda), findet sich bei Göttling vorgebildet (ohne daß ein direkter Einfluß auf Wagner zu belegen ist):
»Im heiligen Gral... erkennen Titurel und alle die reinen Hüter desselben ihr ewiges Ziel; die Ritterschaft läßt Gut und Blut für diese Überzeugung, für Gott und das Heiligste. In dieser Beziehung ist der heilige Gral der verklärte Nibelungenhort...« (Nibelungen und Gibelinen, a.a.O., S. 8).

[133] Kühnel, Wagners Schriften, in: RWHb 492.

179

mythischer Wirklichkeit überhaupt, sondern die Transposition in den Bereich ihrer kategorialen Begründung. Der neuen Ära zukünftiger Geschichte ist die Wiederbringung mythischer Wirklichkeitserfahrung in einer sublimierten Form, der des Ästhetischen, mit- und aufgegeben.

Ist also auch für Wagner das Zeitalter mythischer Geschichte unwiederbringlich vergangen, so behauptet er doch, daß die Struktur mythischen Denkens unverloren im Medium der Kunst fortexistiert. Das »geistige Aufgehen des Hortes in den Gral«[134] – des Mythos in die Kunst und in der Kunst – ist ein Prozeß, den er unter den geistes- und kulturgeschichtlichen Bedingungen materialistischen und positivistischen Denkens seiner Epoche in den »Wibelungen« benannt und gleichsam projiziert, und den er nicht zuletzt durch sein musikdramatisches Werk wesentlich selbst vorangetrieben hat.

In Wagners Drama ist vergangene Wirklichkeit des Mythos aufgehoben (in jenem Hegelschen Sinn); sie ist erkennbar, abrufbar für denjenigen, der in der sublimierten Form des Kunstwerks die archetypische Erneuerung jener vergangenen Wirklichkeit aus den überlieferten Strukturen mythischer Ontologie abzulesen vermag. Der »heilige Gral« als Erbe des mythische Geschichte symbolisierenden Nibelungenhortes gewinnt die Bedeutung der den Mythos kategorial weitertragenden Kunst. – Was aber geschieht mit ihr, mit dem »heiligen Gral«? Wie die mythenkundige Sage erzählt, sei er »aus dem unzüchtigen Abendlande in das reine, keusche Geburtsland der Völker unnahbar zurückgewichen«[135].

---

[134] GSD II, 151.
[135] GSD II, 151f.

# E. Übergang: Die Wende von der Historie zum Mythos als Wechsel vom geschichtsmythologischen zum ästhetischen Diskurs

Am Ausgangspunkt der »Wibelungen«-Schrift stand, Wagners Erläuterungen von 1849 gemäß, sein Interesse an der Gestalt Friedrich Barbarossas. Er dachte daran, dem Zug der Zeit folgend, den »kaiserlichen Helden« zum Mittelpunkt eines Schauspiels zu machen. Hierzu dienten ihm die »Wibelungen« als »Vorarbeit«, und zwar so, daß sich durch sie das Projekt überhaupt erledigte. Warum aber hat er seinen »Rotbart« fallen lassen? Und warum sollten gerade die »Wibelungen« die Gründe dafür offenlegen?

Zunächst könnte man vermuten, daß mit dem Gestaltungsgegenstand vor allem die Darstellungsform verworfen wurde, daß also »Friedrich I.« als »rezitiertes Schauspiel« für den Musiker schließlich nicht die Herausforderung darstellte, die ihm »Siegfrieds Tod« als »musikalisches Drama« bot. Doch diese Begründung weist Wagner schlicht als unzutreffend zurück.[1] Weiterhin läge es nahe, die zeitgeschichtlichen Veränderungen für diesen Gesinnungswandel verantwortlich zu machen. Nach dem politischen Scheitern der deutschen Nationalbewegung und nach der von Wagner persönlich miterlebten Niederschlagung der Dresdener Mai-Aufstände hätte die aktuelle Szene schwerlich noch den erforderlichen Motivationsschub für ein solches Projekt abgeben können. Doch auch diese eher marginale, aus dem »Wibelungen«-Text gleichfalls nicht verifizierbare Deutung reicht nicht hin, die Preisgabe des historischen Gegenstandes zugunsten des mythischen zu erklären. Wie also könnte ein solcher Paradigmawechsel aus den »Wibelungen« selbst beglaubigt werden? – Wagners zwanzig Jahre später verfaßte »Annalen« enthalten einen versteckten Hinweis:

> »Barbarossa in 5 Akten im Kopf entworfen. Übergang zum Siegfried durch Prosaarbeit über dessen historische Bedeutung: Wibelungen.«[2]

---

[1]  In seiner »Mitteilung an meine Freunde« erklärt er, daß nicht seine »Fachstellung als Opernkomponist« zum Aufgeben des »Schauspielstoffes« geführt habe, sondern die »Erkenntnis des Wesens des Schauspieles und des diese Form bedingenden, historisch-politischen Gegenstandes«; und diese Erkenntnis sei ihm am empirischen Material der »Wibelungen« aufgegangen (GSD IV, 315).

[2]  BB 113.

Retrospektiv deutet Wagner jenen »Übergang« im Rekurs auf die »historische Bedeutung« des mythischen Siegfried und nicht auf die mythische Bedeutung des historischen Friedrich. Diese leise Verschiebung der Perspektive gegenüber der Ausgangslage der »Wibelungen«-Schrift ist kennzeichnend für die Zeit der Wiederaufnahme der »Siegfried«-Komposition in den späten sechziger Jahren, da Wagner noch einmal mit dem Rotbart-Sujet liebäugelt.[3] Sie dürfte aber auch bereits auf die Situation ihrer Wiederaufnahme im ausgehenden Winter 1849 zutreffen, da Wagners Blickpunkt – den »Nibelungenmythus« im Rükken – beim neuerlichen Durchgang durch die »Wibelungen«-Weltgeschichte in der Tat auf die »historische Bedeutung« des Helden seiner neuesten Dichtung gerichtet sein mochte.

Beide Sichtweisen treffen indes den Sachverhalt, den entstehungsgeschichtlichen wie den thematischen, auf ihre Weise richtig. Die eine entspringt der Suche nach mythischer Begründung der geschichtlichen Wirklichkeit (Kaisergestalt und Kaisergeschichte suchen ihren mythischen Archetypus), die andere dem Drang nach historischer Verifikation der mythischen Urbilder (der mythische Archetypus und Heros der Sage probt seine Vergeschichtlichung). Es ist die Komplementarität beider Perspektiven, die Wagners ›weltgeschichtliche Betrachtungen‹ auszeichnet. In ihnen stößt er zu den mythischen Urbildern der Geschichte vor, die in der geschichtsmythologischen Darstellung zugleich ihre geschichtliche Einlösung finden. So wird die Historie durch den Mythos gleichsam aufgelöst, ihre Individualität in die Strukturen des Mythos eingeschmolzen. Die Persönlichkeiten und Ereignisse der Geschichte werden in die Bilder des Mythos eingefangen und scheinen in ihnen gegenwärtig und abrufbar zu bleiben.

Nicht anders ergeht es dem historischen Friedrich. Als »geschichtliche Wiedergeburt des altheidnischen Siegfried«[4] wird er von seinem mythischen Urbild zunehmend aufgesogen. Das Geheimnis des *Aufgebens* des historischen Gegenstandes zugunsten des mythischen in den »Wibelungen« ist mithin ein *Aufgehen* der Historie in den Mythos, der Weltge-

---

3    Cosima notiert unter dem 27. Juni 1869 in ihr Tagebuch: »›Wenn ich die Nibelungen vollendet‹, sagte R. noch, ›schreibe ich Theaterstücke, Luther's Hochzeit mit K. v. Bora, Bernhard von Weimar... und auch Barbarossa.‹« (CT I, 117).
4    GSD IV, 313.

schichte in die mythischen Archetypen. Diesen Vorgang freilich hat Wagner selbst auch erst im nachhinein beobachten können.

Durch die »Wibelungen« hat er seine Erfahrung mit der Geschichte gemacht, eine Erfahrung, die ihn lehrte, die Ereignisträger wie die Verlaufsformen der Geschichte als abhängige Variable mythischer Archetypen zu begreifen. Dieser Lehre hat er bis ins Alter angehangen und sie auch später noch am Einzelfall erprobt:

> »Über Barbarossa und Arnold von Brescia gesprochen, dessen Auslieferung die große Schuld des ersteren, welche sich an seinem ganzen Geschlecht gerächt, der Ring des Nibelungen, Wotan's Schuld.«[5]

Er interpretiert das historische Faktum der Auslieferung des Kirchenreformers, die zu dessen Hinrichtung im Jahr 1155 führte, als Aktualisierung des mythischen Archetypus der schicksalhaften Verknüpfung von Schuld und Sühne, wie er ihn in seinem »Ring«-Zyklus gestaltet. Das »rollende[s] Rad«[6], das Wotan selbst durch Unwissenheit und Machtstreben mit in Gang setzte, vermag er nicht mehr aufzuhalten: seine »Schuld« rächt sich »an seinem ganzen Geschlecht«.

Diese Sichtweise mag Wagner gemeint und an diese Form der Geschichtsanschauung gedacht haben, als er anläßlich der neuerlichen Lektüre seines »Wibelungen«-Aufsatzes 1871 bemerkt:

> »Es freut mich zu sehen, daß ich nicht so viel geschwafelt habe, als ich befürchtete.«[7]

Während der Korrekturarbeiten für die Veröffentlichung in den »Gesammelten Schriften« lobt er ausdrücklich »den Blick für diesen Zusammenhang der Sage mit der Geschichte«[8].

Indem Wagner in seinen »Wibelungen« eine Subsumtion ereignisgeschichtlicher Daten und Fakten unter die Archetypen des Mythos vornimmt, so daß selbst der von ihm zeitlebens bewunderte Friedrich Rotbart lediglich als Vollstrecker mythisch vorgezeichneter Ereignisse und Entwicklungen erscheint, sieht er sich auf das Urbild aller Geschichte, auf den Mythos und seine Archetypen verwiesen. Die in seiner geschichtsmythologischen Darstellung gleichsam von selbst vollzogene

---

[5]  CT I, 1011 v. 27. Oktober 1876.
[6]  »Siegfried« 3. Aufzug; MD 718.
[7]  CT I, 396 v. 7. Juni 1871.
[8]  CT I, 458 v. 12. November 1871.

Wende von der Historie zum Mythos verlangt nun hinsichtlich der weitreichenden Konsequenzen für die Konzeption des musikdramatischen Werkes nach kunsttheoretischer, d.h. zugleich geschichts- und mythostheoretischer Bestätigung. Das Werk der »Wibelungen«-Schrift, die *Verabschiedung der Historie durch deren Mythisierung*, erfährt seine theoretische Konsolidierung und seine bis ins dramen-, sprach-, musik- und erkenntnistheoretische Detail vorangetriebene konzeptionelle Durch- und Weiterführung im Übergang vom geschichtsmythologischen zum ästhetischen Diskurs, von den »Wibelungen« zu »Oper und Drama«.

# Zweiter Teil

## Geschichte versus Mythos
## »Oper und Drama«. Ästhetik als Ontologie

> »Von ›Oper und Drama‹ sagt er: ›Es ist ein sehr merkwürdiges Werk, und ich war sehr aufgeregt, als ich es schrieb, denn es ist ohne Vorgänger in der Kunstgeschichte, und ich ging wirklich auf ein Ziel, welches keiner sah.‹«
>
> Richard Wagner
> nach Cosima Wagner

> »Die Gottheit aber ist wirksam im Lebendigen, aber nicht im Toten; sie ist im Werdenden und sich Verwandelnden, aber nicht im Gewordenen und Erstarrten.«
>
> Johann Wolfgang von Goethe
> nach Eckermann

## A. Einführung

Markiert die »Wibelungen«-Schrift Wagners Übergang von der Historie zum Mythos am historischen Gegenstand, bezeichnet sie den implizit sich ereignenden Vollzug dieses Übergangs, so bildet »Oper und Drama« den Ort der Reflexion dieses Übergangs am ästhetischen Gegenstand. Die Gründe, warum der Mythos der Historie als Gegenstand wie als Deutungs- und Darstellungsmodus vorzuziehen sei, werden in den »Wibelungen« mythologisch, in »Oper und Drama« philosophisch und poetologisch vorgeführt.

Der ästhetische Diskurs liefert hierzu eine Kategorialanalyse mythischen und historischen Denkens, die für die Historie wie für den Mythos ein je eigenes Erfahrungssystem mit spezifischen Kriterien für das, was jeweils als wahr und wirklich gilt, konstatiert. Aufgrund dieser nicht nur strukturell, sondern ontologisch gefaßten Bestimmung werden den Gegenstandsbereichen des Historischen und Mythischen die ihnen korrespondierenden Verarbeitungs- und Gestaltungsformen zugewiesen.

Somit werden die Gründe für den Einsatz mythischer und nicht historischer Gegenstände und Deutungsmuster im musikdramatischen Kunstwerk nicht ästhetikimmanent, sondern im Ausgriff auf außerästhetische, wesentlich erkenntnis- und wissenschaftstheoretische Strategien gewonnen – durch ein Verfahren also, das den häufigen und vielfach irritierenden Wechsel der Diskursebenen erzwingt. Gegenüber dem »Wibelungen«-Aufsatz findet sich hier eine komplexere Struktur, da der Mythos nicht mehr nur als Mittel der Interpretation fungiert, sondern zugleich und zunächst zum Objekt der Untersuchung wird.

War daher für die Konzeption der »Wibelungen« die Beobachtung der »Gleichartigkeit der hier sich berührenden Geschichte und Sage«[1] maßgebend – Siegfried und Friedrich galten Wagner, wie vordem der Tannhäuser der Sage und der staufische Manfred,[2] »der Eigentümlichkeit ihres Inhaltes nach... fast für eins«[3] –, so sollte nunmehr im Verhältnis des Historischen und Mythischen, des besonderen und allgemeinen, die prinzipielle Verschiedenheit beider in den Blick rücken. Der Zusammenhang, der durch die »mythische Behandlung«[4] desselben Stoffkerns gestiftet wurde, bricht im Medium der Reflexion über dieses Verfahren und seinen ästhetischen Stellenwert gegenüber dem Anspruch geschichtswissenschaftlicher Authentizität wieder auf. Eine Tagebuchnotiz Cosimas berührt dieses Problem:

> »›Ich freue mich‹, sagt er, ›den Blick für diesen Zusammenhang der Sage mit der Geschichte gehabt zu haben. Cäsar hing mit Ilion zusammen für das Volk, und Gregorius von Tours spricht von dem fränkischen Pharamund, der von Priamus abstamme. Mit Friedrich I. beginnt das Sammeln der Nibelungensage, die man kaum mehr verstand. *Aber mit der Geschichte ist nicht zu spaßen, der Geschichtsschreiber kann auf derlei nicht eingehen, das kann nur der Dichter und der Philosoph.*‹«[5]

Galt vordem gerade für den Geschichtsschreiber die Weisung, die rohen Bruchstücke historischer Überlieferung durch Religion und Sage der Volkstradition erklärend zu ergänzen, so wird er diesbezüglich nun zur Abstinenz verurteilt. Was ihm zuvor aufgetragen, jetzt aber versagt wird, soll nunmehr dem Dichter und Philosophen als Aufgabe zufallen. Wagner nimmt hiermit einen Standortwechsel vor, der, in Anlehnung an die aristotelische Definition historiographischen und dichterischen

---

[1]   ML 390.
[2]   »Dieser Tannhäuser war unendlich mehr als Manfred; denn er war der Geist des ganzen gibelinischen Geschlechtes für alle Zeiten, in eine einzige, bestimmte, unendlich ergreifende und rührende Gestalt gefaßt, in dieser Gestalt aber *Mensch* bis auf den heutigen Tag...« (GSD IV, 272).
[3]   GSD IV, 311.
[4]   ML 390.
[5]   CT I, 458 v. 12. November 1871; Hervorh. v. Verf.

Tuns,[6] zur Aufteilung des geschichtsmythologischen Gegenstandes in die Zuständigkeitsbereiche des Historikers und des Dichter(-Philosophen) führt.

Diese Abspaltung des Mythischen vom Historischen vollzieht Wagner 1850/51 in seinem theoretischen Hauptwerk »Oper und Drama«. Es ist der Versuch zur Emanzipation des Mythos von der Historie, zur Eigenqualifizierung mythischen Denkens gegenüber dem nahezu alle Lebensbereiche durchdringenden Wahrheits- und Wirklichkeitsverständnis moderner Geschichtswissenschaft. Die Absicht ist ästhetischer Natur. Sie gilt der Begründung und Rechtfertigung des mythodramatischen Kunstwerks in einer Zeit, die die Kunst wie den Mythos wesentlich historisch faßt.

---

6   Vgl. Aristoteles, Poetik, 9. Kap. (in der Ausg. u. Übersetzung v. Manfred Fuhrmann, Stuttgart 1982, S. 29ff.)

# B. Die »wahre Geschichte« – Wagners ästhetisch-reduktiver Geschichtsbegriff

Für das Zeitalter des Historismus ist die Verwissenschaftlichung der Historie auf der einen, die Popularisierung ihrer Inhalte auf der anderen Seite bestimmend. Die fortschreitende Spezialisierung der Methoden in der Erforschung, Deutung und Darstellung der Geschichte[1] wird begleitet von der zunehmenden Ausbreitung eines allgemeinen Geschichtsbewußtseins, das zu einem ganz erheblichen Teil von einer geradezu ausufernden Fülle künstlerischer Bearbeitungen getragen wird. Beide Entwicklungsstränge hat Wagner aufmerksam verfolgt. Dabei ist er dem Anspruch wissenschaftlicher Historie stets mit Respekt, wenn auch bisweilen mit Befremden oder auch Unverständnis begegnet, ihrer populistischen Kehrseite, sofern sie sich literarisch als Geschichtsdrama oder musikalisch als historische Oper präsentierte, dagegen mit entschiedener Ablehnung. Seine Position einer radikalen Distanzierung der Dramenform von der Geschichte gipfelt in dem Satz:

> »Daß die wahre Geschichte kein Stoff für das Drama ist, das wissen wir nun aber auch...«[2].

## 1. »Tatbestand der nackten Geschichte« – Der Gegenstandsbereich der Geschichte

Wagners Geschichtsbegriff basiert auf der Voraussetzung, daß es die Historie als Forschung und Darstellung mit einem Gegenstandsbereich zu tun hat, der an sich als »Tatbestand der nackten Geschichte«[3] unverrückbar feststeht. Die res factae dieses Gegenstandsbereichs konstituieren einen Wirklichkeitsraum, der sich zu allererst dadurch auszeichnet, daß er der Vergangenheit angehört. In Übereinstimmung mit dem Geschichtsrealismus seines Jahrhunderts ist Geschichte für Wagner das schlechthin Vergangene; das Wesen der Geschichte setzt er in ihre Ungegenwärtigkeit und damit in ihre Unabänderlichkeit und ordnet so die notwendig gegenwartsgespeiste historische Interpretation der vorausgesetzten Objektivität des geschichtlichen Faktenbestandes nach. Er glaubt die Geschichtswissenschaft gleichsam mit Petrefakten beschäftigt,

---

[1]  Vgl. Hardtwig, Die Verwissenschaftlichung der Historie und die Ästhetisierung der Darstellung, a.a.O., S. 170.
[2]  GSD IV, 50.
[3]  GSD IV, 24.

indem er ihren Objektbereich außerhalb der die Gegenwart stets neu konstituierenden Wandlungsprozesse angesiedelt sieht. Der Wirklichkeitsraum der Geschichte ist für den Geschichtstheoretiker Wagner die Vergangenheit, und keine Überlegung in bezug auf Bedingungen der Adaption dieses Vergangenen, wie sie für den bedeutendsten geschichtstheoretischen Denker seiner Zeit, Johann Gustav Droysen, selbstverständliche Voraussetzung historischen Erkennens ist,[4] relativiert diese idealtypische Vorstellung.

Erstes Grundmerkmal des Gegenstandsbereichs der Historie ist hiernach die *Faktizität* der Ereignisse, und zwar so, daß der die »wahre Geschichte« konstituierende »Tatbestand« als solcher, unabhängig von der Art des Wissens oder Nichtwissens über ihn, als unverrückbar feststehend, als für alle Zeiten unabänderlich gedacht wird.

Dieser Tatbestand sei durch eine »unübersehbare[n] Fülle geschichtlicher Realitäten«, durch eine »ungeheure Masse berichteter Vorgänge und Handlungen« ausgezeichnet, so daß selbst die »überreiche Stofffülle des mittelalterlichen Romanes« sich dagegen als »nackte Armut« ausnimmt.[5] Als zweites Grundmerkmal der Historie nach ihrem Gegenstandsbereich gilt daher die *Pluralität* der Ereignisse.

Als drittes Grundmerkmal schließlich wird die *Chronologie*, die Ereignisabfolge in der Zeit, genannt, und wiederum ist es der Begriff der »Chronik«, der den Kern der Wagnerschen Geschichtsvorstellung trägt. Daß jedoch die geschichtlichen Tatsachen in ihrer Pluralität wie in ihrer chronologischen Ordnung nicht einfach gegeben, sondern durch kritische Prüfung als solche erst zu erweisen sind, daß die »historischen Materialien«, die jene »Tatsachen« indizieren, durch »Kritik« »sozusagen erst historisch« zu machen sind,[6] dieser Grundsatz quellenkritischer Forschung findet bei Wagner keine Berücksichtigung. Sein Erkenntnisinteresse bietet hierfür auch keine Veranlassung. Als Theoretiker beschäftigt ihn die Frage nach dem Verhältnis von Gegenstand und Darstellungsform, wobei er die Gegenstandsseite unabhängig von jeglichen Ermittlungsprozessen als gegeben annimmt und, darüber hinaus,

---

4    Er behauptet die Prädominanz der Gegenwart für die historische Erkenntnis; vgl. Johann Gustav Droysen, Historik, Textausgabe v. Peter Leyh, Stuttgart-Bad Cannstatt 1977, S. 422.
5    GSD IV, 45f.
6    Droysen, Historik, a.a.O., S. 57.

als ontologisches Strukturpaket von allen Deutungs- und Darstellungs-vorgängen (nicht nur den dramatischen) isoliert.

Diesen Gegenstandsbereich, die ontologische Struktur der Geschichte, repräsentiert für ihn die »Chronik«, da sie gerade nur das »Gerüst der Geschichte« wahrt und damit gleichsam für die Geschichte ›in Reinkul-tur‹, für eine Geschichte ›pur‹, frei von interpretatorischen wie darstelle-rischen Beimischungen, für die »nackte Geschichte selbst« steht.[7] Was für den Historiker Gervinus als »Überlieferin des historischen Materi-als« der »Kern und das Knochengerüste aller Geschichte« – nämlich die »Grundform der werdenden Geschichtschreibung« – ist,[8] wird für Wagner zum dogmatisch eng begrenzten Bestand dessen, was »wahre Geschichte« in ihrem Wesen ausmacht.

Diese Idee einer ›Nichts-als-Geschichte‹ beschreibt Wagner mithin als die »trockene... historische Chronik«, die »mit genauer Treue und Schritt für Schritt den Gang der historischen Ereignisse und die Taten der in ihnen handelnden Personen« aufzeichne. Und zwar verfahre sie hierbei »ohne Kritik und individuelle Anschauung« und gebe so »das Daguerreotyp der geschichtlichen Tatsachen«[9]. Die Identität der Ge-schichte mit ihrem chronistischen Nachvollzug voraussetzend, bekundet Wagner, daß er die Schwierigkeiten historischer Wissensermittlung wie die der historischen Darstellung, wie sie auf der Höhe der Geschichts-theorie seiner Zeit thematisiert wurden,[10] offenbar nicht als Problem erfahren hat.

Während er also für die Rekonstruktion geschichtlicher Wirklichkeit in der »Chronik« nicht nur eine malerische, sondern gar eine photographi-sche Genauigkeit voraussetzt, distanziert Droysen die Aufgabe des Historikers entschieden von einer derartigen Vorstellung:

> »Wer da glaubt, der Historiker verhalte sich zu seiner Aufgabe wie der Maler zu der Landschaft oder dem Porträt, deren Urbild er vor Augen hat, der ist in großem Irrtum; er würde eher dem gleichen, der ein Porträt oder eine Landschaft aus der Erinnerung, nach der Erzählung anderer... zu malen unternimmt.«[11]

---

[7]  GSD IV, 23.
[8]  Georg Gottfried Gervinus, Grundzüge der Historik (1837), in: ders., Schriften zur Literatur, Berlin 1962, S. 58 u. 65.
[9]  GSD IV, 23.
[10]  Vgl. Droysen, Historik, a.a.O., S. 229.
[11]  Ebenda.

Die Argumentation Droysens gegen die naiv realistische Auffassung einer möglichen Deckungsgleichheit von geschichtlichem »Urbild« und historiographischem ›Abbild‹ ist nicht nur methodisch-praktisch, sondern grundlegend erkenntnistheoretisch ausgerichtet:

> »Nicht der *reale* Verlauf dessen, was wir darstellen wollen, ist unmittelbar in der Darstellung, sondern ein geistiges Gegenbild desselben, bedingt und gesammelt in dem Gedanken, den uns unsere Forschung ergeben hat.«[12]

So ist der »erste und wesentlichste Gesichtspunkt in der historischen Erzählung« nach Droysen,

> »daß diese Form nicht eine unmittelbare Wiederholung des äußeren Verlaufs der Dinge ist und sein will, sondern eine μίμησις, eine subjektive Form, die auf ganz andere Weise als durch die Kontinuität der tatsächlichen dinge, nämlich durch den Gedanken... zusammengehalten wird...«.[13]

Im »Gedanken« des Interpreten und Darstellers also sieht Droysen die »historische Wahrheit der Dinge«[14]. Demnach sind die »Tatsächlichkeiten« der Geschichte für den Erzähler nur insofern von Bedeutung, als sie in dem »Gedankenzusammenhang« stehen, den dieser darlegen will. Für Droysen ist die historische Wahrheit »der Gedanke, in dem sich die Tatsächlichkeiten als mit Recht zusammengefaßt... zeigen und gleichsam rechtfertigen«[15].

Die »historische Wahrheit« Droysens und die »wahre Geschichte« Wagners unterscheiden sich mithin grundsätzlich. Der Wagnerschen Auffassung gilt als Wahrheit der Geschichte, als Wahrheit historischen Erkennens gerade jene »chronistische[r] Genauigkeit«[16] in bezug auf den »Tatbestand der nackten Geschichte«, die für Droysen lediglich unter die »Richtigkeiten«[17] fällt. Für Wagner ist »wahre Geschichte« idealiter nur unter Verzicht auf Deutung und Darstellung möglich; »wahre Geschichte« ist ihm die Idee des schlechthin Ungestalteten, des nichts als Pluralistisch-Chronistischen in der Reduplikation vergangener Wirklichkeit. Sie ist daher, wie die Historie als literarische Gattung mittelalterlicher Geschichtsdarstellung, ohne erkennbare Form, d.h. »vielhandlich«, von »losem Gefüge«, »buntstoffig« wie die Romane

---

[12] Ebenda, S. 238.
[13] Ebenda, S. 232.
[14] Ebenda.
[15] Ebenda, S. 230.
[16] GSD IV, 25.
[17] Droysen, Historik, a.a.O., S. 60.

dieser Zeit, kurzum in ihrer »Vielstoffigkeit« vor allem »undrama-tisch«[18].

Es ist mithin die Gestaltungsform des Dramas, die hier als Negativ-Paradigma der Historie wie der Geschichte fungiert.[19] Die Dramenform stellt die Bezugsgröße dar, an der Geschichte wie ihr chronistisches Duplikat als »wahre Geschichte« negativ abgebildet werden. Methodo-logische und erkenntnistheoretische Fragen wissenschaftlicher Ge-schichtsbetrachtung kommen da nicht in den Blick, wo Geschichte nicht Gegenstand der Erkenntnis, sondern der Abstoßung ist. Dementspre-chend bleibt »wahre Geschichte« hier noch, wie in der rhetorischen Tradition vorwissenschaftlicher Geschichtsdarstellung, wesentlich Ange-legenheit der persönlichen Redlichkeit des Geschichtsschreibers:

> »Geschichte ist nur dadurch *Geschichte*, daß sich in ihr mit unbedingtester Wahrhaftigkeit die nackten Handlungen der Menschen uns darstellen...«[20].

Mit dieser Bestimmung des geschichtlichen Gegenstandes – Geschichte ist vergangene, diachron aufgereihte Vielheit – und der Forderung an den Historiographen, diesem Sosein der Geschichte mit chronistischer Treue zu entsprechen, begibt sich Wagner in Gegensatz zu dem in seiner »Wibelungen«-Schrift Postulierten. Wird dort ein umfassender, Vergan-genheit, Gegenwart und Zukunft einschließender Geschichtsbegriff zu-grunde gelegt und dementsprechend ein integrativ deutender Umgang mit den historischen Data gefordert, so hier, auf der Basis eines redukti-ven Geschichtsbegriffs, Genauigkeit, Redlichkeit, Enthaltsamkeit. Der Standortwechsel vom geschichtsmythologischen zum ästhetischen Dis-kurs bringt einen radikalen Wandel in der Bestimmung von Geschichte und Geschichtsdarstellung mit sich. Die »geschichtlichen Tatsachen«, vordem Material Wagnerscher Geschichtsmythologie, bilden nunmehr den Kern seiner Geschichtstheorie mit dem Effekt, daß jenes Deutungs- und Darstellungspotential aus dem Verfügungsbereich des (my-thenkundigen!) Historikers jetzt dem Dichter, dem Dramatiker als Erbe zufällt.

---

[18] GSD IV, 11, 12 u. 17.

[19] Zum Verhältnis beider Begriffe vgl. Koselleck, »Geschichte, Historie«, Abschnitt V, in: Geschichtliche Grundbegriffe. Historisches Lexikon zur politisch-sozialen Sprache in Deutschland, hg. v. Otto Brunner, Werner Conze u. Reinhart Koselleck, Bd. 2, Stuttgart 1975, S. 653ff.

[20] GSD IV, 24.

Wagner unternimmt hier die ersten Schritte zur Grundlegung der Ästhetik seines mythodramatischen Kunstwerks in Gestalt einer Negativ-Historik. Dabei bleibt der hypothetische Charakter seiner Rede, das ›Als ob‹ hinsichtlich der Geschichte unüberhörbar, so daß die Bestimmung ihres Gegenstandes kaum als Beitrag zum geschichtstheoretischen Diskurs, vielmehr als idealtypisches Konstrukt in dichtungstheoretischer Absicht zu werten ist, und damit eine – in ihren Konsequenzen für den Historiker freilich verunglückte – erkenntnisleitende Idee des Mythodramatikers darstellt.

## 2. »Gesinnungen geschichtlicher Personen« – Die Interpretation der Geschichte

Sind es die »nackten Handlungen der Menschen«, die das Zentrum des Gegenstandsbereichs der Geschichte ausmachen, so befinden sich die »inneren Gesinnungen der Menschen« gleichsam an der Peripherie. Sie seien nicht, wie die Taten, unmittelbar gegeben, sondern aus diesen überhaupt erst zu erschließen.[21] Die »Gesinnungen geschichtlicher Personen« seien ausschließlich über den Rückbezug auf das »Gerüst der Geschichte« zu ermitteln und zu erklären und gelten Wagner daher als ein Ergebnis historischer Interpretation.

Man könnte versucht sein, diesen Ansatz unter die Droysensche Kategorie der »psychologischen Interpretation« zu subsumieren, wo es darum geht, »in dem Tatbestand die Motive der Willensakte, welche ihn hervorbrachten«, zu untersuchen.[22] Doch während Droysen von einem Motivüberschuß in bezug auf den jeweiligen Tatbestand ausgeht und die Motivfrage, die Frage nach dem »wirkliche[n] Wollen und Planen der handelnden Menschen«, gar nicht von der Historie als Wissenschaft behandelt sehen möchte,[23] verdrängt Wagner diesen Überhang aus dem Tätigkeitsbereich des Historikers und gleichsam aus der Geschichte selbst, um die Motivfrage in idealtypisch reduzierter Form dem Historiker zur ›Interpretation‹ vorzulegen.

Dieser soll nun auf der Basis einer eindeutigen Zuordnung von »Gesinnung« und »Handlung« in einer Art kausaler Rückableitung von den

---

21 GSD IV, 24.
22 Droysen, Historik, a.a.O., S. 404.
23 Vgl. Hans-Georg Gadamer, Wahrheit und Methode. Grundzüge einer philosophischen Hermeneutik, 2. Aufl., Tübingen 1965, S. 200.

194

»Handlungen« auf die »Gesinnungen« der geschichtlichen Akteure schließen.[24] Dieses setzt die (mehr als hypothetische) Annahme voraus, daß die historisch tatsächliche »Handlung« nur aus einer ganz bestimmten »Gesinnung« hat hervorgehen können.[25] Wenn Droysen sagt:

> »Der Historiker hat nicht wie Shakespeare die Aufgabe, aus der Psychologie der Menschen ihr Tun und Leiden zu entwickeln...«[26],

so vollzieht Wagner zur Bestimmung der historischen Vorgehensweise schlichtweg die Umkehrung jenes dem Dramatiker zugeschriebenen Verfahrens: an den Historiker wird die noch gesteigerte Zumutung gestellt, aus den überlieferten Taten die »Psychologie der Menschen« abzuleiten. Dabei wird die von Wagner für die Historie unterstellte Übereinstimmung von »Handlung« und »Gesinnung« von Droysen, wenn auch in anderer, positiver Nuancierung, gerade der dichterischen Adaption von Geschichte zugeschrieben. Als Historiker mißtraut er der seit Walter Scott häufig versuchten »Anschaulichkeit« qua »Charakteristik« innerhalb der historischen Darstellung.[27] Der Dichter behandle die »geschichtliche Wirklichkeit so, als wäre sie von handelnden Personen so gewollt und geplant«[28]. Die hierbei vorausgesetzte »Kongruenz« von Tat und Person allerdings sei »mehr scheinbar als historisch«, da nur wenige Personen »so völlig aus einem Guß« seien, daß sie »gleichsam poetische Wahrheit haben«[29].

Während also Droysen im Hinblick auf die Historie Tat und Person, die Geschichte der Ereignisse und die Absichten der Menschen, ausdrücklich differenziert, werden bei Wagner beide in derselben Hinsicht gerade identifiziert. Er unterscheidet Dichtung und Historie lediglich danach, ob bei jener Kongruenz die »Handlung« als eine Folge der »Gesinnung« (dichterische Version) oder die »Gesinnung« als eine Funktion der »Handlung« (historische Version) erscheint. Dichtung und Historie werden zusammengedacht, obwohl es doch in Wagners Absicht lag, beide systematisch zu trennen. Seine Fragestellung, die Perspektive in dramentheoretischer Absicht, erlaubt es offenbar nicht, Geschichte und

---

[24] GSD IV, 24.
[25] Analoges findet sich im Verhältnis von »Taten« und »innersten Trieben und Anschauungen« in Wagners »Wibelungen«-Schrift; vgl. oben S. 110.
[26] Droysen, Historik, a.a.O., S. 239.
[27] Ebenda.
[28] Gadamer, Wahrheit und Methode, a.a.O., S. 200.
[29] Droysen, Historik, a.a.O., S. 239.

Historie tatsächlich als eigene Qualität zu fassen und nicht nur als eine fiktive, unmittelbar ›abstoßende‹ Kontrastfigur.

Zu ihren wesentlichen Charakteristika gehört dementsprechend, neben der verwirrenden Fülle an Aktionen, die Banalität und Bizarrerie der einschlägigen Motive. Im Bereich der menschlichen »Gesinnungen« und »inneren Beweggründe« bilden die historischen gleichsam eine eigene Gattung, für die andere Regeln gelten als die »reinmenschlichen«:

> »Wenn wir uns die Handlung eines geschichtlichen Menschen nackt und bloß als reinmenschliche vorstellen wollen, so muß sie uns höchst willkürlich, ungereimt und jedenfalls unnatürlich erscheinen, eben weil wir die Gesinnung dieser Handlung nicht aus der rein menschlichen Natur zu rechtfertigen vermögen.«[30]

Die »nackte Geschichte« wird dem ›nackten Menschen‹, der »rein menschlichen Natur« so gegenübergestellt, daß für den Historiker schließlich ein Betrachtungsgegenstand übrig bleibt, der jeder natürlich-menschlichen Eigentlichkeit entbehrt. Denn sollte geschichtliche »Wahrhaftigkeit« erreicht werden, müßten die »Handlungen« und die ihnen zugedachten »Gesinnungen« ausschließlich aus dem gemeinsamen geschichtlichen »Zusammenhang«, aus der charakteristischen »Umgebung« erklärt werden; sie nämlich enthielten »alle die Anforderungen«, die den Menschen bestimmten, »so und gerade nicht anders zu handeln«[31]:

> »Die Gesinnung einer geschichtlichen Person ist die Gesinnung dieses Individuums aber nur insoweit, als sie aus einer gemeingültigen Ansicht vom Wesen der Dinge sich auf ihn überträgt; diese gemeingültige Ansicht... findet ihre Erklärung aber nur wieder in einem rein geschichtlichen Verhältnisse, das sich im Laufe der Zeiten ändert und zu keiner Zeit dasselbe ist.«[32]

Wagners Art, Mentalitätsgeschichte als Sozialgeschichte zu betreiben, ist von so radikal-deterministischem Zuschnitt, daß aus den »geschichtlichen Verhältnissen« nicht nur die »Handlungen«, sondern mit der »gemeingültigen Ansicht« auch die »Gesinnung« des einzelnen als eindeutig ableitbar vorgestellt wird. Dabei wären diese historischen Verhältnisse wiederum im Rekurs auf die »ganze Kette geschichtlicher

---

[30] GSD IV, 46 f.; vgl. auch unten S. 288.
[31] GSD IV, 46.
[32] GSD IV, 47.

Vorfälle« erklärbar, da die letzteren in ihrem »vielgliedrigen Zusammenhange« auf ein »einfacheres Geschichtsverhältnis« derart wirkten, daß es »gerade *diese* Gestalt annahm und gerade *diese* Gesinnung in ihr als gemeingültige Ansicht sich kundgab«[33].

Während für Wagner diese Art der eindeutigen Vernetzung, idealtypisch gesehen, das Wesen der Geschichte ausmacht und dementsprechend den forschenden wie darstellerischen Umgang mit ihr zu bestimmen hat, distanziert der Historiker Droysen eine solche Vorstellung entschieden von dem, was »historische Forschung« seiner Ansicht nach leisten kann und soll. In seiner »Wissenschaftslehre der Geschichte« führt er aus, daß und warum die »Interpretation der Bedingungen«, der »Bedingungen der Zeit« – sie werden gleichfalls nach diachron und synchron wirkenden unterschieden –, eben nicht als »Erklärung« zwangsläufig sich ergebender Ereignisabfolgen zu betreiben sei – gerade so, als sei das Gewordene ein notwendiges Resultat der historischen Bedingungen. Er hebt die geschichtliche Welt von der natürlichen ab und argumentiert: »Läge die logische Notwendigkeit des Späteren in dem Früheren, so wäre statt der sittlichen Welt ein Analogon der ewigen Materie und des Stoffwechsels«; wären »in dem Früheren *alle* Bedingungen für das Spätere« vorhanden und müßte das »folgende mit Notwendigkeit aus dem Früheren sich entwickeln«, so wäre die geschichtliche Welt nichts als ein »Mechanismus«[34].

Wagners naturgesetzlicher Ansatz macht freilich aus Droysens rhetorischem Konjunktiv einen pragmatischen Indikativ. Geschichtsschreibung und historischer Roman, letzterer mit »erreichbarster künstlerischer Wärme«, hätten den »Mechanismus der Geschichte« darzustellen. Sie hätten die »weithin sich erstreckende und wiederum nach dem Mittelpunkte bedingend hinwirkende Umgebung« als Erklärungsgrund vorzuführen, wobei das geschichtliche Individuum, »um seine Gesinnung und Handlung uns begreiflich zu machen, auf das allermindeste Maß individueller Freiheit herabgedrückt werden« müsse.[35]

Wagners Reduktion der Geschichte erfolgt mithin nicht nur in formaler Hinsicht (Geschichte als Ereignisgerüst), sondern auch in inhaltlicher.

---

[33] Ebenda.
[34] Droysen, Historik, a.a.O., S. 431f. u. 162f.
[35] GSD IV, 24 u. 47f. Diese Vorstellung eines »Geschichtsmechanismus« (GSD IV, 49) wird inhaltlich aufgefüllt und getragen von der radikalen und grundlegenden Kritik, die

Die Geschichte als »Mechanismus« bildet gleichsam den Komparativ zur Geschichte als »Chronik«: Obwohl angefüllt mit menschlichen »Handlungen«, zeige sie den »wirklichen« Menschen nicht; sie böte nur »Verhältnisse«, die diesen bestimmend bis zur Unkenntlichkeit entstellten[36]. Die in der Geschichte auffindbare menschliche Gestalt sei – für das »künstlerische Auge« wie für den »Blick des Geschichtsforschers« – in die »Tracht der Historie« eingehüllt. Wer es unternimmt, sie darzustellen, sei es der Historiker oder der »historische Romandichter«, betätige sich letztlich nur als »Kostümzeichner«[37].

Im Typus des »geschichtlichen Menschen« schafft Wagner jenes Kontrastbild, vor dem sich seine Idee der »rein menschlichen Natur« entsprechend scharf abhebt. Diese Idee aber ist mehr und anderes als die, aus Wagners sozialkritischer Position gewonnene Zukunftsvision eines freien, von allen Zwängen geschichtlich vermittelter Konvention entbundenen Menschentums (auch wenn er sie selbst gelegentlich hierfür in Anspruch nimmt[38]); seine Idee des »Reinmenschlichen« ist Gegenbegriff nicht nur in einem utopischen, sondern in einem kategorialen Sinn, denn sie transzendiert die Geschichte nicht nur *geschichtlich* als Zukunft, sondern als allgegenwärtige Naturunmittelbarkeit wesentlich *mythisch*.

Hierbei ist ihm die Idee des »Reinmenschlichen« so gewiß, daß er selbst beim Historiker diesen »menschensuchenden Blick[e]« voraussetzt, den Blick, der die Masse des überlieferten Materials durchdringt, um aus dem »erdrückenden Wuste das einzige, um das es sich solcher Mühe verlohnte, den wirklichen unentstellten Menschen nach der Wahrheit seiner Natur« zu entdecken.[39]

### 3. »Wahrheit der Geschichte« in der Darstellung

Doch wie es in Wagners idealtypisch stilisierter Geschichte den »wahren Menschen« nicht zu finden gibt – auch wenn selbst der Historiker

---

Wagner als Geschichtsphilosoph und Sozialutopist an Staat, Recht und Politik seiner Zeit übt.

[36]  GSD IV, 46 u. 312.

[37]  GSD IV, 52.

[38]  So auf den letzten Seiten von »Oper und Drama« (GSD IV, 227ff.), wo ihn die »Sehnsucht« nach umfassender Verwirklichung seiner Kunst gleichsam übermannt und verführt, das Mythologem als Geschichtsphilosophem anzusprechen, die ästhetisch-mythische Welt als gesellschaftlich-reale Wirklichkeit für die Zukunft zu prognostizieren.

[39]  GSD IV, 45f.

insgeheim nach diesem forschte (eine paradoxe Annahme, die wiederum Ergebnis von Wagners radikal reduziertem Geschichtsbegriff ist) –, ebensowenig wird dem sprachlichen Nachvollzug dieser Geschichte ein ästhetischer Wert zuerkannt. Besteht die Geschichte aus einer Vielfalt chronologisch aufeinanderfolgender Ereignisse, so besteht ihre Darstellung, die »wahre Geschichte«, in der objektiven Rekonstruktion dieses Tatbestandes. Dieser dürfe weder durch die Interpretation noch durch die Darstellung irgendwie angetastet, überformt und damit entstellt werden.

Mit dieser Forderung führt Wagner den Historiker freilich in eine aporetische Situation. Nicht nur, daß jede historische Deutung und Darstellung zwangsläufig standortbedingt, d.h. perspektivisch gebunden und damit gerade nicht objektiv ist (wie seit der Mitte des 18. Jahrhunderts Wissensbestand der historischen Zunft);[40] eine Geschichtsdarstellung bietet auch stets, bewußt oder unbewußt, die erzählende Verbindung, die sinnhafte Vermittlung dessen, was ihn an historischen Tatsachen vorausliegt.

Wenn Humboldt den Historiker anweist, sich nicht über das »Gerippe der Begebenheit« hinwegzusetzen und seine interpretatorische und gestalterische Fähigkeit »der Erfahrung und der Ergründung der [historischen] Wirklichkeit« unterzuordnen, so überläßt er ihm doch einen Freiraum, den die »Phantasie«, das »Ahndungsvermögen« und die »Verknüpfungsgabe« des insofern »selbstthätig« und sogar »schöpferisch« wirkenden Historikers ausfüllen soll.[41] Wagner dagegen scheint auf eine rein positive Behandlung der Geschichte abzuheben, für die alles, was nicht der »chronistischen Genauigkeit« folgt, als »willkürliche Sichtung oder Zusammendrängung« gilt, die schließlich zur »gänzlichen Verneinung der Geschichte« führe.[42]

Doch indem Wagner diese radikale Auffassung vorträgt, räumt er zugleich selbst ein, daß ihre historiographische Umsetzung praktisch unmöglich ist. Durch seine Argumentation hat er die Historie in eine

---

[40] Als Entdecker gilt Johann Martin Chladenius, Allgemeine Geschichtswissenschaft, Leipzig 1752; vgl. Koselleck, Standortbindung und Zeitlichkeit. Ein Beitrag zur historiographischen Erschließung der geschichtlichen Welt, in: ders., Vergangene Zukunft, a.a.O., S. 184ff.
[41] Wilhelm von Humboldt, Über die Aufgabe des Geschichtsschreibers (1821), in: ders., Studienausgabe in 3 Bdn., hg. v. Kurt Müller-Vollmer, Frankfurt a.M. 1971, Bd. 2, S. 290.
[42] GSD IV, 24.

Position manövriert, die sie abhängig macht von ästhetischen Prozessen, die ihren eigenen Prinzipien zuwiderlaufen. Die Geschichte der Tatsachen bedarf der Formalisierung, der Gestaltung, soll sie als Historiographie auch nur vorhanden sein; die bis auf die Knochen entblößte Geschichte bedarf des Mythos, um mit Hilfe des Prinzips typisierender Verdichtung überschaubar und handhabbar zu werden. Wie die »übliche Art der Geschichtsanschauung« das »Übermaß geschichtlicher Tatsachen vor unserem Blicke übersichtlich« ordne, indem sie gemeinhin nur die »hervorragendsten Persönlichkeiten zu beachten und in ihnen den Geist einer Periode als verkörpert anzusehen« pflege, so stelle der »neuere historische Roman die mannigfaltigsten Äußerungen des Geistes ganzer Geschichtsperioden als Kundgebungen des Wesens eines besonderen geschichtlichen Individuums« dar und zeige sich damit dem »Verfahren des Mythos in der Bildung von Typen« verpflichtet.[43]

Alle Formen der Geschichtsdarstellung sind demnach Kompromißlösungen, die Wagner hinsichtlich des Prinzips der »chronistischen Genauigkeit« für mehr oder weniger legitim hält. Kritisch wendet er sich hierbei gegen die Hegelsche Geschichtsphilosophie eines »leitenden Weltgeistes« (wenn auch ohne Nennung seines Bezugsautors). Der »Geist der Geschichte« sei dahingehend mißverstanden worden, daß die »hervorragendsten Persönlichkeiten« – als solche habe »die chronistische Geschichtskunde meist nur die Herrscher überliefert« – und die »unbewußte Notwendigkeit ihrer Handlungsmotive« als »Werkzeuge in den Händen einer außermenschlichen, göttlichen Macht« gedeutet wurden. Diese Ansicht hätte die »Ausleger« der Geschichte« veranlaßt, die überlieferten »Handlungen« nunmehr »vollständig willkürlich« darzustellen.[44]

Auf der einen Seite kritisiert Wagner die »willkürliche«, den historischen Tatbestand überschreitende Darstellung der Geschichte sowohl in Form der geschichtsphilosophischen Deutung als der autonomen künstlerischen Gestaltung. Auf der anderen Seite ist »wahre Geschichte« in der

---

[43] GSD IV, 48.

[44] GSD IV, 49. Wagners Kritik an der (pseudo-)hegelianischen Geschichtsauslegung hat seine Parallele in Droysens (gleichfalls nicht unproblematischer) Distanzierung philosophischer Geschichtsdeutung von der Historie als Wissenschaft; vgl. ders., Historik, a.a.O., S. 233: »Der Historiker umhüllt und maskiert nicht etwa spekulative Gedanken mit Tatsächlichkeiten, sondern die Tatsachen, die er erzählt, sind selbst die Momente seiner Gedankenreihe. Deshalb hat denn auch Hegel mit seiner Philosophie der Geschichte der Historie keinen großen Dienst geleistet...«.

Einhaltung der »chronistischen Genauigkeit« zwar das idealtypische Bild, das er von der Geschichte und ihrer sprachlichen Einholung zeichnet, das aber zugleich ohne typologisierende Unterstützung, ohne mythisch-dichterisches Zutun gleichsam unsichtbar bliebe.

Die Frage der Geschichtsdarstellung sieht er somit im Zwiespalt zwischen historischer Wahrheit und sinnvermittelndem ästhetischem Wert gefangen. Eine jede Geschichtsdarstellung mit dem Anspruch, »wahre Geschichte« zu geben, trägt den Widerspruch in sich, ihren Gegenstand nicht aus den ihm eigenen Prinzipien vermitteln zu können, d.h. sowohl aufgrund seines Vergangenheitsstatus als auch seiner chronologisch-pluralistischen Verfaßtheit buchstäblich nicht lebensfähig zu sein. Die zuallererst Leben und Gestalt verleihende sinnvermittelnde Darstellung der Geschichte wird allerdings immer nur um den Preis ihrer Wahrheit erkauft. So könne der historische Roman als die »Kunstform«, in der Geschichte noch »mit erreichbarster künstlerischer Wärme« durch »belebteste Schilderung« unsere »Teilnahme« zu erregen vermöchte, auch nur »durch Versündigung an der Wahrheit der Geschichte sich zu der ihm erreichbaren Höhe als Kunstform aufschwingen«[45].

Die Gegensätze – »wahre Geschichte« und künstlerische Form- und Sinngebung, Geschichte und Mythos – verbinden sich für Wagner in jeder Geschichtsdarstellung und verhalten sich in ihr jeweils umgekehrt proportional. Das Bündnis von Historie und Mythos im historischen Roman leiste hierbei das Äußerste an gestalterischer Verlebendigung hinsichtlich des geschichtlichen Substrats – dies jedoch um den Preis, daß die erzählte Geschichte nur mit Einschränkung wahr und ihre – obschon künstlerisch optimale – Darstellung als »Kunstwerk« dennoch nur zu einer »gewissen Höhe« gelangen könne.[46] Die Historie erscheint als eine Mischform, die in der Vermittlung ihrer Wirklichkeitskonzeption auf die mythisch-dichterische Form angewiesen bleibt, zugleich aber in dieser Vermittlungsleistung als »Kunstform« vergleichsweise zurückbleibt.

Wagners Argumentation besagt somit zweierlei: Indem sich die Historie in ihrer Darstellung der dem Mythos entnommenen, urkünstlerischen Form der Typenbildung bedient, erreicht sie auf der einen Seite – bis zu einem gewissen Grad – künstlerische Qualität; auf der anderen Seite

---

[45]  GSD IV, 24, 46 u. 50.
[46]  GSD IV, 48f.

verliert sie gerade dadurch ein wesentliches Stück ihrer Identität als eines autonomen, mit eigenen Gesetzen notwendiger Beziehungs- und Ablaufmuster ausgestatteten Daseins- und Deutungsbereichs.

Die von Wagner systematisch betriebene Dichotomisierung von Mythos resp. Dichtung und Historie klafft um so deutlicher, als er nicht eine »Poetik der Geschichtsschreibung« propagiert, wie sie Gervinus in seinen »Grundzügen der Historik« entwirft, und nicht wie dieser (nach Droysens distanzierender Beschreibung) »die Parallelen des Epos, der Lyrik und des Dramas in der Geschichtsschreibung nachzuweisen«[47] sucht. Wagner geht es gerade nicht darum, eine »*Poetik* der Geschichte«[48] einer ›Poetik des Dramas‹ gegenüberzustellen. Insofern steht er – trotz seiner geschichtstheoretischen Naivität (die er mit manchem Fachhistoriker der Zeit teilt) – der Droysenschen Position näher als derjenigen von Gervinus.

Selbst wenn sich aber auch Gervinus bei der Darstellungsfrage explizit auf die historische Wirklichkeit beruft, so definiert er diese doch völlig anders. Er begreift die Geschichte in der Nachfolge des Hegelschen Idealismus (mit Humboldt, Ranke, Droysen und anderen Vertretern des Historismus) wesentlich als ideengeleitet: über das Erkennen der »historischen Ideen« ordnet sich ihm »von selbst die chaotische Masse«[49], vermag sie sich zum »historischen Kunstwerk«[50] zu fügen, ja die »geschlossene und totale Wirkung des Kunstwerkes«[51] zu erzielen. Das aber, was Wagner als historisch unwahr ablehnt – die Ordnung des historischen Materials nach ästhetischen Gesichtspunkten –, weist Gervinus nicht weniger strikt zurück, indem er das Streben nach einer die Details eliminierenden »äußerlichen Einheit des Geschichtswerks«, nach einem »äußerlich einheitlichen Kunstbau«[52] verwirft. Wie der »echte Historiker« einerseits jene äußerliche Einheit vermeide, so hüte er sich andererseits, »in die endlose Manier der Chronik zu verfallen«. Er verhalte sich analog zum Künstler, der auf eine »Urform des Körpers«, analog zum Dichter, der auf den »idealen Typus eines Charakters« zurückgehe; er habe die »reine Gestalt des Geschehenden«,

---

[47] Droysen, Historik, a.a.O., S. 217.
[48] Ebenda, S. 44.
[49] Gervinus, Grundzüge der Historik, a.a.O., S. 87 u. 85.
[50] Ebenda, S. 74.
[51] Ebenda, S. 92.
[52] Ebenda, S. 75f.

welches sich einer »historischen Idee« anschließe, zu erkennen, um sodann das historische Material mit »dichterischem Verfahren« um diese Idee zu gruppieren.[53]

Gervinus fordert somit für seinen Gegenstand – die ideendurchwaltete Geschichte – ein Verfahren der Darstellung, das Wagner für den seinen – die idealtypisch reduzierte Geschichte – gerade ausschließt. Die »Wahrheit der Geschichte« zeige gerade nicht jene Einheit, die den mythischer Wahrheits- und Wirklichkeitsform entsprungenen Kunst- und Dichterwerken zu eigen sei. Die in diesem Sinn antihistoristisch konzipierte Historie[54] bleibt für Wagner also aus diesem Grund vollkommen anderen Darstellungskriterien verpflichtet als die Kunstform par excellence, das Drama, weil sie anderen Wahrheits- und Wirklichkeits- vorgaben zu genügen hat und nicht einfach deshalb, weil sie eine andere Gattung im Kanon literarischer Formen bildet.

Wie Wagner sein musikdramatisches Kunstwerk nicht rein ästhetisch bestimmt, sondern im Mythos als einer Wirklichkeit zu verankern sucht, der er das Wahrheitsprädikat auf andere Weise als der historischen zugestanden wissen will, so behandelt er die Historie als den mehr oder minder korrekten Ausdruck der geschichtlichen Wahrheit und Wirklich- keit. Hierbei gerät ihm die Charakterisierung der Geschichte wie der Arbeit des Historikers im wesentlichen zur Negativbestimmung des Mythos und des Verfahrens des dramatischen Dichters. Zur ontologi- schen Begründung seines Kunstwerks begibt er sich in einen Analogie- zwang von Gegenstand und Darstellung, innerhalb dessen er jenen ästhetisch-reduktiven Geschichtsbegriff entwickelt, der in seiner Radika- lität und Funktionalität in sich logisch und konsequent erscheint, den- noch aber kaum in die Reihe derjenigen geschichtstheoretischen Ent- würfe zu stellen ist, die um der Erkenntnis der Geschichte willen verfaßt worden sind.

Dennoch steht Wagner mit seinen geschichtstheoretischen Bemerkun- gen durchaus auf den Fundamenten der durch die Verwissenschaftli- chung des historischen Denkens erwachsenen Auffassung von Ge-

---

[53]  Ebenda, S. 84f. u. 88.
[54]  Zur Bedeutung der »Idee« in der Geschichtsauffassung des Historismus vgl. Wolfgang Hardtwig, Geschichtsreligion – Wissenschaft als Arbeit – Objektivität. Der Historismus in neuer Sicht, in: HZ 252, 1991, S. 1-32.

schichtsschreibung, indem auch er nicht Form und Funktionalität der Darstellung, sondern den »Sachgehalt« zum »Bestimmungsgrund ihrer Gestaltungsart« erhebt.[55] Die Basis wissenschaftlicher Geschichtsschreibung allerdings, welche die Sicherung dieses Sachgehaltes durch »methodisch geregelte Forschung« betrifft[56], findet keine Berücksichtigung. Auch das, was er als darzustellenden historischen Tatbestand voraussetzt, erinnert in seiner Charakterisierung als »Chronik« an die vorwissenschaftliche Historie einer »additiven Geschichtsschreibung«[57] und in der Struktur kausaler Ableitung des Späteren aus dem Früheren an die Anfänge geschichtswissenschaftlichen Denkens in der Aufklärung.

Wenn das 19. Jahrhundert das »große Zeitalter der Tatsachen«, des »Tatsachenkultes« genannt werden kann, für welches Geschichte »aus einer Summe festgestellter Tatsachen« besteht, hat sich Wagner mit seinen geschichtstheoretischen Vorstellungen willig in den »illusorischen Hafen der reinen Tatsachengeschichte« begeben[58]. Wenn von der »Häresie des 19. Jahrhunderts« gesprochen werden kann, wonach Geschichte »im Anhäufen der größtmöglichen Zahl unantastbarer und objektiver Fakten« besteht, die »für sich selber sprächen«,[59] so hat Wagner sich diese Häresie zunutze gemacht, um aus ihr sein Gegenbild eines transhistorische Wirklichkeit reflektierenden, mythisch-dramatischen Kunstwerks zu entwickeln. Und gilt für die Zeit des Historismus allgemein, daß der »strenge Forschungsbezug allein... der für die Geschichte als Wissenschaft maßgebliche Gesichtspunkt [war], unter dem Historiographie reflektiert wurde«, und gilt weiterhin, daß dieses Wissenschaftlichkeitsverständnis sich dem Abgrenzungsbedürfnis der Geschichtswissenschaft gegenüber der »vor-wissenschaftlichen, rhetorischen Tradition« verdankt,[60] so hat Wagner seine Konzeption in jenen Zwiespalt hineingestellt, der sich als entscheidende Konsequenz aus der Faktenorientiertheit der historistischen Geschichtswissenschaft im Aus-

---

[55] Jörn Rüsen, Geschichtsschreibung als Theorieproblem der Geschichtswissenschaft. Skizze zum historischen Hintergrund der gegenwärtigen Diskussion, in: Formen der Geschichtsschreibung, hg. v. Reinhart Koselleck, Heinrich Lutz u. Jörn Rüsen, München 1982 (Beiträge zur Historik Bd. 4), S. 16.
[56] Ebenda, S. 17.
[57] Vgl. Koselleck, »Neuzeit«. Zur Semantik moderner Bewegungsbegriffe, in: ders., Vergangene Zukunft, a.a.O., S. 312.
[58] Edward Hallett Carr, Was ist Geschichte? 5. Aufl., Stuttgart 1977, S. 8f. u. 27.
[59] Ebenda, S. 15f.
[60] Jörn Rüsen, Lebendige Geschichte. Grundformen einer Historik III: Formen und Funktionen des historischen Wissens, Göttingen 1989, S. 20 u. 22.

einanderrücken von Geschichte und Kunst als Kluft zwischen Forschung und Darstellung aufgetan hat.

Mit Ranke, der die Geschichtsschreibung auf das Prinzip der Faktentreue stellte und offensichtlich der Ansicht war, die Darstellung habe der »ermittelten Tatsächlichkeit lediglich die adäquate Form zu geben«[61], distanziert Wagner die Geschichtsdarstellung von der »freie[n] Entfaltung«[62] des Darstellungswillens im Kunstwerk. Von hier aus unternimmt er – analog zu Droysen, der sich etwa zeitgleich um die theoretische Grundlegung der Geschichtswissenschaft bemüht[63] – eine Neubesinnung auf das Wesen der Kunst, und zwar gerade in Auseinandersetzung mit und in Abgrenzung von der Geschichte, ist ihre Verwissenschaftlichung doch aufs engste mit dem Verlust der traditionellen Bindungen künstlerischen Sagens verbunden.

---

[61] Rüsen, Bemerkungen zu Droysens Typologie der Geschichtsschreibung, in: Formen der Geschichtsschreibung, a.a.O., S. 193 u. ders., Lebendige Geschichte, a.a.O., S. 20. Diese Ranke-Interpretation scheint mir nicht im Widerspruch zu dessen Anspruch zu stehen, neben »Wissenschaft« auch »Kunst«, neben »Gelehrsamkeit« auch »Genuß« zu bieten (Ranke, Geschichten der romanischen und germanischen Völker, a.a.O., S. VII). Auch das, was die Geschichtsdarstellung »über die bloße Mitteilung der Forschungsergebnisse hinaus« leisten soll (Hardtwig, Die Verwissenschaftlichung der Historie und die Ästhetisierung der Darstellung, a.a.O., S. 186), bleibt doch stets dem Prinzip der Faktentreue untergeordnet.

[62] Leopold von Ranke, Geschichten der romanischen und germanischen Völker von 1494 bis 1514, in: Sämtliche Werke Bd. 33/34, Leipzig 1874, S. VII.

[63] Er liefert der weithin expandierenden Geschichtswissenschaft das Fundament ihrer Selbstreflexion nach, indem er der »Historie eine Stelle in dem großen System der menschlichen Erkenntnis« anzuweisen sucht; vgl. Droysen, Historik, a.a.O., S. 51; seine Arbeit gilt als »wissenschaftstheoretische und geschichtsdidaktische Pionierleistung«, vgl. Peter Leyh, Vorwort zu Droysens »Historik«, ebenda, S. IX.

## C. Das »wirkliche Drama« in seiner Unvereinbarkeit mit der Geschichte – Wagners Theorie des Geschichtsdramas

Ist Geschichte für Wagner wesentlich Vergangenheit, Ungegenwärtigkeit, Unabänderlichkeit, so kann ihr auch nur ein (entsprechend bearbeitetes) literarisches Medium genügen, das die Distanz zwischen gewesener Geschichte und reproduzierender Darstellung reflektiert. Das Drama aber, das die »unmittelbare Darstellung an die Sinne« leistet, das seinen Gegenstand »in überzeugendster Wirklichkeit« diesen vorführt,[1] das Drama, das in jedem Augenblick »Verwirklichung«, »Vergegenwärtigung« ist, kann nur eine Wirklichkeit zur Darstellung bringen, die nicht vergangen, sondern ihrerseits bereits konzentrierte Gegenwart, Gegenwärtigkeit ist.

Die Unvereinbarkeit von Geschichte als Gegenstandsbereich und Drama als Darstellungsform basiert mithin auf jenem Kriterium, das Geschichte und Drama über den Zeitbegriff ihrer Wirklichkeitsbereiche differenziert. Alle weiteren Kriterien, die form-, inhalts- und ausdrucksbezogenen, stehen in unmittelbarem Zusammenhang mit diesem.

Als Unterscheidungskriterium zentral ist weiterhin die Forderung nach Einheit der Handlung im Drama. Da diese dramatische Einheit der Geschichte aber immer nur durch Umgehung der vorausliegenden Fakten sowie durch Ergänzung fiktiver Elemente aufgeprägt werden könne, sei, was zu beweisen war, »die wahre Geschichte kein Stoff für das Drama«. Entsprechend bedenkt Wagner das zeitgenössische Geschichtsdrama nach der Maxime – historische Wahrheit versus dramatische Einheit – mit der ironisch-spöttischen Bemerkung:

> »Die neueste Zeit hat viel solcher historischen Dramen geliefert, und die Freude am Geschichtemachen zugunsten der dramatischen Form ist gegenwärtig noch so groß, daß unsere kunstfertigen historischen Theatertaschenspieler das Geheimnis der Geschichte selbst zum Vorteil der Bühnenstückmacherei sich erschlossen wähnen. Sie glauben sich umso gerechtfertigter in ihrem Verfahren, als sie es selbst ermöglicht haben, die vollendetste Einheit von Ort und Zeit der dramatischen Herstellung der Historie aufzuerlegen... Daß aber sowohl diese künstlerische Einheit wie diese Historie

---

[1]   GSD IV, 8.

erlogen sind, etwas Unwahres aber auch nur von erlogener Wirkung sein kann, das hat sich am heutigen historischen Drama deutlich herausgestellt.«[2]

Diese Erkenntnis, daß in der Verbindung von Geschichte und Drama sowohl die Geschichte wie das Drama ihre »Wahrheit« einbüßen, hat Wagner nicht zuletzt an sich selbst, an eigenen Versuchen der dramatischen Behandlung der Geschichte gewonnen.

## 1. Wagners Rotbart-Projekt

In »Eine Mitteilung an meine Freunde« schildert Wagner seine Dramatisierungsversuche des Stauferstoffes denn auch in der Art einer Selbstentlarvung: »Wie wollt ich listig selbst mich belügen?«, scheint er gleich Wotan sich selbst zu fragen. Er habe sich angesichts der »politischen Bewegungen« der Revolutionszeit durch die Aktualität des historischen Gegenstandes zur wiederholten Inangriffnahme des Rotbart-Projekts gleichsam hinreißen lassen. Im Vergleich zu der ihn gleichzeitig fesselnden sagenhaft-mythischen Siegfried-Gestalt habe er in der Situation des Strebens nach »politischer Einheit« in Deutschland den geschichtlichen Helden für näherliegend, für »eher verständlich« gehalten als den »rein menschliche[n] Siegfried«.

Die Entwürfe jedoch wollten nicht zu einer gelungenen Dramenvorlage gerinnen. Unbefriedigt hätte er sich immer wieder davon abgewandt, denn schließlich sei es nicht die »bloße Darstellung einzelner geschichtlicher Momente« gewesen, die ihn reizte, sondern der Wunsch, »einen großen Zusammenhang von Verhältnissen in der Weise vorzuführen, daß er nach einer leicht überschaulichen Einheit erfaßt und verstanden werden sollte«[3].

Was er an seinem eigenen Vorgehen beanstandet, ist – paradoxerweise – die dichterische Haltung gegenüber seinem Gegenstand. Der Versuch, die Geschichte unter ein einheitliches dichterisches Konzept zu zwingen, hätte scheitern müssen, weil dies der Eigenart des Gegenstands, der eine tatsachenorientierte, dichterisch-asketische Darstellung verlangte, grundsätzlich entgegenstünde. »Hätte ich dieser notwendigen Forderung der Geschichte entsprechen wollen«, erklärt Wagner, nämlich »die ungeheure Masse geschichtlicher Vorfälle und Beziehungen, aus der

---

[2]  GSD IV, 49f.
[3]  GSD IV, 313.

doch kein Glied ausgelassen werden durfte, wenn ihr Zusammenhang verständlich zu überblicken sein sollte«, zu berücksichtigen, »so wäre mein Drama ein unübersehbares Konglomerat von dargestellten Vorfällen geworden, die das einzige, was ich eigentlich darstellen wollte, in Wahrheit gar nicht zum Vorschein hätten kommen lassen«[4].

Um aber vorführen zu können, was er »eigentlich darstellen wollte«, hätte er die »Masse der Verhältnisse selbst durch *freie* Gestaltung bewältigen müssen« und wäre dabei »in ein Verfahren« geraten, das »die Geschichte geradesweges aufgehoben hätte«. Die für die Wahrheit und Logik der historischen Darstellung unverzichtbare »Masse geschichtlicher Vorfälle und Beziehungen« eigne sich »weder für die Form noch für das Wesen des Dramas«. Das »Verfahren« aber, das Wagner auch der Geschichte gegenüber unversehens anzuwenden gedachte, um die Kaisergestalt und ihre Umgebung verständlich darzustellen, sei gerade kein anderes als das »Verfahren des Mythos«[5].

Wagners dichterische Anschauung hat ganz im Sinne seiner »Wibelungen«-Schrift – und wider die eigene historische Vernunft sozusagen – den geschichtlichen Friedrich Rotbart wesentlich mythisch gesehen. Das Projekt aber kam nicht zur Durchführung. Der Widerspruch zwischen einer mythisch-dichterischen Deutung und der »Wahrheit« der Staufergeschichte schien ihm unüberbrückbar. Offensichtlich sah er »das Charakteristische des Friedrich« doch darin, daß er ein »*geschichtlicher* Held« sein sollte. Hätte er diesem gegenüber zum »mythischen Gestalten« gegriffen, so hätte er die Historizität der Kaisergestalt auflösen und »endlich bei dem reinen Mythos ankommen müssen«[6].

Seine These von der Inkompatibilität geschichtlicher Gegenstände mit der dramatischen Darstellungsform begründet Wagner hierbei nicht nur formal, sondern auch inhaltlich. Die strukturellen Vorgegebenheiten der geschichtlichen Wirklichkeit seien auch ihrem Inhalt nach so beschaffen, daß sie mit den Intentionen der dramatischen Gestaltung schlichtweg unvereinbar seien. Das Fazit seiner Geschichtsumschau lautet nämlich:

---

[4]   Ebenda.
[5]   GSD IV, 313f. Das Resultat solch mythischer Behandlung zeigt Wagners »Wibelungen«-Weltgeschichte. Sie bietet jenes Tableau, auf welchem das Barbarossa-Drama die Position eingenommen hätte, die »Siegfrieds Tod« (die spätere »Götterdämmerung«) in Wagners »Nibelungenmythus« (der späteren »Ring«-Tetralogie) einnimmt, nämlich den Kulminations- und Endpunkt einer mythischen Welt.
[6]   GSD IV, 314.

»Hier boten sich mir » *Verhältnisse*, und nichts als Verhältnisse; den *Menschen* sah ich aber nur insoweit, als ihn die Verhältnisse bestimmten, nicht aber, wie er sie zu bestimmen vermocht hätte.«[7]

Und dies gelte eben auch für Friedrich Rotbart. In der Geschichte regieren die »Verhältnisse«, die dieser »mit ungeheurer Kraft zu bewältigen strebt, um endlich selbst von ihnen bewältigt zu werden«. Durch die »bloße verständliche Schilderung von *Verhältnissen*« aber, wie sie der »historisch-politische Gegenstand« fordere, werde die Absicht des Dramatikers, den Menschen überhaupt darzustellen, völlig unterlaufen.[8]

Wenn sich denn der Inhalt der Geschichte nach den diversen »Verhältnissen« bestimmte, denen auch der Stauferkaiser nicht zu entrinnen vermochte, so wäre zu fragen, ob nicht auch Siegfried, sein mythisches Vor- und Gegenbild, jenen »Verhältnissen« erliegt.

Wagner schildert seinen Siegfried als einen über- und antigeschichtlichen Helden in dem Sinn, daß ihn »kein außer ihm entstandenes Verhältnis« in seiner Bewegung hemmt, daß er nie, »selbst dem Tode gegenüber... je etwas anderes für berechtigt über sich und seine Bewegung gehalten hätte als eben die notwendige Ausströmung des rastlos quillenden inneren Lebensbrunnens«[9]. In der Tat sind es nicht die geschichtlichen Verhältnisse, die ihn bestimmen, die er aber ebensowenig seinerseits zu bestimmen vermag; in seiner Naturunmittelbarkeit lebt er gleichsam außerhalb der historisch-politischen Welt. Wenn Friedrich I. sich an der geschichtlichen Welt abarbeitet und letztendlich an ihr scheitert, so entfaltet Siegfried sich selbst als ein Stück Natur, in welche sein Untergang miteinbegriffen ist.[10]

Die Unvereinbarkeit von Geschichte und Drama begründet Wagner schließlich noch, auffällig nachgeordnet, über den künstlerischen Ausdruck. Hat er im engeren dichtungstheoretischen Diskurs als Darstellungform für die Geschichte neben der »reinen Geschichtschreibung« allenfalls den »historischen Roman« als optimale künstlerische Aus-

---

[7]  GSD IV, 312.
[8]  GSD IV, 313 u. 315. Der Kontingenz der Geschichte erliegt das Subjekt geschichtlichen Handelns ebenso wie das der geschichtlichen Darstellung.
[9]  GSD IV, 328.
[10]  Im »Ring« wird die Un-Geschichtlichkeit Siegfrieds wesentlich an seinem Un-Verhältnis zum Zentrum geschichtsmächtigen Handelns, zu Ring und Hort des Nibelungen sinnfällig: der »Wälsungen Sproß« ist der einzige der Akteure, der den Ring als Instrument der Herrschaftsausübung weder begehrt noch kennt.

drucksform gelten lassen, so spricht er im Hinblick auf sein überwundenes Stauferprojekt von der »Schauspielform« als derjenigen dramatischen Kunstform, in welcher der historisch-politische Gegenstand »einzig noch vorzuführen gewesen wäre«[11]. Damit verschiebt er die Trennungslinie zwischen Historie und Drama, erweitert den Bereich der historischen Darstellung und verengt den des Dramas. Mit dieser Umsetzung legitimiert er ex post seinen Dramatisierungsversuch der Geschichte vor der eigenen dichtungstheoretischen Position und gibt zugleich die Sphäre des Historischen endgültig zugunsten der mythisch-musikalischen preis.

## 2. Das historische Drama Shakespeares

Zur Rechtfertigung eines normativen Dramenbegriffs, der die Behandlung geschichtlicher Gegenstände ausschließt, zieht Wagner hervorragende Vertreter der Literatur- und Theatergeschichte heran, um durch die Charakterisierung dichtungsgeschichtlich exemplarischer Werke wie ihrer bühnen- und aufführungsgeschichtlichen Rahmenbedingungen seine These von der Unvereinbarkeit der Geschichte mit der dramatischen Darstellungsform (literar-)historisch zu belegen.

Wie sehr dieser dichtungsgeschichtliche Rückgriff eine Funktion seines normativen Telos und keine literaturwissenschaftliche Studie ist, lehrt bereits seine Herleitung des Shakespeareschen Dramas aus dem Roman und der Epik des Mittelalters, die historisch nicht verifizierbar ist.[12] Gerade dadurch aber wird erkennbar, wie Wagner die eigenen Strukturprobleme in die Historie hineinliest: Er sucht die »strukturelle Verwandtschaft beider Gattungen (ihre ›epische‹ Form) durch die Metapher der Entwicklung des einen Genres aus dem anderen zu verdeutlichen«[13], wodurch Shakespeares Geschichtsdrama schließlich auf die Seite der Historie und nicht auf die des »wahren« Kunstwerks fällt. Diese unter Konzeptionsdruck (ent)stehende Interpretation bringt Wagner in das Dilemma, an den Historien Shakespeares seine Inkompatibilitätsthese vorführen zu wollen, ihnen aber zugleich die Anerkennung als Dichterwerke nicht versagen zu können.

[11] GSD IV, 315.
[12] Vgl. Anette Ingenhoff, Drama oder Epos? Richard Wagners Gattungstheorie des musikalischen Dramas, Tübingen 1987, S. 46ff.
[13] Borchmeyer, Das Theater Richard Wagners, a.a.O., S. 127.

Er sieht nämlich das »Drama des Shakespeare« zwiefach ausgezeichnet, sowohl durch Modernität wie durch Qualität. Es sei »mit vollster Notwendigkeit aus dem Leben und unserer geschichtlichen Entwickelung« hervorgegangen und zeige »zum ersten Male Menschen von so mannigfaltiger und drastischer Individualität..., wie noch kein Dichter vor ihm es vermocht hatte«[14]. Wagner kann nicht nur als Künstler, als der er immer und in zunehmendem Maße Shakespeare-Enthusiast gewesen ist,[15] sondern auch als Theoretiker nicht umhin, Bedeutung und Legitimität des Shakespeareschen Dramas zu würdigen und versucht daher, dieses mit der eigenen Grundthese der prinzipiell geltenden Unvereinbarkeit von Geschichte und Drama zu harmonisieren. Für den Fall Shakespeares interpretiert er die eigene zur Doktrin erhobene These passend um und behauptet, dieser hätte Geschichte und Drama so zu verbinden gewußt, daß eine gleichsam wahrheits-verlustlose Transformation der überlieferten Historie in die Form des Dramas möglich wurde:

> »Shakespeare übersetzte die trockene, aber redliche historische Chronik in die lebenvolle Sprache des Dramas... Im übrigen blieb das Gerüst der Geschichte von ihm völlig unangetastet...«[16]

Shakespeare hätte diese Chronik, die »das Daguerreotyp der geschichtlichen Tatsachen« gibt, »nur zum farbigen Ölgemälde zu beleben« gehabt, indem er »den Tatsachen die notwendig aus ihrem Zusammenhange erratenen Motive zu entnehmen und diese dem Blut und Fleische der handelnden Personen einzuprägen« gehabt hätte.[17]

Mit dieser Deutung übergeht Wagner freilich nicht nur die Problematik des Verhältnisses der geschichtlichen Tatsachen zur historischen Chronik, sondern auch diejenige des Verhältnisses dieser Chronik zu ihrer dramatischen Verarbeitung. Er läßt gänzlich unbeachtet, daß die Chronikberichte der Renaissance wesentlich ›politische‹ Ethik und Philosophie lehrten[18] und gerade keine abbildgleiche Wiedergabe geschichtlicher Tatsachen enthalten und geht überdies davon aus, daß Shakespeare

---

[14]  GSD IV, 8 u. 11f.
[15]  Vgl. die Zeugnisse in Cosimas Tagebüchern, von denen Borchmeyer einige wesentliche zusammengestellt hat, in: Das Theater Richard Wagners, a.a.O., S. 375 Anm. 163.
[16]  GSD IV, 23.
[17]  Ebenda.
[18]  Vgl. Elfriede Neubuhr in: dies. (Hg.), Geschichtsdrama, Darmstadt 1980 (Wege der Forschung Bd. 485), S. 9.

bezüglich seiner chronistischen Vorlagen nichts ereignisgeschichtlich Wesentliches wegglassen, vor allem aber nichts Faktenfremdes hinzugefügt hätte – ein Shakespeare-Verständnis, dem die literaturwissenschaftliche Forschung vor allem dieses Jahrhunderts vehement widerspricht.[19]

Funktioniert die Verbindung von Geschichte und Drama in Shakespeares Historien für Wagner also einerseits unter voller Respektierung der geschichtlichen Ereignisbestände, so doch andererseits auf Kosten des Dramas, das seinen Höhepunkt als Gattung eben erst durch bewußten und systematischen Ausschluß der Geschichte als Gegenstandsbereich erreichen könne. Dieses Bewußtsein aber hätte Shakespeare zu seiner Zeit noch nicht erlangen können. Die »Entdeckung« einer grundsätzlichen Verschiedenheit von Drama und Roman hätten »wir erst« machen können, »als uns die undramatische Vielstoffigkeit der Historie *aus der Verwirklichung der Szene* zu Gefühl kam, die durch den Umstand, daß sie nur *angedeutet* zu werden brauchte, Shakespeare den dramatischen Roman einzig ermöglichte«[20].

Wagner bedient sich hiermit eines historischen Arguments – dasjenige der veränderten theatergeschichtlichen und rezeptionsästhetischen Bedingungen –, um seine These eines normativen, zeit- und raumübergreifenden Dramen- bzw. Kunstbegriffs angesichts einer anders lautenden literaturgeschichtlichen Wirklichkeit zu plausibilisieren. Er verfolgt seinen Leitfaden der idealtypischen Entgegensetzung von Geschichte und Drama, von »wahrer Geschichte« und »wahrem Drama«, literaturgeschichtlich bis auf das historische Drama Shakespeares, das seine Beglaubigung daher nicht poetologisch, sondern historisch über die theatergeschichtlich-aufführungspraktischen Bedingungen der Entstehungszeit erfährt:

> »Dem Roman und dem losen Gefüge der Historie war im Shakespeareschen Drama... eine Tür offen gelassen worden, durch die sie nach Belieben aus- und eingehen konnten: diese Türe war die der Phantasie überlassene Darstellung der Szene.«[21]

Wagner sieht in dem »der damaligen Bühnenkunst noch unumgänglich nötigen Appell an die Phantasie« die Bedingung der Möglichkeit von

---

[19] In einer Fülle von Einzeluntersuchungen wird gezeigt, »was an Geschichtsauffassung und -deutung, an politischen Ideen seiner Zeit, an Staatstheorien des Mittelalters und der Renaissance in Shakespeares Werk eingegangen ist«; vgl. Neubuhr, Geschichtsdrama, a.a.O., S. 10.
[20] GSD IV, 17.
[21] GSD IV, 12.

Wert und Wirkung des Shakespeareschen Dramas beschlossen. Dieses hätte den »buntstoffigen Roman[e]« und die »vielhandliche[n] Historie« eben nur »für die Darstellung auf der Schaubühne« übersetzt, d.h. die »vorher von der redend erzählenden Poesie nur geschilderten menschlichen Handlungen... von wirklich redenden Menschen... Auge und Ohr zugleich« vorgeführt. Hierzu hätte es zwar auch bereits einer Konzentration des epischen Materials wie des ausgedehnten Aufführungsplatzes der »Mysterienbühne des Mittelalters«, der sogenannten Simultanbühne, nämlich einer Verengung der »Volksschaubühne zum Theater« bedurft. Da aber Shakespeare »die eine Notwendigkeit der naturgetreuen Darstellung der umgebenden Szene noch nicht empfand«, hätte er »die Vielstoffigkeit des von ihm dramatisch behandelten Romanes« gerade nur soweit gesichtet und zusammengedrängt, »als die von ihm empfundene Notwendigkeit eines verengten Schauplatzes und einer begrenzten Zeitdauer der von wirklichen Menschen dargestellten Handlung es erheischte«, – also in einem für die Bedürfnisse der modernen Illusionsbühne irrelevanten Maß.[22]

In Verkennung ihrer aufführungsgeschichtlichen Bedingtheit seien diese »noch nicht gestalteten Dramen« schließlich der »Grund und Ausgangspunkt einer beispiellosen Verwirrung in der dramatischen Kunst über zwei Jahrhunderte hindurch, bis auf unsere Tage« geworden.[23] Aus der theatergeschichtlich begründeten und allein dadurch legitimierten Verbindung von Historie und Drama sei die prinzipielle Möglichkeit der Verknüpfung beider unter Absehung der Entwicklung neuer bühnenästhetischer und dramaturgischer Möglichkeiten abgeleitet und als Paradigma einer modernen Option dramatischer Gestaltung geschichtlicher Gegenstände mißverstanden worden. Was auf der Shakespeare-Bühne möglich gewesen war, sei auf die veränderten Verhältnisse des modernen Illusionstheaters nicht übertragbar; letzteres habe vielmehr gezeigt, daß die »historielle und romanhafte Vielstoffigkeit« nicht nur kein »notwendiges Bedingnis des Dramas« ist,[24] sondern dieses gerade verhindert.

Wagners Argumentation besagt somit, daß Shakespeare als Dichter in bezug auf Bühne und Aufführungsmodus seiner Zeit nicht aktiv, sondern

---

[22]  GSD IV, 9ff.
[23]  GSD IV, 12.
[24]  GSD IV, 17.


214

reaktiv gewirkt und daß er sich den – gattungstypologisch noch völlig ungenügenden – theatergeschichtlichen Bedingungen angepaßt habe, so daß aus der historischen Stimmigkeit und Gültigkeit seines Geschichtsdramas nicht auf dessen dichtungstheoretische Relevanz für das Drama der Gegenwart und Zukunft geschlossen werden dürfe. Denn hätte Shakespeare »noch diese Notwendigkeit für die vollkommen überzeugende Darstellung einer dramatischen Handlung empfunden, so würde er ihr durch ein noch bei weitem genaueres Sichten und dichteres Zusammendrängen der Vielstoffigkeit des Romanes zu entsprechen gesucht haben, und zwar ganz in der Weise, wie er bereits den Schauplatz und die Zeitdauer der Darstellung und ihretwegen die Vielstoffigkeit selbst, zusammengedrängt hatte«. Aber bei diesem Versuch einer weitergehenden Konzentration wäre auch Shakespeare »unfehlbar« auf die »Unmöglichkeit« gestoßen, »den Roman noch enger zu verdichten«; und diese Erfahrung hätte ihn dann über die »Natur des Romanes dahin aufgeklärt..., daß diese mit der des Dramas in Wahrheit nicht übereinstimme«[25].

Mit diesem aufführungsgeschichtlich unterfangenen, stofforientierten Verständnis der Shakespeareschen Historien vermag Wagner selbst diese zu Zeugen für seine Dramenkonzeption aufzurufen. Sein gegenstandsbezogener Zugriff liegt hierbei ganz im Trend der Shakespeare-Rezeption seiner Zeit, die politisch-philosophische oder genuin ästhetische Fragen an das Geschichtsdrama Shakespeares deutlich nachgeordnet behandelt.

Werden demzufolge bei Dichtern und Dichtungstheoretikern Shakespeares Historien qua Gattung zunehmend als poetisch minderwertig eingestuft,[26] so nimmt Wagner diese mit dem Hinweis auf ihre theatergeschichtliche Stellung in Schutz. Während etwa Karl Immermann in seiner Eigenschaft als Dichter, mit der »ästhetischen Disposition zu dem Kunstwerke« tretend, seine Probleme mit den Shakespeareschen Historien bekundet –

> »Dramatisirte Geschichte ist keine Tragödie – ich kann mir nicht helfen, mir erscheint Vieles in Shakespeares historischen Stücken nur wie dialogisirte Chronik...«[27] –

---

[25]  Ebenda.
[26]  Vgl. Shakespeare-Handbuch, hg. v. Ina Schabert, Stuttgart 1978, S. 789.
[27]  Karl Immermann, Brief an Michael Beer v. 16. April 1829, in: ders., Briefe. Textkritische u. kommentierte Ausg. in 3 Bdn., hg. v. Peter Hasubek, München/Wien 1978-1987, Bd. 1, S. 726.

und Grabbe in seinem Essay »Über die Shakspearo-Manie« (1827) in Shakespeares historischen Dramen »weiter nichts als *poetisch verzierte Chroniken*« zu erblicken vermag, bezieht Wagner ihre durchaus analog aufgefaßte Eigenart auf den theatergeschichtlichen Kontext zurück, um von hier aus, die historische Differenz betonend, seinen konzeptionellen Weg nach vorn anzutreten:

> »Der modernen Szene gegenüber erkannte der Dichter aber bald die Unmöglichkeit, die Geschichte mit der chronistischen Treue Shakespeares für das Schauspiel herzurichten...«[28]

Ein moderner Shakespeare, ein neuer, im Stile Shakespeares Geschichte dramatisierender Dichter entbehrte der legitimen Grundlage. Daß aber Geschichte im Drama nur als eine chronistisch treu bewahrte sinnvoll und gerechtfertigt sei, ist eine Prämisse, die er mit den Romantikern teilt, insoweit sie die »Anforderungen der historischen Schule an die Tragiker«[29] teilen wie Solger in seiner »Beurteilung der Vorlesungen über dramatische Kunst und Literatur« August Wilhelm Schlegels (1818) und insbesondere wie Ludwig Tieck. Während aber Tieck wie Solger diese Anforderungen an das moderne Drama herantragen, erklärt Wagner kategorisch die Unmöglichkeit eines solchen Unterfangens und betrachtet jede nachshakespearesche Bemühung in dieser Richtung als von vornherein zum Scheitern verurteilt. Dem historischen Drama Shakespeares sei es unter nicht wiederholbaren geschichtlichen Bedingungen möglich gewesen, chronistisch »wahre Geschichte« dramatisch umzusetzen, und zwar nicht nur in die Form von Lesedramen – das Drama als »Literaturstück«[30] ist für Wagner stets nur ein Torso –, sondern in die der szenischen Aufführung.

Wenn Wagner daher das Geschichtsdrama Shakespeares von den Bedingungen der vorillusionistischen Bühne (und damit indirekt auch von der durch sie geprägten Erwartungshaltung der Rezipienten) abhängig macht und mit der Veränderung gerade dieser Bedingungen die Möglichkeit zur Dramatisierung von Geschichte überhaupt schwinden sieht, so deshalb, weil in der Erfahrung einer vereinheitlichten Szene und der damit verbundenen Konzentration der Handlung auf die in jedem

---

[28] GSD IV, 23.
[29] Immermann, Brief an Michael Beer v. 16. April 1829, in: ders., Briefe, a.a.O., Bd. 1, S. 724.
[30] GSD IV, 19.

Augenblick unmittelbar gegenwärtige künstlerische Tat für die chronologisch fixierte Pluralität geschichtlicher Ereignisse buchstäblich kein ›Spielraum‹ mehr bleibt. Ist die für das Wesen des Dramas konstitutive »Einheit der Handlung« über die Szene erst einmal Wirklichkeit geworden, so führt gattungsgeschichtlich kein Weg zur Heterogenität von Gegenstand und Darstellung und damit zur Geschichte im Drama zurück. Die Shakespeareschen gattungstypologisch noch unfertigen Dramen liegen für Wagner jenseits der Epochenschwelle, bis zu welcher ein moderner Dramatiker auf der Suche nach gattungstheoretischer Orientierung Modellhaftes zu finden vermag. Für die nachshakespearesche Ära setzt er dramentheoretische Normierungen an, die mit dem historischen Drama der Nachfolgezeit, pars pro toto mit dem Geschichtsdrama des deutschen Idealismus, Schillers »Wallenstein«, aufs schärfste kollidieren.

## 3. Schillers Geschichtsdrama und Dramentheorie

Suchte der Dichter der modernen Szene gegenüber (Wagner selbst eingeschlossen) den Stoff zum Drama in der Geschichte, so doch stets in der Absicht, »den historischen Gegenstand durch unmittelbar dichterische Auffassung von vornherein so zu bewältigen, daß er in der nur in möglichster Einheit verständlich sich kundgebenden Form des Dramas vorgeführt werden konnte«. Der Dichter versuchte – der Illusionsbühne gegenüber mußte er sich dazu gezwungen sehen –, »mit Umgehung der chronistischen Genauigkeit geschichtliche Stoffe für die dramatische Szene zu verarbeiten«, d.h. »über den Tatbestand der Geschichte« nicht nach geschichtswissenschaftlichem, sondern nach »künstlerisch-formellem Ermessen« zu verfügen.[31] Hierin erblickt Wagner idealtypisch die Verfahrensweise Schillers bei der Konzeption des »Wallenstein« und vergleicht sie mit derjenigen Shakespeares:

> »Halten wir… Shakespeares historische Dramen mit Schillers ›Wallenstein‹ zusammen, so müssen wir beim ersten Blicke erkennen, wie hier mit Umgehung der äußerlichen geschichtlichen Treue zugleich auch der Inhalt der Geschichte entstellt wird, während dort bei chronistischer Genauigkeit der charakteristische Inhalt der Geschichte auf das überzeugendste wahrhaft zutage tritt.«[32]

---

[31]  GSD IV, 24.
[32]  GSD IV, 24f.

In der Konsequenz dessen, was Wagner als »Inhalt der Geschichte« begreift – menschliches Denken und Handeln erscheint als Ergebnis historischer Bedingungen –, hält er die Historien Shakespeares für geschichtsnäher, der historischen Wahrheit angemessener, obgleich für ihn Schiller der »größere Geschichtsforscher« ist, der sich sogar »in seinen rein historischen Arbeiten... für seine Auffassung der Geschichte als dramatischer Dichter« völlig entschuldigt habe.[33] Damit rückt Shakespeares historisches Drama in die Position des stilisierten Antipoden zu Schillers Geschichtsdrama ein, das paradigmatisch für den Umgang des modernen nachshakespeareschen Dramatikers mit der Geschichte steht. An diesem sucht Wagner die »faktische Bestätigung dessen, daß wohl für Shakespeare, auf dessen Bühne für die Szene an die Phantasie appelliert wurde, nicht aber für uns, die wir auch die Szene überzeugend an die Sinne dargestellt haben wollen, der Historie der Stoff zum Drama zu entnehmen ist«[34].

Indem die theatergeschichtliche Entwicklung auf eine Konzentration des darzustellenden Gegenstands, die wissenschafts- und bildungsgeschichtliche Entwicklung aber auf die Entfaltung der Eigenart der Historie hinauslaufe, sehe sich der Geschichtsdramatiker vor die doppelte, in sich widersprüchliche Forderung gestellt, eine einheitlich-dichterische Form mit einem heterogenen Inhalt zu verbinden – eine Forderung, vor der selbst ein Schiller nicht hatte bestehen können. Auch er habe die »Sprödigkeit des geschichtlichen Stoffes und seine Unfähigkeit zur Darstellung in dramatischer Form« erfahren müssen; auch Schiller sei es nicht möglich gewesen, »den noch zu absichtlich von ihm zugerichteten historischen Stoff zu der von ihm ins Auge gefaßten dramatischen Einheit zusammenzudrängen«. Dennoch (oder vielmehr deshalb) gilt ihm Schillers »Wallenstein« als der »redlichste Versuch, der Geschichte als solcher Stoff für das Drama abzugewinnen«; an ihm zeigte sich exemplarisch, daß die »unmittelbar dichterische Auffassung« den historischen Gegenstand, den sie präsentieren soll, nicht dar-, sondern entstellt, mithin gerade die Anwendung der einheitlich-dramatischen Form auf die Geschichte der »Grund der Nichtigkeit unseres historischen Dramas« ist.[35]

---

[33] GSD IV, 25.
[34] Ebenda.
[35] GSD IV, 23ff.

218

Mit dieser Konsequenz werden daher nicht etwa die »Irrwege des Geschichtsdramas«, sondern dessen »*Idee*« angegriffen; es wird »dasjenige Bestreben« bekämpft, welches aus literaturwissenschaftlicher Sicht »immer wieder als das innerste der bedeutenden Geschichtsdramatiker« anzusehen ist.[36] Hieraus erhellt, wie nicht nur die historistische Grundauffassung von der »Idee« in der Geschichte mit der Aktualität geschichtsdramatischer Darstellung im 19. Jahrhundert korrespondiert, sondern nicht minder der auf Tatbestand und Chronologie reduzierte Geschichtsbegriff Wagners mit seiner Forderung nach Abgrenzung der dramatischen Darstellungsform von einer Geschichte, die ihre »Idee« an den Mythos verlor.

Die Definition des Geschichtsdramas oder »historischen Dramas« (Wagner verwendet ausschließlich diesen Terminus) über den Stoff, wie Wagner sie vornimmt, ist hierbei keinesfalls selbstverständlich. Schließlich kann auch die »vom Dichter intendierte gedankliche Aussage«, d.h. hier, das Anliegen, »Geschichte zu deuten«, ein »Geschichtsbild zu geben«, zum Gattungskriterium erhoben werden.[37] Demzufolge wären Schillers »Wallenstein« und Wagners »Ring« – als (Welt-)Geschichte deutende Dramen – lediglich Varianten ein und derselben poetologischen Gattung, welche die in beiden Werken krass differierenden Wirklichkeitsdimensionen schlichtweg in die Pluralität der Deutungen aufhebt.

»Daß die wahre Geschichte kein Stoff für das Drama ist«, – mit dieser Grundthese zieht Wagner auch eine radikale Konsequenz aus der über Aristoteles tradierten und rezipierten Funktionstrennung von Dichtung und Geschichtsschreibung, derzufolge der Historiker das »wirklich Geschehene«, das »Besondere« behandelt, während der Dichter für das, »was geschehen könnte«, zuständig ist, also »mehr das Allgemeine«, das »nach den Regeln der Wahrscheinlichkeit oder Notwendigkeit Mögliche« im Auge hat.[38] Diese Abgrenzung, die erst mit der Herausbildung

---

[36] Friedrich Sengle, Das historische Drama in Deutschland. Geschichte eines literarischen Mythos, 2. Aufl., Stuttgart 1969, S. 246.

[37] Neubuhr, Geschichtsdrama, a.a.O., S. 3 f.

[38] Aristoteles, Poetik, übersetzt u. hg. v. Manfred Fuhrmann, Stuttgart 1982, 9. Kap., S. 29. Der Herausgeber weist mit Recht darauf hin, daß Aristoteles mit diesem Räsonnement der Geschichtsschreibung, »die ja ebenfalls im Individuellen und Einmaligen das Typische und Repräsentative hervortreten lassen soll«, nicht gerecht werde (s. ebenda, S. 113), – eine Kritik, die für den Kunsttheoretiker Wagner nicht weniger zutrifft.

der wissenschaftlichen Historiographie im 17. Jahrhundert praktisch relevant zu werden beginnt (im Mittelalter bis in die Barockzeit hinein bestanden keine gravierenden Unterschiede zwischen dem Geschichtsverständnis der Historiker und dem der historischen Dichter[39]), erfährt im Zeitalter der Aufklärung eine deutliche Verschärfung. Das sukzessiv anwachsende Potential an Geschichtswissen durchdringt die Bereiche der Kunst und Poesie und fordert diese heraus, sich gegen geschichtskundige Bevormundung zu wehren. Die mit Hilfe des neu entwickelten Instruments der ästhetischen Theorie erprobte Emanzipation des Dichterischen von den Anforderungen eines breiter und schärfer werdenden Geschichtsbewußtseins findet sich bei Gottsched in ersten Andeutungen, bei Lessing in ihrer konsequentesten Ausprägung:

> »...die Tragödie ist keine dialogierte Geschichte; die Geschichte ist für die Tragödie nichts, als ein Repertorium von Namen, mit denen wir gewisse Charaktere zu verbinden gewohnt sind. Findet der Dichter in der Geschichte mehrere Umstände zur Ausschmückung und Individualisierung seines Stoffes bequem: wohl, so brauche er sie. Nur daß man ihm hieraus eben so wenig ein Verdienst, als aus dem Gegenteile eine Verbrechen mache!«[40]

Nach Lessing kann der Dichter in allem, »was die Charaktere nicht betrifft«, von der »historischen Wahrheit« abgehen »so weit er will«[41]. Darum hieße es, den Dichter, »ihn und seinen Beruf verkennen«, wollte man sein Werk –

> »mit der Chronologie in der Hand untersuchen; ihn vor den Richterstuhl der Geschichte führen, um ihm da jedes Datum jede beiläufige Erwähnung, auch wohl solcher Personen, über welche die Geschichte selbst in Zweifel ist, mit Zeugnissen belegen zu lassen...«[42]

Dieser Lessingschen Maxime, daß der Dichter »Herr über die Geschichte« sei,[43] zeigt sich auch Schiller verpflichtet. In seinem 1792 veröffentlichten Aufsatz »Über die tragische Kunst« betont er, der »tragische Dichter, wie überhaupt jeder Dichter, stehe nur unter dem Gesetz der poetischen Wahrheit«, so daß »die gewissenhafteste Beobachtung der

---

39  Vgl. Bernd W. Seiler, Exaktheit als ästhetische Kategorie. Zur Rezeption des historischen Dramas der Gegenwart, in: Poetica V, 1972, S. 401.
40  Gotthold Ephraim Lessing, Hamburgische Dramaturgie, 24. Stück, in: Lessings Werke, 6 Bde., Berlin o.J., Bd. 3, S. 88.
41  Ebenda, 23. Stück, S. 86.
42  Ebenda, 24. Stück, S. 87.
43  Lessing, Aus den Briefen, die neueste Litteratur betreffend (1759/60), in: ders., Werke, a.a.O., Bd. 5, S. 91.

historischen [Wahrheit] ihn nie von seiner Dichterpflicht lossprechen, nie einer Übertretung der poetischen Wahrheit... zur Entschuldigung gereiche« könne. Auch dann, »wenn sich der Dichter selbst durch eine ängstliche Unterwürfigkeit gegen historische Wahrheit seines Künstlervorrechts begeben und der Geschichte eine Gerichtsbarkeit über sein Produkt stillschweigend eingeräumt haben sollte«, fordere »die Kunst ihn mit allem Rechte vor ihren Richterstuhl...«. Es verrate daher »sehr beschränkte Begriffe von der tragischen Kunst, ja von der Dichtkunst überhaupt, den Tragödiendichter vor das Tribunal der Geschichte zu ziehen«[44].

Dieses Plädoyer Schillers zugunsten der »poetischen Wahrheit« scheint nicht zuletzt ihm selbst zu gelten, da er sich in der Folgezeit, und nirgends so sehr wie in seinem »Wallenstein«, viel weitgehender von der Eigentümlichkeit des historischen Stoffes hat leiten lassen, als seine ästhetische Konzeption dies zuzulassen scheint. Sein Ringen mit dem »rohen Stoff« zeigt die ambivalente Haltung, die er angesichts eines gegenüber dem dichterischen stark angewachsenen – historischen Eigenanspruchs einnimmt:

> »Was die dramatische Handlung, als die Hauptsache, anbetrifft, so will mir der wahrhaft undankbare und unpoetische Stoff freilich noch nicht ganz parieren, es sind noch Lücken im Gange, und manches will sich gar nicht in die enge Grenzen einer Tragödien-Ökonomie herein begeben.«[45]

Genau an dieser Beobachtung – Schiller wehrt sich in seiner Eigenschaft als Dichter gegen die Anforderungen des Historikers in ihm – setzt Wagners Fundamentalkritik an der Gattung des Geschichtsdramas ein. Diese richtet sich zugleich auch gegen die trilogische Form, die Wagner als Konzession an den historischen Gegenstand empfindet, der nichtsdestoweniger unbezwungen geblieben sei. Im »Wallenstein« werde eine »an Stoff verhältnismäßig gar nicht überreiche Periode, bloß wegen der Umständlichkeit der Motivierung eines zur Unklarheit getrübten historischen Momentes, mehrteilig gegeben«, während Shakespeare »auf seiner Bühne den ganzen Dreißigjährigen Krieg in drei Stücken« gegeben hätte.[46]

---

[44]  Schillers Sämmtliche Werke, 12 Bde., Stuttgart 1887, Bd. 11, S. 354.
[45]  Brief v. 28. November 1796, in: Briefwechsel zwischen Schiller und Goethe, hg. v. Hans Gerhard Gräf u. Albert Leitzmann, 3 Bde., Leipzig 1912, Bd. 1, S. 265.
[46]  GSD IV, 25.

Wenn also Schiller – in seinen Dramen wie in seiner Dramentheorie – sich zunächst und vordringlich der »poetischen Wahrheit« verpflichtet glaubt, dann aber, bei der Konzeption seines »Wallenstein«, von der Problematik der »historischen Wahrheit« eingeholt wird, so dient Wagner dieser Konflikt als Ansatz und Bestätigung seiner These von der sachlichen wie künstlerischen »Nichtigkeit« des Geschichtsdramas überhaupt. Weiterhin hätte dann auch Schiller »die Rücksicht auf die Historie immer mehr fallen lassen«; er hätte die Historie zunehmend als »Verkleidung« eines »gedankenhaften Motives« verwendet und dieses in eine Form gebracht, die er »als rein künstlerisch zweckmäßigste« – nicht aber sachlich gerechtfertigte –, so vor allem in der »Braut von Messina«, der »griechischen Tragödie« entnahm.[47]

Damit ist Schiller in Wagners teleologischer Literaturgeschichtsschreibung vom Weg zum »wahren Drama« auf halber Strecke abgekommen. Er hat zwar die »Rücksicht auf die Historie« in ihrer Quellenbezogenheit fallen lassen, nicht aber zugleich den historischen Gegenstand selbst, um damit die unausweichliche Konsequenz aus der »Wallenstein«-Erfahrung zu ziehen, daß nämlich der Konflikt zwischen historischer Wahrheit und künstlerischer Darstellung im Drama nicht zu lösen sei. Infolgedessen hätte Schiller der dramatischen Form auf spekulative Weise nachkommen müssen, anstatt sie – quasi empirisch – aus der Eigenart des Gegenstandes selbst zu gewinnen, was ihn entweder, wie Goethe, zum (historischen) Roman oder eben zum mythischen Drama hätte führen müssen.

Daß Schiller mit seiner Dramenkonzeption nur Halbes zu leisten vermochte, sucht Wagner überdies aus der Diskrepanz zwischen künstlerischem Ideal und historischer Wirklichkeit zu erklären. Schillers Streben nach dem »Idealen überhaupt« hätte ihn zur »antiken, reinen Kunstform« geführt, die jedoch mit dem »poetischen Lebenselemente« der eigenen Zeit nicht zu vereinbaren war. Der »Widerspruch unserer Lebenszustände« habe den Dichter für die Kunst im Widerspruch zwischen »Stoff und Form«, in der Lebenswirklichkeit zwischen »Mensch und Natur« festgehalten.[48]

---

47  GSD IV, 25f.
48  GSD IV, 27f.

Was der Musikdramatiker Wagner beim Dramendichter Schiller als unüberbrückbare Gegensätze aufeinanderprallen sieht, führt er schließlich auf die Unvereinbarkeit zweier grundsätzlich verschiedener Lebensanschauungen zurück. Das aus der antiken Tragödie und dem sie tragenden mythischen Weltverstehen abgeleitete »Wesen der wahren Kunst« kollidiert für den Dichter als »Form« mit dem »Inhalt« des modernen Lebens, ist diesem doch durch Historisierung und Rationalisierung des Bewußtseins eine neue, eine andere Form des Denkens zugewachsen. – Wie aber will Wagner selbst diesem geschichtlichen Zwiespalt entrinnen und in (geschichts-)wissenschaftlicher Zeit dem der Antike entnommenen Ideal einer »höheren Kunstanschauung« genügen?

# D. Das »Unvergleichliche des Mythos« –
## Wagners Mythostheorie

Auf dem Weg der Konzeptualisierung des Musikdramas bedient der Nicht-Historiker Wagner geschichtstheoretische Argumente, um die Geschichte als Gegenstand für das Drama auszuschließen; er operiert analog mit mythostheoretischen Argumenten, um demgegenüber die Unabdingbarkeit des Mythos zu erweisen. Er hinterfragt den dichterischen Stoff auf das ihn strukturierende Verhältnis zur Wirklichkeit: Was *ist* Geschichte, daß sie sich mit der dramatischen Darstellungsform als inkompatibel erweist? Was *ist* Mythos, daß sich in ihm Kunst und Drama als präfiguriert zeigen? Im Hinblick auf die griechische Tragödie erklärt Wagner:

> »...nur der griechischen Weltanschauung konnte bis heute noch das wirkliche Kunstwerk des Dramas entblühen. Der Stoff dieses Dramas war aber der *Mythos*, und aus seinem Wesen können wir allein das höchste griechische Kunstwerk und seine uns berückende Form begreifen.«[1]

Anhand der griechischen Tragödie formuliert Wagner seine These von der Gründung des dramatischen Kunstwerks im Mythos; sie ist ihm Paradigma für das »Kunstwerk der Zukunft«, meint er doch in ihr die für das Drama allzeit unabdingbare, mythisch begründete Einheit von Stoff und Form, Inhalt und Anschauungsform zu finden. Worin aber sieht er das »Wesen« des Mythos, daß nicht nur die antike, sondern auch die moderne wissenschaftlich-historische Welt in ihm die Voraussetzung ihrer dramatischen Kunst zu erkennen hätte? – Wagners Gedanken zu Entstehung und Funktionsweise des Mythos eröffnen Perspektiven, die das musikdramatische Werk in seinem Anspruch wie in seiner Wirkungskraft und Wirkungsgeschichte als Kunst in Relation zu den kulturgeschichtlichen Mächten Wissenschaft und Religion zu sehen erlauben.

## 1. Gegenwärtigkeit der »natürlichen Erscheinungen«

Für Wagner ist und entsteht Mythos in der Begegnung des Menschen mit der Natur. Die »natürlichen Erscheinungen« bilden den Gegenstandsbereich, aus dem mythisches Gestalten, mythische Gestalten

---

[1] GSD IV, 31.

hervorgehen.[2] Im Gegensatz zur Geschichte, die einer ein für allemal vergangenen Wirklichkeit verpflichtet bleibt, bezieht sich der Mythos auf eine Wirklichkeit, die im Raum zwischen Himmel und Erde durch beständige Wiederkehr ebenso gegenwärtig und sinnlich wahrnehmbar ist, wie die historische Wirklichkeit in der Zeit ungegenwärtig und unanschaulich ist.

Zu dieser Frage nach dem Woher und Woraus mythischen Denkens, der Bestimmung des Bezugsgegenstands (wie sie in den »Wibelungen« behandelt und auf die Geschichte angewendet wird), tritt nun die Frage nach dem Wie und dem Was mythischen Bildens. Die Entstehung des Mythos aus der Naturanschauung wird einer transzendental-ästhetischen Betrachtung unterzogen, die über Eigenart und Aussagewert des Mythos Auskunft geben soll.

## 2. »Verarbeitung« durch »Verdichtung« – das »Werk der Phantasie«

In der Entgegensetzung von Geschichte und Mythos sind es mithin nicht nur die Objektbereiche, die divergieren, sondern wesentlich die Formen ihrer Aneignung, ihrer »Verarbeitung«. Wie die Historie aufgrund ihrer »ungegenwärtigen Beziehungen«[3] sowie der zeitlichen und logischen Sukzession ihrer Ereignisse ein Ergebnis wissenschaftlich rationaler Erkenntnis sei, so der Mythos, relativ zur Wiederholungsstruktur und sinnlichen Präsenz seines Gegenstandsbereichs, ein »Werk der Phantasie«, eine »Geburt der dichterischen Einbildungskraft«[4]. Die Konnotationen Wissenschaft und Wirklichkeit für die Historie, Phantasie und Fiktion für den Mythos werden unmittelbar nahegelegt, um nachfolgend desto gründlicher destruiert zu werden. Was aber leistet im Prozeß der Mythogenese die »Phantasie«? Wagner erläutert:

> »Wie das Auge die entfernter liegenden Gegenstände nur in immer verjüngtem Maßstabe aufzunehmen vermag, kann auch das Gehirn des Menschen... sie nur nach dem verjüngten Maße der menschlichen Individualität erfassen. In diesem Maße vermag aber die Tätigkeit des Gehirnes die ihm zugeführten, nun von ihrer Naturwirklichkeit losgelösten Erscheinungen zu den umfassendsten neuen Bildern zu gestalten... und diese Tätigkeit des Gehirnes nennen wir *Phantasie*.«[5]

---

[2]  Vgl. GSD II, 130 u. IV, 32, 38 u. passim.
[3]  GSD IV, 79.
[4]  GSD IV, 31.
[5]  GSD IV, 30.

Mit dieser Charakterisierung legt Wagner die Fundamente seiner Mythostheorie. Im Mythos nämlich würden die Erscheinungen gerade so erfaßt, »wie sie das leibliche Auge zu sehen vermag, nicht wie sie an sich wirklich sind«. Die mythenbildende Phantasie nimmt die »äußeren Erscheinungen« unter Loslösung von ihrer »Naturwirklichkeit« in Analogie zur perspektivischen Verschiebung von Gegenständen im Raum nach einem »verjüngten Maße« auf, um sie hernach zu den »umfassendsten neuen Bildern zu gestalten«[6].

Wagner stellt somit erkenntnistheoretische – und nicht etwa historische oder poetologische – Überlegungen an, um Art und Bedeutung des Mythos zu kennzeichnen.[7] Dieser wird über den Phantasiebegriff ganz auf die erfahrbare Wirklichkeit bezogen und gerade nicht von ihr entfernt. Im Mythos würde die »große Mannigfaltigkeit der Erscheinungen« (um den »Eindruck der Unruhe« zu überwinden) in einem als ursächlich erfahrenen »Zusammenhange« wahrgenommen. »Gott und Götter« seien die »ersten Schöpfungen der menschlichen Dichtungskraft«, in denen sich »das Wesen der natürlichen Erscheinungen als von einer Ursache hergeleitet« darstelle.

Mythos entsteht hiernach aus dem Bedürfnis, Wirklichkeit zu erschließen. Dabei werden die vielgestaltigen Erscheinungen einem Ordnungsprinzip unterstellt, das sie dem Kompetenzbereich verschiedener Götter zuweist. Diese gelten mithin als causae efficientes der Erscheinungen und würden als solche, als die »gedichtete Ursache« dieser Erscheinungen, »so deutlich wie möglich« dargestellt, nämlich »in derjenigen Gestalt«, die dem Menschen, dem »Wesen seiner rein menschlichen Anschauung am bestimmtesten entspricht«, und die »auch als äußerliche Gestalt ihm die verständlichste ist«. Wagner unterstellt dem Menschen eine Anschauungsweise, die ihn im Sein und Wirken der Natur menschliche Gestalten und menschliches Handeln, die ihn die »äußeren Erscheinungen... nach dem verjüngten Maße der menschlichen Individualität« sehen und erkennen heißt. Wie ihm die »menschliche Gestalt die begreiflichste« sei, werde ihm das »Wesen der natürlichen Erscheinungen« gerade durch »Verdichtung zur menschlichen Gestalt begreiflich«[8].

---

6  GSD IV, 30f.
7  Vgl. Kropfinger, OuD 416.
8  GSD IV, 30ff.

Für Wagner ist der Mythos daher als Medium der Aneignung von Wirklichkeit entstanden. Die mythischen Gestalten sind aus einem Prozeß der »Verdichtung« hervorgegangen, der darauf abzielt, »den weitesten Zusammenhang der mannigfaltigsten Erscheinungen in gedrängtester Gestalt... zu versinnlichen«. Dieses »Verfahren des Mythos« folgt dabei einem Gesetz, das sein ›verjüngendes Maß‹ dem Wesen der »menschlichen Individualität« entnimmt; denn in dieser fände sich »das verdichtete Bild der Erscheinungen selbst, in welchem diese sich dem Menschen erkenntlich darstellen«[9]. Die menschliche Gestalt als Gott oder Held im Mythos ist Kristallisation ausgedehnter, amorph erscheinender Wirklichkeit und – als solche – »Werk der Phantasie«. Wenn Wagner daher »Gott und Götter« als zur »menschlichen Gestalt« verdichtete Wirklichkeit beschreibt, wird ihm diese menschliche Gestalt zum Baustein mythischer Wirklichkeitserfahrung, bezeichnet sie ihm eine Achse des Koordinatensystems mythischer Ontologie.

Gehört es zum Wesen des Mythos, Erscheinungen der Wirklichkeit zu »plastischer Dichtheit« zusammenzudrängen, so sieht Wagner dieses Formprinzip nicht nur beim griechischen Mythos wirksam, an dessen Beispiel er seine Theorie der polykonzentrischen Aufnahme und Wiedergabe von Erscheinungen der Außenwelt exemplifiziert. Nicht nur im griechischen Mythos sei der »weitverzweigteste Umfang der Erscheinungen zu immer dichterer Gestalt zusammengedrängt« worden, nicht allein der Inhalt des griechischen Mythos sei »seiner Natur nach von dieser umfangreichen, aber dichtgedrängten Beschaffenheit«[10]. Auf der Suche nach dem »Wesen des Mythos« findet Wagner dieses Merkmal auch in Mythen der christlichen und germanischen Überlieferung.

Es trifft daher nicht zu, daß sich für Wagner »»die heimische Sage der neueren europäischen, vor allem aber der *deutschen* Völker‹ grundlegend von den Mythen der Griechen« unterscheidet.[11] Er betont vielmehr ausdrücklich, daß der Mythos der mitteleuropäischen Völker »wie der der hellenischen, aus der Naturanschauung zur Bildung von Göttern und Helden« erwachsen sei.[12] Es sind lediglich verschiedene Aspekte des Mythos als Anschauungsform, die Wagner den kulturgeschichtlich diffe-

[9]  GSD IV, 31f.
[10]  GSD IV, 33f.
[11]  Ulrich Müller, Richard Wagner und die Antike, in: RWHb 13.
[12]  GSD IV, 38.

rierenden Gestaltungen entnimmt. So meint er, in der Siegfriedsage »mit ziemlicher Deutlichkeit bis auf ihren ursprünglichen Keim« blicken zu können, »der uns nicht wenig über das Wesen des Mythos überhaupt« belehre:

> »Wir sehen hier natürliche Erscheinungen, wie die des Tages und der Nacht, des Auf- und Unterganges der Sonne, durch die Phantasie zu handelnden und um ihrer Tat willen verehrten oder gefürchteten Persönlichkeiten verdichtet, die aus menschlich gedachten Göttern endlich zu wirklich vermenschlichten Helden umgeschaffen wurden, welche einst wirklich gelebt haben sollten, und von denen die lebenden Geschlechter und Stämme sich leiblich entsprossen rühmten. Der Mythos reichte so, maßgebend und gestaltend, Ansprüche rechtfertigend und zu Taten befeuernd, in das wirkliche Leben hinein, wo er als religiöser Glaube nicht nur gepflegt wurde, sondern als betätigte Religion sich selbst kundgab.«[13]

Die Siegfriedsage bietet (als mythologisches Substrat der »Wibelungen«-Weltgeschichte) gleichsam das ganze Spektrum des Mythos – von seiner Entstehung aus der Naturanschauung über die Vermenschlichung der Götter bis zu seiner Vergeschichtlichung – auf und gibt damit, über die Genese und Strukturanalyse mythischen Denkens hinaus, ein Stück Historio-Mythographie, den Versuch zur historischen Verifikation mythischer Urbilder. An Mythostheorie entnimmt Wagner der Siegfriedsage – als zweites Basiselement mythischer Ontologie – die »Verdichtung« vielfältig sich darbietender Wirklichkeit zu Ereigniskomplexen, zu »Handlungen«.

Diese »Handlungen« in Mythos und Heldensage entspringen jedoch nicht der Beliebigkeit wechsellauniger Phantasie; sie formieren sich vielmehr jeweils zu einem »Typus von Begebenheiten«, dessen Wurzel – nicht anders als bei der Personifikation von Naturereignissen – in die Tiefen der »religiösen Naturanschauung« reicht:

> »...so mannigfaltig diese gedichteten und besungenen Handlungen [des ›zur Heldensage gestalteten religiösen Mythos‹] aber auch sich geben mochten, so erschienen sie doch alle nur als Variationen eines gewissen, sehr bestimmten Typus von Begebenheiten, den wir... auf eine einfache religiöse Vorstellung zurückzuführen vermögen. In dieser religiösen, der Naturanschauung entnommenen Vorstellung hatten, bei ungetrübter Entwickelung des eigentümlichen Mythos, die buntesten Äußerungen der unendlich verzweigten Sage ihren immer nährenden Ausgangsquell.«[14]

---

[13] Ebenda.
[14] GSD IV, 38f.

Wie aus der im »religiösen Mythos« gebannten »Naturanschauung« (und erst sekundär aus seinen »Variationen«) die Belehrung über das »Wesen des Mythos« zu ziehen sei, so ist es die religiös-mythische Naturanschauung,[15] von welcher die beiden Achsen zur Konstituierung mythischer Wirklichkeitserfahrung ihren Ausgang nehmen. In ihr gründet der »Urmythos«[16] wie alle ihm verwandten, Geschichte adaptierenden »Gestaltungen der Sage«. Denn mochten diese »bei den vielfachen Geschlechtern und Stämmen sich aus wirklichen Erlebnissen immer neu bereichern, so geschah die dichterische Gestaltung des neu Erlebten doch unwillkürlich immer nur in der Weise, wie sie der dichterischen Anschauung einmal zu eigen war, und diese wurzelte tief in derselben religiösen Naturanschauung, die einst den Urmythos erzeugt hatte«[17].

Die »dichterische Anschauung« wird als Erbin der »religiösen Naturanschauung« begriffen und Dichtung, »dichterische Gestaltung« damit über den Mythos, die mythische Form der Organisation von Wirklichkeit definiert und legitimiert. Das die religiöse Naturanschauung regierende Kategorialsystem speist Mythos und Dichtung gleichermaßen. Mythische Anschauung und Mythos, dichterische Anschauung und Dichtung werden ursprünglich aufeinander bezogen und gelten als ebenso unmittelbar verwandt, wie sie zu dem Prinzip historischer, wissenschaftlich-rationaler Wirklichkeitsauffassung in diametralem Gegensatz stehen.

Für Wagner liegt daher im Mythos der Ursprung der Kunst. In ihr sieht er das mythische Prinzip der »Verdichtung«, der verdichtend-dichterischen Aneignung von Wirklichkeit konstitutiv wirksam. Damit erfährt die Kunst ihre Wertigkeit und Verbindlichkeit über den Mythos, über die mythische Ontologie und kann so als das Ästhetisch-Andere nicht länger der Sphäre des schlechthin Irrealen zugewiesen werden. Die Kunst wird vielmehr der Ort, wo im verdichtenden »Verfahren des Mythos« *Wirklichkeit* angeschaut, erlebt und erkannt werden kann.

Diese Form der Wirklichkeitserfahrung kommt in Kunst und Mythos sowohl rezeptiv wie reproduktiv zur Anwendung – wie der Mensch »auf

---

[15] In Wagners Terminologie bezeichnet ›mythisch‹ mehr den formalen Aspekt, d.i. die »Verdichtung« von Wirklichkeit zu »Persönlichkeiten« und »Handlungen«, ›religiös‹ zielt mehr auf den inhaltlichen Aspekt der Beziehung des Menschen zu den Göttern.

[16] In »Oper und Drama« verwendet Wagner die griechische Schreibweise, in den »Wibelungen« die latinisierte Form.

[17] GSD IV, 39.

zwiefache Weise Dichter« sei: »in der *Anschauung* und in der *Mitteilung*«. Dabei bedarf es zur Betätigung dieses Wechselverhältnisses eines kollektiven Fundaments, einer »gemeinsamen Anschauung«, da sich nur das »künstlerisch wiederum mitteilen« lasse, was »dieser gemeinsamen Anschauung erkenntlich« ist.[18] Der Mythos wird so antikisch als ein »unmittelbarer künstlerischer Lebensakt«[19], als »Gedicht einer gemeinsamen Lebensanschauung«[20] gefaßt.

Gilt der Mythos somit als »Bedingung der allgemeinen Mitteilbarkeit eines verbindlichen Stoffes«, da in ihm »Welt auf eine zwar eigentümliche, aber in ihrer Individualität gleichwohl Mitteilung verbürgende Art und Weise schematisiert« gedacht ist,[21] so endet dieser Mythos *als solcher* doch nicht mit der Gemeinschaft, die sich seiner auf eine ihr eigentümliche Weise bedient. Im Gegenteil: Aufgrund seiner ontologischen Struktur ist der Mythos nicht nur »Bedingung der allgemeinen Mitteilbarkeit«, sondern auch Bedingung der allgemeinen Erkennbarkeit von Welt und wirkt daher wesentlich gemeinschaftsbildend. Mit dieser Einsicht in die Wechselbeziehung von Mythos und Gemeinschaft, die sich in der transzendental-ästhetischen Grundlegung seines Mythos- und Kunstbegriffs ausspricht, übertrifft der Kunsttheoretiker (und Künstler) Wagner den Sozialrevolutionär Wagner bei weitem. Denn die Götter des Mythos werden nicht dadurch »irreal«, daß sich eine »Form von Klassenherrschaft, die Gruppen der Gesellschaft gegeneinander differenziert«, der Gemeinschaft bemächtigt und »das Kunstwerk als Gesamtrepräsentation aller – als demokratische Repräsentation – vereitelt«[22]. Diese Götter sind als Kondensate mythisch verdichteter Wirklichkeit immer zugleich Ausgangspunkt potentiell – in welcher Sozialformation und Größenordnung auch immer – neu sich konstituierender Gemeinschaften.

### 3. Religiöser Naturmythos und christlicher Anti-Mythos

Nichtsdestoweniger ist es eine Tatsache, daß die Epochen, in denen mythisches Denken umfassend wirksam und vergleichsweise alternativlos war – und denen Wagner das Paradigma seines Kunstschaffens

---

[18] GSD IV, 30f.
[19] SSD XII, 266.
[20] GSD IV, 34.
[21] Manfred Frank, Gott im Exil. Vorlesungen über die Neue Mythologie II. Teil, Frankfurt a.M. 1988, S. 77f.
[22] Ebenda, S. 78.

entnimmt –, im Jahrhundert der Geschichte längst der Vergangenheit angehören. Das historische Bewußtsein hat den Mythos eingeholt und zwingt auch den Mythodramatiker dazu, Mythos und Kunst kulturgeschichtlich einzuordnen und für die Gegenwart und Zukunft eigens zu rechtfertigen. Hierzu gibt er einen kulturgeschichtlichen Abriß mythischer Natur- und Kunstanschauung in Gestalt einer Verfallsgeschichte.

Ausgehend von einer Zeit, in der die »dichterisch gestaltende Kraft« der Völker noch eine »religiöse, unbewußt gemeinsame, in der Uranschauung vom Wesen der Dinge wurzelnde« gewesen sei, beobachtet Wagner für die Folgezeit den Verlust dieser mythisch-religiösen Bindung. Dieser hätte für den eigenen Sprachraum literaturgeschichtlich die »Zersplitterung und das Ersterben des deutschen Epos« erbracht, das jetzt nur noch in den »wirren Gestaltungen des ›Heldenbuches‹« greifbar sei. Die »ungeheure[n] Masse von Handlungen«, die um so größer anschwelle, als jeder »eigentliche Inhalt« ihnen abgehe, wird zum Indiz für den Niedergang künstlerisch-dichterischer Gestaltung überhaupt:

> »Wo zuvor in der religiösen Volksanschauung der einheitlich bindende Haft für alle noch so mannigfaltigen Gestaltungen der Sage gelegen hatte, konnte nun, nach Zertrümmerung dieses Haftes, nur noch ein loses Gewirr bunter Gestalten übrigbleiben, das halt- und bandlos in der nur noch unterhaltungssüchtigen, nicht mehr aber schöpferischen Phantasie herumschwirrte. Der zeugungsunfähig gewordene Mythos zersetzte sich in seine einzelnen, fertigen Bestandteile, seine Einheit in tausendfache Vielheit, der Kern seiner Handlung in ein Unmaß von Handlungen. Diese Handlungen, an sich nur Individualisierungen einer großen Urhandlung, gleichsam persönliche Variationen *derselben*, dem Wesen des Volkes als dessen Äußerung notwendigen *Handlung*, – wurden wiederum in der Weise zersplittert und entstellt, daß sie nach willkürlichem Belieben in ihren einzelnen Teilen wieder zusammengesetzt und verwendet werden konnten...«[23]

Wagner beschreibt das geistes- wie kunstgeschichtlich bedeutsame Phänomen der Umwandlung des Mythos in Mythologie und die damit verbundene Entstehung mythologischer Derivate. Diesen Zerfall des Mythos als eines allgemein verbindlichen Erfahrungssystems sieht er freilich nicht positiv als Zuwachs an Erkenntnis und Verfügbarkeit, sondern ausschließlich negativ als Verlust des wahrhaft Dichterischen. Das Zerbrechen des Mythos als eines gültigen Orientierungs- und Verständigungsrasters ist ihm nicht ein Stück Emanzipation, ein Stück Aufklärung, schon gar nicht Fortschritt in Kunst und Dichtung. Nur

---

[23]  GSD IV, 39f.

dort, wo Mythos – noch oder wieder – als koordinierende Instanz in Kraft und nicht als Mythologie zu poetischem Material degradiert ist, sieht er Dichtung als »Verdichtung« von Wirklichkeit die ihr eigene Aufgabe erfüllen, nämlich geschichtlich nicht überholbare, sondern (bestenfalls) historisch individuell variierbare Aussagen treffen.

Diesen Verlust mythischen Denkens, mit welchem das Prinzip dichterischer Wirklichkeitsgestaltung überhaupt außer Kraft gesetzt wurde, beschreibt Wagner als Ablösung mythisch-religiöser Naturanschauung durch die christliche Weltanschauung:

> »Durch das Christentum waren alle Völker, die sich zu ihm bekannten, von dem Boden ihrer natürlichen Anschauungsweise losgerissen und die ihr entsprossenen Dichtungen zu Gaukelbildern für die fessellose Phantasie umgeschaffen worden.«[24]

Dem »ungeheuren Reichtume der Zweige und Blätter des germanischen Volksbaumes«, seinem mythologischen Potential, habe der »fromme Bekehrungseifer der Christen« nicht beikommen können. Dafür suchte er die »Wurzel... auszurotten, mit der er in den Boden des Daseins gewachsen war«:

> »Den religiösen Glauben, die Grundanschauung vom Wesen der Natur, hob das Christentum auf und verdrängte ihn durch einen neuen Glauben, durch eine neue Anschauungsweise, die den alten schnurgerade entgegengesetzt waren.«[25]

Mit dem Untergang der religiösen Naturanschauung bezeichnet Wagner den Verlust jener Kategorie mythischen Denkens, welche die typisierende »Verdichtung« der vielgestaltigen natürlichen Erscheinungen zu »Variationen« der einen »Urhandlung« leistet. Zugleich macht er den Verlust des integralen Menschenbildes für den Untergang des (griechischen) Mythos verantwortlich: Der »in sich uneinige, erlösungsbedürftige Mensch«, Träger der christlichen Weltanschauung, markiert die Aufhebung jener Kategorie mythischer Ontologie, welche die natürlichen Erscheinungen durch »Verdichtung zur menschlichen Gestalt begreiflich« macht.[26] So erklärt Wagner das Ersterben des Mythos in der

---

[24] GSD IV, 41.
[25] GSD IV, 39.
[26] GSD IV, 32 u. 36.

Geschichte (ohne dies explizit zu machen) durch die Auflösung der ihn tragenden Kategorien.

Dennoch spricht er nicht nur vom »heidnischen«, sondern – begrifflich inkonsequent – auch vom »christlichen Mythos«. War der religiöse Mythos der vorchristlichen Zeit aus der Leben und Tod integrierenden Naturanschauung und -verehrung hervorgegangen, so der christliche aus der Spaltung in Lebensflucht und Todessehnsucht durch Abwendung von der Natur; im Christentum sei der Mensch bis zu seiner »im Glauben... verwirklicht gedachten Erlösung in einem außerweltlichen Wesen« vorgeschritten.[27] Die christliche Weltanschauung erscheint als Resultat der Auflösung mythisch-religiöser Naturanschauung, die im Auseinanderbrechen ihres ganzheitlichen Weltverständnisses jene – für das Christentum konstitutive – Dualität von Immanenz und Transzendenz aus sich entlassen hat. Sie erkennt sich somit in der Negation derjenigen Prinzipien, die Wagner als Charakteristika mythischen Denkens vorstellte, und wird daher nicht als Mythos, auch nicht als ein eigenständig Anderes, sondern geradezu als Anti-Mythos gekennzeichnet.[28]

Behandelt Wagner den »christlichen Mythos« nicht als Anschauungsform, ja vermag er in ihm nur das Aufsammeln der Trümmer des einst lebendigen Mythos und seiner »üppig zeugende[n] künstlerische[n] Kraft«[29] zu erkennen – die christliche Anschauung könne »nach ihrer innersten Eigentümlichkeit eigentlich nur *diesen Tod* des Mythos beleuchten« –, wodurch sieht er dann den außer Funktion gebrachten Mythos als Ontologie ersetzt?

Auch wenn er die Frage so pointiert nicht stellt, verweist er doch sehr nachdrücklich auf die Erbin des Mythos als Denkform, indem er die entscheidende Relation herstellt zwischen Mythos einerseits und Christentum sowie Wissenschaft andererseits: Es sei die »anatomische Wissenschaft«, die – den »ganz entgegengesetzten Weg der Volksdichtung«, der »Volksanschauung«, der »Naturanschauung des Volkes« einschla-

---

[27]  GSD IV, 35ff.
[28]  Wagners Rede vom »christlichen Mythos« kann daher nur sehr bedingt jener neuen mit Feuerbach allgemeiner gewordenen Sichtweise vom Christentum als »Mythos unter Mythen« zugeordnet werden (vgl. Hans Maier, Mythos und Christentum, in: Richard Wagner – »Der Ring des Nibelungen«. Ansichten des Mythos, hg. von Udo Bermbach u. Dieter Borchmeyer, Stuttgart/Weimar 1995, S. 152), weil sie so gar nicht gemeint ist.
[29]  GSD IV, 39.

gend – »die Natur in ihre Teile zerlegte, ohne das Band dieser Teile noch zu finden«, und darum die »christliche Ansicht von der Natur« als einer »uneinigen und verdammungswürdigen« unterstützte.[30] Zurückgeblieben sei nach dem Verlust mythisch ganzheitlichen Weltverstehens – außer den dichtungstheoretisch und -pragmatisch verwertbaren »Mythemen«[31] – das »Verfahren des Mythos in der Bildung von Typen«, die Technik gewissermaßen, die sich, wie selbst die Historie und der Roman, auch die christliche Anschauung (und gleichfalls widerstrebend) aneignen mußte:

> »...die Einbildungskraft konnte endlich wieder nur wie im Mythos verfahren: sie drängte alle ihr begreiflichen Realitäten der wirklichen Welt zu gedichteten Bildern zusammen, in denen sie das Wesen von Totalitäten individualisierte und dadurch sie zu ungeheuerlichen Wundern ausstattete.«[32]

Das dem erstorbenen Mythos als isoliertes Formprinzip entnommene »Verfahren« der »Verdichtung« von Wirklichkeit sieht Wagner somit auch in der »christlichen Anschauung« wirksam, dies aber mit grundlegend anderen Ergebnissen.[33] Am Begriff des »Wunders« führt er aus, daß allein die Kunst – im Gegensatz zur dogmatisierten christlichen Lehre – durch die ihr eigene im Mythos wurzelnde »dichterische Anschauung« mythische Weltsicht weiterzutragen imstande sei.

## 4. Das »gedichtete« und das »dogmatische Wunder«

Welcher Art diese mythische Weltsicht ist, sucht Wagner an der Beschaffenheit ihrer Bausteine zu erweisen. In Abgrenzung von jener der christlichen Vorstellungswelt zugeschriebenen Spaltung der Wirklichkeit in Diesseits und Jenseits, in Mensch und Gott, sucht er die lebendige Einheit des Natürlichen und Übernatürlichen in der verdichteten Wirklichkeit numinoser Gestalten und Ereignisse aufzuzeigen.

Im »Göttermythos« erkennt er die »Individualisierung der Naturmächte«[34] zu Göttergestalten, die sich zwar »ganz nach menschlicher Eigen-

---

[30] GSD IV, 34 u. 36.
[31] Vgl. Claude Lévi-Strauss, Strukturale Anthropologie, Frankfurt a.M. 1972, S. 41ff.
[32] GSD IV, 41.
[33] Wagner gelingt es freilich dennoch (am vollkommensten im »Parsifal«), in Anwendung mythischer Kategorien auf Kernelemente des Christentums die Dualität christlicher Weltanschauung mythisch einzuschmelzen und einer integralen Welt- und Wirklichkeitsdeutung zuzuführen. In dieser Hinsicht gewinnt seine Rede vom »christlichen Mythos«, vor allem im Kontext späterer Äußerungen, wieder Bedeutung.
[34] SSD XII, 268.

schaft« verhielten, deren »Inhalt« aber dennoch von »übermenschlicher und übernatürlicher« Art sei –

> »nämlich diejenige zusammenwirkende vielmenschliche oder allnatürliche Kraft und Fähigkeit, die, als nur im *Zusammenhange* des Wirkens menschlicher und natürlicher Kräfte im allgemeinen gefaßt, allerdings menschlich und natürlich ist, gerade aber dadurch übermenschlich und übernatürlich erscheint, daß sie der eingebildeten Gestalt *eines* menschlich dargestellten Individuums zugeschrieben wird«.[35]

Vor dem Horizont dualistischer Wirklichkeitsauffassung ringt Wagner darum, das von ihm intuitiv erkannte mythische Prinzip der Verdichtung von Wirklichkeit zu einer, das Ideelle und Materielle ununterschieden in sich schließenden, menschlichen Gestalt gedanklich zu fassen und sprachlich zu artikulieren. Dabei überschreitet er die Grenzen neuzeitlicher Wirklichkeitserfahrung, da er die Gestalten des Mythos nicht nur analysiert und historisch lokalisiert, sondern als Schlüssel mythischer Wirklichkeitserfahrung unvermindert ernst nimmt. Indem er in ihnen den raumzeitlichen Konnex zugunsten einer Integration »menschlicher und natürlicher Kräfte« aufgehoben sieht, gewinnen diese mythischen Individualitäten numinosen Charakter, werden zu Göttern in menschlicher Gestalt, die schließlich als »Wunder im Dichterwerke« sich künstlerisch entfalten. Durch Vergleich mit dem christlich-dogmatischen Wunder wird die positive, Erfahrung vermittelnde Funktion des dichterischen Wunders gegenüber der sichtbaren Wirklichkeit betont:

> »Das Wunder im Dichterwerke unterscheidet sich von dem Wunder im religiösen Dogma dadurch, daß es nicht, wie dieses, die Natur der Dinge *aufhebt*, sondern vielmehr sie dem Gefühle *begreiflich* macht.«[36]

Wagner geht es darum, anhand mythischer Verdichtung von Wirklichkeit zu Gestalten und Handlungstypen Wirkenszusammenhänge sichtbar zu machen, die anders – in raumzeitlicher Entfaltung – nicht angeschaut werden können; er will gleichsam zeigen, künstlerisch Erfahrung werden lassen, »was die Welt im Innersten zusammenhält«. Diesen Anspruch verdeutlicht seine Charakterisierung und strenge Zurückweisung des Erklärungs- und Glaubensangebots der christlich-religiösen Lehre:

---

[35] GSD IV, 32.
[36] GSD IV, 82.

»Das jüdisch-christliche Wunder zerriß den Zusammenhang der natürlichen Erscheinungen, um den göttlichen Willen als *über* der Natur stehend erscheinen zu lassen. ...man forderte es als Beweis einer übermenschlichen Macht von demjenigen, der sich für göttlich ausgab, und an den man nicht eher glauben wollte, als bis er vor den leibhaften Augen der Menschen sich als Herr der Natur, d.h. als beliebiger Verdreher der natürlichen Ordnung der Dinge auswies.«[37]

Man fühlt sich an Ludwig Feuerbachs Religionskritik erinnert, die Wagner ebensosehr direkt beeinflußt hat, wie sie zu seiner Kunst und Kunsttheorie letztendlich in deutlichen Gegensatz tritt.[38] Wagners Beschäftigung mit Feuerbachschem Gedankengut[39] hat insbesondere in seinem schriftstellerischen Werk unübersehbare Spuren hinterlassen, die

---

[37] Ebenda.

[38] Es ist hier nicht der Ort, die Stationen der Feuerbach-Rezeption Wagners (soweit sie als gesichert oder zumindest als wahrscheinlich gelten dürfen) im einzelnen aufzuzeigen. Eine detaillierte Untersuchung, die von einem Wagner- wie Feuerbach-Kenner zu leisten wäre, steht bislang noch aus, auch wenn es nicht zutrifft, daß der Bedeutung Feuerbachs für Wagners kunsttheoretische Schriften bisher »fast überhaupt keine Beachtung geschenkt« wurde (so Franke 1983, Richard Wagners Zürcher Kunstschriften, a.a.O., S. 191; vgl. außer ihm Dinger, Richard Wagners geistige Entwickelung (1892), S. 254ff.; Lichtenberger, Richard Wagner, der Dichter und Denker (1904), 2. Aufl. 1913, S. 168ff.; Rudolf Lück, Richard Wagner und Ludwig Feuerbach, Breslau 1905 (Diss. Jena 1904); Arthur Drews, Der Ideengehalt von Richard Wagners dramatischen Dichtungen im Zusammenhange mit seinem Leben und seiner Weltanschauung, Leipzig 1931, S. 82ff.; Simon Rawidowicz, Ludwig Feuerbachs Philosophie. Ursprung und Schicksal, Berlin 1931 (Reprint 1964), S. 388ff. und neuerdings Manuel Cabada-Castro, Feuerbachs Kritik der Schopenhauerschen Konzeption der Verneinung des Lebens und der Einfluß seines Prinzips der Lebensbejahung auf das anthropologische Denken Wagners und Nietzsches, in: Ludwig Feuerbach und die Philosophie der Zukunft. Internationale Arbeitsgemeinschaft am ZiF der Universität Bielefeld 1989, hg. v. Hans-Jürg Braun, Hans-Martin Sass u.a., Berlin 1990, S. 443-476.) Hierbei sollten im Sinne Rawidowiczs »Einwirkung und Abhängigkeit« zwischen Feuerbach und Wagner verabsolutierend weder nach der einen (Wagner als »orthodoxer Feuerbachianer«) noch nach der anderen Seite hin (Wagners Feuerbach-Enthusiasmus als »bloße Verirrung«, als »Zufall«) gefaßt werden, sondern lediglich als »miterklärende geistige Bedingungen«, die »das historische ›Verstehen‹« unterstützen (ebd., S. 403 u. 408).

[39] Noch in seiner – das Feuerbach-Erlebnis eher bagatellisierenden – Autobiographie berichtet Wagner für den Herbst 1849 von der »innere[n] Aufregung«, die ihn »namentlich infolge des Bekanntwerdens mit den Hauptschriften Ludwig Feuerbachs« beherrscht habe (ML 442). Wagner las in jedem Fall, zumindestens auszugsweise, die »Gedanken über Tod und Unsterblichkeit« (in der Ausgabe v. 1847, Bd. 3 der ersten Gesamtausgabe; vgl. ML 442 u. SB III, 104 u. 161), »Das Wesen des Christentums« (vgl. ML 443), die »Vorlesungen über das Wesen der Religion« (vgl. SB IV, 112, ferner Briefe an August Röckel, a.a.O., S. 15, dem er ein Exemplar übersandte, u. ML 443f.). Wahrscheinlich kannte er darüber hinaus zahlreiche andere Feuerbach-Publikationen, die ihm gesprächsweise oder durch Entleihung zugänglich gemacht wurden. Ob er »Feuerbach's sämmtliche schriften«, die er vom Leipziger Verleger Wigand mehrfach anforderte bzw. anfordern ließ (zuerst am 4. August 1849; vgl. SB III, 104 u. 308), schließlich erhalten hat (am 27. Juli 1850 hatte er sie augenscheinlich noch immer nicht; vgl. SB III, 371), ist nicht bekannt.

aber nicht zurück zu Feuerbach, sondern über dessen Theologiediskurs geradewegs zu Wagners mythischer Wirklichkeitskonzeption führen. Damit sind sie Indizien für Wagners Funktionalisierung der Feuerbach-Thesen, die er im Zug seiner Restituierungsbemühungen mythischer Welterfahrung für das musikdramatische Kunstwerk vornimmt. Denn wie der systematische Vergleich zur Theorie des Wunders bei Wagner und Feuerbach zeigt, argumentieren beide wider denselben Gegner, um am Ende jedoch einen je verschiedenen Sieg zu suchen.[40]

Mit demselben Argument der Naturwidrigkeit des »dogmatischen Wunders« – der Sinnlichkeit seiner Erscheinung als Beweis für die Göttlichkeit seines Urhebers – charakterisiert und distanziert auch Feuerbach die theologisch ordinierten Wunder:

> »Allein die theistischen, religiösen Wunder übersteigen die *Kräfte der Natur*, sie haben nicht nur keinen Grund im Wesen der Natur, sondern sie widersprechen demselben«[41]; sie sind »Beweise, dass das, was wir Gesetz, Weltordnung nennen, nicht in der Natur der Dinge liegt«[42]; »sie sind Beweise, sind Werke eines *von der Natur unterschiedenen*, eines ausser- und übernatürlichen Wesens«[43]. »Das Wunder soll der thatsächliche Beweis sein, dass der Wunderthäter ein allmächtiges, übernatürliches, göttliches Wesen ist«[44], denn es »beweist... ein Gott nur seine Gottheit dadurch, dass er Gesetze abschaffen, oder wenigstens augenblicklich... suspendiren kann«[45]. »Die Wunderkraft ist... eine *sinnliche* Kraft; was ungewöhnliche, in Verwunderung setzende, aber zugleich in die *Augen* fallende Wirkungen hervorbringen kann, das gilt dem... abergläubischen Menschen für ein *höheres* Wesen«, denn: »Das Wunder ist die *Hypotheke*, auf welche hin der Misstrauische und Zweifelnde Glauben borgt«.[46]

---

[40]  Dieser Vergleich stützt sich auf Feuerbachs »Vorlesungen über das Wesen der Religion« (gehalten 1848/49 in Heidelberg, zuerst veröffentlicht als Bd. VIII der SW 1851) und auf seinen Aufsatz »Über das Wunder« (zuerst veröffentlicht 1839, dann im Bd. I der SW 1846). Beide Arbeiten gehören nicht zu den Kernstücken von Wagners Feuerbach-Begeisterung. Zu dessen Heidelberger »Vorlesungen« bemerkt er gegenüber Röckel: »Feuerbach's Buch ist gewissermaßen ein Resumé seiner ganzen bisherigen philosophischen Wirksamkeit: es ist keines von seinen eigentlichen berühmten Büchern, wie ›Das Wesen des Christenthums‹ und ›Gedanken über Tod und Unsterblichkeit‹; aber es giebt am schnellsten eine vollständige Kenntniß seines ganzen Bildungsganges und die letzte Entwickelung seiner Kritik.« (8. Juni 1853; Briefe an August Röckel, a.a.O., S. 16). Jahre später meint er sich indes zu erinnern, daß dieses Werk »mich bereits der Monotonie seines Titels wegen derart abschreckte, daß ich es Herwegh, der es mir aufschlug, vor den Augen zusammenklappte« (ML 444).
[41]  Feuerbach, Vorlesungen über das Wesen der Religion; SW VIII, 295.
[42]  Ebenda, S. 302.
[43]  Ebenda, S. 295f.
[44]  Ebenda, S. 299.
[45]  Ebenda, S. 303.
[46]  Feuerbach, Über das Wunder; SW VII, 12 u. 16.

Damit attackiert Feuerbach die Position der »modernen Christen«, der »sogenannten Denkgläubigen oder Rationalisten«, welche die »Wunder umgehen... wegschaffen und doch noch das Christentum, den christlichen Gott behalten« wollten, die also »den Gottesglauben vom Wunderglauben, die christliche Lehre von dem christlichen Wunder« und somit »den Grund von seinen Folgen, die Regel von ihrer Anwendung, die Lehre von den Beispielen, in denen sie sich erst bewährt, abtrennen« wollten.[47] Er ruft dazu auf, mit dem Wunderglauben konsequenterweise auch den Gottesglauben des Christentums aufzugeben. Wagner indessen, an der theologischen Debatte spürbar desinteressiert, greift zu dem nämlichen religionskritischen Begriff des Wunders, um dann aber gegen diesen – gleichsam entmythologisierungskritisch – seinen mythisch fundierten Begriff des gedichteten Wunders zu setzen.

Wie Wagner zur Verdeutlichung seiner positiven dichtungstheoretischen Aussage einen Negativbegriff, den des »dogmatischen Wunders«, einführt, operiert Feuerbach zur Konkretisierung seiner religionskritischen Absicht mit einem entsprechend positiv besetzten Gegenbegriff, dem des »natürlichen Wunders«: Zur »Verhütung von Missverständnissen« meint Feuerbach das von ihm der Vollständigkeit wegen zu behandelnde »*mauvais sujet*« – d.i. das Wunder »in der Bedeutung einer (angeblich) supranaturalistischen Wirkung« – gegen die »*vernünftigen* und *natürlichen* Wunder« abgrenzen zu müssen, durch welche man die »hyperphysischen Wunder plausibel zu machen gesucht« habe.[48]

> »Die sogenannten Wunder der Natur sind Wunder für uns, aber keine Wunder an sich oder für die Natur; sie haben ihren Grund im Wesen der Natur, mögen wir nun diesen entdecken und begreifen oder nicht.«[49]

Auf den ersten Blick scheint das Feuerbachsche »Wunder der Natur« mit dem von Wagner bezeichneten »Wunder im Dichterwerke« übereinzustimmen, ist letzteres doch gleichfalls als »Wunder für uns« anzusehen, da es Zusammenhänge natürlicher Wirkenskräfte in personifizierter und typisierter Form zur Anschauung bringt. Ein Gegensatz, ja eine Kluft zwischen beiden tut sich auf, betrachtet man Feuerbachs Vorstellung des natürlichen Wunders in concreto:

---

[47]  SW VIII, 298 u. 301.
[48]  SW VII, 2f.
[49]  SW VIII, 295.

»Die Wunder der Natur sind Dinge, die unsere Be- und Verwunderung erregen, weil sie über den Kreis unserer beschränkten Begriffe, unserer nächsten, gewöhnlichen Erfahrungen und Vorstellungen hinausgehen. So bewundern wir z.B. die versteinerten Gerippe von den Thiergeschlechtern, die einst auf der Erde hausten, von den Dino- und Megatherien, von den Ichthyo- und Plesiosauriern, diesen ungeheueren Eidechsenarten, weil ihre Grösse weit über das Maass hinausgeht, das wir von den gegenwärtig lebenden Thiergeschlechtern abgezogen haben.«[50]

Feuerbach spricht von Fakten, von naturgeschichtlichen Tatsachen und deren »Maass« und »Grösse«, die aufgrund ihrer raumzeitlichen Entfernung unserem Erfahrungskreis entzogen sind. Aufgrund dieser Entfernung erregten sie »unsere Be- und Verwunderung«, aufgrund unserer Unvertrautheit mit diesen nur historisch vermittelten Erscheinungen meint Feuerbach überhaupt von »Wunder« sprechen zu dürfen. Nur diese »Wunder der Natur«, diese »vernünftigen und natürlichen Wunder«, wozu er etwa auch ein »grosses oder frühreifes Genie« zählt,[51] sind für ihn akzeptabel, weil sie nicht, wie die »Wunder der Religion«, »über die Vernunft, über die Erfahrung« hinausgingen, ja der Vernunft, der Erfahrung widersprächen.[52] Das religiöse Wunder bliebe darum »stets nur ein *Gegenstand des Glaubens*«, da der »Sinn, den das Wunder hat und haben soll«, gerade darin bestünde, nicht »natürlich« erklärbar zu sein.[53] Für Feuerbach gibt es daher nur eine Konsequenz, die aus der Abweisung, aus der ›vernünftigen Widerlegung‹ des »theistischen, religiösen Wunders« zu ziehen ist:

»Wollt ihr keine Wunder, nun so wollt auch keinen Gott, geht ihr aber über die Welt, über die Natur zur Annahme eines Gottes hinaus, nun so geht auch über die Wirkungen der Natur hinaus.«[54]

Feuerbach argumentiert damit auf der Grundlage eines Realitätsverständnisses, das sich uneingeschränkt wissenschaftlicher Rationalität verdankt. Er folgt der »gängige[n] Theorie des Wunders als gelegentlicher Durchbrechung der natürlichen Ursachenkette durch ein Wesen, das diese selber gesetzt habe, also Herr derselben sein müsse« – einer Theorie also, die nach dem Urteil Rudolf Ottos als »offensichtlich falsch oder mindestens sehr oberflächlich« einzustufen ist, da sie – nicht

---

[50] Ebenda.
[51] SW VIII, 3.
[52] SW VII, 19.
[53] SW VIII, 298.
[54] Ebenda, S. 301.

weniger als die Leugnung des Wunders – »so ›rational‹ wie nur möglich« sei.[55]

Feuerbach wendet das naturwissenschaftliche Prinzip kausaler Erklärung auf den Bereich der religiösen Erscheinungen an und überträgt damit »die Methodik und Seinsvoraussetzungen der empirischen Naturwissenschaften auf Wirklichkeit überhaupt«. Seine Bestimmung des natürlichen wie des religiösen Wunders dokumentiert nur jeweils seinen naturwissenschaftlich ausgerichteten Wirklichkeitsbegriff; sie ist Ausdruck seines ungebrochen und unreflektiert im Dienst wissenschaftlicher Ontologie stehenden »Erkenntnismonismus«[56].

Für Feuerbach löst sich die Frage der Religion (und ihrer im Mythos gestalteten frühen Formen) auf dieser Grundlage eindeutig und ohne Überhang. Er beantwortet sie aufgrund naturgesetzlicher und naturgeschichtlicher Argumente rückhaltlos negativ, während sich für Wagner das Problem des Mythos und der Religion vor dem Hintergrund der Akzeptanz wissenschaftlich begründeter Religionskritik überhaupt erst zwingend stellt.

Vergleichbar mit Feuerbachs Irrationalismusvorwurf beschreibt daher auch Wagner die Verstandeswidrigkeit als Konstituens des dogmatischen Wunders. Charakteristisch für dieses sei nämlich, »daß es den unwillkürlich nach seiner Erklärung suchenden Verstand durch die dargetane Unmöglichkeit, es zu erklären, gebieterisch unterjocht und in dieser Unterjochung eben seine Wirkung sucht«. Komplement dieser Verstandeswidrigkeit beim theologischen Wunder ist damit auch für Wagner der »absolute Glaube«. Für sein Kunstverständnis ist mit dieser Feststellung jedoch noch nichts entschieden, im Gegenteil: die Frage des Mythos und der Religion erfährt einen entscheidenden Aktualisierungsschub. Gerade indem sich Wagner die religionskritischen Thesen Feuerbachs weitgehend zueigen macht, eröffnet sich ihm neben dem – der Verstandeswidrigkeit und Glaubensforderung wegen als »ungeeignet für die Kunst« zurückgewiesenen – theologischen Wunder der Bereich des dichterischen Wunders. Diesen lädt er mit anderem Sinngehalt so auf, daß er in ihm das »höchste und notwendigste Erzeugnis des künstleri-

---

[55] Rudolf Otto, Das Heilige. Über das Irrationale in der Idee des Göttlichen und sein Verhältnis zum Rationalen (1917), München 1987, S. 3.
[56] Hans-Joachim Klimkeit, Das Wunderverständnis Ludwig Feuerbachs in religionsphänomenologischer Sicht, Bonn 1965, S. 180ff.

schen Anschauungs- und Darstellungsvermögens« erkennen zu müssen glaubt.[57]

Im gedichteten Wunder werde nämlich, wie im dogmatischen gerade nicht, »ein weiter Zusammenhang zu dem Zwecke eines Verständnisses desselben durch das unwillkürliche Gefühl verdichtet«, wobei dem »dichtenden Verstande… für den Eindruck seiner Mitteilung, gar nichts *am Glauben*, sondern nur *am Gefühlsverständnis*« liege.[58] Der Terminus »Gefühlsverständnis« umschreibt hierbei wesentlich das, was für den Prozeß der Mythogenese der »Phantasie« oder »dichterischen Einbildungskraft« zugewiesen wird, nämlich »Verdichtung« als Mittel zur rezeptiven wie reproduktiven Aneignung von Wirklichkeit:

> »Es [das Gefühlsverständnis] will einen großen Zusammenhang natürlicher Erscheinungen in einem schnell verständlichen Bilde darstellen, und dieses Bild muß daher ein den Erscheinungen in der Weise entsprechendes sein, daß das unwillkürliche Gefühl es ohne Widerstreben aufnimmt, nicht aber zur Deutung erst aufgefordert wird…«[59]

Beim gedichteten Wunder wird das den Erscheinungen der Wirklichkeit durch »Verdichtung« abgewonnene Bild vom »unwillkürlichen Gefühl« fraglos aufgenommen. Es bedarf nicht der Vermittlung durch eine reflexive Instanz zu seiner »Deutung«, ja ist dieser gar nicht fähig. Denn das dichterische Wunder zeichnet sich eben dadurch aus, daß es – vom Gefühl aufgenommen – vom Verstand dennoch nicht zurückgewiesen wird.

Im gedichteten Wunder scheinen sich Verstand und Gefühl nicht, wie beim christlich-dogmatischen Wunder, als sich ausschließende Gegensätze zu verhalten, sondern in einer Weise zu vereinigen, die eine eigene Form von Rationalität zu vertreten beansprucht. Nicht anders ist Wagners Rede vom »dichtenden Verstande« zu werten, in welcher er seine Vorstellung der Einheit von Verstandestätigkeit und gefühlsverständlicher Wirklichkeitsverdichtung auf den Begriff bringt.[60] Das dichterische Wunder schließt so eine andere Form von Rationalität ein, die es zu seinem Verständnis wiederum fordert. Und diese Form zeigt in wesentlichen Punkten die Merkmale des Mythos.

---

[57]  GSD IV, 82f.
[58]  GSD IV, 82.
[59]  Ebenda.
[60]  Vgl. unten S. 251.

Mit seiner Theorie des Wunders kommt Wagner somit ganz nah an die moderne, wissenschaftstheoretisch erarbeitete Auffassung des Verhältnisses von mythischer und christlicher Gottesvorstellung heran. Hübner schreibt:

> »...für den christlichen Glauben [ist] *das Wunder* von grundlegender Bedeutung, für den Mythos aber nicht. Darauf bezieht es sich ja vor allem, wenn man ihn einen *Glauben* nennt, während der mythisch denkende Mensch zu einem Glauben nicht aufgefordert zu werden brauchte; der Mythos war für ihn ja nur eine Weise tagtäglicher Erfahrung.«[61]

Der Mythos als Erfahrungsform bedarf des Wunders nicht, welches das Gesetz aufhebt; er ist ein in sich geschlossenes System[62] und wird von Wagner als solches zum A priori seiner Kunst – der Kunst überhaupt – erhoben. Indes versteht er dessen ästhetisches Derivat, das gedichtete Wunder, aufgrund seiner Kritik des christlich-dogmatischen nicht schlichtweg säkular; er wendet sich nicht gegen die religiöse Komponente in der Deutung des Wunders überhaupt,[63] sondern gegen dessen meta-physische Auslegung. Das Wunder im Kunstwerk soll Natur, Mensch und Gott als einheitlichen Wirkenszusammenhang numinoser Kräfte zur Anschauung bringen.

Wagner übt also wie Feuerbach Kritik am christlich-dogmatischen Wunder, da dieses mit den Forderungen des Verstandes unvereinbar sei. Er geht dabei aber nicht in religionskritischer Absicht vor, sondern mit dem Ziel, die dichterische Anschauung als Form mythischen Denkens zu erweisen. Beide Fassungen des Wunders bei Feuerbach, das theistisch-religiöse wie das vernünftig-natürliche, beleuchten nur je eine Seite desselben naturwissenschaftlich fundierten Wirklichkeitsverständnisses. Dem mythisch-dichterischen Wunder in Wagners Kunsttheorie liegt dagegen eine prinzipiell andere Wirklichkeitsauffassung zugrunde. Ist das natürliche Wunder Feuerbachs wissenschaftlich-empirisch nicht greifbar, so deshalb, weil es als Faktum der Vergangenheit angehört und nur durch Rekonstruktionsversuche der Naturhistorie und ihrer Hilfsdisziplinen annäherungsweise erfaßt werden kann. Wagners mythisch

---

[61] Hübner, Die Wahrheit des Mythos, a.a.O., S. 344. Es ist das den monotheistischen Religionen fehlende Jüngersche »Daheim-Sein im Mythos«; vgl. ders., Philemon und Baucis, a.a.O., S. 117.

[62] Ebenda, S. 328.

[63] Wagner spricht vom »jüdisch-christlichen Wunder«, vom »dogmatischen Wunder« und vom »Wunder im religiösen Dogma«, nirgends aber pauschal vom »Wunder der Religion« oder vom »religiösen Wunder« – dies sind Termini Feuerbachs.

verdichtetes Wunder entbehrt gleichfalls der wissenschaftlich-empirischen Einlösung, nicht aber, weil es raumzeitlich ungegenwärtig wäre, sondern weil es auf anderen ontologischen Prämissen beruht und naturgesetzlichem Denken grundsätzlich nicht zugänglich ist.

Wagners »Wunder im Dichterwerke« als »Erzeugnis des künstlerischen Anschauungs- und Darstellungsvermögens«[64] ist Ausprägung mythischer Anschauung und Gestaltenbildung. Es erfüllt damit die Funktion, mythische Wirklichkeitserfahrung für den Bereich der Kunst zu reaktualisieren. Dieses Resultat ist freilich nur aufgrund einer philosophisch-erkenntnistheoretischen Fragestellung zu gewinnen; eine poetologisch-hermeneutische Untersuchung zum »>Wunder‹ bei Wagner« (wie sie Karl Heckel bereits 1912 versucht hat[65]) trifft nur die Außenseite. Erst vom ontologischen Fundament der Wagnerschen Dichtungstheorie aus wird das »gedichtete Wunder« als Kondensat mythischer Erfahrungsform verstehbar, wird im »Verfahren des Dichters in der Bildung seines Wunders« das »Verfahren des Mythos in der Bildung von Typen«[66], von archetypischen Gestalten und Handlungen erkennbar.

Diese Zusammenschau von Mythos und Dichtung ist damit elementarer Bestandteil der Wagnerschen Ästhetik. Von Mythos, von mythischer Anschauungsweise und mythischem Verfahren ist hier expressis verbis gar nicht mehr die Rede. Wohl aber sind es genau jene am Mythos erkannten und aufgezeigten Strukturen, die Wagners poetologische Ausführungen bestimmen.[67] Indem er jene beiden Bezugssysteme, das mythos- und das dichtungstheoretische, bis zur Ununterscheidbarkeit zusammenzieht, legt er mit dem Fundament seines ästhetischen Wollens zugleich dasjenige seiner Denk- und Anschauungsweise offen: seine Theorie des mythisch-dichterischen Gegenstands verrät selbst mythisch-dichterische Verfahrensweise.

---

[64] GSD IV, 83.

[65] In: RWJb IV, 44ff. Er bietet eine ausführliche Paraphrase der einschlägigen Abschnitte sowie einen themenbezogenen Streifzug durch das musikdramatische Werk. Wagners Theorem des dichterischen Wunders deutet er als »Wunderhaftigkeit«, als »Ergebnis dichterischer Vertiefung«. Es wird jedoch nicht gefragt, worin diese eigentlich besteht, wodurch die »poetisch verdeutlichende Aufgabe« dieses Wunders gelöst wird. Damit bleibt das Ergebnis fragmentarisch, behelfsmäßig metaphorisch, basislos.

[66] GSD IV, 82f. u. 48.

[67] Vgl. auch Hübners Interpretation des Wunders bei Wagner (Die Wahrheit des Mythos, a.a.O., S. 399), die ohne eine Differenzierung der Kontexte, des mythostheoretischen und des dichtungstheoretischen, auskommt. Sie geht von vornherein davon aus, daß mit dem Begriff des Wunders gerade nichts anderes als jene mythischen Urbilder bezeichnet sind, wobei sie sich direkt auf Äußerungen Wagners beziehen kann.

## 5. Mythos im Weltbild neuzeitlicher Wissenschaft

Gleichwohl scheint Wagner in einigen Passagen seiner Mythostheorie der Wissenschafts- und Fortschrittsgläubigkeit seiner Zeit großzügig Tribut zu zollen. Wie anders ist seine Aussage zu verstehen, wonach der im Mythos aufgefundene Zusammenhang »bloß das Werk der Phantasie« sei, weil der Mensch den »wirklichen Zusammenhang« der vielfältigen Erscheinungen noch nicht zu fassen vermöge; und wie die Behauptung zu werten, derzufolge das »Wesen der natürlichen Erscheinungen« eben für denjenigen »nur durch Verdichtung zur menschlichen Gestalt begreiflich« werde, der diese Erscheinungen »nach ihrer Wirklichkeit noch nicht erkennt«[68]?

Wagner nimmt also eine entwicklungsgeschichtliche Relativierung mythischer Wirklichkeitserfahrung vor und scheint diese auf eine Verabsolutierung moderner, wissenschaftlich bestimmter Wirklichkeitsauffassung zu gründen. Damit steht dieser fortschrittsorientierte Ansatz unvermittelt neben dem erkenntnislogisch-strukturellen, demzufolge im überzeitlich gültigen »Mythos erst das wirklich verständliche Bild des Lebens«[69] gewonnen werde.

Welchen Stellenwert will er mythischem Wirklichkeitsverständnis nun tatsächlich zuschreiben? Ordnet er sie nicht letztlich doch der ›wahren‹ Beschreibung neuzeitlicher Wissenschaft nach? Fragen tun sich auf nach dem, was hier »Wirklichkeit« heißt und wie diese zu erschließen sei; vor allem aber auch danach, wie diese Ambivalenz für Wagners Mythopoetik zu qualifizieren und zu gewichten ist. Dabei steht außer Frage, daß seine evolutionistische Mythosdeutung entscheidend beeinflußt ist durch die Lektüre Feuerbachscher Schriften.[70] Es gibt auffällige Analogien in der Sprach- und Sachbehandlung, begleitet allerdings von bemerkenswerten Abweichungen, die bis zur Umkehr der Feuerbachschen Intentionen reichen.

Gemeinsam ist zunächst beiden der Gedanke, daß die älteste Gottesvorstellung »Ausdruck des Affects, ein Ausdruck der Bewunderung«[71], daß

---

[68] GSD IV, 31f.
[69] GSD IV, 91.
[70] Vgl. auch Borchmeyer, Das Theater Richard Wagners, a.a.O., S. 135f.: Wagner habe in seiner Mythostheorie die »Genese des griechischen Mythos« im »Geiste der Feuerbachschen Religionskritik rationalistisch-spekulativ« nachgezeichnet.
[71] Vgl. Wagners enthusiastische Beschreibung der Sonne als eindrucksvollster Naturerscheinung für die mythenbildende Phantasie; GSD II, 130f.

Zeus etwa als »Gott, von dem der Donner und Blitz, Hagelschlag und Sturm, Regengüsse und Schneegestöber kommen«, die »vermenschlichte, personificirte Ursache dieser Erscheinungen« ist (wenn auch bei Wagner bezeichnenderweise nicht an die »patriarchalische Regirungsform« rückgebunden).[72] Nicht aber ist für diesen der Gott lediglich ein »poetischer Namen« für Gegenstände und Vorgänge der Natur, die sich einer nichtmythischen, naturwissenschaftlich ›aufgeklärten‹ Betrachtungsweise in gleicher Art darböten und nur einer Umbenennung bedürften in der Weise, daß man anstatt »Gott donnert, Gott regnet« sage, »Es donnert oder: Es regnet«[73].

Während somit bei Feuerbach Naturgegenstand, Naturereignis und Gottheit in gerader Linie aufeinander zugeordnet und nominalistisch zusammengeführt werden, differenziert Wagner erkenntnistheoretisch. Indem für ihn die Götter des Mythos nicht Namen für Bausteine naturaler Wirklichkeit, sondern selbst – durch Verdichtung der »Naturwirklichkeit« gewonnene – Elemente mythischer Wirklichkeit sind, sieht er in den (für Feuerbach geistesgeschichtlich längst obsolet gewordenen) Göttern mythische Anschauung bewahrt, die als dichterische Anschauung in die Zukunft fortwirken soll.

Die polytheistische Gottesvorstellung Feuerbachs ist daher von der mythischen Wagners grundlegend zu unterscheiden. Während Feuerbach die »älteste, einfachste, dem kindlichen, ungebildeten Menschen natürlichste« Gottesvorstellung dadurch gekennzeichnet sieht, daß »dieser Gott noch nichts Distinctes, nichts von der Natur und ihren Erscheinungen Unterschiedenes« ausdrücke,[74] betont Wagner gerade das die Naturwirklichkeit verändernde gestalterische Element; und während für Feuerbach das »Wesen dieser Götter... in dem Wesen der Natur verfliesst«, also »keinen persönlichen Bestand« habe,[75] behauptet Wagner dagegen die Plastizität, die Individualität der Götter als »sinnlich erkennbare[n] Persönlichkeiten«[76]. Feuerbachs Erkenntnisrealismus

---

[72] SW VIII, 180f. In seinen »Vorlesungen über das Wesen der Religion« entwickelt Feuerbach ein 3-Stufenmodell zur Klassifizierung von Gottesvorstellungen, dessen älteste, die »patriarchalische« oder »polytheistische« Form, hier zum Vergleich ansteht. Dabei ist auffällig, daß er den Ausdruck »Mythos« – auch in der Adjektivform – nicht verwendet.
[73] SW VIII, 181.
[74] SW VIII, 181.
[75] Ebenda, S. 181f.
[76] Vgl. GSD II, 123 u. IV, 31f.

erlaubt es nicht, in den frühen Götterbildungen etwas anderes als ›Natur‹ wahrzunehmen. Ganz folgerichtig verfallen diese dem Spott des Religionsaufklärers:

> »Aber was ist ein Gott, dessen Wesen der Wind ist, für ein verschwindendes, vergängliches Wesen? Oder wer kann den Gott des Windes vom Wind unterscheiden?«[77]

Die Götter des Polytheismus sind ihm Zeugen für einen Wissensstand, in dem die Menschen »noch gar keine Kenntniss, gar keine Ahnung von dem Wesen und den Wirkungen der Natur« besessen hätten; sie dokumentieren eine Bewußtseinslage, in welcher noch nicht »reflektirt«, Gott von der Natur noch nicht »kritisch unterschieden« wurde, in der es daher weder eine realistische Naturwahrnehmung noch ein abstraktes Gottesbild gibt. Für Feuerbach ist die polytheistische Gottesvorstellung, ihre »poetische Einfalt und patriarchalische Gemüthlichkeit«, damit nicht nur philosophisch, sondern auch religionskritisch obsolet (und so offenbar zugleich Restposten für die Ästhetik).[78] Wagners Götter des Mythos hingegen – unbeschadet der in ihnen nicht minder gesehenen defizienten Naturkenntnis – sind Kernstücke einer Welt, deren Strukturen in dem Maß ästhetisch interessieren, wie sie nach wie vor kognitive Bedeutung haben.

Allenfalls relevant sind die alten Götter für Feuerbach durch ihren – wenn auch nur rudimentär ausgebildeten – anthropologischen Gehalt. Sie entstammen der »Phantasie und Einbildungskraft« des »blossen Gemüthsmenschen«[79], der zu objectiver »sinnlicher Anschauung« noch nicht fähig sei; hervorgegangen aus dem Bereich subjektiver »Vorstellung«[80], sei der so entstandene Gott nichts als ein »eingebildetes, bildliches Wesen« – und als solches wesentlich »ein Bild des Menschen«[81]:

> »Die Menschen sehen zuerst die Dinge nur so, *wie sie ihnen erscheinen*, nicht, wie sie sind; sehen in den Dingen nicht sich selbst, sondern nur ihre Einbildungen von ihnen; legen ihr eigenes Wesen in sie hinein, unterscheiden nicht den Gegenstand und die Vorstellung von ihm«.[82]

---

[77]  SW VIII, 182.
[78]  Ebenda, S. 181f.
[79]  Das Wesen des Christentums; SW VI, 160f.
[80]  Grundsätze der Philosophie der Zukunft; SW II, 305f.
[81]  SW VIII, 244.
[82]  SW II, 306; bei dieser Stelle (dem ersten Teilsatz) dürfte sich Wagner unmittelbar bedient haben, vgl. GSD IV, 31.

Die frühe, zwiefach realitätsblinde Einbildungskraft forme menschliches Wesen und menschliche Gestalt zu Götterbildern, projiziere das eigene Menschsein in den Himmel – ohne sich dessen bewußt zu sein. Dies eben sei das »Wesen der Religion«, dies ihre »nothwendigen und ewigen Gesetze« – und solcherart ihr »Schicksal«[83].

Für Feuerbach sind die »gemeinen Augen« vorreflexiver Anschauung einer phantastischen Welt verhaftet: sie sehen, was nicht vorhanden ist – nicht dort vorhanden ist, wo sie es sehen –, und müßten demnach für die sinnlich-gegenständliche Wirklichkeit zuallererst eröffnet werden. Wagner hingegen glaubt, daß das noch unkundige »leibliche Auge« Wirklichkeit zwar nicht ›objektiv‹ im Sinne naturwissenschaftlicher Exaktheit, aber doch in einer Weise sieht, die – sinnlich-allzusinnlich – Göttergestalten als Medien der Selbst- und Welterkenntnis zu verwenden weiß, während sie für Feuerbach grundsätzlich weder das eine noch das andere leisten.

Feuerbachs Projektionsthese hat also auch deutliche Spuren in Wagners Argumentationsgang hinterlassen – in einem Nachtrag zu seinen »Wibelungen« spricht er von der »Befähigung« des Volkes, in Religion und Sage »sein eigenes Wesen... zu erfassen und in plastischer Personifizierung deutlich sich vorzustellen«; »Götter und Helden« seien die »sinnlich erkennbaren Persönlichkeiten, in welchen der Volksgeist sich sein Wesen darstellt«.[84] Am Ende jedoch erfährt diese These eine wesentliche Verschiebung. Wenn Wagner nämlich (mit Feuerbach) die Götter als Erzeugnisse menschlicher Einbildungskraft und insofern als Ursache einer verwirrend vielfältig erscheinenden natürlichen Umwelt deutet und diese Ursache im Wesen des Menschen »einzig nur begründet« sieht,[85] so ist zwar für ihn nicht weniger als für Feuerbach das »Wesen des Menschen« der »Grund« der Religion, nicht aber zugleich auch ihr alleiniger »Gegenstand«[86]. Für ihn sind die »religiösen Prädicate« nicht »nur Anthropomorphismen«, das »Subject derselben« nicht nur ein »Anthropomorphismus«[87]. Er läßt die mythischen Gestalten sowohl »dem Verlangen nach *faßbarer* Darstellung der Erscheinungen« der

---

83  Vgl. SW VI, 16, 325 u. passim.
84  GSD II, 123; der einschlägige Abschnitt wurde offenkundig nach einem ersten Lektüreschub von Feuerbach-Texten eingefügt.
85  GSD IV, 31.
86  SW VI, 2.
87  Ebenda, S. 21.

Außenwelt entwachsen wie »dem sehnsüchtigen Wunsche« des Menschen, »sich und sein eigenstes Wesen – dieses gottschöpferische Wesen – selbst in dem dargestellten Gegenstande wieder zu erkennen, ja überhaupt erst zu erkennen«[88].

Wagner nimmt den Projektionsgedanken Feuerbachs aus seiner psychologisch-anthropologischen Stoßrichtung heraus und verwandelt ihn im Medium erkenntnistheoretischer Begründung zur mythostheoretischen Grundidee seiner Ästhetik. Hiernach sind die Götter verdichtete Wirklichkeit in menschlicher Gestalt – und als solche von bleibendem Wert – und nicht wissenschaftlich überholte Vorstellungen des Menschen von der Welt als Abbilder seiner selbst. Hierdurch avanciert der Gott als Mensch von einer theologisch-idealistischen Projektionshülse zum Strukturelement mythischer Wirklichkeitserfahrung. Wagners Mythosdeutung ist mit ihrem transzendentalen Ansatz – trotz eines psychologistischen Überhangs – nicht eine subjektivistische, sondern insofern objektbezogen, als es stets um »Auffindung der Wirklichkeit« geht: einer Wirklichkeit freilich, die durch keine empirischen Befunde, nicht durch die neuzeitlichen »Entdeckungsreisen« und die »auf ihre Ergebnisse begründete[n] Forschungen der Wissenschaft« (sie hätten die Welt endlich enthüllt, »wie sie in Wirklichkeit ist«)[89] suspendiert werden kann.

Eröffnet sich für Feuerbach die reale, noch im Nebelschleier naiven Welt(un)verständnisses liegende Wirklichkeit als eine sinnlich-gegenständliche nur der Sinnlichkeit, dem »Prinzip der Sinnlichkeit« als dem »Prinzip eines bestimmten Erkenntnisstandpunkts«[90], so löst Wagner dieses sensualistische Prinzip von seiner empirisch-naturwissenschaftlichen Grundlage und bringt es auf die Seite des Mythos. Dort freilich gewinnt die Feuerbachsche Gleichung »Wahrheit, Wirklichkeit, Sinnlichkeit«[91] eine ganz andere Bedeutung.

---

88 GSD IV, 32.
89 GSD IV, 41.
90 Vgl. Ursula Reitemeyer-Witt, Apotheose der Sinnlichkeit? in: Ludwig Feuerbach und die Philosophie der Zukunft, a.a.O., S. 261.
91 Grundsätze der Philosophie der Zukunft; SW II, 296; vgl. dazu Cabada-Castro, Feuerbachs Kritik der Schopenhauerschen Konzeption der Verneinung des Lebens und der Einfluß seines Prinzips der Lebensbejahung auf das anthropologische Denken Wagners und Nietzsches, a.a.O., S. 459 sowie Franke, Richard Wagners Zürcher Kunstschriften, a.a.O., S. 209f.

## 6. Doppelte Verstandes-Wirklichkeit

Wagner grenzt mythische Welterfahrung (trotz ihrer bewußtseinsgeschichtlichen Vorläuferschaft) positiv von wissenschaftlicher (natur- wie
geschichtswissenschaftlicher) Welterfahrung ab. Dies leistet er nicht
zuletzt unter Verwendung eines Verstandesbegriffs, der sich als doppel-
bödig erweist, da er für wissenschaftliches und mythisches Denken
zugleich als zuständig erklärt wird.

Auf der einen – wissenschaftlichen – Seite ist der Verstand für ihn
»nichts anderes als die nach dem wirklichen Maße der Erscheinungen
geordnete Einbildungskraft«; in ihm »spiegeln sich die Erscheinungen
als das, was sie sind«[92]. »Verstand« meint hier den »reflektierenden
Verstand«[93], dessen analytisches Verfahren Wirklichkeit unverzerrt wie-
dergebe – dies aber um den Preis ihrer sinnzerstörenden Aufsplitterung:

> »Der Verstand kann die volle Wirklichkeit der Erscheinung nur erfassen,
> wenn er das Bild, in welchem sie von der Phantasie ihm vorgeführt wird,
> zerbricht und sie in ihre einzelnsten Teile zerlegt; so wie er diese Teile sich
> wieder im Zusammenhange vorführen will, hat er sogleich wieder sich ein
> Bild von ihr zu entwerfen, das der Wirklichkeit der Erscheinung nicht mehr
> mit realer Genauigkeit, sondern nur in dem Maße entspricht, in welchem der
> Mensch sie zu erkennen vermag.«[94]

Diese Art der Verstandestätigkeit liefere zwar ein richtiges, der Erscheinungswelt tatsächlich entsprechendes, in seiner Differenziertheit aber
für das menschliche Erkenntnisvermögen zugleich unfaßliches Bild der
Wirklichkeit. Faßlich und verständlich dagegen sei nur, was, der unüber-
schaubaren Mannigfaltigkeit und Detailliertheit entrissen, zu einem Bild
geformt ist, das Wirklichkeit menschlichem Sehen ursprünglich und
unmittelbar in der »Anschauung« begreiflich macht:

> »So setzt auch die einfachste Handlung den Verstand, der sie unter dem
> anatomischen Mikroskope betrachten will, durch die ungeheure Vielgliedrig-
> keit ihres Zusammenhanges in Staunen und Verwirrung; und will er sie
> begreifen, so kann er nur durch Entfernung des Mikroskopes und durch
> Vorführung des Bildes von ihr, das sein menschliches Auge einzig zu erfassen
> vermag, zu einem Verständnisse gelangen...«[95]

---

[92]  GSD IV, 81.
[93]  GSD IV, 34.
[94]  GSD IV, 81.
[95]  Ebenda.

Der die Wirklichkeit »mit realer Genauigkeit« im buchstäblichen Sinne »reflektierende Verstand« leistet so – da sich das ›realistische‹ Bild der Wirklichkeit für die menschliche Wahrnehmung als nicht verwertbar erweist – die Rechtfertigung der ganz anders verfahrenden Phantasietätigkeit. Denn während der »wissenschaftliche Verstand«, eine Art organisches Sezier- und Abbildungsinstrument, die »natürlichen Erscheinungen zum Gegenstande wissenschaftlicher Verstandesoperationen« macht; während der »lösende Verstand« die Natur »in ihre einzelnsten Teile zersetzt« und so in ihrer »realen Wirklichkeit« erkennt, läßt der »dichtende Verstand« die »ideale, einzig verständliche Wirklichkeit« wahrnehmen. Indem er das »Zerstreute nach seinem Zusammenhange erfaßt und diesen Zusammenhang zu einem unfehlbaren Eindrucke« mitteilt,[96] vollbringt er eben das, was Wagner an andere Stelle der »Phantasie« oder »Einbildungskraft« oder auch dem »Gefühlsverständnis« zuschreibt.

Während also der »reflektierende« oder »wissenschaftliche Verstand« im (nicht ganz stimmigen) Bild Wagners die »abgespiegelte Wirklichkeit«[97] als eine für menschliches Sehen und Erkennen zusammenhanglose zeigt; während er eine Reduplikation, ein detailgetreues *Abbild* der Wirklichkeit liefert – eine Vorstellung analog derjenigen, die Wagner hinsichtlich der Erfassung von Geschichtswirklichkeit und -wahrheit unter dem Begriff der »Chronik« faßt[98] –, sammelt der »dichtende Verstand« die zerstreute Wirklichkeit um einen Fixpunkt, faßt sie zu einem übersichtlichen Bild zusammen und bietet so eine Art substantiiertes *Urbild* der Wirklichkeit.

Für Wagner ist somit überhaupt nur in mythischer Verdichtung sinnliche Anschauung möglich; nur im Mythos ist ihm »das Reale, das Sinnliche« Feuerbachs[99] auch greifbar. Denn der mikroskopisch arbeitende »reflektierende Verstand« nimmt wohl etwas auf, aber nichts wahr; er registriert etwas, ohne es aber identifizieren zu können. Nur der »dichtende Verstand« erlaubt es, ›wirklich‹ zu erkennen. In Umkehrung des Feuerbachschen Prinzips der Sinnlichkeit weist Wagner diese nicht dem realen Gegenstand, sondern dessen verjüngend-verdichtender

---

96  GSD IV, 85f. u. 99.
97  GSD IV, 81.
98  Vgl. oben S. 191.
99  SW II, 296.

Wahrnehmung zu, so daß ihm gerade die von Feuerbach der Produktion subjektiver, sinnenleerer Projektionen bezichtigte mythenbildende Phantasie zur Bedingung der Möglichkeit sinnhaft-sinnenhafter Wahrnehmung wird.

Es sind in Wagners Theorie also »Einbildungskraft« und »Phantasie«, durch die der »dichtende Verstand« Wirklichkeit ins Bild bringt. Keinesfalls aber sind diese »durch den Verstand ›geordnet‹ oder zu ordnen«, so daß »der Willkür der Einbildungskräfte« durch den Verstand »eine Grenze gesetzt« würde.[100] Vielmehr ist es die eigene Rationalität der wirklichkeitsverdichtenden Phantasietätigkeit, derer sich der »dichtende Verstand« im Rekurs auf das »Verfahren des Mythos« als einer alternativen, darüber hinaus unverzichtbaren Form der Anschauung und des Denkens bedient. (Die Verteidigung der Wagnerschen Ästhetik vor dem Irrationalismusvorwurf durch Betonung ihrer Vernunft- und Reflexionsanteile[101] erscheint vor diesem Hintergrund durchaus überflüssig.)

## 7. »Wunder« und »Wirklichkeit« in Raum und Zeit

Angesichts der so als verstandesgemäß – modern gesprochen: als rational-rehabilitierten mythenbildenden Phantasie ergibt sich für die Frage nach dem Verhältnis der raumzeitlichen Wirklichkeit zum phantasieerzeugten dichterischen Wunder – in Abgrenzung von Feuerbach – folgendes Resultat:

Ist für diesen das »wesentliche Thun der Phantasie... nichts anderes als die willkürliche Verknüpfung und Verwandlung widersprechender Dinge mit- und ineinander«[102], so behauptet Wagner genau das Gegenteil. Die Tätigkeit der Phantasie, des dichtenden Verstandes, ist nicht »Spiel der Willkür«[103], sondern ein notwendiger und gesetzmäßiger Akt der Erkenntnis. Denn sie verdichtet die in Raum und Zeit differenzierte Wirklichkeit planvoll zu mythisch-wunderbaren Gestalten und Ereignissen. Was in der »Wirklichkeit« in Raum und Zeit auseinanderfällt und in unüberschaubarer »Mannigfaltigkeit« und »Vielgliedrigkeit« Ereignis

---

[100] Franke, Richard Wagners Zürcher Kunstschriften, a.a.O., S. 215.
[101] Vgl. ebenda, S. 214.
[102] Die Phantasie, »versenkt in den Stoff der sinnlichen Anschauung«, verfahre »in der Anwendung desselben, in der Combination... unbeschränkt, frei, d.i. *willkürlich*«; Über das Wunder, SW VII, 29.
[103] Ebenda.

wird, bannt sie in »gedichtete Wunder«, in denen Wirklichkeit nicht verspielt, sondern zuallererst greifbar wird:

> »In seiner vielhandlichen Zerstreutheit über Raum und Zeit vermag eben der Mensch seine eigene Lebenstätigkeit nicht zu verstehen; das für das Verständnis zusammengedrängte Bild dieser Tätigkeit gelangt ihm aber in der vom Dichter geschaffenen Gestalt zur Anschauung, in welchem diese Tätigkeit zu einem verstärktesten Momente verdichtet ist, das an sich allerdings ungewöhnlich und wunderhaft erscheint, seine Ungewöhnlichkeit und Wunderhaftigkeit aber in sich verschließt, und vom Beschauer keineswegs *als Wunder* aufgefaßt, sondern als *verständlichste* Darstellung der Wirklichkeit begriffen wird.«[104]

Während für Feuerbach das Wunder auf einer »Störung der Harmonie der Sinne, der Grundlage von der Gewissheit aller Realität« beruht,[105] versteht Wagner das Wunder, dessen »Handlung« sich »im gewöhnlichen Leben nur... im Zusammenhange mit vielen Nebenhandlungen in einem ausgebreiteten Raume und in einer größeren Zeitausdehnung« zutrage,[106] als Medium der Sinnvermittlung, das der gegenständlichen Welt nicht widerspricht, sondern sie durch ›Veranschaulichung‹ ergänzt. Und während für Feuerbach das Wunder vor allem die ›phantastischen‹ »Wünsche des Menschen, und zwar mit einem einzigen Zauberschlag, ohne Vermittlung von Raum und Zeit und anderer langweiliger Kategorien«[107] zu erfüllen hat, sieht Wagner in der wunderbaren Verdichtung von Elementen raumzeitlich »umfangreichster Ausdehnung« das reale Bedürfnis nach sinnlich-sinnhaftem Weltverstehen befriedigt. Denn die »ungewöhnlichsten Gestaltungen« seien »nie *unnatürliche*«. In ihnen sei »nicht das Wesen der Natur entstellt«, vielmehr würden »die Eigenschaften unendlich zerstreuter Momente des Raumes und der Zeit« in – menschlichem Verstehensmodus entsprechende – »Inhalte einer gesteigerten Eigenschaft« verwandelt.[108]

---

[104] GSD IV, 84.
[105] SW VII, 35f.
[106] GSD IV, 84.
[107] SW VII, 33. Das Wunder ist das »Lieblingskinde« der Phantasie, ein »unbefangenes kindliches, oft freilich auch kindisches Spiel der Phantasie mit den Decorationen der Dinge dieser Welt, die für sie nur die Bedeutung eines Maskenballs hat, um dem Menschen eine angenehme Erholung von den strengen Arbeiten und Pflichten der Vernunft und Wirklichkeit zu verschaffen«, und: »Die Phantasie ist... die von den Herzensbedürfnissen und Wünschen des Menschen bestimmte Intelligenz« (Ebenda, S. 29f.).
[108] GSD IV, 84f. Zum Verständnis von Raum und Zeit bei Wagner vgl. unten S. 274f.

Behandelt also Feuerbach »Wunder« und »Wirklichkeit« als sich ausschließende Gegenbegriffe, so erkennt Wagner im gedichteten Wunder die sublimierte Form jenes Bildes der Erscheinungen, das die tatsächliche, unüberschaubar differenzierte Beschaffenheit der Wirklichkeit für das menschliche Anschauungs- und Fassungsvermögen gleichsam entkodifiziert. Mag Feuerbach dabei auch von dem theologisch-religiösen Wunder als einem Gegenstand des Glaubens, Wagner hingegen von demjenigen der (Dicht-)Kunst als einem Ausdruck mythischen Denkens sprechen, so stehen beide Begriffe doch im Horizont religiöser Wirklichkeitserfahrung. Als solches wird das Wunder im Namen wissenschaftlicher Rationalität bei Feuerbach pauschal zurückgewiesen, bei Wagner antithetisch eingeführt und begründet. So stehen sich Feuerbachs illusionistisches Wunder und Wagners wirklichkeitsverdichtendes Wunder – als philosophie- und geistesgeschichtliche Paradigmen – unvereinbar gegenüber.

## 8. Mythos im Bann der Geschichtsphilosophie

Neben dieser durchaus konsequent und ergebnisreich verfolgten erkenntnistheoretisch-strukturellen Begründung des Mythos unternimmt Wagner jedoch noch weitere Anstrengungen zur Rechtfertigung des Mythos. Es genügt ihm offenbar nicht zu wissen, daß alle Kunst auf den Mythos angewiesen bleibt und auch wissenschaftliches Denken der mythischen Weltsicht ergänzend bedarf: Das historische Bewußtsein fordert seine Rechte. Den Fragen und Zweifeln, die dieses dahingehend aufrühren möchte, ob dieser Mythos nicht gleichwohl am Ende ein vergangener ist, wird mit einem geschichtsphilosophischen Entwurf begegnet.

Wagner bedient sich hierbei des dialektischen Modells, wie er es in Schillers Ästhetik[109] und der Hegelschen »Weltgeschichte« ausgebildet findet. Seiner triadischen Gestalt prägt er die beiden konkurrierenden erkenntnistheoretischen Positionen antithetisch ein: erste Phase – die vorwissenschaftlich-mythische Position vergangener Epochen; zweite Phase – die rein wissenschaftliche der neuzeitlichen Gegenwart; dritte Phase – die als Synthese beider begriffene und für das ausstehende

---

[109] Borchmeyer verweist auf Schillers Abhandlung »Über naive und sentimentalische Dichtung«, die Wagner ganz offensichtlich beeinflußt hat, sowie auf die Bemerkungen Schillers zu Humboldts »Studium des Altertums«; Das Theater Richard Wagners, a.a.O., S. 136f.

musikdramatische Kunstwerk projektierte aufgeklärt-mythische Position der Zukunft. Damit sucht Wagner den Gegensatz von These (Mythos) und Antithese (Wissenschaft) in der Synthese des durch die Wissenschaft gerechtfertigten Mythos (des erlebten und gelebten Kunstwerks) »aufzuheben«.

Die Verlagerung des Diskurses von der erkenntnistheoretischen auf die geschichtsphilosophische Ebene geht allerdings mit einer nicht unerheblichen Akzentverschiebung vonstatten. In seiner geschichtsphilosophischen Betrachtung sieht Wagner sich genötigt, den jeweils konstatierten oder prognostizierten Wandel, den Übergang von einer Stufe zur nächstfolgenden, immanent zu begründen; der von ihm der Geschichte unterlegte Entwicklungs- und Fortschrittsgedanke verlangt klare Abgrenzungen hinsichtlich des Vorher und Nachher. Das heißt: es gibt einen alten Mythos und einen neuen, die historisch – und qualitativ – deutlich voneinander abweichen.

So erfährt der Mythos der ersten vorwissenschaftlichen Stufe eine spürbare Abwertung. Er gilt entweder als schön aber naiv oder überhaupt als Ausdruck des Irrtums: Die noch ungebrochene, für die schöpferische Ausfächerung mythischer Urgedanken wesentliche Einheit von Mensch und Natur – im »griechischen Mythus war das Band noch nicht zerrissen, mit dem der Mensch an der (in der) Natur haftete« – wird als »Befangenheit«, als fehlende Selbstunterscheidung von der Natur gedeutet;[110] darüber hinaus gelten die »religiösen Anschauungen« des Anfangs sogar als Urquell der »großen unwillkürlichen Irrtümer des Volkes«[111]. Der Mythos als Erfahrungsform, als dichterisches Konzept der Wirklichkeitsverdichtung – der ja auch einen eigenen menschlichen Standpunkt gegenüber der Natur voraussetzt –, wie Wagner ihn am Paradigma des alten, griechisch-germanischen Mythos entwickelt, kommt überhaupt nicht vor -wird ausgelassen, aufgespart als Errungenschaft für die wissenschaftlich aufgeklärte (beginnende) Zukunft.

Statt dessen läßt Wagner die menschliche Geschichte mit einer Art der Gegenüberstellung von Mensch und Natur beginnen, die – gut feuerbachisch – im Mythos nichts als menschliche Willküräußerungen, nichts als naturtranszendente Mirakelbilder zu produzieren erlaubt:

---

[110] SSD XII, 265.
[111] GSD III, 46.

»Solange die Erscheinungen der Natur den Menschen nur erst ein Objekt der Phantasie waren, mußte die menschliche Einbildungskraft ihnen auch unterworfen sein: ihr Scheinwesen beherrschte und bestimmte sie auch für die Anschauung der menschlichen Erscheinungswelt in der Weise, daß sie das Unerklärliche – nämlich: das Unerklärte – in ihr aus der willkürlichen Bestimmung einer außernatürlichen und außermenschlichen Macht herleiteten, die endlich im Mirakel Natur und Mensch zugleich aufhob.«[112]

Wagner diagnostiziert und kritisiert für die erste, mythische Stufe menschheitlicher Entwicklung gerade jenes Verständnis von Gott und Natur, das er in Gestalt des geschichtlich späteren »jüdisch-christlichen Wunders« zugleich als antimythisch zurückweist. Historisch überspringt er den strukturell relevanten Mythos, indem er dem (alten) Mythos pauschal jene irrtümliche Sichtweise unterstellt, die (mit Feuerbach) »die Ursache der Wirkungen der Natur außerhalb des Wesens der Natur selbst setzte«, die »der sinnlichen Erscheinung einen unsinnlichen, nämlich als menschlich willkürlich vorgestellten Grund unterschob« und die damit – in Umkehr mythischen Denkens – »den unendlichen Zusammenhang ihrer unbewußten, absichtslosen Tätigkeit für absichtliches Gebaren zusammenhangloser, endlicher Willensäußerungen hielt«[113].

Wagner präsentiert sich geradezu als ›Parteimann der Geschichte‹, da er gegen »Fabel, Tradition, Mythus und Religion« für »wirkliches, klares geschichtliches Leben« eintritt. »Herkommen und Einrichtungen, Berechtigungen und Annahmen« seien »in ihren äußersten Punkten keineswegs auf geschichtliches Bewußtsein« gegründet, sondern beruhten »auf (meist willkürlich) mythischer, phantastischer Erfindung... wie namentlich die Monarchie und der erbliche Besitz«[114]. Religionskritik à la Feuerbach[115] und Sozialkritik à la Proudhon[116] verbinden sich zu einer Bewertung vorwissenschaftlichen Denkens, dessen religiöse An-

---

[112] GSD IV, 85.
[113] GSD III, 43.
[114] SSD XII, 255.
[115] Sein Fortschrittsmodell (eine »verweltlichte und dann modifizierte Variante der Historiosophie Hegels«) verläuft im dialektischen Dreischritt von der »Naturreligion« (der »Heidenreligion«) über die »Religion des Geistes« (das Christentum) zur religionsüberschreitenden Anthropologie als der »Selbstverwirklichung und Selbstaffirmation des Wesens des Menschen«; vgl. Ryszard Panasiuk, Feuerbach und die Geschichte der Religionen, in: Ludwig Feuerbach und die Philosophie der Zukunft, a.a.O., S. 140ff.
[116] Für ihn liegen die »Ursachen unserer Irrtümer« in bezug auf den »Ursprung des Eigentums« allerdings in jenem »vernünftige[n] Egoismus«, der aus der Fähigkeit zur »Reflexion« hervorgeht; vgl. Proudhon, Was ist das Eigentum? a.a.O., S. 201ff.

schauungen »zu den Ausgangspunkten willkürlichen, spekulativen Denkens und Systematisierens in der Theologie und Philosophie« – und darüber hinaus in Politik, Wirtschaft und Gesellschaft – geworden seien.[117]

Zu dieser Beurteilung gelangt Wagner freilich nicht durch geistesgeschichtliche, sondern durch zeitgeschichtliche Beobachtungen: Er projiziert die (vermeintlichen) Folgen vorwissenschaftlichen Denkens in einer Art kausaler Rückableitung auf die entwicklungsgeschichtlich vorausliegenden »religiösen Anschauungen«. Diese unterliegen daher nicht einer Urteilsverschiebung, sondern einer Blickverschiebung; Wagner vollzieht im geschichtsphilosophischen Kontext nicht eine Umwertung mythischen Denkens, sondern (in Anlehnung an Feuerbachs antichristliche Ausrichtung) eine Umbesetzung, indem er den positiv konnotierten Mythos als Erfahrungsform durch den negativ konnotierten christlichen (Anti-)Mythos ersetzt (und schließlich als Telos der Geschichte einbringt). Daher sind die dem frühmenschlichen Denken zugeschriebenen »Irrtümer des Volkes« nicht »Irrtümer« des Mythos, sondern »Irrtümer« des Mythos auf Abwegen der Geschichte. Dennoch werden diese Irrtümer in Religion und Geschichte[118] wie in der Hegelschen Philosophie eines »leitenden Weltgeistes«[119] als entwicklungsgeschichtlich notwendig angesehen. Sie gelten als Voraussetzung und erster Schritt zu einer Erkenntnis der Welt, die im Durchgang durch die »Selbstunterscheidung« des Menschen von der Natur (die zugleich eine Selbstüberhebung und eine Selbstentfremdung ist) schließlich zur Anschauung seines »unlösbaren Zusammenhangs« mit ihr gelangt.[120]

In Wagners entwicklungsgeschichtlicher Konzeption fällt daher der Reflexion, der »Wissenschaft« eine Schlüsselrolle zu. Diese ist für die zweite Stufe des geschichtsphilosophischen Modells ebenso ambivalent wie die Einstiegsrolle des »Mythos« für die erste. Auf der einen Seite tritt sie – strukturanalog zum christlich-antimythischen Wunderglauben[121] – als Zerstörerin einheitlicher Wirklichkeitsanschauung auf: Wo »anatomische Wissenschaft« ihr Werk begann, da mußte »Schritt für Schritt

---

[117] GSD III, 46f.
[118] Vgl. SSD XII, 262.
[119] Vgl. GSD IV, 49 u. oben S. 200.
[120] GSD III, 43 u. SSD XII, 262f.
[121] Vgl. oben S. 234f.

jede Volksanschauung vernichtet, als abergläubisch überwunden, als kindisch verlacht werden«; denn »wo diese unwillkürlich verband, trennte jene absichtlich; wo diese den Zusammenhang sich darstellen wollte, trachtete jene nur nach genauestem Erkennen der Teile«. So sei die »Naturanschauung des Volkes... in Physik und Chemie, seine Religion in Theologie und Philosophie, sein Gemeindestaat in Politik und Diplomatie, seine Kunst in Wissenschaft und Ästhetik, sein Mythos aber in die geschichtliche Chronik« aufgegangen.[122] Aus dieser Sicht des Mythos- und Dichtungstheoretikers ergibt sich für das Zeitalter der Wissenschaft historisch eine Verlustrechnung, die sich bis in die Gegenwart fortsetzt.

Aus dieser Verfallsgeschichte kann aber der Künstler, der für die Zukunft – die andere Zukunft – schaffen will, kaum Motivation und Beglaubigung ziehen. Daher versucht er, die Geschichte zu wenden, indem er die analytische Wissenschaft von einer Feindin zu einer Freundin des kategorialen Mythos wandelt. Durch Umbesetzung der ersten Stufe vom Mythos als Erfahrungsform zum christlich-postmythischen Mirakulum wird die Wissenschaft auf der anderen Seite zum Aufklärungsinstrument, das die theologischen, philosophischen und historisch-politischen (Pseudo-)Autoritäten entlarvt (und so den Mythos geschichtlich wieder freisetzt). Damit schafft sie die Voraussetzung für eine kontinuierliche Fortschrittsgeschichte, die ihr Ziel bereits gefunden hat: den *neuen* Mythos, der sich der wissenschaftlichen Moderne und nicht der bewußtseinsgeschichtlichen Frühzeit verdankt (obgleich er ja deren Mythos strukturell rekapituliert): Natur, Mensch und Gott müssen nicht länger als gegeneinander isolierte (Pseudo-)Potenzen betrachtet werden – Gott als »außernatürliche« Macht (bzw. als Projektion), die Menschen als »Werkzeuge« (oder willkürliche Erzeuger) einerseits, als Beherrscher der Natur andererseits, und die Natur selber als eine an sich leere Wirkungsstätte göttlicher wie menschlicher Willkür.

Es wird freilich klar, daß Wagner durch den Kontextwechsel in Widersprüche gerät, die nicht reflektiert werden. Es bleiben Inkonsistenzen begrifflicher Art, auch wenn sich diese – funktional gesehen – zu einem Konzept der Beglaubigung des Mythos zusammenschließen: Beglaubigung des Mythos in und für die Moderne (die »Zukunft« der Postmoder-

---

[122] GSD IV, 34f.

ne) zu leisten, wird speziell dem ihr eigenen geistigen Instrumentarium, dem analytischen Denken der Wissenschaft zugewiesen; sie wird als diejenige Instanz betrachtet, die in der Betätigung menschlicher »Willkür« den »Irrtum« beseitigt, indem sie immer neuen »Irrtum« schafft:

> »Der Irrtum ist aber der Vater der Erkenntnis, und die Geschichte der Erzeugung der Erkenntnis aus dem Irrtume ist die Geschichte des menschlichen Geschlechtes von dem Mythus der Urzeit bis auf den heutigen Tag.«[123]

Dieses Popperistische Wissenschaftsverständnis der unablässigen Suche nach Wahrheit durch beständige Selbstkorrektur[124] wendet Wagner allerdings teleologisch. Was bei Popper durch Falsifikation, durch »Irtumsbeseitigung«[125] in einem unendlichen Prozeß der Annäherung an die Wahrheit sich befindet,[126] schlägt bei Wagner dialektisch um: Die Wissenschaft als Mittel und Weg zur Erkenntnis der Wahrheit hebt sich am Ende im Erreichen der Wahrheit selbst auf:

> »Die Wissenschaft hat nur so lange Macht und Interesse, als in ihr *geirrt* wird: sobald in ihr das Wahre gefunden ist, hört sie auf. sie ist daher das Werkzeug, das nur so lange von Wichtigkeit ist, als der Stoff... dem Werkzeuge noch widersteht...«[127]

Was bei Popper (dem Anspruch nach) in *ein* System »ojektiver Erkenntnis« gebracht ist,[128] was bei Max Weber zwei alternativen Systemen zugeteilt wird,[129] zwingt Wagner geschichtsphilosophisch in ein zeitliches Kontinuum: Wissenschaft (Philosophie) und Kunst (Mythos) werden zu Etappen weltgeschichtlicher Entwicklung. Doch anders als bei Hegel, in dessen Weltgeschichte die *Kunst* als »Mittelglied« ›erscheint‹ auf dem Weg zur Philosophie als letztwirklichem Medium der Wahrheit (und Freiheit),[130] ist für Wagner (gut feuerbachisch) die *Philosophie* das

---

[123] GSD III, 43.
[124] Vgl. Karl R. Popper, Logik der Forschung, 3.Aufl., Tübingen 1969, S.223ff. u. ders., Objektive Erkenntnis. Ein evolutionärer Entwurf, Hamburg 1973, S.95f.; vgl. insbesondere auch ebenda, S.99: »Sie [die Wissenschaft] macht unsere Erklärungsmythen der bewußten und systematischen Kritik zugänglich und regt zur Erfindung neuer Mythen an.«
[125] Popper, Objektive Erkenntnis, a.a.O., S.280.
[126] In Poppers Gleichnis ist die absolute Wahrheit ein Gipfel, der stets in den Wolken bleibt; vgl. Hübner, Kritik der wissenschaftlichen Vernunft, a.a.O., S.279.
[127] SSD XII, 260.
[128] Vgl. Popper, Objektive Erkenntnis, a.a.O., S.123, 200, 205, 280f. u. passim.
[129] Wissenschaft als Beruf, a.a.O., S.14ff. Für ihn entspricht es dem Wesen der Wissenschaft – im Gegensatz zum Kunstwerk –, daß sie »in der Wirklichkeit nie zu Ende kommt und kommen kann«; ihr »Sinn« sei zu »veralten«, ihr »Zweck« »überholt«, »überboten« zu werden.
[130] Vgl. Hegel, Vorlesungen über die Ästhetik, a.a.O. Teil I, S.21ff.

»Werkzeug«, das den »Kern des Stoffes« enthüllt. Die Reflexion entkleidet ihn seiner Disparität und ›befreit‹ ihn zu seiner »Gestaltung« – auf die es »nur ankommt«[131]. Wissenschaftliche Analytik und Spekulation (sie zeigen den Menschen, der »willkürlich und deshalb unfrei« ist[132]) werden geschichtsphilosophisch zu einem Durchgangsstadium, das sich im Medium der Selbstkritik in das – mythische – Bewußtsein des Allzusammenhangs menschlicher und natürlicher Kräfte, angeschaut und erfahren in der sublimierten Form des Kunstwerks, aufhebt.

Die dritte Stufe in Wagners dialektischer Geschichtskonstruktion ist daher gekennzeichnet durch die bewußte Aufhebung der »Entgegengesetztheit«, des »Zwiespalts« zwischen Mensch und Natur; sie bezeichnet die Wiedergewinnung der einst unbewußt vorhandenen Einheit der wirkenden Kräfte durch Erkenntnis und Anerkenntnis der alldurchwaltenden »Naturnotwendigkeit«. Die aus den Prämissen wissenschaftlichen Denkens resultierende Kette von »Irrtümern« erreicht da ihr Ende, wo der Mensch – durch seine »Selbstunterscheidung von der Natur« hierzu disponiert – »nicht allein den Zusammenhang der natürlichen Erscheinungen unter sich, sondern auch seinen eigenen Zusammenhang mit der Natur erkennt«[133]. Da eben nimmt die »Wahrheit der Wissenschaft« ihren Anfang, wo sie »ihrem Wesen nach aufhört und nur als Bewußtsein der natürlichen Notwendigkeit übrig bleibt«[134].

Diese Vorstellung einer die mannigfaltigen Zusammenhänge von Mensch und Natur regierenden »Naturnotwendigkeit« zielt freilich nicht auf die Wirkung der Naturgesetze, entspringt vielmehr aus dem Gegenentwurf zu einer wissenschaftlich-kausalen Welterklärung. Ihr logisches Pendant hat sie in der Aufhebung der »Willkürlichkeit der menschlichen Anschauungen«[135], in der Fiktionalität des Zufalls.[136]

---

[131] SSD, XII, 260. Es wird freilich nicht erklärt, wie es gerade der »suchenden, forschenden, daher willkürlichen und irrenden« Wissenschaft möglich sein soll, das »Wahre« zu finden, d.h. »Mittel der Erkenntnis« des integrativen Zusammenhangs allen Lebens zu werden (GSD II, 45). Vgl auch oben S. 31f.: hier findet sich die nämliche Argumentationsstruktur hinsichtlich der Frage nach Sinn und Zweck der (von Wagner selbst und wider Willen betriebenen) ästhetischen »Kritik«.

[132] SSD XII, 262.

[133] Ebenda u. GSD III, 43f.

[134] SSD XII, 260.

[135] »Die Willkürlichkeit der menschlichen Anschauungen in ihrer Totalität nimmt die Wissenschaft auf, während neben ihr das Leben selbst in seiner Totalität einer unwillkürlichen, notwendigen Entwickelung folgt.« (GSD III, 45).

[136] Der Gedanke der Unwirklichkeit des Zufalls spielt in der mythischen Grundlegung von Wagners Dramentheorie eine wichtige Rolle. Er bezieht sich auf die Erfahrung einer

Hierin ist Wagner Hegels idealistischer Geschichtsphilosophie verpflichtet, der es nicht minder um die Entfernung alles Zufälligen, Äußerlichen für die Erkenntnis weltgeschichtlicher Entwicklung geht.[137] Doch während Hegel die göttliche Vernunft, den Weltgeist – der im Bewußtsein der Freiheit zu sich selber kommt – am Werk sieht,[138] ist die treibende Kraft der Geschichte für Wagner die Naturnotwendigkeit, die im Bewußtsein des mythischen Zusammenhangs alles Lebenden die (von Willkür und Irrtum) freie Gestaltung des wahren Kunstwerks ermöglicht.

In Wagners mythisch-ästhetischer (nicht naturalistischer oder sensualistischer) Geschichtsphilosophie ist es die Kunst, das Kunstwerk, in welche die »Erlösung des [analytischen] Denkens, der Wissenschaft« erfolgt; denn die »Betätigung des durch die Wissenschaft errungenen Bewußtseins, die Darstellung des durch sie erkannten Lebens« in seiner »Notwendigkeit und Wahrheit« ist eben die Kunst – die »Kunst im allgemeinen«, die »Kunst der Zukunft insbesondere«: Das Ziel der Geschichte ist das Aufgehen der »wissenschaftlichen Spekulation« in das »Kunstwerk«[139]. Gegenstand der geschichtsphilosophischen Betrachtung ist daher die »Entwicklung des Kunstwerkes der Zukunft aus dem Bewußtsein, d.h. aus dem Wissen der Natur, d.i. des Mythos«[140].

Wagners geschichtsphilosophisches Begründungsmodell ist hiernach nicht als ein Weg zurück zum Mythos zu verstehen, nicht als ein atavistischer Versuch, Mythos durch Kunst, mythische Seinserfahrung

---

»großen Wechselwirkung« zwischen Mensch und Natur, die den Menschen »in der Natur ein teilnehmendes Wesen« sehen lehrt, das stets, mittelbar oder unmittelbar, auf ihn einwirkt. Diese mythische Anschauung entspricht jenem Bewußtseinszustand, der dem nachwissenschaftlichen (postmodernen) Menschen nicht irgendein noch so gründdiges Detailwissen, sondern das ihm existentiell notwendige Wissen zuträgt: Was versteht der »Betrachter durch das Mikroskop« als das, »was er nicht zu verstehen braucht«? Versteht der mythisch Denkende, der mit der Natur »spricht« und Antwort erhält, sie »in diesem Gespräche... nicht besser«? (GSD IV, 87).

[137] Vgl. Hegel, Die Vernunft in der Geschichte, hg. v. Johannes Hoffmeister, Nachdr. d. 5. Aufl., Hamburg 1980, S. 29. Auch in der Historiographie der Zeit wird der Zufall konsequent ausgeschlossen, und zwar vor allem durch die »theologischen, philosophischen und ästhetischen Implikationen« des modernen Geschichtsbegriffs – ein Verfahren, dem das »spezifisch Geschichtliche« wohl gerade entgeht (vgl. Koselleck, Der Zufall als Motivationsrest in der Geschichtsschreibung, in: ders., Vergangene Zukunft, a.a.O., S. 159, 170 u. 174).

[138] »Die Weltgeschichte ist der Fortschritt im Bewußtsein der Freiheit, – ein Fortschritt, den wir in seiner Notwendigkeit zu erkennen haben.« (Ebenda, S. 63)

[139] GSD III, 43f. u. 46.

[140] SSD XII, 279.

im Kunstwerk unter Auslassung neuzeitlichen Wissens in eine Zukunft mit reduziertem Erfahrungshorizont zu überführen. Sein ausgeprägt historisches Bewußtsein läßt das Musikdrama von vornherein als Antwort auf die geschichtliche Situation einer überwältigenden Komplexitäts-, einer erdrückenden Differenzerfahrung auftreten. Es ist Ergebnis eines irreversiblen historischen Prozesses und trägt als solches alle die Erfahrungen in sich – hebt sie in sich auf –, die wissenschaftliches Denken im Verhältnis von Mensch und Natur gemacht hat.

Auf diese Weise erfährt das neue mythische Kunstwerk gegenüber dem alten der griechischen Klassik eine ungeahnte Aufwertung. Jene »dichterische Kühnheit, welche die Äußerungen der Natur zu solchem Bilde zusammenfaßt«, könne »*erst uns* mit Erfolge zu eigen sein«; erst wir seien »über das Wesen der Natur aufgeklärt«[141] und damit in der Lage zu beurteilen, was mythisches Denken in der Verdichtung von Wirklichkeit leistet. Erst in der Moderne, erst aufgrund ihrer Erfahrung vielfältiger Gebrochenheit, erst mit ihrem Bewußtsein der Pluralität und Vielschichtigkeit der Zugänge erlangt der die Teile unserer zerfallenen Welt zu einem Sinn-Bild versammelnde Mythos seine historische Bedeutung.

In diesem Sinn birgt der Mythos für Wagner »Anfang und Ende der Geschichte«[142]. Die als ästhetische Propädeutika vorgetragenen geschichtsphilosophischen Rechtfertigungsgründe zeigen (trotz ihrer Zeitgebundenheit und mancher internen Ungereimtheit[143]) die anthropologische und historische Aktualität mythischer Wirklichkeitserfahrung.

---

[141] GSD IV, 85.

[142] GSD IV, 91.

[143] Ob Wagner insgesamt eine »konsistente[n] Theorie« des Mythos geliefert hat, darüber läßt sich streiten. Es gehört aber zweifellos zum – innovativen – Kernbestand seiner Überlegungen, daß dem Mythos eine eigene, von Wagner sehr präzis (wenn auch nicht fachgelehrt) beschriebene Form der Rationalität zugrunde liegt, die nicht falsifizierbare Sinnzusammenhänge natürlicher und historischer Wirklichkeit liefert – und auf ihr ruht Wagners gesamte Ästhetik. Es ist daher schlicht unzutreffend zu behaupten, für Wagner könne die dichterische Einbildungskraft keine »rational begründete[n] Erklärungen hervorbringen« und der Mythos diene nicht mehr »der Anschauung wahrer Zusammenhänge«, in ihm werde stattdessen »eine irrationale Interpretation geistesgeschichtlicher Entwicklung reflektiert« – weshalb der Mythos überhaupt nur noch durch seine »Erscheinungsform als Kunst legitimiert« sei (Ingenschay-Goch, Richard Wagners neu erfundener Mythos, a.a.O., S. 17f.).

# E. »Vollendung des Mythos« im Drama – Wagners Theorie des musikdramatischen Kunstwerks

Zielt Wagners Mythostheorie auf Rechtfertigung ab, auf Rechtfertigung des Mythos als Erfahrungsform, so um für das »Werk dieser Rechtfertigung«, für das »höchste menschliche Kunstwerk, das *vollkommene Drama*«[1], den Weg zu bereiten. Sie eröffnet die Beziehung der Kunst zum Mythos neu, erstellt eine Grundlage, auf der Wagners Theorie des Dramas aufbaut. Diese schnürt das Band noch enger. Sie verknüpft den kategorialen Mythos nicht nur mit dem Wesen der Kunst allgemein, sondern speziell mit der Form des Dramas.

Für diese Verbindung haben der griechische Mythos und die attische Tragödie Modellcharakter: »bis heute« sei nur aus der »griechischen Weltanschauung« das »wirkliche Kunstwerk des Dramas« hervorgegangen; und dieses »höchste griechische Kunstwerk« eben sei »die künstlerische Verwirklichung des Inhaltes und des Geistes des griechischen Mythos«, nämlich »nichts anderes als die künstlerische Vollendung des Mythos«[2].

Mythos und Drama werden in ein Interdependenzverhältnis gesetzt, das nicht allein das Drama vom Mythos sondern auch umgekehrt den Mythos vom Drama, von der dramatischen Darstellungsform abhängig zeigt, die dem Mythos überhaupt erst sinnlich erfahrbare Wirklichkeit verleiht. Der dramatische Gestaltungsprozeß wiederholt hierbei jene Verdichtungsvorgänge, die im Mythos bereits vorgebildet sind, und bewirkt durch diese Remythisierung eine Steigerung, eine Potenzierung der mythischen Aussage.[3] Auf diese Weise sind der Mythos und seine Form des Denkens für das dramatische Kunstwerk, für seine verschiedenen Aspekte – die »uns berückende Form«[4], die inhaltliche Struktur, die Formen des Ausdrucks konstitutiv.

---

[1]  GSD IV, 91.
[2]  GSD IV, 33f.
[3]  Vgl. Petra-Hildegard [Wilberg-]Drescher, Richard Wagners Frage nach dem Mythos, in: RWBl 8, 1-2/84, S. 9.
[4]  GSD IV, 31.

## 1. Form: »Einheit der Handlung« durch »Einheit des mythischen Stoffes«

Es gehört zum Grundbestand der ästhetischen Überzeugungen Wagners, daß die Struktur des Dramas im Mythos vorgegeben sei. Wie dem attischen Dichter die »einheitvolle Form seines Kunstwerkes... in dem Gerüste des Mythos vorgezeichnet«[5] war, so fände auch der moderne Musikdramatiker im Mythos das Vorbild seiner Formgebung. Nicht aber sieht er – wie Dahlhaus annimmt (und zurecht als »fragwürdig« bezeichnet) – die »mythischen Stoffe... als Voraussetzung für die vom klassizistischen Kanon geforderte Simplizität der Form«[6] an. Ganz im Gegenteil ist seine erklärte Distanz zum Formfetischismus der französischen Klassizisten Voraussetzung für die Sinnhaftigkeit seiner These, daß im »Gerüste des Mythos« die »einheitvolle Form« des Dramas vorgebildet sei.

Immer jedoch ist der Begriff der »Einheit« zentral – für die Theorie des Mythos wie des Dramas. Er ist »Angelpunkt des dramaturgischen Systems von ›Oper und Drama‹«[7] und steht in direktem Zusammenhang mit Aristoteles' poetologischer Bestimmung des Dramas. Was aber versteht Aristoteles unter »Einheit« im Drama – und wie versteht Wagner seinen Aristoteles?

Die »eigentliche aristotelische Vorschrift«, deren »Hauptprinzip«, ist die »Einheit der Handlung«[8], die nicht durch die »Identität des Helden«, sondern nur durch die »Identität der Handlung« selbst verbürgt ist. Ferner ist das Gebot der Handlungseinheit eng mit der Forderung nach Ganzheit verbunden; »die beiden Bezeichnungen gelten nahezu demselben Problem«, indem die Forderung nach Ganzheit Fehlendes einklagt, das Einheitsgebot Überschießendes ausgrenzt.[9] Was die Einheit des Ortes und der Zeit betrifft, ist in Aristoteles' Poetik zu ersterer keine Bemerkung,[10] zu letzterer lediglich ein Hinweis enthalten dahingehend, die Tragödie solle sich »nach Möglichkeit innerhalb eines einzigen Sonnenumlaufs« halten »oder nur wenig darüber hinaus« gehen.[11]

---

[5]  GSD IV, 34.
[6]  Dahlhaus, Wagners Konzeption des musikalischen Dramas, a.a.O., S. 25.
[7]  Borchmeyer, Das Theater Richard Wagners, a.a.O., S. 126.
[8]  Manfred Fuhrmann, Einführung in die antike Dichtungstheorie, Darmstadt 1973, S. 232.
[9]  Ebenda, S. 20.
[10]  Vgl. ebenda, S. 232.
[11]  Aristoteles, Poetik, übersetzt u. hg. v. Manfred Fuhrmann, Stuttgart 1984, S. 17 (Kap. 5).

Wagner hat seinen Aristoteles gut gelesen, wie es scheint.[12] In Anlehnung an dessen Poetik bestimmt er die Einheit der Handlung als konstitutives Merkmal der dramatischen Gattung, nicht zugleich aber die Einheit von Raum und Zeit,[13] wie sie für die französische Klassik des 17. Jahrhunderts verbindlich war. Renaissancepoetik und französischer Klassizismus hätten die aristotelische Vorschrift der Handlungseinheit als äußere Norm, als poetologische Regel, wonach Kunstwerke mit Anspruch auf das Gattungssiegel »Drama« einzurichten seien, grundlegend mißverstanden. Wagner bezeichnet daher die »›Tragédie‹ des Racine« als das »nach den mißverstandenen Regeln des Aristoteles aufgefaßte griechische Drama«[14]. Originell ist diese Kritik als solche zu Wagners Zeit freilich nicht: er konnte sie bereits im Kommentar-Teil seiner Aristoteles-Ausgabe nachlesen:

> »Nur die Einheit des Gegenstandes wird von Aristoteles als strenges Gesetz aufgestellt. Wenn daher die klassische Tragödie der Franzosen das Gesetz der drei Einheiten, der Zeit, des Orts und des Gegenstandes, aufstellte, und daran noch heutiges Tages festhält, so war Dieß eine falsche Deutung des Aristoteles, wodurch die tragischen Dichter in zu enge Schranken gezwängt werden.«[15]

Wagner geht es indessen nicht um Aristoteles-Philologie. Er ist auf der Suche nach Kriterien und Argumenten, die das neue mythische Drama nach dem Vorbild des alten attischen begründen helfen, und durchforscht hierzu verschiedene poetologische und dramaturgische Traditionsbestände. Für seine Forderung nach Handlungseinheit im Drama könnte er bei Lessing einen Gewährsmann gefunden haben. Dieser tritt in seiner »Hamburgischen Dramaturgie« (1767-68) für den ›wahren‹ Aristoteles ein und behandelt dazu erstmals nicht vordringlich die in Italien und Frankreich aufgestellten Regelsysteme (wie noch Opitz in seinem »Buch von der Deutschen Poeterey« 1624 und Gottsched in seinem »Versuch einer Critischen Dichtkunst« 1729), sondern geht auf den Quellentext, die aristotelische »Poetik« selber zurück.[16] Zur Verteidigung der »wahren Einheit der Handlung« schreibt er im 46. Stück:

---

[12] Eine Ausgabe befindet sich in seiner Dresdener Bibliothek: Aristoteles, Werke. Schriften zur Rhetorik und Poetik. Drittes Bändchen. Poetik, übersetzt v. Chr. Walz, Stuttgart 1840 (DB Anhang S. 111).

[13] Vgl. unten S. 274f.

[14] GSD IV, 6.

[15] Aristoteles, Poetik, übersetzt v. Chr. Walz, a.a.O., S. 450.

[16] Vgl. Fuhrmann, Einführung in die antike Dichtungstheorie, a.a.O., S. 253 u. 270f. Ob Wagner Lessings Abhandlung gekannt hat, läßt sich nur vermuten (eine Ausgabe befindet

»Die Einheit der Handlung war das erste dramatische Gesetz der Alten; die Einheit der Zeit und die Einheit des Ortes waren gleichsam nur Folgen aus jener... . Die Franzosen hingegen, die an der wahren Einheit der Handlung keinen Geschmack fanden... betrachteten die Einheiten der Zeit und des Orts nicht als Folgen jener Einheit, sondern als für sich zur Vorstellung einer Handlung unumgängliche Erfordernisse...«[17]

Er polemisiert gegen den »Wahn von der Regelmäßigkeit der französischen Bühne« und faßt seine Kritik wie folgt zusammen:

»Gerade keine Nation hat die Regeln des alten Dramas mehr verkannt, als die Franzosen. Einige beiläufige Bemerkungen, die sie über die schicklichste äußere Einrichtung des Drama bei dem Aristoteles fanden, haben sie für das Wesentliche angenommen, und das Wesentliche, durch allerlei Einschränkungen und Deutungen, dafür so entkräftet, daß notwendig nichts anders als Werke daraus entstehen konnten, die weit unter der höchsten Wirkung blieben, auf welche der Philosoph seine Regeln kalkuliert hatte.«[18]

Lessing bietet eine »Poetik der dramatischen Struktur«, die ein »entschieden objektivistisches Gepräge« zeigt. Er geht von der Überzeugung aus, »daß die Kunst auf allgemein verbindlichen, erkennbaren und mitteilbaren Gesetzen beruhe und daß ein Kunstwerk desto vollkommener sei, je strenger es diese Gesetze erfülle«. Sein »alles Bisherige an Radikalität« übertreffender Aristotelismus betrachtet die aristotelische Theorie als »unverfälschtes Resümee über die Form und den Zweck der ebenso unbedingt verbindlichen griechischen Tragödie«[19] und entbindet so einen poetologischen Objektivismus, der von Wagner knapp einhundert Jahre später im Zeitalter historisierender und entsprechend relativierender Auffassungen festgehalten und weitergetragen wird.

Zu seiner Zeit ist es Wagner allerdings nicht mehr möglich, sich zur Begründung seines dramentheoretischen Normativismus auf die poetologische Diskursebene zu beschränken. Das erstarkte Bewußtsein von der geschichtlichen Eingebundenheit der Kunst und des Künstlers verlangt, daß auch in der Ästhetik nach dem Verhältnis von Kunst und geschichtlicher Wirklichkeit gefragt wird. Nicht anders verfährt Wagner, wenn er das Drama als »vollendetste Gattung der Dichtkunst« aus der

---

sich in seiner Dresdener Bibliothek: Lessing, Sämmtliche Schriften, hg. v. Karl Lachmann, 12 Bde., Berlin 1838-1840; DB Nr. 81). Trotz der thematischen Nähe bezieht er sich jedenfalls nicht darauf. Weitere interessante Berührungspunkte weist Borchmeyer nach, in: Das Theater Richard Wagners, a.a.O., S. 36 (»Nationaltheater«) u. S. 151f. (Orchestermusik im Drama).

[17] Lessings Werke in 6 Bdn., Berlin o.J., Bd. 3, S. 168.

[18] Ebenda, S. 369.

[19] Fuhrmann, Einführung in die antike Dichtungstheorie, a.a.O., S. 271f.

geschichtlichen Wirklichkeit des Entstehungszusammenhangs zu begreifen sucht. Die vollendete Form des griechischen Dramas, die den Italienern und Franzosen, »dem Grade ihrer Erkenntnis des Antiken gemäß, nur als äußere zwingende Norm verständlich« war, sei dem »geläuterteren Blicke deutscher Forscher als ein wesentliches Moment der Äußerung griechischen *Lebens*« aufgegangen.[20]

Außer an Goethe und Schiller mag Wagner hier auch an Herder gedacht haben[21], der in seinem »Shakespeare«-Aufsatz von 1767 (veröffentlicht 1773 im Sammelband »Von deutscher Art und Kunst«, also zeitgleich mit Lessings »Hamburgischer Dramaturgie«) das tradierte poetologische Regelwerk auf dessen Entstehungszusammenhang rückbezieht:

> »Man siehet aber zugleich, daß aus diesem Ursprunge gewisse Dinge erklärlich werden, die man sonst, als tote Regeln angestaunet, erschrecklich verkennen müssen.«[22]

Herder versucht, die über die französische Klassik tradierte, im Verlauf des 18. Jahrhunderts durch Kriterien weniger normativer als historischer Art verdrängte Lehre von den drei Einheiten im Rekurs auf deren antikes Vorbild und dessen Entstehungsbedingungen als in diesem geschichtlichen Kontext sinnhaft und wirklichkeitsnah zu beschreiben:

> »...›das Künstliche ihrer Regeln war – keine Kunst! war Natur!‹ – Einheit der Fabel – war Einheit der Handlung, die vor ihnen lag, die nach ihren Zeit-, Vaterlands-, Religions-, Sittenumständen nicht anders als solch ein Eins sein konnte. Einheit des Orts – war Einheit des Orts; die *eine*, kurze, feierliche Handlung ging nur an *einem* Ort, im Tempel, Palast, gleichsam auf einem Markt des Vaterlandes vor... Und daß Einheit der Zeit nun hieraus folgte und natürlich mitging – welchem Kinde brauchte das bewiesen zu werden? Alle diese Dinge lagen damals in der Natur, daß der Dichter mit alle seiner Kunst ohne sie nichts konnte!«[23]

Herder verteidigt die aristotelische Poetik mit geschichtlichen Argumenten wie Lessing mit philologisch-poetologischen gegenüber einer Tradition, die sich in Theorie und Kunst auf das antike Regelwerk beruft:[24]

---

[20] GSD IV, 22.
[21] Auch dessen Werke in der Ausgabe: Ausgewählte Werke in Einem Bande, Stuttgart/Tübingen 1844, sind in Wagners Dresdener Bibliothek vorhanden (DB Nr. 61).
[22] Herders Werke, 5 Bde., hg. v. Theodor Matthias, Leipzig/Wien o.J., Bd. 2, S. 69.
[23] Ebenda, S. 70.
[24] »Ich will's gar nicht einmal untersuchen, ›ob sie auch ihren Aristoteles den Regeln nach so beobachten, wie sie's vorgeben‹, wo Lessing gegen die lautesten Anmaßungen neulich schreckliche Zweifel erregt hat. Das alles aber auch zugegeben...« (ebenda, S. 74).

»Und daß Aristoteles... in allem fast das Umgekehrte war, was die neuern Zeiten aus ihm zu drehen beliebt haben, müßte jedem einleuchten, der ihn... im Standpunkte seiner Zeit gelesen. [...] O wenn Aristoteles wieder auflebte und den falschen, widersinnigen Gebrauch seiner Regeln bei Dramas ganz andrer Art sähe!«[25]

Denn während der antike Dichter nur der »Natur« seiner Lebensumstände nachzuarbeiten brauchte, diese »Natur« aber, »die eigentlich das griechische Drama schuf«, sich wie »alles in der Welt« ändern mußte, *konnte* das klassizistische Frankreich in allem nur »Puppe des griechischen Theaters« geben. Im »Innern« war »nichts von ihm dasselbe mit jenem..., nicht Handlung, Sitten, Sprache, Zweck, nichts – und was hülfe also alles äußere so genau erhaltne Einerlei?«[26]

Damit wendet Herder das geschichtliche Argument gegen die Möglichkeit einer Erneuerung des attischen Dramas in der Moderne überhaupt und sucht die prinzipielle Vergeblichkeit eines solchen Unterfangens am Beispiel der tragédie classique zu belegen. Soll ein originäres Drama entstehen – »wir reden von keiner Nachäffung« –, könne nur »aus dem Boden der Zeit eben die andre Pflanze« erwachsen. Herder preist den »neuen Sophokles«, der »aus seinem Stoff so natürlich, groß und original eine dramatische Schöpfung zöge als die Griechen aus dem ihren« (und über welchen Aristoteles eine »eigne Theorie... dichten« würde).[27]

Als dieser neue Sophokles gilt ihm Shakespeare, dessen Drama der neuen Lebenswirklichkeit vollkommen entspreche; *diese* Wirklichkeit gestaltend, habe er Form und Ausdruck neu erfunden. Mit der Veränderung der Lebenswirklichkeit ist für Herder also auch eine Veränderung der potentiellen Inhalte des Dramas verbunden, die aus sich wiederum die künstlerische Form und ihre Veränderung bedingen. Das Mißverständnis der Klassizisten Frankreichs besteht für ihn darin, daß sie dem historischen Gesetz der Veränderung zuwiderhandelten: die im griechischen Altertum ausgebildete Form des Dramas wurde über den tiefgreifenden Wandel der historischen Verhältnisse hinweg als gattungspoetische Norm festgehalten, und es wurde gerade nicht die neue Form aus dem aktuellen Stoff der eigenen Zeit heraus entwickelt.

---

[25] Ebenda, S. 72.
[26] Ebenda, S. 73f.
[27] Ebenda, S. 78ff.

Wagner begreift, nicht anders als Herder, die künstlerische Form als abhängige Variable des zu gestaltenden Inhalts. So besteht auch für ihn das Mißverständnis, das die Ausbildung des klassizistischen Dramas ermöglichte, im vordergründigen Festhalten an einer Form, die über den Inhalt nicht mehr beglaubigt ist. Als positive Voraussetzung für dieses Mißverständnis nennt er (neben der negativen des geschichtlichen Wandels generell) veränderte theatergeschichtliche Gegebenheiten im Hinblick auf die Entstehung der geschlossenen Saalbühne.[28] Sie hätten über die Forderung nach »Einheit der Szene«[29] die formalistische Dramaturgie wesentlich begünstigt:

> »Als Schauplatz ward in den Palästen der Fürsten den Schauspielern der prachtvolle Saal angewiesen, in welchem sie mit geringen Modifikationen ihre Szene herzustellen hatten. Stabilität der Szene ward als maßgebendes Haupterfordernis für das ganze Drama festgestellt, und hierin begegnete sich die angenommene Geschmacksrichtung der vornehmen Welt mit dem modernen Ursprunge des ihr vorgeführten Dramas, den Regeln des Aristoteles.«[30]

Die bühnengeschichtlichen Rahmenbedingungen des Barocktheaters (und die mit diesen verbundene »Geschmacksrichtung«) hätten einen normativen Begriff des Dramas gefördert, der über die fehlgedeutete aristotelische Poetik autorisiert wurde. Das antike Regelwerk gilt dabei als moderner Ursprung des klassizistischen Dramas, weil hier nicht das griechische Kunstwerk, dem Aristoteles die Regeln entnommen, nicht die Kenntnis von dessen wesenhafter Eingebundenheit in die Welt griechischen Lebens und Denkens unmittelbar als Leitfaden gedient habe, sondern »von den äußerlichen Regeln« ausgegangen wurde. Die tragédie classique, das »fingierte Drama«, habe in Anlehnung an die aristotelischen Vorschriften die »Einheit der Szene« zu einer »von außen her gestaltenden Norm für das französische Drama« gemacht, »das so aus dem Mechanismus heraus sich in das Leben hineinzukonstruieren suchte«[31]. Die das Wesen des griechischen wie des neuen »wahren Dramas« verfehlende »reflektierte[n] Gestaltung« habe so in dem »nach den Aristotelischen Einheitsregeln konstruierten antikisierenden Drama« ihren modernen Ursprung gefunden.[32]

---

[28]  Vgl. Anette Ingenhoff, Drama oder Epos? Richard Wagners Gattungstheorie des musikalischen Dramas, Tübingen 1987, S. 30.
[29]  GSD IV, 14.
[30]  GSD IV, 13.
[31]  GSD IV, 14.
[32]  GSD IV, 19.

Anders als bei Lessing zielt Wagners Polemik gegenüber dem französisch-klassizistischen Drama also nicht darauf, eine Fehlinterpretation des aristotelischen Textes nachzuweisen. Die Pointe seiner Argumentation besteht vielmehr darin zu behaupten, daß jede Anwendung »äußerlicher Regeln« auf das zu bildende dichterische Werk, und seien diese von dem blühendsten Kunstwerk abgezogen, immer schon zum Scheitern verurteilt ist. Die Abstraktion eines Regelwerks vom künstlerischen Gegenstand ist für ihn ein Akt der Reflexion und für die Reflexion, nicht aber die Anleitung für dichterisches Schaffen.[33] In der »reflektierten Gestaltung des Dramas« erkennt Wagner gleichsam den Sündenfall der modernen wissenschaftlich-rationalen Welt am Wesen der Kunst, der sich an der höchsten, der dramatischen Kunstform am sichtbarsten ereignet.

Wenn somit weder die Anwendung der »äußerlichen Regeln« noch die Übernahme der Inhalte des antiken Dramas zum Ziel eines neuen »wirklichen Dramas« führen kann, wenn sowohl über die Form als über den Inhalt eine glaubwürdige Erneuerung griechischer Dramatik nicht möglich erscheint, wie soll und kann dann Wagners eigene Konzeption eines am griechischen Drama orientierten, normativ bestimmten Dramas gelingen? Oder anders gefragt: Wie entgeht Wagner dem historistischen Argument Herders, wonach die absolute Veränderlichkeit allen Seins die normative Fixierung ästhetischer Formen unmöglich bzw. sinnlos macht?

Für Herder ist mit dem Verlust des Innen, der Inhalte des Dramas, die das Leben der Griechen bot, zugleich dessen Form geschichtlich überholt. Das griechische Drama gehört der Vergangenheit an, es ist weder über die abstrahierte Form noch gar über den Inhalt geschichtlich je einholbar. Für Wagner ist der Weg über die äußere Form zwar gleichfalls nicht gangbar; er beschreitet jedoch einen Weg zur Feststellung der paradigmatischen Rolle des griechischen Dramas, an dessen Ende gleichwohl die »einheitliche Form der griechischen Tragödie« als einem konstitutiven Merkmal für das neue Drama gewahrt bleibt. Dieser Weg verläuft über den »Inhalt« des Dramas, den er freilich unter qualitativ anderen Gesichtspunkten faßt als Herder. Was die Franzosen dem

---

[33] Das Dilemma von innovativer und reglementierter Kunst wird er später in den »Meistersingern« künstlerisch gestalten – und darin beiden Formen Gerechtigkeit widerfahren lassen.

Drama von außen aufgestülpt hatten, sieht er als Ziel eines zu durchlaufenden Entwicklungsgangs:

> »Womit das italienische und französische Drama *begann*, mit der äußeren Form, dazu soll das neuere Drama durch organische Entwickelung aus sich heraus, auf dem Wege des Shakespeareschen Dramas, erst gelangen, und dann auch erst wird die natürliche Frucht des musikalischen Dramas reifen.«[34]

Das Drama Shakespeares bildet ein wenn auch bewundernswürdiges Durchgangsstadium im Prozeß der Wiedergeburt des griechischen Dramas im »Kunstwerk der Zukunft«, ausgerüstet mit der Katalysatorfunktion, moderne Inhalte, wenn auch noch ungenügend, dramatisch zu binden. »...ich bin Shakespeare näher als dem Griechen« (gemeint ist Sophokles), heißt es bei Herder, geschichtlich näher, da Shakespeare die Inhalte der modernen Welt, die Komplexität ihrer Lebensverhältnisse aufnahm. Er habe ein »Vielfaches von Ständen, Lebensarten, Gesinnungen, Völkern und Spracharten« in seinem Drama verarbeitet, während Sophokles aus der fernen Welt der Antike schöpfte, aus der »Simplizität von Vaterlandssitten, Thaten, Neigungen und Geschichtstraditionen, die das griechische Drama bildete«[35].

Herder begnügt sich mit dem Vergleich von altem und neuem Drama in Relation zu ihren geschichtlichen Kontexten. Wagner hingegen sucht ihre integrative Vermittlung. Damit steht er in der Tradition Friedrich Schlegels und Schillers, die sich vor der Herausforderung sahen, die »historischen Individuationen der antiken und der modernen Kunst wieder in die Einheit eines geschichtlichen wie ästhetischen Zusammenhangs« einzubringen und so die längst ad acta gelegte »Querelle des Anciens et des Modernes« wiederaufzunehmen.[36]

Vermittlungsbedarf besteht für Wagner in erster Linie zwischen der »vollendetsten künstlerischen Form« des griechischen Dramas als der idealen Verkörperung seines normativen Kunstbegriffs und der modernen, prosaischen Wirklichkeit, die sich in ihrer Pluralität und Historizität »absolute[r] künstlerische[r] Gestaltung« entziehe.[37] In Übereinstimmung mit Herder sieht er die gegenseitige Abhängigkeit von Kunstwerk

---

[34]  GSD IV, 15.
[35]  Herders Werke, a.a.O., Bd. 2, S. 79.
[36]  Vgl. Hans Robert Jauß, Schlegels und Schillers Replik auf die »Querelle des Anciens et des Modernes«, in: ders., Literaturgeschichte als Provokation, Frankfurt a.M. 1979, S. 75.
[37]  GSD IV, 22.

und geschichtlicher Wirklichkeit; im Gegensatz zu diesem wendet er das historische Argument aber nicht gegen die Paradigmarolle des attischen Dramas, sondern in Richtung auf das eigene normative Telos, indem er dieses mit dem Verweis auf eine qualitativ neue Zukunft geschichtsphilosophisch einholt.

Nicht hierin jedoch, nicht in diesem geschichtsphilosophischen Begleitargument der Beschwörung einer fluchtpunktartig fern aufleuchtenden Utopie liegt das Innovative und ästhetisch Fruchtbare der transästhetischen Begründungsanstrengungen Wagners. Den eigentlich revolutionären Durchbruch erzielt er mit der erkenntnistheoretischen Überschreitung des Ästhetischen, indem er den poetologischen Objektivismus Lessings wie den historischen Relativismus Herders in der Synthese einer ontologischen Grundlegung des Dramas aufhebt. Das aber, was über die mythische Ontologie, das Denksystem des Mythos begründet werden soll, ist die formalästhetische Bestimmung der Einheit – nicht der Einheit der Szene, auch nicht der Einheit der Zeit, nicht der Einheit, die »von außen« an den zu behandelnden Gegenstand herangetragen wird. Die dramatische Einheit ist für Wagner vielmehr so beschaffen, daß sie nur »von innen« erwachsen kann, indem sich die charakteristische »einheitliche Form« über den »einheitlichen Inhalt« bildet.[38]

Der »einheitliche Inhalt« meint indes weder das »Eine einer Handlung«, das nach Herder im Sophokleischen Drama vorherrscht, noch auch das »Ganze eines Ereignisses, einer Begebenheit«, das Herder dem Shakespeareschen Drama zuschreibt.[39] Im »einheitlichen Inhalt« des Dramas spiegelt sich für Wagner auch nicht schlichtweg das Einheitliche, d.h. Einfache der zugrundeliegenden Lebenswirklichkeit, so daß die ästhetische Forderung nach dramatischer Einheit überhaupt erst in einer so veränderten Zukunft einlösbar wäre. Für seine Forderung nach »Einheit der Handlung« im Drama kann der Verweis auf die historisch-gegenständliche Welt der jeweiligen Gegenwart logischerweise nicht das Hauptmoment ihrer Plausibilisierung sein, denn sie bezieht sich auf das verdichtete Bild einer in ihrer Totalität erschauten Wirklichkeit.

Den »formbedingenden Inhalt[e]«[40] des Dramas bestimmt Wagner somit weder rein poetologisch noch auch nach Kriterien eines histo-

---

[38] Ebenda.
[39] Herders Werke, a.a.O., Bd. 2, S. 80.
[40] GSD IV, 201.

risch-empirischen Realitätsverständnisses. Seine Kriterien entnimmt er vielmehr den Kategorien mythischer Wirklichkeitsauffassung: Der einheitliche Inhalt im Drama ist nicht die *eine* Handlung, die konkurrierende Handlungen ausschließt, nicht das *Ganze* eines in sich zusammenhängenden Ereigniskomplexes, nicht auch die Widerspiegelung eines einheitlichüberschaubaren Lebenszusammenhangs; der einheitliche Inhalt im Drama ist ein substantiell *verdichteter* Inhalt, in welchem »ein weitester Zusammenhang von Erscheinungen des menschlichen Lebens«[41] durch Konzentration der Handlungsmomente auf ein Hauptmoment, die substantielle Mitte, sowie durch »Verstärkung« dieses Hauptmoments durch »Erhöhung... über das gewöhnliche menschliche Maß« hinaus[42] vorgeführt wird. Der einheitliche Inhalt, aus dem die einheitliche Form des Dramas hervorgehen soll, ist durch das »Verfahren des Dichters« bestimmt, »einen großen Zusammenhang gegenseitig sich bedingender Handlungen zu verständlichem Überblicke« so zusammenzudrängen, daß diese Handlungen »nichts von der Fülle ihres Inhaltes verlieren«. Die durch dieses Verfahren erzeugte Handlung ist eine »verstärkte, mächtige und in ihrer Einheit umfangreichere... als wie sie das gewöhnliche Leben hervorbringt«; und diese umfassende, geraffte, ins Wunderbare gesteigerte Handlung nennt Wagner das »gedichtete Wunder«[43].

Geht man nun mit Wagner davon aus, daß dieses Verfahren der »Verdichtung«, welches das »Wunder im Dichterwerke« hervorbringt, »dem Mythos selbst abgelauscht« ist,[44] so trifft es aber nicht zu, daß das »gedichtete Wunder« hier »nichts als die dramaturgische Aufgabe [hat], die Hauptmomente eines Ablaufs unter Ausschaltung der Zwischenstationen zu bündeln«[45]. Im Begriff der »Verdichtung« liegt mehr als »ein Problem der dichterischen Praxis«, das lediglich die »technische Bewältigung« von »Mythen im Drama« betrifft; sagt er noch nichts über »Sinn und Bedeutung« dieser »Mythen im Drama«[46], so umschließt er doch – als ästhetisches Derivat mythischen Denkens – einen Horizont, innerhalb dessen sich Menschen und Götter in eigenartiger Verschränkung bewegen. Der zu plastischer Einheit verdichtete »Inhalt« des Dramas

---

41 GSD IV, 202.
42 GSD IV, 89.
43 GSD IV, 83f.
44 Gerhard J. Winkler, Um den Begriff der »Verdichtung«, in: Bayreuther Programmheft III »Rheingold« 1989, S. 2.
45 Ebenda.
46 Ebenda, S. 5.

weist Strukturen mythischen Denkens auf, die das Verhältnis von menschlicher und numinoser Sphäre betreffen (unabhängig davon, wie dieses konkret ausgestaltet ist). Wagner meint also nicht einen quantitativen, sondern einen qualitativen Begriff der »Verdichtung«, der über die konzentrische Bündelung von Handlungen zu einer ins »Mythisch-Wunderbare«[47] gesteigerten dramatischen Handlung führt. Diese soll den »Zusammenhang[e] des Wirkens menschlicher und natürlicher Kräfte«[48] so darstellen, daß er, ohne je unnatürlich zu wirken, als Numinosum erfahrbar wird.

Wird jedoch die mythische Dimension der dramatischen Handlung auf ein poetologisches Maß reduziert, ergeben sich interpretatorische Platitüden, deren Rationalität nicht für ihre Banalität entschädigt. So bleibt etwa jene Deutung des »Zaubertranks« (»Götterdämmerung«, 1. Aufzug), nach welcher sich seine Funktion in der eines theatralischen Zeitraffers erschöpft, grundsätzlich unbefriedigend. Basis für eine solche Auffassung – derzufolge »Siegfried in der geänderten Umgebung des Gibichungenhofs eben Brünnhilde vergißt« – ist ein psychologisch-soziologischer Zugang. Dieser weist dem wundersamen Trank die »szenische Funktion« zu, »einen Vorgang, der sich in der Realität über Monate hinziehen mag..., auf wenige Minuten theatralischer Zeit zu straffen und plausibel zu machen«[49].

*Was* in diesem Trank gestrafft, *was* in ihm sichtbar (plausibel?) gemacht wird, ist zum wenigsten die *Zeit* in ihrer realen Ausdehnung noch auch die Zeit als Quasi-Subjekt für die vorgeführte Handlung. Für Wagner ist die Zeit (wie der Raum) im Drama »an sich Nichts«, nämlich »Abstraktionen«, abgezogen vom »Wirkliche[n], Sinnfällige[n] der Handlung«; beide würden »erst Etwas dadurch, daß sie von etwas *Wirklichem*, einer menschlichen Handlung und ihrer natürlichen Umgebung, *verneint* werden«[50]. Mit dieser scheinbar paradoxen Formulierung folgt Wagner genau jenem Prinzip mythischer Wirklichkeitserfahrung, demzufolge Zeit und Raum jeweils nur als »Zeitinhalt« bzw. »Rauminhalt«, nicht aber als »Medium« gedacht werden, innerhalb dessen Ereignisse, Hand-

---

[47]  Borchmeyer, Das Theater Richard Wagners, a.a.O., S. 143.

[48]  GSD IV, 32.

[49]  Winkler, Um den Begriff der »Verdichtung«, a.a.O., S. 2.

[50]  »Die Einheit des Dramas in die Einheit von Raum und Zeit setzen, heißt sie in Nichts setzen...«; GSD IV, 203; vgl. auch [Wilberg-]Drescher, »Friedrich« oder »Siegfried«? Wagner zwischen Historie und Mythos, in: RWBl 9, 1-2/85, S. 70.

lungen sich abspielen.[51] In diesem mythischen Sinn ist die Zeit als Handlungszeit immer abhängige Variable, ist Eigenschaft der verdichteten Handlung, in welcher ein umfassender Geschehenszusammenhang versinnlicht, buchstäblich vergegenständlicht wird.

Was somit in diesem Trank als Konzentrat verdichtet liegt, was in ihm präsent gemacht und präsent gehalten wird, ist eben dieser »große[n] Zusammenhang gegenseitig sich bedingender Handlungen«[52], den aufzubauen Wagner schließlich drei Aufführungstage benötigt. Der Vergessenheitstrank ist eine Art Kondensat, in welchem der Zustand des »Ring«-Kosmos im Moment des Aufbruchs zum Untergang sich zum plastischen Bild verfestigt: Den Vergessenheitstrank reicht Hagen, der Erbe nächtiger Lieblosigkeit und Machtgier; Empfänger des Tranks ist Siegfried, der Erbe einer gebrochenen Götterwelt, die ihre Befreiung nur über die Korrumpierung und Ermordung des Helden erreichen kann; – im Vergessenheitstrank opfert so eine Welt sich selbst, um in der Konsequenz ihrer Welt(un)ordnung den Weg zurück in den Urgrund allen Neubeginns zu finden.

Das »Wunder« des Vergessenheitstranks der »Götterdämmerung« (ebenso wie der »Wunder«-Trank, der die Erinnerung wiedergibt) ist weit mehr als ein dramaturgischer Kunstgriff, mehr auch als ein »bildhafter Ausdruck vielschichtiger psychologischer und gesellschaftlicher Geschehnisse«[53]. In ihm wird der integrative Zusammenhang des Wirkens göttlichen und menschlichen Handelns – *das* ist letztendlich die von Wagner gesuchte und gestaltete »*Einheit der Handlung*« – sinnfällig gemacht. Das zur Zauberwaffe gesteigerte Bild eines Weltzustands verwirft die aufklärerische Vorstellung menschlicher Autonomie ebenso wie die theologische einer göttlichen Allmacht. Diese Konzeption aber ist mythisch und läßt den »Mythos als System des Wunderbaren«[54] im dramatischen Kunstwerk zu seiner »Verwirklichung« kommen.

---

51  Hübner, Die Wahrheit des Mythos, a.a.O., S. 157 u. 170; vgl. auch oben S. 73f. In seiner Hölderlin-Exegese hat auch bereits Heidegger auf das Ungenügen der herrschenden metaphysischen Vorstellung von Raum und Zeit als »Rahmenbau«, der Bedingung neuzeitlich wissenschaftlicher »Durchmessung« der Welt, hingewiesen; vgl. Martin Heidegger, Hölderlins Hymne »Der Ister« (Freiburger Vorlesung Sommersemester 1942, hg. v. Walter Biemel), 2. Aufl., Frankfurt a.M. 1993 (Gesamtausg. Bd. 53), S. 55ff.
52  GSD IV, 83.
53  Ingenhoff, Drama oder Epos? a.a.O., S. 113.
54  Borchmeyer, Das Theater Richard Wagners, a.a.O., S. 143.

Wenn es denn zutrifft, daß im Musikdrama sich die »einheitliche Form« dem »einheitlichen Inhalt« verdankt (und dieser einheitliche Inhalt wiederum auf Strukturen mythischen Denkens beruht, die diesen Inhalt in typischer Weise präformieren), so dürfte die aus diesem Inhalt gebildete dramatische Form nicht nur mit der klassizistischen Einheitenlehre kollidieren, sondern auch mit den dramentheoretischen Forderungen Lessings und seiner Nachfolger. Dieser Sachverhalt scheint all jenen recht zu geben, die mit Fleiß *epische* Elemente in Wagners Musikdrama aufsuchen.

So hat Thomas Mann in Wagner bekanntlich mehr den »theatralischen Epiker« als den »Dramatiker« sehen wollen.[55] Er hat ersteren virtuos gegen letzteren ausgespielt, indem er »in Opposition zur Wagnerschen Theatromanie die Superiorität des Romans« behauptete.[56] Und wie der Romanschriftsteller die fein erspürte Ambivalenz in der Behandlung der Gattungsfrage in eigener Sache aufrollt, bleibt Wagners gattungspoetische Uneindeutigkeit auch der einschlägigen Forschung nicht verborgen. Entgegen zahlreicher Bekundungen Wagners kommt Reinhold Brinkmann zu der bemerkenswerten These, »daß Wagner selbst keine reine, sondern eine gemischte Gattung anstrebte«; Wagners Begriff des Dramas, wie er »auf dem Hintergrund der Entstehungsgeschichte des ›Ring‹« in »Oper und Drama« exponiert werde, meine in Wahrheit »das szenische Epos«[57]. Mit seinen Untersuchungen zur Gattungsfrage bei Wagner[58] gelangt Brinkmann zu eben der Ansicht, die hier vom Standpunkt der Wagnerschen Mythostheorie vertreten wird: Wagners Zielvorstellung hinsichtlich der Gattung des Musikdramas kann nicht im rein klassischen Formideal des Dramas bestanden haben.

Es ist also davon auszugehen, daß Wagner im Hinblick auf die Konzeption seines mythisch-musikalischen Dramas »einen modifizierten Gattungsbegriff des Dramas... keinen reinen, keinen klassischen Dramenbegriff« mitführte.[59] Über das Faktum besteht Konsens – in Frage stehen

---

55 Thomas Mann, Aus »Versuch über das Theater« (1908), in: ders., Wagner und unsere Zeit, a.a.O., S. 13.

56 Borchmeyer, Das Theater Richard Wagners, a.a.O., S. 150.

57 Reinhold Brinkmann, Szenische Epik. Marginalien zu Wagners Dramenkonzeption im »Ring des Nibelungen«, in: Richard Wagner – Werk und Wirkung, hg. v. Carl Dahlhaus, Regensburg 1971, S. 93f.

58 Sie werden vorgenommen zum einen anhand von Tagebuch-Aufzeichnungen Eduard Devrients über Gespräche mit Wagner zu dessen Nibelungen-Projekt, zum anderen zu Wagners Rezeption des Goethe-Schiller-Briefwechsels; vgl. ebenda, S. 91.

59 Ingenhoff, Drama oder Epos? a.a.O, S. 13.

276

die Gründe: Ist eine Erklärung hinreichend oder doch wenigstens konsistent, wonach es in Wagners Dramen darum zu epischen »Einbrüchen« kommt, weil ihr Mythos »im Unterschied zum antiken, nicht mehr natürlicher, sondern künstlicher Mythos« sei? Und sind die aristotelischen Dramengesetze auf Wagners Mythos darum nicht mehr anwendbar, weil dieser »nicht die antike, sondern die moderne Welterfahrung spiegeln« sollte?[60]

Diese, dem Herderschen Modell unbedingter historischer Relationalität verpflichtete Interpretation geht freilich von Prämissen aus, die sich zu der Wagnerschen »Idee einer mythischen Darstellung der Geschichte im Drama«[61] deutlich reduktiv verhalten. Denn Wagners Mythos soll nicht nur die »moderne Welterfahrung spiegeln«; er ›spiegelt‹ im Horizont moderner Welterfahrung eine Art Urerfahrung von Welt. Diese Verkehrung der Perspektiven kommt einer Veränderung ums Ganze gleich, wenn von der »Übersetzung der Wirklichkeit ins mythische Bild« oder gar von der »Umsetzung der Zeitgeschichte ins Drama« die Rede ist[62] Wagners Ausgangspunkt ist nicht die ›reale Wirklichkeit‹, zu deren »Übersetzung« oder »Umsetzung« er das passende mythische Bild zu suchen und als »künstlichen Mythos« zu konstruieren gehabt hätte. Seine Mythen sind keine »regelrechte[n] Umsetzungen begrifflicher Zusammenhänge ins Bild«[63], sind keine Allegorien, welche die Erscheinungen in Begriffe, die Begriffe wiederum in Bilder verwandeln, so daß »der Begriff im Bilde immer noch begrenzt und vollständig zu halten und zu haben und an demselben auszusprechen« wäre.[64] Im Gegensatz zum Allegorisch-Begrifflichen in der überhanglosen Gleichheit des jeweils Bedeuteten ist es das »Unvergleichliche des Mythos«, das Wagner fasziniert, das er theoretisch zu umschreiben und künstlerisch zu verwirklichen strebt – das »Unvergleichliche«, das »jederzeit wahr« und »für alle Zeiten unerschöpflich« ist.[65]

---

[60]  Ebenda, S. 116.

[61]  Ebenda, S. 115.

[62]  Ebenda, S. 112 u. 115.

[63]  Ebenda, S. 113.

[64]  Johann Wolfgang von Goethe, Maximen und Reflexionen, in: Goethes poetische Werke, vollständige Ausg., Bd. 2, Stuttgart 1950, S. 813.

[65]  GSD IV, 64; Schelling behält freilich recht, wenn er meint, daß »alles Symbolische sehr leicht zu allegorisiren [ist], weil die symbolische Bedeutung die allegorische« bereits in sich schließt: »In der Allegorie *bedeutet* das Besondere nur das Allgemeine, in der Mythologie *ist* es zugleich selbst das Allgemeine.« F.W.J. Schelling, Philosophie der Kunst, Darmstadt 1966 (Reprograf. Nachdr. d. Ausg. v. 1859), S. 53.

Also nicht um Abbildung, um Widerspiegelung der realen Wirklichkeit, nicht »um die eigene Zeit in ihrer historischen Einmaligkeit geht es, sondern um das mythische Bild, das auf sie projiziert ist«[66]. Das mythische Bild ist das Primäre, das sich als Ausdruck mythischen Denkens über die raumzeitlich ausgebreitete Wirklichkeit legt und diese durchdringend, formend, gestaltend eine Wirklichkeit zu erkennen gibt, deren Gegenstände als ebenso natürliche wie numinos gesteigerte »Wunder im Dichterwerke« den Inhalt des Wagnerschen Dramas ausmachen.

So läßt sich die von der Eigengesetzlichkeit mythischen Denkens gehaltene einheitliche Form des Dramas nicht auf poetische Verfahrensfragen, auf »Technik« reduzieren. Für Wagner ist die im mythischen Bild durch »Verdichtung« und »Steigerung« erzeugte Wirklichkeit eine – gegenüber der geschichtlichen Realität und einer diese äquidimensional reproduzierenden Bildlichkeit – qualitativ andere Wirklichkeit, in deren archetypischen Dimensionen die jeweilige historische Gegenwart so mit thematisiert ist, daß sie in einer begrifflich nicht einholbaren Weise faßbar wird.[67]

Damit kann für das Aufbrechen der dramatischen Form nicht einfach die »moderne Welterfahrung« verantwortlich gemacht werden. Eine solche Deutung läßt außerdem unberücksichtigt, daß das Vorkommen epischer Elemente im Drama nicht nur ein die Moderne charakterisierendes Spätphänomen ist, sondern ebenso und insbesondere die Frühphase griechischer Dramatik kennzeichnet. Ist es nicht gerade Aischylos, der älteste der attischen Tragiker, bei welchem sich »eine reiche Verwendung des epischen Elements, ja ein Überwiegen des Epischen im Rahmen der dramatischen Form« findet?[68] Und ist nicht Aischylos,

---

[66] Dieter Borchmeyer, Vom Anfang und Ende der Geschichte. Richard Wagners mythisches Drama. Idee und Inszenierung, in: Kemper (Hg.), Macht des Mythos – Ohnmacht der Vernunft? a.a.O., S. 178.

[67] Borchmeyer liefert ein prominentes Beispiel: Wenn Wagner vielfach spöttisch Personen und Situationen aus der Bilderwelt seines Werkes deutend auf zeitgeschichtliche Gegebenheiten anwendet, »so zieht er für den aktuellen Gebrauch gewissermaßen eine allegorische Schale von dem vielschaligen und im Kern eben nicht allegorischen mythischen Symbol ab«, als welches etwa »der fluchbeladene Nibelungenring« zu gelten hat; damit ist dieser nicht bloß »allegorische Chiffre des Börsenportefeuilles«: »Der Fluch des Kapitals ist für Wagner... nichts anderes als die Wiederkehr einer archetypischen mythischen Situation« (Vom Anfang und Ende der Geschichte, a.a.O., S. 181).

[68] Wolfgang Schadewaldt, Richard Wagner und die Griechen (III), in: Hellas und Hesperien. Gesammelte Schriften zur Antike und zur neueren Literatur, Bd. 2, 2. vermehrte Ausg., Zürich/Stuttgart 1970, S. 387 (zuerst in: Bayreuther Programmheft »Meistersinger« 1964).

mehr noch als Sophokles und weit mehr als Euripides[69] oder gar die Poetologie des Aristoteles, Wagners großes Vorbild? Wie Schadewaldt erklärt, habe Wagner »das epische Element, das er bei Aischylos erspürte, zum Baustein seiner Dramatik« gemacht und damit das, was bei Aischylos »noch naive Frühform« war, zu einer Dramatik weiterentwickelt, »die das epische Element als solches bewahrt und es zugleich... dem höheren Zweck des Dramatischen unterordnet«[70]. Im »Wandel der Szenenform und des Handlungsstils«, im Wandel von einer »dramatisch straffen pointierten zu einer mehr episch flutenden Handlungsform«, die Wagners Spätwerk ab dem ›Jungen Siegfried‹ auszeichne, werde das »Aischyleische Vorbild« spürbar: das Epische sei das »Aischyleische Element in der Dramatik Richard Wagners«[71].

Warum aber ist es gerade die Aischyleische Szenenform, die dem »dramatischen Kunstbedürfnis« Wagners entgegenkommt;[72] warum ist gerade sein Vorbild, wie Schadewaldt detailliert zeigen kann,[73] für die Wagnersche Dramatik von so nachhaltiger Wirkung? – Die Erklärung für die Form des Dramas erfolgt wiederum über die inhaltliche Struktur, in welcher auch Schadewaldt die »tiefere[n] Gründe« für die »starke Einbeziehung des epischen Elements in Wagners Kunst seit der Ringdichtung« zu erkennen meint:

> »Erst wenn hinter der Begebenheit, der Handlung, ein Mythos, ein *Geschehen* steht, das wohl gar ein Weltgeschehen ist, wie in der Ringdichtung, wird auch der epische Bericht bedeutungsvoll... . Wo... die vordergründige Dramatik nur eben Vordergrund für ein bedeutungsvolles Geschehen ist, das verhüllt bleibt und doch in die Handlung wesentlich hineinwirkt, da wird das epische Element zum angemessenen Instrument, um die Handlung auf das ›Geschehen‹ hin zu entwerfen.«[74]

Schadewaldt sieht den Mythos im Zentrum der sichtbaren dramatischen Handlung stehen, die auf diesen Mythos zuläuft wie sie von ihm ihren Ausgang nimmt. Dabei fällt den erzählerischen Elementen die Vermitt-

---

69  »Décadence – Euripides« ist in den Fragmenten Wagners von 1849/50 zu lesen; vgl. SSD XII, 280.

70  Schadewaldt, Richard Wagner und die Griechen (III), a.a.O., S. 388.

71  Ders., Richard Wagner und die Griechen (I), in: ders., Hellas und Herperien, a.a.O., Bd. 2, S. 363 (auch in: Wieland Wagner (Hg.), Richard Wagner und das neue Bayreuth, München 1962; zuerst in: Bayreuther Programmheft »Lohengrin« 1962).

72  Ders., Richard Wagner und die Griechen (III), a.a.O., S. 388.

73  Vgl. ders., Richard Wagner und die Griechen (II): Die Ringdichtung und Aischylos’ »Prometheus«, in: ders., Hellas und Hesperien, a.a.O., Bd. 2, S. 365ff. (zuerst in: Bayreuther Programmheft »Meistersinger« 1963).

74  Ders., Richard Wagner und die Griechen (III), a.a.O., S. 389.

lerrolle zu; an ihnen wird deutlich, daß es keine von diesem zentralen Mythos unabhängige Handlung geben kann, daß jegliches Ereignis im episch vermittelten mythischen Geschehenszusammmenhang aufgehoben ist.

Als tragendes Beispiel hierfür nennt Schadewaldt die »Vereinigung von Heldentragik und Götterschicksal« in Wagners Ringdichtung, die »aus der Aischyleischen Promethie in die Nibelungendichtung hineingespiegelt« sei; gerade dieses (bereits in »Siegfrieds Tod« praktizierte) Hineinstellen einer Heldengeschichte »in den umfassenden Horizont eines Göttergeschehens« sei Aischyleisches Erbe.[75] Ist Wagner also bei der Konzeption seiner Ringdichtung nachweislich auf den Spuren des Aischylos gewandelt, so lag die Attraktivität der Aischyleischen Tragödie wesentlich in der Gestalt gewordenen unlösbaren Verbindung göttlichen und menschlichen Handelns, die ihre wirklichkeitsdeutende Kompetenz letztlich aus der für die mythische Ontologie konstitutiven Einheit des Ideellen und Materiellen bezieht.

Da Wagner sein Formpostulat der einheitlichen Handlung also nicht gattungspoetologisch, sondern über die inhaltliche Struktur des Dramas, den Mythos, begründet, hat es wenig Sinn, das epische Element im Werk gegen die Maximen der »Verdichtung« und »Versinnlichung« in der Theorie Wagners auszuspielen.[76] Dennoch ist unbestritten: »Die Idee einer mythischen Darstellung der Geschichte im Drama hat... Folgen für die Gattungsfrage«[77]. Sie führt zum Epischen, jedoch nicht »trotz aller Absichten der Verdichtung und Handlungskonzentration«[78], sondern in Übereinstimmung mit diesen, ja als Konsequenz dieser Verdichtungsabsichten[79] – faßt man den Verdichtungsbegriff nicht rein gattungspoetisch, sondern im Sinne Wagners wesentlich mythisch.

---

[75] Ders., Richard Wagner und die Griechen (I), a.a.O., S. 171.

[76] Es ist daher eine schier triviale Wahrheit, daß der »Ring« durch »epische‹ Züge – durch die Verflechtung verschiedener und sogar heterogener Handlungen und durch die Ausbreitung ins räumlich Weite – gegen das Formgesetz des Dramas, wie es in der klassischen und klassizistischen Gattungstheorie formuliert worden war, verstößt« (Dahlhaus, Wagners Konzeption des musikalischen Dramas, a.a.O., S. 25).

[77] Ingenhoff, Drama oder Epos? a.a.O., S. 115.

[78] Dahlhaus, Wagners Konzeption des musikalischen Dramas, a.a.O., S. 25.

[79] Bemerkenswerterweise hält es Dahlhaus für nicht ausgeschlossen, »daß es das Problem des Epischen im Musikdrama war« – das Epische im Sinne Schadewaldts verstanden als »Instrument, um die Handlung auf das ›Geschehen‹ hin zu entwerfen« –, »von dessen Lösung der Impuls zur gleichmäßigen Ausbreitung des Motivgewebes über das ganze Werk«, sprich die Leitmotivtechnik des »Ring«, ausging; vgl. Dahlhaus, Zur Geschichte

Bestimmt sich die dramatische Form bei Wagner schließlich über die Formalstruktur des Inhalts (und damit über diejenige des Mythos), so kann die aristotelische Dichtungstheorie ohnehin nicht als Zeugin für (oder gegen) Wagners Dramatik aufgerufen werden, da sie für diesen Ansatz keine Aussagen bereithält. Man bedenke, daß Aristoteles sich »formaler, gänzlich inhaltsleerer Kriterien« bedient, »um zu beschreiben und zu begründen, was es mit der Ganzheit und Einheit auf sich habe«[80]. In den antiken Theorien zur Tragödie von Gorgias über Plato zu Aristoteles findet ihr mythischer Sinn keine Berücksichtigung; vom »eigentlichen *Inhalt*« der Tragödie – dem Vollzug einer archetypischen Handlung – sei man sogleich zur »*Wirkung*« übergegangen[81] – ein Befund, der nicht verwundert angesichts des raschen und tiefgreifenden Wandels der Poleis im 5. Jahrhundert, der durchgehenden Politisierung des griechischen Lebens.[82]

Hat man in der aristotelischen Poetik ein Phänomen postmythischen Geistes in postmythischer Zeit zu sehen, das sich durch Abstraktion der Formalbestimmungen von der Ganzheit mythisch-dramatischen Gestaltens und Erlebens auszeichnet, so steht das Wagnersche Drama für den Versuch in der Moderne, über die mythische Struktur des Inhalts den aufgeklärten Formalismus der alten wie der neueren Poetik zu überwinden und zu einer neuen Einheit von Inhalt und Form, Sinn und Gestalt zu finden. Aus diesem Bestreben erklärt sich Wagners Anlehnung gerade an das Aischyleische Vorbild, bürgt dieses ihm doch in der mythisch gegründeten künstlerischen Gestalt für das höchstmögliche Maß an mythischer Authentizität, in der die äußere Form noch nicht, ästhetisch isoliert, zu gesetzgebender Gewalt aufgestiegen ist.

Hieraus erklärt sich, daß und warum in Wagners Kunsttheorie nicht der gattungspoetologische Begriff des »Dramas«, sondern der erkenntnistheoretisch fundierte Begriff des »Mythos« die Hauptrolle spielt; nämlich daß und warum die Ästhetik Wagners letztlich nur als Ontologie zu

---

der Leitmotivtechnik bei Wagner, in: Das Drama Richard Wagners als musikalisches Kunstwerk, hg. v. Carl Dahlhaus, Regensburg 1970, S. 35.

[80]  Fuhrmann, Einführung in die antike Dichtungstheorie, a.a.O., S. 20; ein einfaches Beispiel: »Ein Ganzes ist, was Anfang, Mitte und Ende hat.« (Aristoteles, Poetik, übersetzt u. hg. v. Manfred Fuhrmann, a.a.O., Kap. 7, S. 25).

[81]  Hübner, Die Wahrheit des Mythos, a.a.O., S. 222.

[82]  Vgl. Christian Meier, Die Entstehung des Politischen bei den Griechen, Frankfurt a.M. 1983.

fassen und zu halten ist. Der Begriff der »Einheit« bleibt hierbei »Angelpunkt« des Wagnerschen theoretischen und musikdramatischen Wirkens überhaupt. An ihm, so meint er, scheiden sich die Geister, die historischen und die mythischen: Während erstere, an die Identität ihres Gegenstands gebunden, einer die pluralistische Welt verarbeitenden geschichtswissenschaftlichen Weltsicht verpflichtet bleiben, erfahren letztere im Rekurs auf das Kategorialsystem des Mythos eine Beglaubigung des dramentheoretischen Einheitspostulats, die dem musikalischen Drama in der wunderbar verdichteten »Einheit des mythischen Stoffes« die Fähigkeit verleiht, »Medium der Transzendenz der Historie« zu sein.[83]

## 2. Inhalt und Substanz: Götter und Menschen – Die Kategorie des »Reinmenschlichen«

War es der »Inhalt des griechischen Mythos« in seiner »umfangreichen, aber dichtgedrängten Beschaffenheit«, der sich in der attischen Tragödie als »diese eine, notwendige und entscheidende Handlung« äußerte,[84] so fragt sich nunmehr, was denn diesen numinos verdichteten Inhalt des – für das neue Drama paradigmatischen – griechischen Dramas ausmacht. Was also ist, auf den Begriff gebracht, der mythisch zur »Einheit der Handlung« verdichtete Inhalt des Dramas, des antiken wie des neueren musikalischen? – Nach der berühmten und viel zitierten Wagnerschen Formel ist es »*das von aller Konvention losgelöste Reinmenschliche*«[85].

Diese Formel gibt jedoch mehr Rätsel auf, als daß sie solche zu lösen in der Lage wäre. Zielt der Begriff des »Reinmenschlichen« nicht – im Gegensatz zu Wagners Mythopoetik – auf ein antimythisches, anthropologisches Verständnis des Inhaltes eines nur mythisch gewandeten Dramas? Wagners Begriff des »Reinmenschlichen« ist auf eine Weise durch Uneindeutigkeit gekennzeichnet, die es schwer macht, aus den diversen Bestimmungsversuchen, die ja doch den substantiellen Kern seiner dramatischen Kunst betreffen, eine Interpretation herauszufiltern, die nicht als eine entwicklungsgeschichtlich mehr oder weniger marginale von seinem Werk überholt wird.

Diese Uneindeutigkeit, die sich in der Sekundärliteratur in Gestalt widersprüchlichster Auffassungen äußert, haftet nicht zufällig bereits

---

[83] Borchmeyer, Das Theater Richard Wagners, a.a.O., S. 135.
[84] GSD IV, 34.
[85] GSD IV, 318.

Wagners eigenen Bemühungen an. Sie liegt in der Natur der Sache selbst begründet, die sich in demselben Maß begrifflicher Bestimmung entzieht, wie sie zu ihrer Identifizierung auf das künstlerisch gestaltete mythische Bild verweist. (Dennoch haben Wagners verschiedene Deutungsansätze den Bezugsrahmen abzugeben, innerhalb dessen dieses geradezu zwangsläufig zum Spielball der Interpretationen gewordene inhaltlich-substantielle Element der Wagnerschen Kunst begrifflich zu bewegen ist.)

Der Terminus des »Reinmenschlichen« in den unterschiedlichen Schreibungen ist dabei freilich keine Wagnersche Erfindung. Die Wendung »rein menschlich« findet sich bereits bei Jean Paul und August Wilhelm Schlegel,[86] desgleichen bei Karl Philipp Moritz, der die »mythologischen Dichtungen« im »rein menschlichen Sinne« zu verstehen sucht,[87] insbesondere aber bei Goethe, unter dessen Einfluß nicht nur Moritz, sondern auch Wagner seine Ideen ausgebildet hat.

In der Entgegensetzung zum »Besonderen« der Geschichte wie zum Politischen finden sich bei Goethe auffällige Analogien zu Wagners Charakterisierung des »Reinmenschlichen«. Wenn Goethe in einem Brief an Schiller davor warnt, sich als Dichter »des Ausführlichern und Umständlichern der Geschichte« zu bedienen, weil man da immer genötigt werde, »das Besondere des Zustands mit aufzunehmen, man entfernt sich vom rein Menschlichen, und die Poesie kommt ins Gedränge«[88], mag man an Wagners (wenn auch weit weniger vermittelnde) Gegenüberstellung des »historisch-politischen« und des »rein menschlichen« Gegenstands denken.[89] Und wenn Goethe in bezug auf das Schlußstück des »Wallenstein« es als »großen Vorzug« herausstellt, »daß alles aufhört politisch zu sein und bloß menschlich wird, ja das Historische selbst… nur ein leichter Schleier [ist], wodurch das Reinmenschliche durchblickt«[90], mag man sich an die von Wagner gern verwendete Metapher des Historischen als »Kostüm« oder »Gewand« erinnern, die

---

86  Vgl. Kropfinger, OuD 416.
87  Vgl. Robert Weimann, Literaturgeschichte und Mythologie. Methodologische und historische Studien, Berlin/Weimar 1974, S. 375.
88  Brief Goethes an Schiller v. 21. August 1799, in: Briefwechsel zwischen Schiller und Goethe in 3 Bdn., hg. v. Hans Gerhard Gräf u. Albert Leitzmann, Leipzig 1912, Bd. 2, S. 265.
89  GSD IV, 315.
90  Brief Goethes an Schiller v. 18. März 1799, in: Briefwechsel zwischen Schiller und Goethe, a.a.O., Bd. 2, S. 206.

bei ihm allerdings nicht für Durchsichtigkeit, sondern im Gegenteil für Hemmung, ja für Entstellung steht. Dennoch scheint sich Wagner in seiner Suche nach dem »Reinmenschlichen« Goethe durchaus verwandt gefühlt zu haben, bemerkt er doch gegenüber Cosima einmal: »Goethe habe es auch gesucht«, das »rein Menschliche« –, »im ›Tasso‹ z.B. die Gestalten von allem historischen Kostüm loszulösen, während solch ein venetianisches Stück von Hugo... von historischem Kolorit« nur so strotze.[91]

In diesem Sinn auch beschreibt Wagner seine Entdeckung des »altheidnischen Siegfried«: Die »herrliche Gestalt« habe ihn von da an erst vollends entzückt, als es ihm gelungen war, »sie, von aller späteren Umkleidung befreit, in ihrer reinsten menschlichen Erscheinung« vor sich zu sehen. Hier zeigte sich ihm nicht mehr die »historisch konventionelle Figur« (wie im »mittelalterlichen Nibelungenliede«), »an der... das Gewand mehr als die wirkliche Gestalt interessieren« müsse, sondern – im gleitenden Übergang von der metaphorischen zur ontologischen Rede – der »wirkliche, nackte Mensch«, der »*wahre Mensch* überhaupt«[92]. Und diesen »jugendlich schönen Siegfriedmenschen« habe er »an dem urmythischen Quelle« gefunden,[93] nachdem ihn seine Studien »durch die Dichtungen des Mittelalters hindurch bis auf den Grund des alten urdeutschen Mythos« getragen hätten: »ein Gewand nach dem anderen, das ihm die spätere Dichtung entstellend umgeworfen hatte, vermochte ich von ihm abzulösen, um ihn so endlich in seiner keuschesten Schönheit zu erblicken«[94].

Das »Gewand« der Historie verbirgt die »Gestalt« des Mythos. Dieser Eindruck hatte sich Wagner schon einmal aufgedrängt, und zwar im Vergleich zwischen dem historischen Manfred von Hohenstaufen und dem sagenhaft-mythischen Tannhäuser. In ihren »unendlich einfachen Zügen« sei die Tannhäuser-Gestalt »umfassender und zugleich bestimmter, deutlicher als das reichglänzende, schillernde und prangende historisch-poetische Gewebe, das wie ein prunkend faltiges Gewand die wahre, schlanke menschliche Gestalt verbarg«, die sich Wagner »im plötzlich gefundenen Tannhäuser« der Sage darbot.[95]

---

91  CT II, 379 v. 8. Juli 1879.
92  GSD IV, 312f.
93  GSD IV, 329.
94  GSD IV, 312.
95  GSD IV, 272.

Die mythische »Gestalt«, die den »wirklichen Menschen« zeigt, ist für Wagner keine Reduktivform, die sich historischer Variabilität verweigert; in ihren »einfachen, plastischen Zügen« ist sie Konzentrat der »äußerlichen Zerstreutheit« geschichtlicher Erscheinungen, das deren Wandelbarkeit als »Kern« bereits enthält und gleichsam aus sich entläßt. Im »künstlerischen Mythos«, in seiner zum »wirklichen Menschen« wesenhaft verdichteten »plastischen Gestalt«, sieht Wagner jenes Substantielle verkörpert, das als Substrat aller Geschichte unterliegt und immer schon vorausliegt. Damit zeichnet sich bereits ab, daß Wagners Begriff des »Reinmenschlichen« in seiner metahistorischen Ausrichtung eben jene Züge des Mythischen trägt, die Wirklichkeit durch »Verdichtung« und »Steigerung« erschließen lassen.

Wenn daher Carl Dahlhaus die »Idee des ›rein Menschlichen‹«, die »in den Schriften der Zeit um 1850... Wagners Konzeption des Dramas getragen« habe, wenige Jahre später in ein »Zwielicht« geraten sieht, in welchem sie »zum Schemen verblaßte«, so liegt diese Auffassung eben nur in der Konsequenz *seiner* Deutung jener Wagnerschen Idee. Denn für Dahlhaus ist die »Substanz des Dramas«, wie es Wagner vorgeschwebt habe, die über den Umkreis der Kunst hinausreichende Idee des »›rein Menschlichen‹, dessen Verwirklichung Wagner in mythischer Vorzeit... suchte, um es durch Antizipation im Kunstwerk für die erträumte Zukunft zu retten«; für Wagners Vorstellung vom Drama sei »die utopische Idee, daß es eine Handlung sein müsse, in der sich die wiederentdeckte, nicht durch Konventionen verstellte menschliche Natur ausdrücke«, entscheidend.[96] Indem Dahlhaus das »Reinmenschliche« als eine anthropologisch-geschichtsphilosophische, ja eine sozialutopische Idee deutet, liefert er sich Wagners revolutionär gestimmter, geschichtsideologischer Interpretation des Mythos aus, von der sich dieser bekanntlich wenig später distanziert.

In dem von Dahlhaus zitierten Brief an Röckel (vom 23. August 1856) verwirft Wagner also die mit seinen einst revolutionär aufgeladenen »Begriffen« erbaute »hellenistisch-optimistische Welt« (deren Realisierung er »durchaus für möglich hielt«),[97] um an ihre Stelle eine andere,

---

[96]  Dahlhaus, Wagners Konzeption des musikalischen Dramas, a.a.O., S. 14.
[97]  Briefe an August Röckel, a.a.O., S. 66.

schopenhauerisch geprägte (gleichfalls von unzureichenden philosophischen »Begriffen« getragene) zu setzen. Aber damit fällt nicht zwangsläufig die »zentrale Kategorie der Wagnerschen Kunsttheorie«; die »Idee des ›rein Menschlichen‹« hat eben nicht einige Jahre nach »Oper und Drama« ihre fundamentale Bedeutung verloren. Wenn das »Reinmenschliche« die »am wenigsten greifbare« ästhetische Kategorie ist, so nicht deshalb, weil sie ihrer sozialrevolutionären Grundlage verlustig ging,[98] sondern weil in ihr Umfassenderes und zugleich Konkreteres beschlossen liegt, als die geschichtliche Aufsplitterung in das archaisch-vergangene und das utopisch-zukünftige Einst erkennen läßt. Sie verdankt sich jener »künstlerische[n] Anschauung«[99], die nicht eine wie immer geartete historische Deutung des Mythos hervorbringt, sondern eine – von Wagner bei aller begrifflichen Verstrickung an keiner Stelle in Frage gestellte oder gar revidierte – mythische Deutung der Historie vorführt.

Liegt in Wagners Idee des »Reinmenschlichen« mehr als die zivilisationskritische Vorstellung einer nicht »durch Konventionen verzerrte[n] und verkrustete[n] ›Natur‹ des Menschen«, liegt in ihr anderes als die antizipatorische Funktion, »in der sozialen Wirklichkeit zum Vorbild« werden zu können;[100] ist sie mehr und anderes als die sozialrevolutionärem Denken entsprungene »halbpolitische« Idee eines »von der Zivilisation und ihren unmenschlichen Entfremdungen befreite[n] Mensch[en]«[101] – was ist es dann, das die Idee des »Reinmenschlichen« in den Rang einer durchgängig zentralen Kategorie der Wagnerschen Ästhetik zu heben vermag?

Wenn Wagner historisches »Kostüm« und »Kolorit« von Stoff und Gestalt seiner Dramenvorlage abzustreifen sucht, wenn er, um jegliche »Maskerade« auszuschließen, »zum Mythus gegriffen« hat, »zum Siegfried, der wie im Hemd geht und einen Hut haben muß, wie man ihn auch jetzt bei einzelnen Bauern antreffen kann«[102], so auch wiederum nicht, um ein Rousseausches »Zurück zur Natur« zu demonstrieren. Es geht nicht um die Vorführung eines im naiven Sinn naturnahen Lebens,

---

[98]  Dahlhaus, Wagners Konzeption des musikalischen Dramas, a.a.O., S. 14 u. 16.
[99]  Briefe an August Röckel, a.a.O., S. 66.
[100]  Dahlhaus, Wagners Konzeption des musikalischen Dramas, a.a.O., S. 14.
[101]  Ingenhoff, Drama oder Epos? a.a.O., S. 96 f.
[102]  CT I, 727 v. 14. September 1873. Die Griechen hätten »das Glück gehabt, daß ihr Kostüm zur Natur so stimmte«; CT II, 379 v. 8. Juli 1879.

nicht darum (wie Wagner im Rückblick selbstkritisch bemerkt), ein »schmerzloses Dasein hinzustellen«[103]. Seine Intention richtet sich vielmehr darauf, existentielle Grenzsituationen darzustellen, die über die ›Natur‹ des Menschen Auskunft geben.

Wagners Aufmerksamkeit gilt dem »Wesen des Menschen«, seiner »wesenhaften Gesinnung«, die freilich keine sittliche, sondern eine existentielle ist. Er will jeweils das »Wesen des Menschen nach einer bestimmten Richtung hin überhaupt« zur Anschauung bringen.[104] In seinen »Wibelungen« spricht er von der »wesenhaften Eigentümlichkeit« der Menschen und charakterisiert diese als »rastloses Streben und Drängen nach nie erreichten Zielen«, d.h. nach geschichtlich überhaupt uneinholbaren Zielen. Er gründet seine »Weltgeschichte« in dem (menschlichem Wesen unterstellten) überdimensionalen Drang, die Bedingungen des historisch je Besonderen übersteigen und im Erstreben der »Weltherrschaft« schließlich das Göttliche selbst erreichen zu wollen.[105] In dieser übergeschichtlichen Wesenhaftigkeit sieht Wagner eben jenes »Reinmenschliche«, das den Inhalt des neuen Kunstwerks ausmacht.

Ein solcher Inhalt ist freilich nicht erklärbar, nicht kausal erklärbar durch Feststellung von Ursache und Wirkung, nicht fixierbar durch ein Verfahren von Frage und Antwort. Dieser mythisch verdichtete Inhalt müsse daher so gestaltet sein, daß sich die »Frage nach dem Warum« – gegen die »unvertilgbare Eigentümlichkeit des menschlichen Wahrnehmungsprozesses«, dem jeweiligen Kausalzusammenhang nachzufragen – erst gar nicht stellt. Es sei Aufgabe des Dichters, dieser Frage »beschwichtigend vorzubeugen«, nämlich sie »in einem Sinne zu beantworten, daß sie von vornherein... gewissermaßen elidiert wird«.[106] Damit wird das den wissenschaftlichen Fortschritt antreibende unendlich variierbare Spiel von Frage und Antwort für den Bereich der Kunst als untauglich ausgeschlossen. Die hier geltenden Gesetze verlangen eine Darstellungsform und -weise, die die potentielle Antwort, die Deutung, im Geschehen selbst unmittelbar zu erfassen erlaubt (wozu eben die Sage mit ihrem »rein menschlichen Inhalt« und ihrer »äußerst

---

[103] Briefe an August Röckel, a.a.O., S. 67.
[104] GSD IV, 33 u. 46.
[105] Vgl. oben S. 114f u. S. 165.
[106] GSD VII, 112 u. 121.

prägnanten und deshalb schnell verständlichen Form« die Grundlage böte[107]). Der Sinn wird nicht im Diskurs ermittelt, sondern im Anschauen, Erfahren und Erleiden des Ereignisses im Kunstwerk offenbar.[108]

Diese Form der mythisch-ästhetischen Wahrnehmung in bezug auf das Kunstwerk ist in ihrer Abgehobenheit von der Form wissenschaftlich-rationalen Erfassens selbst wiederum Gegenstand dieses Kunstwerks. Sie umschließt das »Reinmenschliche«, ist Bedingung seiner Verständlichung, seiner ›Erklärung‹, und damit durchgängig selber Bestandteil der »Handlung«. Sie wird thematisch umspielt als ein Wissen um die Geartetheit eines Wissens, eines Wissens anderer, eigener Art.

So ist das Wissen und Nichtwissen um das »Reinmenschliche« auf je eigene Weise Mittelpunkt des Holländer-, des Tannhäuser-, des Lohengrindramas. Als Auf- und Niederstreben zu, als Verfallen- oder Anheimgegebensein an die göttlichen Mächte und ihre Ordnung ist dieses »Reinmenschliche« nicht sagbar, deutbar, mitteilbar. Es erfüllt sich im Vollzug – gegen und außerhalb gesellschaftlichen, historisch-politischen Meinens und Handelns – im Drama Tristans und Isoldes und (qualitativ anders) im Parsifaldrama, – auf subtile Weise selbst in den »Meistersingern«. Damit enthält das »Reinmenschliche« nicht eine Summe des Wissens um die Geschichte und Geschicke des Menschen, sondern bietet gewissermaßen eine potenzierte Form existentieller Erfahrung, die strukturell mythische Erfahrung trägt. Es birgt das historisch schlechthin Inkompatible, und zwar so weitgehend, daß es nicht nur aus dem Rahmen historischen Forschens und Fragens, sondern gleichsam aus der Geschichte selber fällt:

> »...wir haben es mit den Menschen zu tun, mit welchen, je hervorragender sie waren, die Geschichte zu keiner Zeit etwas anzufangen wußte: ihre Überschreitungen des gemeinen Willensmaßes, zu denen eine leidensschwere Notwendigkeit sie drängt, sind es, was uns einzig angeht und die Welt mit ihrer Geschichte uns soweit übersehen läßt, daß wir sie vergessen...«[109]

---

[107] GSD VII, 120f.

[108] Das Hineinlegen des Sinns in das Geschehen durch Verlassen des Diskursiv-Akzidentellen läßt sich für die dichterische Konzeption des »Parsifal« anhand einer Tagebuch-Notiz Cosimas gut beobachten: Wagner sagt, »er sei über das Schwerste im Parzival hinüber; keine Frage sondern die Wiedergewinnung der Lanze sei es, worauf es ankomme«, womit er von der Wolframschen Vorlage bewußt abweicht. In allem will Wagner »den Mythus darlegen«. (CT I, 1028 v. 30. Januar 1877 zur Zeit der Niederschrift des 2. Prosaentwurfs).

[109] Brief an Heinrich von Stein v. 31. Januar 1883; GSD X, 319.

288

Gegenstand des Dichters ist das »Reinmenschliche« in der Erfüllung eines Schicksals: »der Mensch *muß müssen...* das ist das Göttliche in ihm«[110]. Dieses Schicksal wird freilich nicht als ein fremdes, nicht als ein über den Menschen verhängtes, sondern durchaus nur als Erfüllung der Wesenhaftigkeit seiner ins Ungemessene vorandrängenden Natur gefaßt. Dabei steht dieser grenzüberschreitende Wille jeder Art katholisch-christlicher Jenseitsschwärmerei völlig fern. Dementsprechend konnte für Wagner etwa der Lohengrinstoff erst von da an als Dramenvorlage in Frage kommen, als er hinter der »zwielichtig mystischen Gestalt« des mittelalterlichen Gedichts den »Lohengrin-Mythos« erkannte; erst nachdem er ihn als ein »edles Gedicht des sehnsüchtigen menschlichen Verlangens« begriff, das »seinen Keim keineswegs nur im christlichen Übernatürlichkeitshange, sondern in der wahrhaftesten menschlichen Natur überhaupt« hat, reizte er ihn zur Gestaltung.[111]

Inhalt und Substanz des Dramas sind also nicht auf (christliche) Transzendenz, nicht auf die (glorifizierende) Darstellung eines ›jenseitigen‹ Daseins hin entworfen, so sehr die Idee des »Reinmenschlichen« mit Attributen einer grenzüberwindenden »Sehnsucht« ausgestattet ist. Sie lassen sich aber auch nicht auf (natürliche) Immanenz, auf die Verabsolutierung ›diesseitigen‹ Lebens fixieren, etwa wenn Wagner das »Reinmenschliche« gut feuerbachisch als das »Wesen der menschlichen *Gattung* als solcher« ausweist.[112]

Indem er das »Reinmenschliche« als das den Gegensätzen des männlichen und weiblichen Prinzips Gemeinsame und Vorausliegende anspricht, ergibt sich eine gewisse Analogie zu Feuerbach, der das »Wesen des Menschen« nicht im einzelnen Menschen, sondern »nur in der Gemeinschaft, in der Einheit des Menschen mit dem Menschen enthalten« sieht.[113] Doch entspricht Wagner damit noch nicht »weitgehend der Philosophie Feuerbachs«. Für ihn liegt in der Verwirklichung des »Reinmenschlichen« nicht nur der Mensch als »Gattungsbegriff alles Menschlichen und aller Menschen«, und schon gar nicht gipfelt sie in der »Darstellung des Absoluten als Selbstbewußtsein des Menschen«[114].

---

[110] CT II, 288 v. 11. Januar 1879.
[111] GSD IV, 288.
[112] GSD IV, 102.
[113] Grundsätze der Philosophie der Zukunft; SW II, 318.
[114] So die These von Wolfgang Seelig, der sich nur auf diese eine Textstelle bei Wagner stützen kann, dafür aber um so mehr Feuerbach-Nachweise beibringt; vgl. ders., Richard Wagners

Denn während bei Feuerbach in diesem Sinn der Selbstbezogenheit des Menschen das »Homo homini deus est« zum obersten Grundsatz erhoben wird,[115] sucht Wagner umgekehrt über die Vereinigung der Gegensätze die Begegnung des Menschen mit dem Numinosen ins (Kunst-)Werk zu setzen. In seinem Begriff des »Reinmenschlichen« liegt immer etwas Mediales, das ihn von dem religionskritisch-anthropologischen Begriff des Menschen bei Feuerbach entschieden abhebt.

Wagners Idee des »Reinmenschlichen« ist eben nicht das Ergebnis der Addition alles Gemeinschaftlich-Menschlichen, nicht der »compendiarisch zusammengefasste Inbegriff der unter die Menschen vertheilten, im Laufe der Weltgeschichte sich realisirenden Eigenschaften der Gattung«[116]. Denn auch wenn Feuerbach die »anthropologische Notwendigkeit« voraussetzt, »stets über die eigene Individualität ›hinauszugehen‹«[117] – hier ist der eigentliche Berührungspunkt zwischen Feuerbach und Wagner –, sieht er dieses »Beschränktheitsgefühl« des Individuums,[118] anders als Wagner, lediglich dahin wirken, »die unendlichen Fähigkeiten der menschlichen Natur zu verwirklichen«[119], d.h. in der fortschreitenden Befriedigung der eigenen Antriebe als »Gattung« sich selbst zu genügen und darin »die Gottheit, die Religion« zugleich »aufzuheben und zu ersetzen«[120].

Damit ist Wagners Verwendung des (von Feuerbach übernommenen) Gattungsbegriffs hinsichtlich der eigenen künstlerischen Intentionen durchaus irreführend. Denn während er das »Reinmenschliche« als die »über das gewöhnliche menschliche Maß« hinaus verdichtete und gesteigerte Individualität darzustellen sucht (und darin Feuerbachs Idee der menschlichen Gattung wie die eigene Adaption dieser Idee gewissermaßen aufhebt), verwirft Feuerbach die Idee einer »Inkarnation der Gattung... in *einer* Individualität«, weil diese »ein absolutes Wunder, eine

---

Naturphilosophie – Ihre Grundlagen bei Feuerbach und ihre Weiterführung mit Schopenhauer, in: Richard Wagner und – die Musikhochschule München – die Philosophie – die Dramaturgie – die Bearbeitung – der Film, Regensburg 1983, S. 21.

[115] Wesen des Christentums; SW VI, 326.

[116] SW II, 259.

[117] Robert Baroni, Der Begriff »Gattung« bei Ludwig Feuerbach, in: Ludwig Feuerbach und die Philosophie der Zukunft, a.a.O., S. 374.

[118] Das Wesen des Christentums in Beziehung auf den »Einzigen und sein Eigentum« (1845); SW VII, 303.

[119] Baroni, Der Begriff der »Gattung« bei Ludwig Feuerbach, a.a.O., S. 374.

[120] SW VII, 303.

gewaltsame Aufhebung aller Gesetze und Principien der Wirklichkeit«
wäre.[121] Doch was Wagner im Aufbrechen der raumzeitlich gebundenen Schale der Wirklichkeit als deren mythischen Kern zu fassen sucht,
ist eben gerade das »Wunder«, wenn auch im kategorial-mythischen und
nicht im christlich-theologischen Sinn.[122]

Besteht für Feuerbach das »Wesen des Menschen« in der »Summe aller
Gemeinsamkeiten der Menschen als Gattung«[123], so arbeitet Wagner
also gleichsam mit Potenzen. Seine Idee des »Reinmenschlichen« ist das
Ergebnis der Verdichtung und Steigerung, der Potenzierung von Gesinnungen und Beweggründen ins Mythisch-Wunderbare. Sie folgt einer
»Verstärkung der Motive«, die ebensowenig eine »Häufung der Motive«
ist, wie die »Verstärkung der Handlungsmomente« aus einer »Häufung
solcher Momente« besteht. Wie aber die Verstärkung des Handlungs-
momentes nur durch Erhöhung »über das gewöhnliche menschliche
Maß« hinaus, nämlich durch »Dichtung des – der menschlichen Natur
wohl vollkommen entsprechenden, ihre Fähigkeiten aber in erregtester,
dem gewöhnlichen Leben unerreichbarer Potenz steigernden – Wunders« gelingen könne, müsse das zugehörige Motiv ein ebenso verstärk-
tes und erhöhtes sein.[124] Durch Verdichtung und Steigerung wird mit
der Form auch der Inhalt des Dramas, mit der »Handlung« auch ihre
»Motivierung« ins Mythische transzendiert.

Wie Wagners Idee des »Reinmenschlichen« nicht als »Wesen der
menschlichen Gattung« im Sinne Feuerbachs zu verstehen ist, muß auch
eine an Feuerbach orientierte Deutung des Kunstwerks, wie sie sich für
das Götterende des »Rings«, insbesondere anhand des ersten Prosaentwurfs von 1848 anbietet, schließlich an der durchgehend mythischen
Struktur des Werkes scheitern.

In dieser Skizze heißt es, daß »nur ein von den Göttern selbst unabhän-
giger, freier Wille« das Unrecht zu tilgen vermag, das den Göttern selbst
anhaftet, und diese »in dem Menschen... die Fähigkeit zu solchem freien
Willen« sehen. Die Götter suchen ihre Göttlichkeit in den Menschen zu
übertragen, »um seine Kraft so hoch zu heben, daß er... des göttlichen

---

[121] Zur Kritik der Hegelschen Philosophie (1839); SW II, 162. Vgl. Baroni, Der Begriff der
»Gattung« bei Ludwig Feuerbach, a.a.O., S. 376.
[122] Vgl. S. 236ff.
[123] Seelig, Richard Wagners Naturphilosophie, a.a.O., S. 21.
[124] GSD IV, 83 u. 89.

Schutzes selbst sich entschlägt«. Sie erziehen den Menschen zu der »hohen Bestimmung, Tilger ihrer eigenen Schuld zu sein« und wollen »in der Freiheit des menschlichen Bewußtseins ihres unmittelbaren Einflusses« sich begeben, ja schließlich »in dieser Menschenschöpfung« sich selbst vernichten.[125]

Diese Vorstellung ist aber keineswegs gleichbedeutend mit dem Feuerbachschen Postulat der Emanzipation des Menschen aus den Banden seiner selbstgezimmerten Wahngebilde. Was in den Flammen Walhalls zerfällt, ist nicht das Phantasiegebilde des kollektiv sich selbst abbildenden Menschen, der in der Freiheit seines Bewußtseins sich der göttlichen Führung entledigte. Denn nicht werden die Götter – im ersten Prosaentwurf wie in der Endfassung – als (Phantasie-)Produkte des Menschen, sondern umgekehrt die Menschen als Geschöpfe der Götter gezeigt, die zuletzt auch jenen »freien Willen« den Göttern verdanken – nämlich indem diese »ihre Göttlichkeit in den Menschen« übertragen –, kraft dessen sie sich gegen diese wiederum erheben.

Sind denn die Götter hier nicht nur »Ideen des Menschen«, weshalb sie denn »verschwinden« müssen;[126] ist hier nicht, wie bei Feuerbach, der Mensch die »einzige wirkliche Realität, deren Derivat ohne eigene Wirklichkeit die Götter wären«; sind vielmehr umgekehrt die Götter die »eigentliche, weil gründende Realität«[127] – warum gehen sie dann unter, und warum suchen sie sich dann in der »Freiheit des menschlichen Bewußtseins« selbst zu vernichten?

Was im »Ring« der Entmachtung und schließlichen Vernichtung anheimfällt, ist eine kulturgeschichtliche Form göttlicher Herrschaft, nicht aber der in Erda verkörperte »göttliche Urgrund« selbst. Dieser geht allem Anfang voraus und besteht nach jedem Ende; er wirkt auch nach der (Selbst-)Entmachtung der Götter »chaosverhindernd... auf eine

---

[125] GSD II, 158.

[126] So bei Gregor-Dellin (Richard Wagner, a.a.O., S. 247), der die Projektionsthese Feuerbachs mit einer Selbstverständlichkeit auf den Wagnerschen Mythos anwendet, die eine philologisch-hermeneutische Überprüfung ebenso überflüssig zu machen scheint wie den historisch-biographischen Nachweis einer dezidierten Beeinflussung. Eine Geistesverwandtschaft voraussetzend, die – trotz des beiden gemeinsamen emanzipatorischen Pathos – gerade nicht besteht, bemerkt er nur: Wagner »kannte Feuerbach, ohne ihn noch gelesen zu haben«.

[127] Herbert Huber in seinem »Ring«-Kommentar: Richard Wagner, Der Ring des Nibelungen. Nach seinem mythologischen, theologischen und philosophischen Gehalt Vers für Vers erklärt von Herbert Huber, Weinheim 1988, S. 189.

Weise, die nicht mehr darzustellen versucht wird, geheimnisvoll *in* den Taten« der Menschen fort.[128] Wagners Rede von der »Freiheit des menschlichen Bewußtseins« meint daher nicht Ablösung des Menschen von jenem Urgrund göttlichen Wirkens überhaupt; sie meint nicht Emanzipation, sondern Integration im Sinn der Erkenntnis und Anerkenntnis der »Notwendigkeit in den natürlichen Erscheinungen« sowie des »unlösbaren Zusammenhang[s]« des Menschen mit der numinos geleiteten Natur: Erst wenn der Mensch diese Notwendigkeit »begreift und sich ihrer bewußt wird, ihren Gesetzen sich fügt, wird er frei«[129].

Was also bleibt am Ende? – »Das Experiment der Götter mißlingt, es beginnt alles von vorn«[130]? Die Menschen haben ihre Lektion nicht gelernt, die ihnen in der Freiheit ihres Bewußtseins den Neubeginn, die erneute Selbstentmündigung durch Projektion selbsteigenen Seins auf göttliche Instanzen ersparte?

In der Tat, das »Experiment der Götter« verläuft nicht wie geplant. Es gibt Umbrüche, Einbrüche, und das Ende in bezug auf den ›Welterben‹ Siegfried, der nach dem Willen Wagners das »Reinmenschliche« eigentlich und unbedingt verkörpern sollte, gestaltet sich anders als von Wotan (und Wagner) gedacht. Der von »Konvention« losgelöste, die gesetzte Ordnung der Walhallgötter und ihre Verstrickungen durchbrechende Siegfried – sein Schwert zerschlägt das Schicksalsseil der Nornen[131] – gelangt nicht zu jener »Freiheit des menschlichen Bewußtseins«, in welcher er in wissender Übereinkunft mit dem numinosen Urgrund »Gott und Welt« von des »Fluches Last«[132] zu erlösen imstande wäre. Denn seine »Freiheit« besteht lediglich darin, sich des »göttlichen Schutzes« zu entledigen, »um nach eigenem freien Willen zu tun, was sein Sinn ihm eingibt«[133] – ein Sinn freilich, den er der Natur entnimmt. Siegfried ist der Mensch, der im Namen des Naturgesetzes, dem er selbst lebt und fällt, das Göttergesetz außer Kraft setzt. Er wird zum Spielball der Mächte, denen er nichts als den Trotz um das eigene Ende

---

[128] Ders., »Ring«-Kommentar, a.a.O., S. 254.
[129] SSD XII, 262f.
[130] Gregor-Dellin, Richard Wagner, a.a.O., S. 247.
[131] Vgl. »Götterdämmerung« 3. Aufzug; MD 801 u. insbesondere »Götterdämmerung« Vorspiel, das am Ende der Nornenszene das Zerreißen des Seils zeigt, während im Orchester Schwertmotiv und Siegfrieds Hornruf ertönen.
[132] »Götterdämmerung« 1. Aufzug; MD 773.
[133] GSD II, 158.

entgegenzusetzen hat. So wird die Botschaft von der »Freiheit des menschlichen Bewußtseins« im Nibelungenmythos auch nur in der Widerständigkeit und schließlich im Tod des Helden freigesetzt. (Anders verhält es sich dann mit Parsifal. Er vermag diese Freiheit über den Rahmen einer naturgeführten Selbstgewißheit hinaus bis zu einer Allverantwortlichkeit zu steigern, die es ermöglicht, die göttliche Ordnung selbst zu restituieren.)

Wagners Botschaft des »Reinmenschlichen« wird damit jeweils von einer Anschauungsform getragen, die das Weltganze als Einheit zu fassen erlaubt, in welcher Natur, Mensch und Gott als gegenseitig sich bedingende Aspekte ein-und derselben Ordnung angesehen werden. Diese Ordnung erscheint in mythisch verdichteter Gestalt als Subjekt und Objekt, als Schaffende und Geschaffene zugleich – so in Erda oder auch in »Frau Minne«, der nicht bühnen- aber ereignispräsenten Liebesgöttin in Wagners »Tristan«-Mythos.[134] Hier wird die Einheit des

---

[134] Bemerkenswert ist hier die aus musikwissenschaftlicher Sicht vorgetragene Interpretation Kurt Overhoffs (Die Musikdramen Richard Wagners. Eine thematisch-musikalische Interpretation, Salzburg 1967): Im Reigen der musikalischen Motive identifiziert er eigens ein »Motiv der ›Frau Minne‹«, das in den gängigen Motivtafeln (vgl. etwa diejenige von Edmund E.F. Kühn (Hg.) im Anhang zu: Richard Wagners Musikdramen, Berlin 1914 oder von Lothar Windsperger (Hg.) im: Buch der Motive aus Opern und Musikdramen Richard Wagner's, Mainz/London/New York o.J., Bd. 1) als solches nicht verzeichnet ist. Dieses im Kontext der »Tristan«-Partitur auffällig diatonische Motiv (man denke an die Natur/Erda-Thematik im »Ring«) wird in die Gruppe der »mythologischen Motive« eingereiht: »im Klingen dieser Töne offenbart sich eine überpersönliche Macht, eben das Wirken der ›Frau Minne‹, die selbst nichts erleidet, sondern nur in den Wesen der Welt, diesen zu höchster Lust und tiefster Qual, waltet« (S. 275).
Dieses Motiv erklingt an wenigen markanten Punkten der »Handlung«: an exponierter Stelle im *Vorspiel* (Takt 63ff.); zur Eröffnung des Schreins mit den Wundertränken (Brangäne: »So reihte sie die Mutter, die mächt'gen Zaubertränke«; MD 333) und nach dem Genuß des Tranks (Tristan/Isolde: »Sehnender Minne schwellendes Blühen, schmachtender Liebe seliges Glühen!«; MD 342) im *ersten Akt*; weiterhin bei Isoldes Erzählung von »Frau Minne« (»Leben und Tod sind untertan ihr«; MD 347, – nach Overhoff das »Lachen der Frau Minne« (S. 295)) und ihrer Erklärung, sich dieser Führung überlassen zu wollen (»Wie sie es wendet, wie sie es endet, was sie mir küre, wohin mich führe: ihr ward ich zueigen.«; MD 347, – diese Variante bezeichnet Windsperger isoliert als »Minnethema« (S. 43), Overhoff im Kontext als »Walten der Frau Minne« (S. 296)) im *zweiten Akt* sowie bei Tristans Erwartung der unmittelbar bevorstehenden letzten Begegnung mit Isolde (»Jagendes Blut, jauchzender Mut! Lust ohne Maßen, freudiges Rasen! Auf des Lagers Bann wie sie ertragen!«; MD 378) im *dritten Akt*.
Das Motiv der »Frau Minne« ist in den musikalisch-dramatischen Ablauf so hineingestellt, daß es zugleich als Subjekt und Objekt, als wirkendes Wesen wie als vergegenständlichte Wirkung auftritt. Im Vorspiel wird es geradezu als Epiphanie einer Göttin vorgeführt, die die Welt ebenso kreißend wie mächtig in ihren Bann zieht; es regiert am dramaturgischen Angelpunkt der Eröffnung des Schreins mit den Zaubersäften, welche die »Mutter«, so heißt es in metaphorischer Zweideutigkeit, bereitete; es trägt insbesondere die ekstati-

Menschen mit dem numinosen Urgrund als Eintritt in das »Wunderreich der Nacht« vollzogen. An der Schwelle zwischen Leben und Tod fällt die Schranke zwischen den Subjekten (um sich gegenseitig nicht mehr Objekt sein zu müssen); es fallen Ich und Welt ineins: »das Land, das alle Welt umspannt«, wird als das (auf allen Wegen gesuchte oder zu meiden gesuchte) eigene erkannt und im Bannkreis der »Frau Minne« betreten.[135]

Wagner sucht das »Höchste« zu gestalten, was er »vom rein menschlichen Standpunkte aus erschaute«[136], und dieses Höchste findet er in dem »durch keine Zivilisation und keine Kultur entstellten Urverhalten«[137] – besser noch: Urverhältnis des Menschen, das ein mythisch präfiguriertes ist. Wenn es daher auch zutrifft, daß Wagner eine »eindeutige inhaltliche Festlegung« dessen vermeidet, was im Drama verwirklicht werden soll, so ist hieraus doch nicht zu folgern, daß es keine feststehende Botschaft gäbe, keine, »die einer situationsgebundenen und immer wieder zu erneuernden Interpretation vorgeordnet und entzogen wäre«[138]. Ist seine Bestimmung des dramatischen Inhalts auch abstrakt, so enthält sie doch eine Strukturaussage – das »Reinmenschliche« ist keine anthropologische, sondern eine mythische Kategorie –, die als solche unbedingt verbindlich bleibt.

## 3. Ausdrucksform: Sprachliche und musikalische Archetypen

Wagners Konzeption der »Vollendung des Mythos« im Musikdrama birgt aber nicht nur ein System der Verdichtung von Handlung, von

---

sche Wirkung des Trankes, die Liebes-Ekstase des ersten und die Todes-Ekstase des letzten Aktes (Erich Rappl nennt es daher (zu) einfach »Motiv des Liebesjubels«; Wagner-Opernführer, Regensburg 1967, S. 132).
Diese Form der musiksprachlichen Verarbeitung eines mythischen Motivs (es ist im Sinne der nachfolgenden Ausführungen auch ein musikalischer Archetypus) ist als eine Bestätigung dessen anzusehen, was Wagner in seinem »Epilogischen Bericht« (1871) zum Verhältnis von »Ring« und »Tristan« ausführt: »Mit dem Entwurfe von ›Tristan und Isolde‹ war es mir, als entfernte ich mich selbst nicht eigentlich aus dem Kreise der durch meine Nibelungenarbeit mir erweckten dichterischen und mythischen Anschauungen« (GSD VI, 267).
[135] »Tristan« 2. Aufzug; MD 353, 356 u. 364.
[136] GSD IV, 315.
[137] Vgl. Hans-Joachim Bauer, Richard Wagner Lexikon, Art. »Das Reinmenschliche«, Bergisch Gladbach 1988, S. 381.
[138] Udo Bermbach, Mythos als Zivilreligion – Zu einem Aspekt der Idee des Gesamtkunstwerks, in: Bayreuther Programmheft VII »Parsifal« 1992, S. 4.

Handlungsmomenten und -motiven, das »Verstärkung«, »Erhöhung«, »Steigerung« der dramatischen Handlung bis zur »Wunderbarkeit« leistet, sie impliziert auch ein System der Verdichtung und Verstärkung des Ausdrucks, der Ausdruckserhöhung und -steigerung. Und wie im Bereich der Handlung der Grad der Verdichtung dem Grad der Erweiterung des Bezugsfeldes entspricht – die angestrebte archetypische Verdichtung daher mit einer nahezu uneingeschränkten Erweiterung des Bezugsfelds einhergeht –, so verhält sich im Bereich des Ausdrucks die Erweiterung des Ausdrucksträgers von der »Wortsprache« auf die »Tonsprache« (und die Gebärdensprache) zur Verdichtung der Ausdruckselemente in sich und unter sich. Die mythisch verdichtete Handlung, die einen ins Mythisch-Wunderbare gesteigerten und gerade nur dadurch ermöglichten »reinmenschlichen« Inhalt wahrt, verlangt einen entsprechend durch Verdichtung gesteigerten und erhöhten Ausdruck.

Wie also die auf den Mythos gerichtete dichterische Absicht die Handlungsmomente und -motive »zusammendrängte und in dieser Zusammendrängung verstärkte«, so habe sie um ihrer Versinnlichung, ihrer »Verwirklichung willen genau ebenso zu Werke zu gehen«. Wie der Dichter »stufenweise zur Bildung von Situationen« aufsteige, die in ihrer »Kraft und Wunderbarkeit« über das gewöhnliche Leben hinausragen, so habe »notwendig auch der *Ausdruck* der Handelnden und Leidenden sich... mit wohlbedingter Steigerung zu einem... über den gewöhnlichen Ausdruck erhöhten« zu erheben: der Inhalt des Dramas bestimmt sich als ein »über den Inhalt einer gewöhnlichen Lebenslage so erhobener, als der Ausdruck es über den des gewöhnlichen Lebens ist«[139].

Wird somit die Realisierung der mythisch-dichterischen Absicht nicht allein durch Handlungs- und Motivverdichtung, sondern zuallererst in Verbindung mit einem »ebenso verdichteten und zusammengedrängten Ausdruck« möglich, so stellt sich mit Wagner die Frage, »durch welche *Ausdrucksmittel* dieser Mythos am verständlichsten im Drama darzustellen« sei. Seine Antwort lautet: Für den adäquaten Sprachausdruck der mythisch verdichteten Handlung gilt dasselbe Verfahren der Verdichtung und Steigerung wie für diese Handlung selbst. Alles »Zufällige, Kleinliche und Unbestimmte«, alles »pragmatisch Historische, Staatliche und dogmatisch Religiöse« muß ausgeschieden werden, um den von

---

[139] GSD IV, 193 u. 195f.

allen »Entstellungen« befreiten »Kern« des »Reinmenschlichen« auch im Bereich der »sprachlichen Kundgebung« verdichtend zu konkretisieren.[140]

Wagner sucht in Relation zur mythisch verdichteten Handlung den »gedrängten« Ausdruck, bei welchem nicht nur auffallend stärker betont, sondern vor allem auch die Akzente näher zusammengerückt werden. Die der »komplizierten Literaturphrase« eigentümliche »übermäßige Zahl von... vermittelnden und verdeutlichenden Nebenwörtern« sei zugunsten einer gedrängten Redefassung derart zu verringern, daß die den Sprachakzent tragenden Wörter (wie die den Handlungsakzent tragenden Gestalten des Dramas wie des Mythos selbst) plastisch hervortreten. Das Ergebnis ist eine »Verstärkung des Konsonanten durch Verdoppelung oder Verdreifachung« sowie eine entsprechend »drastische Färbung« des eingeschlossenen Vokals, wobei beides als Funktion der »drastischen Besonderheit des *Gegenstandes*, den die *Wurzel* [des akzentuierten Wortes] ausdrückt«, gefaßt wird.[141]

In den »Sprachwurzeln« nämlich, aus welchen das »ganze sinnliche Gebäude unserer unendlich verzweigten Wortsprache« errichtet sei, also gewissermaßen den Urelementen der Sprache, sieht Wagner die Vereinigung von Vokal und Konsonant als Vereinigung des »subjektiven... Eindruckes« mit dem »objektiven Ausdruck« eines Gegenstands vollzogen. In der Sprachwurzel verbinden sich Subjektives und Objektives, Innen und Außen, da in ihr der »tönende[n] Laut in ein unterscheidendes Gewand« gekleidet, d.h. von »stummen Mitlautern« in einer Weise »umschlossen« wird, die diesen Laut überhaupt erst zu einer »bestimmten, unterscheidbaren Kundgebung« befähigen. Wagner thematisiert die im Zusammenschluß von Selbstlaut und Mitlaut generierte Sprachwurzel als eine Art mythische Entität im Bereich der Sprache und weist sie als solche wiederum durch ihren Gegenstandsbezug aus. Denn dieses konsonierende »Gewand stummer Laute«, das als Materielles in seiner Vereinigung mit dem selbstlautenden Ideellen den Sprachausdruck erst ermöglicht, sieht er nach einer dem Gegenstand »selbst entnommenen Eigenschaft« gebildet.[142]

---

[140] GSD IV, 118 u. 88.
[141] GSD IV, 119ff.
[142] GSD IV, 93f.

Demnach liegen in der Sprachwurzel Klang und Sinn ursprünglich vereinigt; der Sinn ist sinnlich greifbar, hörbar. Bedeutung und Verlautbarung bilden in ihr jene Einheit, die für den Wirklichkeitsbezug der mythisch-dramatischen Kundgebung einsteht. Wenn Wagner daher »auf die natürlichen Bedingungen alles menschlichen Kunstvermögens« zurückgeht, weil nur durch sie zu – im buchstäblichen Sinn – »wirklicher Kunstproduktivität« zu gelangen sei, so aus der Absicht, Kunst und Wirklichkeit (wieder) zu verbinden, sie durch mythische Reintegration von Gehalt und Gestalt (neu) zu vereinen. Denn nur so lange, wie der Mensch »die Natur noch im Auge behielt«, wie er im Medium mythenbildender Naturanschauung über den sinnlichen »Eindruck« den sinnigen »Ausdruck« fand, so lange habe er (nicht nur mythische Gestalten und Handlungen, sondern) auch noch Sprachwurzeln erfinden können, »die den Gegenständen und ihren Beziehungen charakteristisch entsprachen«[143].

In seiner Sprachtheorie legt Wagner daher großen Wert darauf, daß dieser sinnlich-sinnhafte Charakter der in die Syntax eingebundenen Sprachwurzeln nicht eingeebnet wird, nicht durch Fehlbetonung verloren geht. Klangträger und Sinnträger müssen auch im Satzverlauf identisch bleiben. Und wenn er in diesem Kontext die deutsche Sprache vor »allen modernen Opernsprachen«, besonders den romanischen, als diejenige hervorhebt, die allein »zur Belebung des künstlerischen Ausdruckes« befähigt sei, so ausschließlich deshalb, weil in ihr der »Zusammenhang mit der Natur« jetzt noch kenntlicher sei als bei den anderen; nämlich weil sie »die einzige« sei, »die auch im gewöhnlichen Leben den Akzent auf den Wurzelsilben erhalten« habe, »während in jenen der Akzent nach willkürlicher naturwidriger Konvention auf – an sich bedeutungslose – Beugungssilben gelegt« werde.[144]

Um diesen gegenständlichen Boden unter den wortsprachlichen Füßen zu bewahren, auszubauen und zu verstärken, seien nun die Wurzelsilben – ganz dem »Wesen der ungekünstelten Anschauung der Natur entsprechend« – in einer Weise einzusetzen und anzuordnen, daß diese Akzentträger in ihrer verwandtschaftlichen Beziehung zueinander kenntlich werden. Hierdurch würde nicht nur eine Vereinheitlichung,

---

[143] GSD IV, 96.
[144] GSD IV, 211f.

eine Verdichtung, sondern zugleich eine Verstärkung und Steigerung des Ausdrucks bewirkt, der mit dem gleichfalls durch Verdichtung verstärkten und gesteigerten Ausdrucksgegenstand korreliert. Für Wagner ist es die »sinnlich dichtende Kraft der Sprache«, die diese Wechselbeziehung aufzunehmen und einzubinden in der Lage ist, und zwar in Gestalt des »Stabreims«, der »Alliteration«[145].

Hierbei würden die verwandten Sprachwurzeln so zusammengefügt, daß über den ähnlich klingenden Laut »ähnliche Gegenstände zu einem Gesamtbilde« vereinigt werden.[146] Die »Gleichheit der Physiognomie der durch den Sprachsinn akzentuierten Wurzelwörter« zeige diese in einem verwandtschaftlichen Verhältnis, das nicht nur »dem sinnlichen Organe schnell faßlich ist, sondern in Wahrheit auch dem *Sinne* der Wurzel innewohnt«. Im alliterierenden Konsonanten sei damit die Möglichkeit gegeben, durch Verdichtung der betonten Wurzelwörter ähnliche Gegenstände vereinheitlichend aufeinander zu beziehen, zugleich aber auch die »anscheinend verschiedensten Gegenstände und Empfindungen dem Gehöre durch den Reim des Anlautes als verwandt vorzuführen«[147].

Wagner begreift den Stabreim als Instrument der Konzentration, der Kontamination des Ähnlichen, das die Integration des charakteristisch Gegensätzlichen miteinschließt. Damit entdeckt er auf der wortsprachlichen Ebene das nämliche Prinzip der Analogie, das er bereits auf der Handlungsebene für die Konstituierung archetypischer Gestalten und Ereignisabläufe identifizierte. An dem »urmythischen Quelle«, wo er den »jugendlich schönen Siegfriedmenschen« fand, sei er auch »ganz von selbst auf den sinnlich vollendeten Sprachausdruck« gestoßen, nämlich auf den »nach dem wirklichen Sprachakzente zur natürlichsten und lebendigsten Rhythmik sich fügende[n]... stabgereimte[n] Vers«[148].

Der Stabreim verbindet, verdichtet gleichgerichtete wie gegenläufige Inhalte; er verstärkt und steigert diese zu einer über das Gehör sinnlich vermittelten Sinneinheit. Er bildet gewissermaßen sprachliche Archetypen aus, die im semantisch einschlägigen Kontext in vielfältig variierter Form wiederkehren. Er umgrenzt einen Sinnbezirk, der von gleichlau-

---

[145] GSD IV, 93f.
[146] GSD IV, 94.
[147] GSD IV, 131 u. 133.
[148] GSD IV, 329.

fenden wie gegenläufigen Elementen gebildet wird.[149] Hierbei bleibt die Ausweitung des Beziehungsgeflechts auf den vom jeweiligen alliterierenden Konsonanten umschriebenen Sinnbezirk begrenzt, vermag sich also nicht auf die Bedeutungsfelder anderer alliterationsrelevanter Konsonanten oder Konsonantengruppen auszudehnen.[150] Dennoch entsteht durch diese Art der »Gewebstechnik« bereits ein komplexes Gebilde von Beziehungen, das in Struktur und Wirkung jenem »Beziehungszauber« gleicht, den Thomas Mann in Wagners musikalischer Leitmotivik rühmt.[151]

Voraussetzung dieser Wirkensweise ist, daß dieser »sinnig-sinnliche Stabreim« in seiner Verbindungs- und Verdichtungsfähigkeit mit dem »Vermögen des unmittelbar empfangenden Gehöres« harmoniert. Die »allumfassende und allverbindende Wundermacht« dieses Organs vermöchte nämlich in der Wahrnehmung des alliterierenden Verses das durch den »wühlerischen Verstand millionenfach Zerrissene und Zertrennte als Reinmenschliches, ursprünglich und immer und ewig Einiges wiederherzustellen«[152]. Sprachsinn und Gehörsinn wirken zusammen, um das historisch-analytisch Differenzierte und Atomisierte in Wort und Welt mythisch zu reintegrieren. Der Stabreim fungiert dabei nicht als

---

[149] Um einige Beispiele – aus der »Walküre« etwa – zu nennen: Im Sinn gleichlaufend sind Liebe, Lenz, locken, lachen, Licht, leuchten und Lust in: »die Liebe lockte den Lenz... nun lacht sie selig dem Licht«; »in mildem Lichte leuchtet der Lenz«; »Im Lenzesmond leuchtest du hell«; »vereint sind Liebe und Lenz«; »Auf lach ich in heiliger Lust«; »in des Lenzes lachendes Haus« usw. – Gegenläufigen Sinn markieren Wonne und Weh, Winterstürme und Wonnemond, Trauer und Trost, Tränen und Trost, Trauer und Traum, Tat und Tod, Macht und Minne, Mord und Minne, Ende und Ewige in: »gehrt ich nach Wonne, weckt ich nur weh«; »Winterstürme wichen dem Wonnemond«; »als der Traurigen Trost er gab«; »Tränen und Trost zugleich«; »der Traurigen kost ein lächelnder Traum«; »drängt zu Tat und Tod«; »in der Macht verlangt ich nach Minne«; »morden, wen je ich minne«; »ein schmähliche Ende der Ew'gen«; usw. – Gleichlaufendes und Gegenläufiges vereinen frostig, Fremde, Freund und Frau in: »als in frostig öder Fremde zuerst ich den Freund ersah«; »O fänd ich ihn heut und hier, den Freund; käm er aus Fremden zur ärmsten Frau« usw. Man denke auch an Tristans Sühneeid, der alliterierend den Kreis von »Tristan« zum »Trank« beschließt und auf seiner Bahn »Treu[e]«, »Trotz«, »Trug«, »Traum«, »Trauer« und »Trost« Tristans gleichsam als Ingredienzien dieses Trankes mitführt. Faszinierend wirkt diese archetypisierende Beziehungsform insbesondere dann, wenn ihre Ambivalenzen bis zur Ununterscheidbarkeit gesteigert sind, wie etwa bei Waffe und Weib in: »hält nun der Freund, dem Waffe und Weib bestimmt«. Die Reihe der Beispiele ließe sich nahezu beliebig verlängern, hinsichtlich der Zahl, der Kombination wie der Art des Ineinandergreifens der alliterierenden Sprachwurzeln.

[150] Vgl. GSD IV, 140.

[151] Thomas Mann, Richard Wagner und der »Ring des Nibelungen« (1937), in: ders., Wagner und unsere Zeit, a.a.O., S. 144.

[152] GSD IV, 132f.

Mittel nominalistischer Sinnsetzung, sondern realitätsgebundener Sinnfindung; er fungiert als ein Instrument, das entdeckt, enthüllt, versinnlicht, was an Beziehung, an Zusammenhang, an »mythischer Identität«, vermittelt über die Sprachwurzeln, in den Gegenständen selbst enthalten ist.

Ist der Stabreim also Medium der »Aufdeckung« von »Verwandtschaft« zwischen den Gegenständen,[153] so ist der Endreim, der nicht sinnhaft akzentuierende »endgereimte[n] Vers«, Signum des Auseinanderfallens, der Spaltung des mythischen Einklangs von Sprachausdruck und Naturwirklichkeit. Der Sprachausdruck wird künstlich, konventionell – wie die mythenferne historische Wirklichkeit selber –, indem er nur noch ästhetisierend auf »rein sinnliches Gefallen«[154], nicht mehr auf sinnhaftes Erleben gerichtet ist. Der »phantastische Trug der Endreime«[155] indiziert auf der Ebene der Wortsprache jenen Substanzverlust, der die Menschen in Kultur, Geschichte und Gesellschaft um ihre mythische Identität und Kreativität gebracht hat.

Wenn Wagner daher den Stabreim, wie Panagl bilanziert, als »willkommenes Instrument der semantischen Verknüpfung« aufnimmt, um mit diesem »Wörter ähnlicher wie gegensätzlicher Bedeutung klanglich aneinander [zu] binden und so sinnfällig auf Harmonie und Widerspruch [zu] verweisen«, so ist ihm diese »Spielart sprachlicher Reliefierung« mehr als ein Mittel, »ungewöhnliche klangliche Reize« aufzubieten, um »der Banalität einer zunehmend abgegriffenen Alltagssprache zu entgehen«. Der Grund für seine Propagierung des Stabreims liegt tiefer als der Wille zu provokant-auffälligem Sprechen nach der Art: »Was das Ohr befremdet und den Blick festhält, das erregt Aufmerksamkeit. Nicht Glätte, sondern Reibung schafft die Bereitschaft zu gespannter Wahrnehmung«[156]. Mit seiner Verwendung des Stabreims verbindet er den Anspruch, über dieses Medium sprachlich ein Stück Wirklichkeit zu binden, ein Stück Wirklichkeit von archetypischem Rang. Und diese Leistung glaubt er aufgrund der mythischen Struktur des alliterativen Verfahrens erbringen zu können, ein Verfahren im Umgang mit der

[153] GSD IV, 140.
[154] GSD IV, 110.
[155] GSD IV, 329.
[156] Oswald Panagl, »Vermählen wollte der Magen Sippe dem Mann ohne Minne die Maid«. Archaisches und Archaisierendes in der Sprache von Wagners »Ring«, in: Programmheft der Bayreuther Festspiele IV »Siegfried« 1988, S. 56, 63 u. 65.

Sprache, das Albert Fries auf die treffliche Formel gebracht hat: »*er potenziert sie, indem er sie radiziert* – ähnlich wie er es mit der Handlung macht«[157].

In der Form des Stabreimverses liegt daher das »Strukturgesetz des ganzen musikalischen Dramas keimhaft« vorgebildet.[158] Steigerung durch Verdichtung, Potenzierung durch Radizierung; Verbindung, Verdichtung des (im gleichgerichteten wie im gegenläufigen Sinn) Verwandten, Ähnlichen zu archetypischer Gestalt. Das bedeutet Aufbrechen des vorgegebenen Bezugsrahmens, den qualitativen Sprung auf eine höhere, die nächst höhere Ebene. Denn im Bereich des Ausdrucks wird dieses Strukturgesetz auf den verschiedenen Ebenen der sprachlichen und musikalischen Artikulation in steigernder Sequenzierung durchgeführt. Es liegt nicht nur der Analogie zwischen mythisch-dramatischer Handlung und dem die Handlung sprachlich versinnlichenden Stabreimvers zugrunde. Es beherrscht in seiner Art der »Aufdeckung«, der »Verdichtung« und »Steigerung« des Verwandten das Verhältnis zwischen den Gegenständen über die sie integrierenden und organisierenden alliterierenden Sprachwurzeln ebenso wie das Verhältnis zwischen den Vokalen über den diese integrierenden und organisierenden musikalischen (Gesangs-)Ton; das Verhältnis zwischen den Tönen über die diese wiederum integrierende und organisierende Tonart wie nicht minder das Verhältnis zwischen den Tonarten über die diese integrierende und organisierende Harmonik des Quintenzirkels; schließlich das Verhältnis zwischen den Gegenständen der mythisch-dramatischen Handlung über die diese in analoger Weise musikalisch integrierenden und organisierenden Leitmotive.

Es geschieht also auf den Ebenen des sprachlichen und musikalischen Ausdrucks strukturell das Gleiche wie auf der Ebene der Handlung. Im Bereich des Ausdrucks wird eine Art Stufenbau errichtet, der aus der wiederholten, potenzierten Anwendung dieses Strukturgesetzes hervor-

---

[157] Albert Fries, Richard Wagners Stil in Vers und Prosa, in: ders., Aus meiner stilistischen Studienmappe, Berlin 1910, S. 34. Fries beobachtet auch in Wagners Prosastil eine Vorliebe für »eine Art Stabreim« in Gestalt »trochäische[r] Wortpaare mit Halbreim«. Die » – im Vergleich zu dem Gebrauch anderer Schriftsteller – geradezu verblüffende Häufung solcher Klanggebilde« deutet er als Ausdruck »prosarhythmische[r] Ureigenheiten« Wagners, die über die »angeborene Natur seines Stils« Auskunft geben, und damit auch für die Frage nach der Form seines Denkens von Belang sind (Fries, Mikroskopische Untersuchungen zu Richard Wagners Prosastil, in: BBl 44, 1921, S. 157).

[158] Borchmeyer, Das Theater Richard Wagners, a.a.O., S. 148.

302

geht. Es wird eine Abschichtung der Ausdrucksebenen im Hinblick auf die Größe ihres Beziehungshorizontes und ihre damit verbundene Verdichtungskapazität vorgenommen: Der »Wortdichter« sei in seinem Vermögen der Aufdeckung und kondensierenden Verarbeitung verwandtschaftlicher Beziehungen der Sprachwurzeln durch die »Besonderheit des gleichen Konsonanten« beschränkt, der »Tondichter« dagegen verfüge bei seiner analogen Tätigkeit über einen »verwandtschaftlichen Zusammenhang«, der »bis in das Unendliche reicht«; der Tondichter zeige die »Urverwandtschaft« aller in den Sprachwurzeln gebundenen Vokale durch deren »Auflösung... in den Gesangston« und entfalte damit ein unübersehbar weitgespanntes klanglich-semantisches Beziehungsnetz.[159]

Was für Wagner im Vergleich der Vereinigung alliterierender Konsonanten im Stabreim zur Vereinigung aller Vokale im musikalischen Ton an quantitativer und qualitativer Entgrenzung zu beobachten ist, findet sein gesteigertes Pendant in der Vereinigung der Töne und Tonarten, d.h. in der »Aufdeckung« der »Urverwandtschaft der Töne« durch die einer Tonart zugehörige Melodie sowie der »Urverwandtschaft der Tonarten« durch Modulation im Regelkreis der musikalischen Harmonik.[160] Jeweils kommt das nämliche Strukturgesetz zur Anwendung, da für die Identifizierung verwandtschaftlicher Beziehungen der Tonarten untereinander »dieselbe Bestimmung maßgebend« sei, die »bereits im Stabreime entfernter liegende Empfindungen unter sich verband«[161].

Vermag der Wortdichter im Stabreim gegensätzliche Inhalte verdichtend aufeinander zu beziehen, so verstünde dies der Tondichter in noch deutlich verstärktem Maß: Durch die »Fähigkeit der harmonischen Modulation« könne die Musik einen »bindenden Zwang auf das sinnliche Gefühl« ausüben, »zu dem keine andere Kunst die Kraft besitzt«. Durch die Eigenschaft des die Tonartenräume vermittelnden Leittons wird nämlich nicht nur eine lineare Verwandtschaft – wie beim Stabreim –, sondern darüber hinaus eine zirkuläre Verwandtschaft gestaltet, die erfahrbar macht, wie Anfang und Ende einer Bewegung sich zum »Abschluß der Gattung« einer Empfindung, eines Gegenstands zusammenschließen. Kann der Wortdichter im Stabreim, d.h. mit dem Opti-

---

[159] GSD IV, 140f. u. 137.
[160] GSD IV, 142 u. 148f.
[161] GSD IV, 152.

mum des ihm zu Gebote stehenden Instrumentariums, seine dramatische Absicht nur »annähernd verwirklichen«, so erreicht der Musiker die »volle Verwirklichung«, indem er »die Urverwandtschaft der Töne für eine vollkommen einheitliche Kundgebung ureinheitlicher Empfindungen an das Gefühl« zusammenschließt.[162]

Auch wenn die Verwirklichung des Mythos also erst durch den noch unvergleichlich größeren Beziehungsreichtum der Musik gelingen könne, so verdankt sich dieser doch dem gleichen Prinzip wie derjenige der Sprache. Und dieses Prinzip bewährt sich im Bereich des musikalischen Ausdrucks in Wagners künstlerischem Kosmos am vollendetsten in Form der Leitmotivtechnik.[163]

»Die Leitmotivtechnik und der alliterierende Vers... gehören zusammen«[164]. Dies nicht aber nur darum, weil sie rhythmisch vorgeprägte Formen aufsprengen: der Stabreimvers, indem er kompositionstechnisch betrachtet »Prosa« ist; die Leitmotivtechnik, indem sie die »Emanzipation vom Periodensystem, die Auflösung der ›quadratischen Tonsatz-Konstruktion‹ in ›musikalische Prosa‹« voraussetzt[165]. Beide verkörpern vielmehr ein eigenes Verfahren der Organisation von Beziehungen, das nicht auf Architektur, sondern auf Archetypik setzt. Wenn also der Stabreim die »poetische Rechtfertigung der ›musikalischen Prosa‹« leistet,[166] so aufgrund einer »Analogie zwischen Alliteration und Leitmotivgewebe«[167], die auf ein strukturell identisches Verfahren, auf ein eigenes, dem mythischen Gegenstand selbst entnommenes mythisches Prinzip zurückgeht.

Wie Wagner betont, bilden sich die zu »melodischen Momenten gewordenen Hauptmotive« der Handlung in ihrer »beziehungsvollen, stets

---

[162] GSD, IV, 152f.

[163] Der Begriff »Leitmotiv« stammt nicht von Wagner; er hat ihn nicht vor dem 31. Januar 1879 (CT II, 300) benutzt (vgl. Martin Gregor-Dellin/Michael von Soden, Richard Wagner, Leben. Werk. Wirkung, Düsseldorf 1983, S. 106). Hans von Wolzogen hat diesen Begriff (Friedrich Wilhelm Jähns hatte ihn in seinem Buch »Carl Maria von Weber in seinen Werken« (1871) bereits verwendet) mit seinem »Thematischen Leitfaden durch die Musik zu Richard Wagner's Festspiel ›Der Ring des Nibelungen‹« (1877) in die Wagnerforschung eingebracht (vgl. GSD X, 185; Hans-Joachim Bauer, Richard-Wagner-Lexikon, a.a.O., S. 234f.).

[164] Dahlhaus, Zur Geschichte der Leitmotivtechnik bei Wagner, in: ders. (Hg.), Das Drama Richard Wagners als musikalisches Kunstwerk, a.a.O., S. 21.

[165] Ebenda.

[166] Ebenda, S. 26.

[167] Borchmeyer, Das Theater Richard Wagners, a.a.O., S. 149.

wohl bedingten – dem Reime ähnlichen – Wiederkehr zu einer einheitlichen künstlerischen Form, die sich nicht nur über engere Teile des Dramas [wie in seinen Werken noch bis einschließlich ›Lohengrin‹[168]], sondern über das ganze Drama selbst als ein bindender Zusammenhang erstreckt«[169]. Die »Mikrostruktur des Stabreims« ist der »Makrostruktur des Leitmotivgewebes« analog,[170] und zwar im Hinblick auf das Drama und seine mythische Struktur. Denn es wird nicht nur das Verhältnis von dichterischer Sprache (Stabreim) und dramatischer Handlung, sondern ebenso das Verhältnis von Musik und Drama durch den Mythos beherrscht. Das »durch die Natur des dichterischen Gegenstandes bestimmte Verfahren« regelt die »charakteristische Verbindung und Verzweigung der thematischen Motive«[171]; die »Gesetze der Scheidungen und Verbindungen« des »das ganze Kunstwerk durchziehenden Gewebe[s] von Grundthemen« werden der dramatischen Handlung,[172] also dem durch Dramatisierung remythisierten Mythos entnommen.

So bildet der »dichterische Beziehungsreichtum« die »Begründung und Rechtfertigung des musikalischen«[173], aber auch umgekehrt. Der musikalische Beziehungsreichtum ist Bedingung der Möglichkeit, den Mythos im dramatischen Kunstwerk der Moderne erneuernd zu vergegenwärtigen. Die »Natur des Stoffes«, nämlich die »plastische Einheit des mythischen Stoffes«, bestimmt die »musikalische Ausführung« als eine ihr »durchaus notwendige«[174]. Das Verhältnis von musikalischem und dichterischem Beziehungsreichtum ist reziprok; beide sind »ästhetisch nicht durch sich selbst, sondern nur als Korrelat einer ›bündigen Zusammendrängung‹ legitimiert«. Diese entsteht im Bereich des musikalischen Ausdrucks, indem die Leitmotive »durch Variation auseinander oder aus ›plastischen Naturmotiven‹« sich entwickeln.[175] Wagner erklärt:

---

[168] Dahlhaus weist zurecht darauf hin, daß der Unterschied zwischen »partieller und umfassender Leitmotivtechnik« als »prinzipielle, nicht bloß als graduelle Differenz« zu verstehen ist. Entwicklungsgeschichtlich sieht er daher »Rheingold« von »Lohengrin« durch einen »qualitativen Sprung« getrennt, nämlich von der aufs Mythische verweisenden romantischen Oper zur »Verwirklichung« des Mythos im Musikdrama (Dahlhaus, Zur Geschichte der Leitmotivtechnik bei Wagner, a.a.O., S. 28).

[169] GSD IV, 202.

[170] Borchmeyer, Das Theater Richard Wagners, a.a.O., S. 144.

[171] GSD IV, 322.

[172] Über die Anwendung der Musik auf das Drama; GSD X, 185.

[173] Dahlhaus, Zur Geschichte der Leitmotivtechnik bei Wagner, a.a.O., S. 36.

[174] GSD IV, 321.

[175] Dahlhaus, Zur Geschichte der Leitmotivtechnik bei Wagner, a.a.O., S. 36.

»Mit dem ›Rheingold‹ beschritt ich sofort die neue Bahn, auf welcher ich zunächst die plastischen Naturmotive zu finden hatte, welche in immer individuellerer Entwickelung zu den Trägern der Leidenschaftstendenzen der weitgegliederten Handlung und der in ihr sich aussprechenden Charaktere sich zu gestalten hatten.«[176]

Wagners Bezeichnung der musikalischen Motive als »plastische Naturmotive« sei hierbei mit Kunze durchaus nicht als eine »bloße Metapher« verstanden, da sämtliche musikalischen Motive – nicht nur die unmittelbar der Naturdarstellung zugeordneten – die gestalteten Ereignisse, Personen und Konstellationen mit der »Signatur des Naturhaften« versehen. Das »Naturgeschehen«, das szenisch-dramatische wie das musikalische, läßt die »Personenaktion als aus übermächtigen Kräften der Natur resultierende«[177], d.h. als mythisch gebundene oder entbundene erstehen. Damit bedingt die dem »Ring«-Mythos analoge musikalische Struktur ein »Verfahren der Leitmotiveinführung und Veränderung«, das die Mannigfaltigkeit als »Entfaltung einer naturhaften Einheit« vorführt.[178]

Musikalisch wird diese Einheit durch Leitmotive gestiftet, die auf vielfältigste Weise voneinander abgeleitet, dashalb auch in melodischen Umkehrungen, in rhythmischen und harmonischen Brechungen, dem Analogieprinzip folgend, sinnhaft aufeinander verweisen. Wagners musikalisches Drama arbeitet daher nicht nur mit »Archetypen in der Musik«[179], seine Leitmotivik bildet vielmehr selber ein System musikalischer Archetypen.[180] Hierbei wird die Organisation der Leitmotive untereinander so gestaltet, daß die musikalischen Archái – »überspitzt« gesagt – in einem »Variationsverfahren ohne Thema« gleichsam umkreist werden: Indem sich das Leitmotiv »nie zu dem, was man unter einem Variationsthema im üblichen Sinne versteht«, verfestigt, indem also jedesmal, »wenn dasselbe motivische Gebilde erscheint,... es zugleich es selbst und Variation [ist] hinsichtlich der übrigen Gestalten, in

---

[176] GSD VI, 266.
[177] Stefan Kunze, Naturszenen in Wagners Musikdrama, in: Bayreuther Programmheft V »Siegfried« 1972, S. 68f.
[178] Ebenda, S. 72.
[179] Vgl. Vladimir Karbusicky, Grundriß der musikalischen Semantik, Darmstadt 1986, insbesondere S. 259ff.
[180] Vgl. Ludwig Finscher: Die (wenn auch immer wieder durchbrochene) »Hierarchie der Leitmotive [ist] ein Abbild des mythischen Denkens« (Mythos und musikalische Struktur, in: Richard Wagner – »Der Ring des Nibelungen«. Ansichten des Mythos, hg. von Udo Bermbach u. Dieter Borchmeyer, Stuttgart/Weimar 1995, S. 34).

denen es auftritt«[181], gibt es sich als eine klangliche Urgestalt zu erkennen, die in und durch ihre Variationen und Derivationen, diese konstituierend und in den musikalischen Kosmos integrierend, wirkt.[182]

»Eine Arché ist eine Urgeschichte«, erklärt Hübner in bezug auf die Bausteine mythischer Ontologie.[183] Und wie diese Arché, diese »Urgeschichte«, in der jeweils erneuerten Erzählung, in der jeweils neu anfallenden Geschichte immer wieder substantiell identisch wiederholt wird, so auch das musikalische Analogon zu jener mythischen Arché: das Leitmotiv. Dieses verkörpert eine musikalische »Urgeschichte«, die gerade nicht, wie bei der »symphonistischen Motivenausbildung und Verwendung«, in der Weise con variazioni erzählt wird, daß diese Veränderungen »in unmittelbarer Aufeinanderfolge... zu wechselvollen Bildern von... kaleidoskopischer Wirkung aufgereiht« werden.[184] Das Leitmotiv, die musikalische Arché, wird in der musikalischen Erzählung in einer Weise substantiell identisch – immer wieder geholt, daß es im Fortgang der sich ausdifferenzierenden dramatischen Handlung selbst zum Träger, zum Motor des dramatisierten Mythos wird. Die »ständige[n] Wiederholung des Gleichen in Leitmotiven« ist musikalisch das, was mythisch die »ständige Wiederholung numinoser Archetypen«[185]; in den Leitmotiven ist die »ständige[n] Wiederkehr numinoser Archái in musikalische[r] Gestalt« gebracht, so daß in ihnen – auditiv – erfahrbar wird, »was den Erscheinungen identisch zugrunde liegt und in ihnen wirksam ist«[186].

---

[181] Kunze in der Diskussion im Anschluß an den Beitrag von Carl Dahlhaus »Zur Geschichte der Leitmotivtechnik bei Wagner«, in: ders. (Hg.), Das Drama Richard Wagners als musikalisches Kunstwerk, a.a.O., S. 40.

[182] In seiner Schrift »Über die Anwendung der Musik auf das Drama« (1879) erläutert Wagner dies Phänomen am Beispiel des Rheingold-Rufs (großer Sekundschritt abwärts als Vorhalt in den C-Dur-Dreiklang): »Es dürfte dieses in mannigfaltig wechselndem Zusammenhange mit fast jedem andern Motive der weithin sich erstreckenden Bewegung des Dramas wieder auftauchende, ungemein einfache Thema durch alle die Veränderungen hin zu verfolgen sein, die es durch den verschiedenartigen Charakter seiner Wiederaufrufung erhält, um zu ersehen, welche Art von Variationen das [mythisch strukturierte] Drama zu bilden imstande ist...« (GSD X, 189).

[183] Hübner, Die Wahrheit des Mythos, a.a.O., S. 135.

[184] GSD X, 189. Zum Unterschied von Leitmotiv und Sonatenthema vgl. Curt von Westernhagen, Vom Holländer zum Parsifal. Neue Wagner-Studien, Zürich/Freiburg i.Br. 1962, S. 60f.

[185] Hübner, Wirklichkeit und Unwirklichkeit des Mythos, a.a.O., S. 39.

[186] Ders., Die Wahrheit des Mythos, a.a.O., S. 401. Von hier aus gesehen erweist sich die von Wagner insgesamt (nicht zufällig) ambivalent behandelte und nachfolgend vielfach kontro-

Wagners Leitmotivik ist musikalische Archetypik, hinsichtlich der Wiederholungsstruktur der »Urgeschichte«, dem »musikalischen Spiegel der temporalen Struktur des Mythos«[187], wie hinsichtlich der Unteilbarkeit dieser »Urgeschichte«. Eine Klanggestalt ist wie eine Arché, indem auch sie ist, »was sie ist, man kann sie auf nichts reduzieren, in nichts auflösen, durch nichts erklären«[188]. Denn Motive, Themen in der Musik – so auch die Leitmotive, die musikalischen Archetypen – sind »*dynamische[n]* Gestalten*«, deren Eigenschaften sich »synthetisch festigen«, weshalb sie »ihre eigene Kraft nur als *Ganzheit*« entfalten können.[189] Hiernach ist nicht nur die Arché des Mythos, sondern auch die Arché der Musik, das Leitmotiv, begrifflich nicht einholbar; in seiner klanggestaltlich-klangsymbolischen Identität wie in seiner Form mythisch-dramatischen (und nicht symphonisch-architektonischen) Erzählens bildet es vielmehr, nicht anders als die Arché des Mythos, »als Ganzes selbst das Schema einer Erklärung«[190].

Wenn denn das Leitmotiv nicht nur die Umsetzung archetypisch generierter dramatischer Momente – ganz zu schweigen von den Mißverständnissen, die es wie Etiketten bestimmten Objekten zuordnen[191] –, sondern selbst ein musikalischer Archetypus ist, dann muß nicht nur die dramatische Handlung bis zu ihren mythischen Anfängen zurückverfolgt werden; es muß gerade auch die den Mythos gestaltende Musik Gelegenheit haben, einen Fundus an Archetypen auszubilden

---

vers diskutierte Frage, ob das Drama die Musik oder die Musik das Drama hervorbringt, als gegenstandslos.

[187] Borchmeyer, Vom Nutzen und Nachteil der Historie für das Musikdrama – Wagners Weg von der geschichtlichen zur mythischen Oper, in: Bayreuther Programmheft VI »Holländer« 1992, S. 24.

[188] Hübner, Die Wahrheit des Mythos, a.a.O., S. 140.

[189] Karbusicky, Grundriß der musikalischen Semantik, a.a.O., S. 277. Dieses Argument gilt unter der Prämisse, daß musikalische Themen, so die Leitmotive, aus mehreren Archái – verschiedenen Mythemen gewissermaßen – bestehen, die kompositorisch auch unabhängig voneinander verarbeitet werden können.

[190] Hübner, Die Wahrheit des Mythos, a.a.O., S. 140. Zur Art dieses Schemas und zu seiner Unübersetzbarkeit vgl. Wagners Bemerkung gegenüber Röckel wenige Tage nach Beendigung der Kompositionsskizze zu »Rheingold« (14. Januar 1854): Diese Komposition sei »zu einer fest verschlungenen Einheit geworden... das Orchester bringt fast keinen Tact, der nicht aus vorangehenden Motiven entwickelt ist. Doch hierüber läßt sich nicht verkehren« (Wagner an Röckel v. 26. Januar 1854; SB VI, 72).

[191] Mit »Zetteln«, »Aufschriften« und »Bilderrätseln« vergleicht es der Musikschriftsteller Emil Naumann 1876 (vgl. Borchmeyer, Das Theater Richard Wagners, a.a.O., S. 149f.); als »Visitenkarte« und »Garderobennummer« wird es von namhaften Komponisten der Zeit wie Debussy und Strawinsky disqualifiziert (vgl. Westernhagen, Vom Holländer zum Parsifal, a.a.O., S. 56).

und diesen im dramatischen Kontext vorzustellen und zu festigen. Nicht anders vermag das als Arché der Musik gefaßte Leitmotiv musikalisch Geschichte zu machen; nicht anders vermag es, der Struktur des Mythos entsprechend, in der durch archetypische Variation erreichten Erweiterung und Aufsplitterung des Ereignisraumes die substantielle Einheit gegenwärtig zu halten.

Deshalb verwundert es nicht, daß Wagner bei seinen frühen Versuchen, »Siegfrieds Tod« zu komponieren, noch bevor die drei vorangehenden Teile des späteren »Ring«-Zyklus konzipiert waren, nicht vorankam und seine hierzu angefertigten Skizzen auch später nicht verwendet, sie nicht einmal erwähnt.[192] Denn wie er bald feststellen mußte, kam es bei dieser Komposition nicht »nur noch auf gute laune an«[193]. Auch wenn ihm die Musik zu seinem »Siegfried« damals schon »in allen gliedern« spukte[194] – knapp zwanzig Jahre vor der kompositorischen Ausführung des nunmehr letzten Teils der Tetralogie – und ihm von Liszt der »auftrag zur composition«, unterstützt durch eine »entsprechende geldvorauszahlung«, aus Weimar in Aussicht gestellt war,[195] hat Wagner die Komposition nicht fortgesetzt. Die Skizze endet inmitten der zweiten Szene des Vorspiels, der Abschiedsszene Siegfried-Brünnhilde.

Zur Begründung führt Wagner lediglich aufführungspraktische Schwierigkeiten an. Die für den Abbruch verantwortlichen Probleme liegen aber doch tiefer, nämlich bereits im Wesen des dichterischen Gegenstands und der durch ihn bedingten musikalischen Gestaltung:[196] Wagner hatte zur Komposition insbesondere in der Nornenszene einen rein episch und nicht szenisch-musikalisch exponierten Gegenstand vor sich, den es musikalisch zu vergegenwärtigen galt; er sah sich vor der Aufgabe stehen, die Geschichte einer Welt, ihrer Anfänge und Verwicklungen zu komponieren, ohne auf vorausliegende musikalische Archái zurückgreifen zu können – eine Forderung, so unmöglich einzulösen wie diejenige,

---

[192]  Vgl. Westernhagen, Vom Holländer zum Parsifal, a.a.O., S. 40 u. S. 53.

[193]  Brief an Liszt v. 16. August 1850 (also kurz nach der auf den 12. August d.J. datierten Niederschrift der überlieferten Kompositionsskizze); SB III, 378.

[194]  Ebenda.

[195]  SB III, 359; entsprechend 361f., 365 u. 425.

[196]  Der in diesem Zusammenhang aufkeimende Festspielgedanke (zuerst geäußert in einem Brief an Ernst Benedikt Kietz v. 14. September 1850; SB III, 404f.) ist gleichfalls Resultat des mythisch gefaßten Gegenstands und führt noch zu einer Verschärfung der ohnehin kritischen Aufführungslage.

mythische Geschichtsdeutung ohne deren konstitutive urgeschichtliche Elemente vorzunehmen.

Um diesem Dilemma zu entkommen – und musikalisch nicht in den inzwischen konzeptionell überwundenen Stil des »lohengrinizing«[197], der partiellen Leitmotivik und damit des musikalisch gebrochenen, unvollendeten Mythos zu verfallen –, gibt es für Wagner nur einen Weg: Abbruch der Komposition von »Siegfrieds Tod« (1850) und Rückführung der dramatischen Handlung auf ihre Ursprünge, d.h. Erweiterung der Dichtung nach vorn um weitere drei Teile (1851-52); erst dann Eintritt in die Komposition der zur Tetralogie angewachsenen Dichtung, beginnnend von vorn mit dem »Rheingold« (1853). Wagner geht, so läßt sich wohl sagen, als Dichter bis zum Anfang zurück, »um dann auch als Musiker mit dem Uranfang beginnen und von dort aus einen musikalischen Kosmos aufbauen zu können – als immer gegenwärtigen tönenden Hintergrund des ganzen vierteiligen Dramas«[198].

Wenn sich dann, in der Nornenszene der »Götterdämmerung«, die »Schicksale der Urwelt selbst bis zu dem Seilgewebe« verschlingen, »das wir bei Öffnung der Bühne von den düsteren Schwestern geschwungen sehen«[199], so sind diese Verwebungen und Verstrickungen des Schicksalsseils auch musikalisch als Ausläufer uranfänglicher Ereignisse gegenwärtig und identifizierbar. Die Musik hat die ihr notwendige »Vorgeschichte« erhalten, »eine ebenso urtiefe wie das Drama«[200]. Thomas Mann trifft das Problem in seinem Kern: Er hat frühzeitig gesehen, daß es »zu den höchsten, ergreifendsten Triumphen der neuen thematischen Gewebs- und Beziehungstechnik« nur dann kommen kann, wenn diese »Urmusik... irgendwann einmal wirklich und in gegenwärtiger Verbundenheit mit dem dramatischen Augenblick erklungen« ist.[201]

Diese »Ahnung« wird aus musikwissenschaftlicher Sicht – hierin scheint sich die einschlägige Forschung einig – durch die Kompositions-Skizze von 1850 bestätigt.[202] Der Ansatz zur Komposition der Nornenszene gilt

---

[197] Der Ausdruck stammt von dem britischen Musikschriftsteller, Wagnerforscher und -biographen Ernest Newman (1868-1959), zit. n. Westernhagen, Vom Holländer zum Parsifal, a.a.O., S. 50.
[198] Ebenda, S. 53.
[199] GSD X, 187.
[200] Thomas Mann, Richard Wagner und der »Ring des Nibelungen« (1937), a.a.O., S. 144.
[201] Ebenda, S. 145.
[202] Vgl. Westernhagen, Vom Holländer zum Parsifal, a.a.O., S. 53. Die Kompositionsskizze wurde zuerst 1933 in der französischen Zeitschrift »L'Illustration« als Faksimile veröffent-

als »fragwürdig«, nicht »musikalisch-dichterisch, als Deklamation und Darstellung des Textes«, sondern »musikalisch-dramatisch, als Exposition einer mythischen Tragödie.« Der Entwurf sei »blaß und karg« geblieben, »musikalische Deklamation ohne motivische Substanz«[203]. Er sei trotz »aller melodischen Nähen und Ähnlichkeiten weltweit« von dem entfernt, was die Musik der »Götterdämmerung«, des »Ring« überhaupt zu bieten habe; ihm fehle, wie auch anders, »die tiefe Perspektive von Zeit und Ewigkeit, der weite Horizont des Mythischen«[204].

Die »epische Exposition« hat sich anhand des Kompositionsansatzes der Nornenszene als ein »Hindernis für die musikalische Vergegenwärtigung« erwiesen; dagegen ist die »epische Rekapitulation, die Erzählung als Rückblick oder Erinnerung... Voraussetzung und tragender Grund zu reichster motivischer Entfaltung«[205]. Wie Dahlhaus erläutert, sind es nach der »Umwandlung der erzählten Vorgeschichte in eine szenisch dargestellte« gerade die »epischen Teile, in denen sich die Leitmotivtechnik als musikalische Vergegenwärtigung von Vergangenem« zu entfalten vermag. Das »Episch-Kontemplative« würde bei der »Erweiterung der Siegfried-Tragödie zum Doppeldrama und schließlich zur Tetralogie nicht ausgelöscht oder reduziert, sondern umgedeutet: in der ›Götterdämmerung‹ ist es, anders als in ›Siegfrieds Tod‹, als Beziehungsreichtum zu verstehen, der vergegenwärtigt werden soll, nicht als Stoff, der zur Motivierung des Dramas ausgebreitet werden muß«[206].

Diese Fülle des dramatisch integrierten und konzentrierten Beziehungsreichtums wird – in Ergänzung zu der vom Sängerdarsteller getragenen »Versmelodie« – durch das Orchester verwirklicht. Ihm schreibt Wagner die Fähigkeit zu, »Ahnungen und Erinnerungen zu wecken«, wobei die »Ahnung« als »Vorbereitung der Erscheinung, welche endlich in Gebärde und Versmelodie sich kundgibt«, die »Erinnerung« als »Ableitung von ihr« gedeutet wird. Durch diese Fähigkeit des Orchesters sei das

---

licht und von Newman im 2.Bd. seiner Wagnerbiographie »The life of Richard Wagner«, 4 Bde., London 1933-37 und in »The Wagner Operas«, New York 1949, besprochen (vgl. Westernhagen, Vom Holländer zum Parsifal, a.a.O., S. 38f.), musikwissenschaftlich ausgewertet aber wohl erst in den 1960er und 70er Jahren durch Westernhagen, Robert Bailey (»Wagner's Musical Sketches for Siegfrieds Tod«, in: Studies in Music History, Princeton University Press 1968) und Dahlhaus.
[203] Dahlhaus, Zur Geschichte der Leitmotivtechnik bei Wagner, a.a.O., S.32f.
[204] Westernhagen, Vom Holländer zum Parsifal, a.a.O., S.51.
[205] Dahlhaus, Zur Geschichte der Leitmotivtechnik bei Wagner, a.a.O., S.35f.
[206] Ebenda.

»Vermögen des Musikers«, wenn es denn von der – auf den Mythos gerichteten – »dichterischen Absicht zu ihrer höchsten Verwirklichung« verwendet würde, »unermeßlich«[207].

Die Bausteine und Träger dieser Ahnungs- und Erinnerungsleistung des Orchesters sind die Leitmotive, die musikalischen Archetypen. Als »ahnungs- oder erinnerungsvolle[n] melodische[n] Momente« werden sie »durch das Orchester gewissermaßen zu Gefühlswegweisern durch den ganzen vielgewundenen Bau des Dramas«, so daß »wir zu steten Mitwissern des tiefsten Geheimnisses der dichterischen Absicht, zu unmittelbaren Teilnehmern an dessen Verwirklichung« werden. Die Leitmotive fungieren als »Momente beziehungsvoller Ergänzung« des szenisch Gegenwärtigen, sie umgeben das dramatische Geschehen mit »ahnungsvolle[n] Erinnerungen«. Als musikalische Archái holen sie das Ungegenwärtige, das Vergangene wie das Zukünftige, in die dramatische Gegenwart ein; sie wirken »zur Ergänzung eines Zusammenhanges, zur höchsten Verständlichkeit einer Situation durch Deutung von Motiven [hin], die in dieser Situation wohl enthalten sind, in ihren darstellbaren Momenten aber nicht zum hellen Vorschein kommen können«, und zwar durch ihre – mythisch-dramatisch, nicht absolut musikalisch – »wohlbedingte[n] wechselseitige Wiederholung«[208].

So wird das, was im Gang der dramatischen Ereignisse Vergangenheit (geworden) ist, musikalisch ›erinnert‹, jedoch nicht als »Gedanke«, nicht als ein »in der Erinnerung wiederkehrende[s] Bild« eines »Wirklichen, aber Ungegenwärtigen«[209]. Was der »gedenkenden Erinnerung«, die für Wagner dem »Gedanken« und seiner Ungegenwärtigkeit zugehört,[210] zu leisten unmöglich sei, nämlich Vergangenes zu vergegenwärtigen, es sinnliche Erfahrung werden zu lassen, das wird dem ›Erinnerungs‹-Vermögen der Musik als Aufgabe zugewiesen. Ein Gedanke, eine Erinnerung, die »Eigentum der reinen Musik« geworden und »von dem Orchester mit entsprechendem Ausdrucke zu sinnlicher Wahrnehmung gebracht« ist, diese Klanggestalt gewordene Erinnerung gilt Wagner als

---

[207] GSD IV, 191 u. 184.
[208] GSD IV, 200f. u. 184.
[209] GSD IV, 182.
[210] Diese Ansicht sucht er durch den etymologischen Brückenschlag von »Gedanke« zu »Gedenken« sowie die Ineinssetzung von »Gedenken« und »Erinnerung« zu stützen; vgl. ebenda.

das »Verwirklichte, Vergegenwärtigte« des ansonsten nur Gedachten, Erinnerten. Die Musik vermag die in »melodische Momente«, in »musikalische Motive«, in Archetypen der Musik verwandelten gedankenhaften Grundmotive des Dramas in einer Weise zu verarbeiten, die dem Vergangenen nicht nur Erinnerungswert erteilt, ihm vielmehr im charakteristisch modifizierten, auf den szenisch-dramatischen Augenblick zugeschnittenen Wiedererklingen Gegenwart, sinnlich erfahrbare Wirklichkeit verleiht.

Durch die Leitmotive meint Wagner jedoch nicht nur das erinnerte Vergangene musikalisch in die sinnlich-dramatische Gegenwart rufen zu können, sondern desgleichen das noch ungeschehene Zukünftige. Diese Einholung des in der Zeit ungegenwärtig Vorausliegenden erfolgt wiederum nicht als gedankenhafte Antizipation; sie wird durch die musikalischen Archetypen und ihre spezifische Aufrufung als ahnungsvolle Vergegenwärtigung, geradezu als sinnlich erfahrbare Rückwirkung des Zukünftigen auf das gegenwärtige Geschehen vollzogen.

Musikalisch kann die Erweckung von »Ahnung«, diese »äußerste Fähigkeit« der im Dienst des dramatischen Mythos stehenden Orchestersprache,[211] auf verschiedene Weise realisiert werden:[212] zunächst durch die Entstehung eines musikalischen Motivs »durch Umgestaltungs- und Abspaltungsprozesse aus vorhandenem Material«, weiterhin durch die »Bedeutungsentwicklung eines Motivs« im »Prozeß der semantischen Aufladung durch die jeweils neue szenische Kontextualisierung«[213] und schließlich durch die Erwartung des »Objektbezugs« eines seiner Bedeutung nach bereits entwickelten musikalischen Motivs.[214]

Auf diesen Wegen der musikalischen Erweckung von »Ahnung« soll eine »Empfindung« mitgeteilt werden, die noch »unausgesprochen«, weil wortsprachlich »unaussprechlich« ist; die »noch nicht bestimmt«, d.h. »noch nicht durch den ihr entsprechenden *Gegenstand* bestimmt« ist: Wo nämlich das Drama »aus noch unausgesprochenen inneren Stimmungen heraus sich vorbereitet, vermögen diese... vom Orchester in der

---

[211] Vgl. GSD IV, 185.
[212] Vgl. Hubert Kolland, Zur Semantik der Leitmotive in Richard Wagners »Ring des Nibelungen«, in: International review of the aesthetics and sociology of music 4, 1973, S. 208.
[213] Borchmeyer, Das Theater Richard Wagners, a.a.O., S. 153.
[214] Kolland, Zur Semantik der Leitmotive, a.a.O., S. 208.

Weise ausgesprochen zu werden, daß ihre Kundgebung den... Charakter der *Ahnung* an sich trägt«[215]. Aus tiefenpsychologischer Sicht formuliert, wird Ahnung durch »Klang- und Ton-Archetypen« erzeugt, die jeweils dann erklingen, »wenn die noch verborgenen, im Schoß des Schicksals bzw. des Unbewußten ruhenden, zukunftsträchtigen Geschehnisse durch die vordere bewußte Ebene konstelliert werden«[216]. Die musikalischen Archetypen verkünden das Zukünftige, nicht seiner Möglichkeit, sondern seiner Notwendigkeit nach – die musikalisch-dramatischen Archái machen ihre Geschichte.

Diese »Ahnung« eines noch Unbestimmten im Drama ist demnach mehr als die vage Vorstellung eines Zukünftigen; sie ist das »Verlangen der Empfindung nach Bestimmung durch einen Gegenstand, den sie aus der Kraft ihres Bedürfnisses wiederum selbst vorausbestimmt, und zwar als einen solchen, der ihr entsprechen muß, und dessen sie deshalb harrt«[217]. Die Ahnung treibt den Gegenstand, das Ereignis aus sich hervor. In Wagners mythischer Dramaturgie kann es daher keine konterkarierte oder gar falsifizierte Ahnung geben, nicht einmal eine variierte oder korrigierte; alles Geschehen ist konkretisierte Ahnung, oder mit Wagners Worten: »Die wirkliche Erscheinung tritt... als erfülltes Verlangen, als gerechtfertigte Ahnung vor uns hin«[218].

In dieser Phase des Umbruchs von der musikalisch erweckten Ahnung zur szenisch-dramatischen Wirklichkeit sucht Wagner das Publikum in das Geschehen miteinzubeziehen. Dieses erklärt er geradewegs »zum

---

[215] GSD IV, 186.

[216] Jolande Jacobi, Archetypisches im Ring des Nibelungen, in: Bayreuther Programmheft »Rheingold« 1958; Nachdruck in: Wieland Wagner (Hg.), Richard Wagner und das neue Bayreuth, a.a.O., S. 140.

[217] GSD IV, 186.

[218] GSD IV, 189. Überträgt man dieses für die mythische Handlungs- und Ausdrucksform des Dramas formulierte Denkmodell auf die Realgeschichte und insbesondere auf die revolutionäre Erwartungshaltung um die Mitte des 19. Jahrhunderts, so läßt sich der Charakter des Wagnerschen Utopismus deutlich besser verstehen und einordnen. Erinnert sei an die Schlußpassagen von »Oper und Drama«, in denen dem »Künstler« und der »Kraft seines Werdeverlangens« zugetraut wird, »eine noch ungestaltete Welt im voraus gestaltet zu sehen«: »Wo nun der Staatsmann verzweifelt, der Politiker die Hände sinken läßt, der Sozialist mit fruchtlosen Systemen sich plagt, ja der Philosoph nur noch deuten, nicht aber vorausverkünden kann, – weil alles, was uns bevorsteht, nur in unwillkürlichen Erscheinungen sich zeigen kann, deren sinnliche Kundgebung niemand sich vorzuführen vermag, – da ist es der *Künstler*, der mit klarem Auge Gestalten ersehen kann, wie sie der Sehnsucht sich zeigen...« (GSD IV, 227). Wagner kommt mit der Geschichte nicht zurecht, mit der vergangenen ebensowenig wie mit der zeitgenössischen – oder mit irgendeiner. Sein

314

notwendigen Mitschöpfer des Kunstwerkes«. Der Dichter bedarf »zur Kundgebung seiner Absicht« der »ermöglichende[n] Hilfe unsererseits«, will sagen des Rezipienten, der den Bogen von der musikalisch in ihm erweckten und bis zur »Erwartung«, bis zum »Verlangen« gesteigerten »Ahnung« zum szenisch-dramatischen Ereignis selber spannt. Dieses Ereignis soll daher erst dann vorgeführt werden, wenn es als ein notwendiges erwartet, durch diese Erwartung bedingt und gleichsam heraufbeschworen wird.[219]

Wagner verlangt also nicht, daß die Zuschauer/Zuhörer, um »Ahnung« zu realisieren, die ›Geschichte‹ bereits kennen, sondern daß sie dem Strukturprinzip des Dramas folgen. Sie sollen die »Ahnung«, zu der sie musikalisch geführt werden, in Ereignis verwandeln, d.h. als Gegenwart eines noch Ungegenwärtigen wahrnehmen. In dieser »Ahnung« nämlich liegt alles bereits Geschehene gebündelt, und sie zielt auf nichts anderes als auf das Heraustreten des Vergangenheitsbedingten, gleichsam der Vergangenheit selber, in die szenisch-dramatische Gegenwart. Wagner setzt hier in der Tat eine »spezifische ›Intellektualität‹« voraus:[220] In der leitmotivisch verwirklichten Verschränkung von »Ahnung« und »Erinnerung« ist es die mythische Struktur des Werks, in die der Rezipient eintritt, wenn er mitschaffend den Mythos im Kunstwerk zu seinem eigenen macht.

Es ist daher die Reziprozität im Verhältnis von »Erinnerung« und »Ahnung«, die durch die Leitmotive – die »melodischen Momente, in denen wir uns der Ahnung erinnern, während sie uns die Erinnerung zur Ahnung machen«[221] – die szenisch-dramatische Gegenwart bestimmt. Hier gibt es, frei nach Koselleck, keine Ahnung ohne Erinnerung und keine Erinnerung ohne Ahnung.[222] Der Charakter dieses Wechselverhältnisses, das, was es zum Indikator mythischer Weltdeutung macht, ist allerdings, trotz formaler Analogie, von demjenigen grundverschieden, was der Historiker auf der Suche nach »so etwas wie

---

mythischer Ordnungswille steht in bleibendem Konflikt mit der Kontingenzerfahrung geschichtlicher Wirklichkeit – oder wie Wagner sagen würde, mit ihrer »Willkür«.

[219] GSD IV, 186 u. 189.

[220] Gunter Reiß in der Diskussion im Anschluß an den Beitrag von Dahlhaus, Zur Geschichte der Leitmotivtechnik bei Wagner, a.a.O., S. 39.

[221] GSD IV, 201.

[222] »Keine Erwartung ohne Erfahrung, keine Erfahrung ohne Erwartung«; vgl. Reinhart Koselleck, »Erfahrungsraum« und »Erwartungshorizont« – zwei historische Kategorien, in: ders., Vergangene Zukunft, a.a.O., S. 352.

geschichtliche[r] Zeit«[223] im Verhältnis der Kategorien »Erfahrung« und »Erwartung« diagnostiziert.

Vollziehen sich für diesen »Erfahrung« und »Erwartung« jeweils »im Heute« – nicht anders als für den Mythodramatiker »Erinnerung« und »Ahnung« in der musikalisch-dramatischen Gegenwart – als »gegenwärtige Vergangenheit« und »vergegenwärtigte Zukunft«, so versteht er sie, trotz ihrer »beiderseitigen Gegenwärtigkeit«, entschieden nicht als »symmetrische Ergänzungsbegriffe, die etwa spiegelbildlich Vergangenheit und Zukunft« aufeinander zuordneten. Die »Präsenz der Vergangenheit« ist ihm eine andere als die »Präsenz der Zukunft«; ja es ist gerade die »Differenz von Erfahrung und Erwartung«, die seiner Beobachtung nach für die Geschichte und ihre Erkenntnis konstitutiv ist. Denn sie sorgt dafür, daß durch die »zeitliche Überholung von Erwartungen« die beiden Dimensionen jeweils neu aufeinander bezogen werden, daß also die »Zuordnung von Erfahrung und Erwartung... im Laufe der Geschichte verschoben und verändert« wird.[224]

Man kann daher von einer dynamischen Zuordnung der Kategorien Erfahrung und Erwartung im Prozeß geschichtlichen Wandels sprechen, womit exakt der Unterschied zu den Kategorien Erinnerung und Ahnung bezeichnet ist, die Wagner zur Erläuterung seiner Konzeption mythischer Wirklichkeitsdeutung im Musikdrama einführt. Denn hier handelt es sich um eine statische Zuordnung beider Begriffe: Ahnung und Erinnerung stehen zwar in einem offenen Verweisungszusammenhang, bilden aber gleichzeitig eine Art geschlossenen Kausalnexus. Nicht Differenz, aus der in der spannungsvollen Berührung von Erfahrung und Erwartung geschichtliche Zeit hervorbricht, sondern Konvergenz zeichnet das Verhältnis von Ahnung und Erinnerung im Bereich leitmotivisch realisierter mythischer Zeitlichkeit aus. Vergangenheit und Zukunft konvergieren in der musikalisch-dramatischen Gegenwart: Durch die Leitmotive werden sie »gewissermaßen aufgehoben, aufgerufen in der Gegenwart des dramatischen Augenblicks«; ihr »Werden gerinnt in einem in sich kreisenden herausgehobenen Augenblick, in dem das Vergangene als Erinnerung, das Künftige als Ahnung und das Gegenwärtige als sichtbare szenische Situation enthalten ist«[225].

---

[223] Ebenda, S. 357.
[224] Ebenda, S. 354ff. u. 358.
[225] Kunze, Der Kunstbegriff Richard Wagners, a.a.O., S. 234.

Gilt dieses Prinzip der musikalischen Verdichtung von Zeit für den Mikrokosmos des dramatischen Augenblicks, des »suggestiven Augenblicks«, an den die Leitmotive den dramatischen Ablauf knüpfen,[226] so nicht minder für den Makrokosmos des musikdramatischen Kunstwerks im ganzen. Das auf Symmetrie angelegte Verhältnis von Erinnerung und Ahnung, Vergangenem und Zukünftigem, führt gleichsam zu einer Krümmung der Zeit: Es zwingt die Zeit ins Rund. Die Spur des szenisch Gegenwärtigen wird von einem Kraftfeld ungegenwärtiger Ereignisse umgeben, das die Handlungs- und Ereignislinie so umbiegt, daß sie ihrer Struktur nach am Ende in den Anfang zurückverläuft.

Hier scheint Thomas Manns Rede von Wagners »mythischer Musik« seinen Ort gefunden zu haben – hier, wo durch die Leitmotivtechnik nicht nur, wie Dahlhaus meint, eine Vergegenwärtigung des Vergangenen ermöglicht wird, welche auch die »im 19. Jahrhundert nicht mehr geglaubte Götterwelt theatralisch überzeugende Gestalt annehmen« läßt – der »szenisch abwesende, ausschließlich musikalisch präsente Wotan der ›Götterdämmerung‹ wirkt mächtiger und eindringlicher als der auf der Bühne gegenwärtige... im ›Rheingold‹« –,[227] sondern wo durch diese Leitmotivik eine Vergegenwärtigung des Ungegenwärtigen schlechthin gestaltet wird, die den Mythos, mythische Wirklichkeit ihrer Zeitstruktur nach – Wapnewski spricht von »mythischer Zeit« in Wagners Musikdramen[228] – in die Moderne einholt und in ihr repräsentiert.

---

[226] Ebenda, S. 233.
[227] Dahlhaus, Wagners Stellung in der Musikgeschichte, in: RWHb 81.
[228] Wapnewski, Tristan der Held Richard Wagners, a.a.O., S. 53.

## Schlußbetrachtung:
## Mythos und Kunst und die Rede vom »Kunst-Mythos«

Seine Auffassung davon, was Mythos sei und was Kunst und wie das Verhältnis zwischen beiden ursprünglich und eigentlich beschaffen sei, hat Wagner vor allem in seiner Begegnung mit der attischen Tragödie, insbesondere der des Aischylos, des frühesten der drei großen griechischen Tragiker, gewonnen. Über die erste ebenso intensive wie folgenreiche Berührung mit Aischylos' Werk im Sommer 1847 berichtet Wagner in seiner Autobiographie:

> »Ich hatte nun zum ersten Male bei gereiftem Gefühle und Verstande mich des Aischylos bemächtigt. Namentlich die beredten Didaskalien Droysens[1] halfen mir, das berauschende Bild der athenischen Tragödienaufführungen so deutlich meiner Einbildungskraft vorzuführen, daß ich die ›Oresteia‹ vorzüglich unter der Form einer solchen Aufführung mit einer bisher unerhört eindringlichen Gewalt auf mich wirken fühlen konnte. Nichts glich der erhabenen Erschütterung, welche der ›Agamemnon‹ auf mich hervorbrachte: bis zum Schluß der ›Eumeniden‹ verweilte ich in einem Zustande der Entrücktheit, aus welchem ich eigentlich nie wieder gänzlich zur Versöhnung mit der modernen Literatur zurückgekehrt bin.«[2]

Wenn Wagner daraufhin behauptet, seine »Ideen über die Bedeutung des Dramas und namentlich auch des Theaters« hätten sich »entscheidend aus diesen Eindrücken gestaltet«[3], so ist diese Aussage durchaus keine selbststilisierende Übertreibung. Doch wie verhält sich das antike Leitbild in seinem Werk zu dem modernen kulturgeschichtlichen Kontext, in dem es steht? Der gängigen Forschungsmeinung zufolge[4] ist die Bedeutung des attischen Paradigmas für die Konzeption des Musikdramas zwar unbestreitbar, seine Tragfähigkeit für ein modernes Bewußtsein aber mehr als zweifelhaft.

Das nämlich, was Wagner in der attischen Tragödie in einer kulturgeschichtlich einzigartigen Weise vereinigt findet und als Paradigma künstlerischen Gestaltens und Wirkens schlechthin verkündet – Kunst im Mythos und Mythos in der Kunst –, dieses Verhältnis ist modernem

---

[1]  Des Aischylos Werke, übersetzt von Johann Gustav Droysen, 2 Bde., Berlin 1832, befinden sich in Wagners Dresdener Bibliothek (DB 1).
[2]  ML 356.
[3]  Ebenda.
[4]  Hauptsächlich bei Historikern, Politologen und Soziologen, kaum jedoch bei Altphilologen und gräzistisch geprägten (Kunst-, Kultur- und Wissenschafts-)Philosophen unter den Wagnerforschern; vgl. das folgende.

Bewußtsein längst problematisch geworden. Es stellt sich nicht mehr als ein natürlich-symbiotisches, sondern weitgehend als ein ambivalentes dar: Kunst in ihren verschiedenen Ausprägungen gilt der ästhetischen Reflexion als Kind der Moderne, als Produkt neuzeitlicher Ausdifferenzierung, welche die Kunst als autonome Form moderner Selbstartikulation aus sich entlassen hat; Mythos dagegen, »echter« Mythos, wird einer archaischen Welt zugeordnet, dem – glaubt man ihn überhaupt bis in die Moderne vorgedrungen – das Signum des Anachronistischen, des Illegitimen wenn nicht Prekären aufgedrückt wird. Für das neuzeitliche (Selbst-)Verständnis gehören Mythos und Kunst verschiedenen Welten an, deren Scheidung geradezu als Errungenschaft der Moderne gefeiert wird. Hiernach ist es die Aufklärung über den Mythos, die die Kunst zuallererst freisetzt, indem sie ihr einen genuin ästhetischen Umgang mit den entzauberten Relikten des Mythos ermöglicht.[5]

Demzufolge wäre also das Verhältnis von Kunst und Mythos in der Moderne nurmehr als ein künstliches aufrechtzuerhalten, wäre die historische Kluft, die sich zwischen beiden aufgetan hat, nur noch durch einen Kunstgriff, durch einen Akt reflektierter Künstlichkeit, d.i. in Gestalt eines modernen »Kunst-Mythos« zu schließen. Es bleibt daher zu fragen: Ist das Wagnersche Kunstwerk, insbesondere die »Ring«-Tetralogie, in diesem Sinn als ein künstlicher Mythos, als ein moderner »Kunst-Mythos« zu verstehen, und welche Kriterien entscheiden hier über die kunst- und kulturgeschichtliche Einordnung und Wertigkeit?

Der Begriff des »Kunst-Mythos« ist ein moderner Begriff für ein scheinbar modernes Phänomen. Er ist ein Distanzbegriff, indem er den Mythos in der Moderne vom »eigentlichen«, »echten« Mythos abzugrenzen sucht, und dies auf zweierlei Art: Die Rede vom »Kunst-Mythos« zielt einmal auf das Medium, in dem der (moderne) Mythos sich ausdrückt, die Kunst, das andere Mal auf den Charakter dieses modernen Mythos, den man als künstlich bestimmen zu müssen glaubt. Wenn »Kunst-Mythos« als ein Ort künstlerischer Gestaltung des Mythos verstanden wird, so stellt sich zunächst die Frage, ob es denn einen Mythos geben kann, der ohne Kunst, ohne dieses Gestaltungselement auskommt. Verhält es sich nicht vielmehr so, daß der Mythos als Form der Anschauung und des Denkens immer schon der Gestaltung, des

---

[5]  Vgl. Picht, Kunst und Mythos, a.a.O., S. 3f.

künstlerischen Ausdrucks bedarf, der das mythische Bild wie auch immer – sprachlich, musikalisch, graphisch oder choreographisch – zur Darstellung bringt? Sei der Kontext ein literarischer oder ein präliterarischer, ein theatralischer oder ein kultischer: Damit Mythos zur Erscheinung kommt, bedarf es der Darstellung, der Kunst.[6]

»Mythen sind keine freischwebenden Gebilde, sondern stets an feste Formen gebunden. Sie haften entweder an bestimmten Kulten... oder sie erscheinen in dichterischer Form als Heldenlieder oder Götterhymnen.[7]« Das heißt, Mythos ist in bezug auf sein Medium grundsätzlich »Kunst-Mythos«, da sich das künstlerische Element als integraler Bestandteil des Mythos selbst herausstellt. Mythos ist immer auch Artikulation, auch Ausdruck, auch Gestaltung – das ist die Kunst im Mythos; es kann keinen ungestalteten Mythos, keinen Mythos ohne Kunst geben. Er ist aber zugleich Form: Form des Denkens und Deutens von Wirklichkeit; Form der Anschauung und Erfahrung der Dinge, die die Regeln für die Gestaltung, für die Kunst im Mythos, vorgibt. Nach Wagner formt die mythisch verdichtende Anschauung das mythisch-dichterische Bild, das seinerseits Welt und Wirklichkeit im Medium der Kunst mythisch aufschließt. Im Mythos verbinden sich Integration und Expression, in Wagners Worten »Anschauung« und »Mitteilung« in einer Weise, die letztlich nur über die Auflösung des Mythos selbst aufzulösen wäre.

Hiernach gibt es also keinen prinzipiellen, sondern nur einen graduellen Unterschied zwischen den verschiedenen Gestaltungsweisen mythischer Welterfahrung. Es ist die Profilierung, die Sublimierung des Kunstcharakters des Mythos selbst, die kulturgeschichtlich zu beobachten ist – eine Entwicklung, die für Wagner in der künstlerischen »Verwirklichung«, in der »Vollendung des Mythos« im Kunstwerk gipfelt. So gesehen ist der Begriff des »Kunst-Mythos« ein Hilfsbegriff, der mehr verunklärt als aufklärt. Indem er künstlich verbindet, was ursprünglich in einer Sinn- und Gestaltungseinheit verschmolzen war, und damit die (weit vor der Moderne erfolgte) Abspaltung nicht nur indiziert, sondern regelrecht zementiert, verstellt er den Blick für den wesentlichen, nach

---

6  Es bedarf der »Technik«, der »mythopoietischen Technik«, die dem Mythos (zugleich mit der »kultischen Technik«) ursprünglich eignet (vgl. Karl Kerényi, Wesen und Gegenwärtigkeit des Mythos 1964, in: ders. (Hg.), Die Eröffnung des Zugangs zum Mythos, Darmstadt 1967, S. 240f.

7  Picht, Kunst und Mythos, a.a.O., S. 521.

wie vor ungetilgten, womöglich untilgbaren Zusammenhang von Kunst und Mythos. Denn dieser besteht ja nicht nur darin, daß Kunst dem Mythos gleichsam eingeboren ist, sondern daß auch umgekehrt Mythos der Kunst inhärent ist. Der »nicht abgegoltene Überschuß des ästhetischen Potentials« ist »nicht mehr länger mit wissenschaftlicher Rationalität und politischer Vernunft, sondern – es läßt sich nicht verheimlichen – mit dem mythischen Bild kompatibel«[8]. Es gilt daher, ganz im Sinne Wagners, die »mythische Struktur der Kunst«[9] zu begreifen und damit jene »Wege des Mythos in der Moderne« zu beschreiten, die den Zusammenhang von Kunst und Mythos in neuer Perspektive zu entdecken erlauben.[10]

Wenn es denn keinen »echten« Mythos in Abgrenzung zum Medium Kunst im weitesten Sinne geben kann, sondern immer nur ein Anders und ein Mehr oder Weniger an Gestaltung, wenn also jeder Mythos nur als ein wie auch immer künstlerisch gestalteter Mythos existieren kann, so birgt die Rede vom »Kunst-Mythos« im vorliegenden Kontext eine Leerformel, ist mehr oder weniger redundant.

Andererseits ist in die Rede vom »Kunst-Mythos« eine tiefgreifende Erfahrung eingegangen und auf den Begriff gebracht, nämlich die Erfahrung des von der Aufklärung (vermeintlich) überholten und abgelösten Mythos in Gestalt der sich emanzipierenden und autonomisierenden Kunst. Es ist die Erfahrung einer unverbindlichen, d.h. von jenem Anspruch losgebundenen Kunst, der Wahrheit und Wirklichkeit in einem sakralen – mythischen – (aber auch säkularisierten historisch-faktischen) Kontext zu bieten fordert. Nicht mehr regiert der Mythos die Kunst, so daß sich der Mythos in der Kunst nur zu sich selber verhält; hier reglementiert die Kunst den Mythos, indem sie ihn in das Reich der Künstlichkeit, des (schönen) Scheins hineinzieht und nach dort gültigen ästhetischen Gesetzen verwaltet.

Die »Originalität« des Mythos tritt in Gegensatz zu seiner künstlerischen Gestaltung, zum Kunstwerk, die »Ursprünglichkeit« mythischer Weltbe-

---

8 Karl Heinz Bohrer im Vorwort zu: ders. (Hg.), Mythos und Moderne, Frankfurt a.M. 1983, S. 7.
9 Ebenda.
10 Vgl auch Heinz Friedrich, »Ende der Kunst – Zukunft der Kunst«. Einleitung in das Thema, in: Ende der Kunst – Zukunft der Kunst, hg. v. d. Bayerischen Akademie der Schönen Künste, München 1985, S. 11.

trachtung also in ein Verhältnis umgekehrter Proportionalität zum Grad
ihrer künstlerischen Adaption: Je mehr Kunst, je mehr Künstlichkeit,
desto weniger Naivität, desto weniger Mythos. Ein wesentliches Argument
des »Kunst-Mythos«-Verdachts gegen Wagner bezieht sich daher
auch auf die gebrochene Naivität, auf seine weit ausladende Reflexivität.
Aber ist es tatsächlich die Reflexion – und unter welchen Prämissen –,
die aus dem Mythos einen künstlichen Mythos, einen »Kunst-Mythos«
macht?

Daß Wagner reflektiert hat, gründlich bis abgründig, gerade über den
Mythos, über dessen Entstehung und Entwicklung, dessen Erscheinungsformen
und Strukturmerkmale, dessen Verhältnis zu Kunst, Religion
und Gesellschaft im Hinblick auf die verschiedenen kulturgeschichtlichen
Kontexte von der Antike bis in die eigene Gegenwart, liegt
offen zutage (und liefert das Material nicht zuletzt für die vorliegende
Studie). Wagner hat nicht nur reflektiert, sondern aus der Not neuzeitlicher
Mythosferne geradezu auf Reflexion gesetzt. Die Erfahrung nicht
zuletzt an sich selbst zwang ihn zu der Erkenntnis, daß nach Beginn der
wissenschaftlichen und industriellen Revolution der erlittene Mythosverlust
überhaupt nur über Reflexion auf die Bedingungen mythischen
Wirkens ausgleichbar sei, und zwar über eine Reflexion, die sich im
Prozeß der Aneignung der Form mythischer Wirklichkeitserfahrung
selbst immer weiter zurücknimmt. Ziel dieses Reflexionsprozesses ist es
dann, Mythos zu rechtfertigen, zu rehabilitieren, zu restituieren dort, wo
er in der Moderne und für die Moderne – und durch sie selbst
beglaubigt – mit neuer Verbindlichkeit zu wirken vermag, nämlich in
und über die Kunst.

Diese Reflexionsleistung ist freilich nicht selbst das neue Medium des
Mythos und kann es nicht sein. Sie ist Logos im wissenschaftlich-
rationalen Sinn und verkörpert als solche gleichsam nur die Eingangs-
spforte zum Mythos, die es zu durchschreiten gelte. Was aber wird
gewonnen an Erkenntnis über den Zusammenhang von Kunst und
Mythos, d.h. auch von »Dichter« und »Volk«, von Individuum und
Gemeinschaft im Durchgang durch die (stets am attischen Paradigma
orientierte) mythos- und kunsttheoretische Reflexion?

Für Wagner lehrt das Beispiel der griechischen Tragödie – er bezieht
sich hier immer auf das klassische Griechenland, der frühgeschichtliche

Mythos kommt nicht in den Blick –, daß und wie Kunst und Mythos, Dichtung und Naturanschauung, Dichter und Volksanschauung unmittelbar miteinander und ineinander wirken. Hier sieht er paradigmatisch die »gemeinsame[n] Anschauung vom Wesen der Erscheinungen«, die sich im Mythos verdichtet, »als Kunstwerk aus der Phantasie in die Wirklichkeit« eintreten. Das, was das Volk verdichtend dichtet – »den Inhalt und das Wesen des Mythos« –, teilt der tragische Dichter »nur am überzeugendsten und verständlichsten mit«[11]. Ist daher der Mythos, der Mythos des Volkes, der Mythos der »gemeinsamen Anschauung« als Ergebnis von Verdichtung immer schon Dichtung, immer schon Kunst, so besteht die Aufgabe des Dichters, des alten wie des neuen, lediglich darin, diesen Mythos im Kunstwerk gestaltend zu »deuten«[12].

Der Dichter schafft also nicht den Mythos – das kann er auch gar nicht: Den »reinen Mythos« hat »nur das Volk bis jetzt gedichtet« –, er »deutet« ihn nur, indem er dem mythischen Substrat gegenüber wiederum zum »mythischen Gestalten« greift.[13] Die aus mythischer Anschauung hervorgegangenen kollektiven Bilder werden einem Remythisierungsprozeß unterzogen, aus dem sie gesteigert, in ihrer Archetypik verstärkt hervorgehen. Der Dichter »deutet« den Volksmythos, und er deutet ihn mythisch. Das heißt Mythos und Dichtung, Mythogenese und Poetogenese verdanken sich derselben Operation archetypischer Wirklichkeitsgestaltung. Wie Georg Picht aufgrund umfangreicher Untersuchungen zur »Phänomenalität der Kunst« wie zur »Morphologie des mythischen Denkens« (ganz im Sinne Wagners) behauptet, entsteht »ein Mythos nach den selben Gesetzen künstlerischer Darstellung... wie eine Dichtung«, sind »die Dichtungen wie Mythen, die Mythen wie Dichtungen« aufzufassen und zu interpretieren.[14] Demnach sind es dieselben »elementaren Erfahrungen«[15], die Mythos und Dichtung, Volksanschauung und Kunstwerk zugrunde liegen und ihnen ihre analoge Struktur in der Auffassung und Darstellung von Wirklichkeit verleihen.

---

[11] GSD IV, 33f.
[12] Vgl. GSD IV, 64 (attische Tragödie) und GSD IV, 266 (modernes Musikdrama – Wagner schreibt in bezug auf den »Fliegenden Holländer«: »...das war das erste *Volksgedicht*, das... mich als künstlerischen Menschen zu seiner Deutung und Gestaltung im Kunstwerke mahnte.«).
[13] GSD IV, 314.
[14] Picht, Kunst und Mythos, a.a.O., S.494.
[15] Ebenda, S.524.

Denn öffnet sich im Mythos (aufgrund seiner Wiederholungsstruktur) »hinter dem Bild eine ganze Flucht von Bildern« und treten diese »Ketten von Bildern« jeweils in einer »bestimmte[n] Konstellation« auf, »durch die etwas Neues, Einzigartiges sichtbar wird, was in keinem jener Bilder enthalten ist«[16], so läßt sich die Remythisierung des Mythos, seine »Deutung« im Kunstwerk, als ein Neukonstellieren mythischer Bilderreihen beschreiben; das Deuten des Mythos durch mythisches Gestalten im Kunstwerk erweist sich als ein Finden – Wagner spricht im gleichen Sinn von »Erfinden« – im Zwange des Mythos.[17]

Einen solchen Zusammenhang zwischen moderner Mythosbildung im Kunstwerk und mythischer Anschauung des Volkes und seiner Mythenerzählungen beobachtet Udo Bermbach auch im Falle Wagners. Dessen künstlerisch gestalteter Mythos, »der mythische Vorlagen und Erzählungen in sich aufnimmt, verändert und komprimiert und daraus etwas Neues erwachsen läßt«, gehorche »prinzipiell denselben Gesetzen wie die historischen Mythen, weil auch der Mythenbildner sich den Gesetzen des Mythos nicht zu entziehen« vermag.[18] Bermbach kann sich da auch auf Gert Mattenklott berufen,[19] wenn er von einem »wechselseitige[n] Bedingungsverhältnis« ausgeht, das Wagner dazu führt, »Mythos und Volk zusammenzubinden und den Dichter als jenen

---

16  Ebenda, S. 527.
17  Den Terminus »erfinden« verwendet Wagner sowohl mit Bezug auf das eigene Kunstwerk – er spricht vom »neu erfundenen Mythos« im »Werk des Dichters nach dessen höchstem denkbarem Vermögen« (vgl. GSD IV, 88) – als auch auf die volkstümlich-anonyme religiöse Mythenbildung – er erklärt im Hinblick auf den Gral in seiner Doppelbedeutung als Trinkschale des letzten Abendmahls wie als Gefäß mit dem »Blut des Erlösers«: »... und wirklich bewundere ich mit völligem Entzücken diesen schönen Zug christlicher Mythenbildung, der das tiefsinnigste Symbol erfand, das je noch als Inhalt des sinnlichgeistigen Kernes einer Religion erfunden werden konnte« (vgl. Wagners Brief an Mathilde Wesendonk v. 30. Mai 1859, in: Richard Wagner an Mathilde und Otto Wesendonk. Tagebuchblätter und Briefe, hg. v. Julius Kapp, Leipzig 1915, S. 209).
18  Udo Bermbach, Mythos als Zivilreligion – Zu einem Aspekt der Idee des Gesamtkunstwerks, in: Bayreuther Programmheft VII »Parsifal« 1992, S. 14. Die Gegenüberstellung von »Mythenbildner« und »historischen Mythen« erscheint jedoch in mehrfacher Hinsicht problematisch: Sie suggeriert, daß die »historischen Mythen« – was immer darunter zu verstehen ist: die historisch überlieferten oder die historische Überlieferung tragenden oder einfach die vormodernen Mythen? – ohne »Mythenbildner« auskommen (und wären diese in archaischer Anonymität verborgen), daß also nur die Moderne »Mythenbildner« kennt und nötig hat.
19  Bermbach zitiert ihn zustimmend wie folgt: »Tritt der Künstler als Gewährsmann des Mythos auf, ... so muß er, was er stiften will, schon voraussetzen. Wäre er nichts als Künstler, so wäre es um seine Autorität schlecht bestellt.« (Ebenda, S. 14ff., nach: Gert Mattenklott, Wen interessieren heute Göttergeschichten?, in: Kemper (Hg.), Macht des Mythos – Ohnmacht der Vernunft? a.a.O., S. 29).

zu verstehen, der gleichsam benennt, was im Volk offen zutage liegt«[20]. Dennoch verkündet Bermbach unvermittelt, ebenso pointiert wie plakativ: »Wagners Mythos ist freilich sein eigener – ein Kunst-Mythos.[21]«

Durch diese Argumentationskehre entsteht freilich ein Widerspruch, indem Bermbach Subjekt und Objekt des Mythos, »Mythenbildner« und mythische »Gesetze«, die er soeben noch als konvergierende Größen behandelt hat, wiederum auseinanderbricht. Das dichterische Subjekt wird, dem modernen Verständnis von Individualität und Künstlertum entsprechend, dem Mythos vor- und nicht eingeordnet; es wird seinem Objekt, mythischem Denken und Bilden und dessen Ausprägungen, nicht integriert, sondern konfrontiert. Hierdurch öffnet sich jener Zwiespalt, der den künstlerisch gestalteten Mythos als modernes Surrogat, als »Kunst-Mythos«, jenen vermeintlich allein echten »historischen Mythen« gegenüberstellt und ihn als defiziente Form mythischer Welt- und Wirklichkeitsgestaltung zu disqualifizieren erlaubt.

Bermbachs These vom »Kunst-Mythos« bei Wagner wird dabei bezeichnenderweise nicht aus einer Reihe von Argumenten entwickelt, sondern ist mitsamt ihrer zweiteiligen Begründung von Herbert Schnädelbach übernommen.[22] Dies erklärt die Unstimmigkeit einer Argumentation, in deren Verlauf die »Kunst-Mythos«-These beinahe bis zur Unkenntlichkeit umgeschmolzen wird. Denn Bermbach attestiert Wagners Mythosverständnis in nahezu jeder Beziehung den – aus der Sicht heutiger Mythosforschung – richtigen Zugang. Dies gilt sowohl im Hinblick auf die »zentrale[n] Struktur- und Funktionselemente des Mythos«[23] und dessen eigene, keineswegs primitive, im Vergleich zur Rationalität wissenschaftlicher Weltauffassung »ebenso einleuchtende innere strukturelle Stimmigkeit und Plausibilität« als auch für den »komplizierten Mechanismus der Mythenbildung«, jene »integrative Leistung«, die zugleich als »Bedingung einer möglichen Gemeinschaftsidentität« begriffen wird.[24] Schließlich habe Wagner die im wesentlichen bereits richtig erkannten Eigenschaften des Mythos in seiner musikdra-

---

[20]  Bermbach, Mythos als Zivilreligion, a.a.O., S. 16.
[21]  Ebenda, S. 14.
[22]  Vgl. Herbert Schnädelbach, »Ring« und Mythos, in: In den Trümmern der eignen Welt. Richard Wagners »Ring des Nibelungen«, hg. v. Udo Bermbach, Berlin/Hamburg 1989, S. 145f. u. S. 151ff.
[23]  Hier deckten sich Wagners Vorstellungen weitgehend mit denjenigen Eliades; Bermbach, Mythos als Zivilreligion, a.a.O., S. 6.
[24]  Ebenda, S. 12ff.

matischen »Weltdeutungserzählung« aktuell als »Aufklärungskraft« *des* Mythos zur »kritiküberwindenden Synthese der Widersprüche«, gültig bis in unsere gesellschaftliche Gegenwart, eingesetzt.[25]

Obwohl also Bermbach nicht nur Wagners Mythosverständnis, sondern auch dessen künstlerischer Verarbeitung des Mythos »ungebrochene[r] Aktualität«[26] zuschreibt, zeigt er sich Schnädelbachs Auffassung vom »Kunst-Mythos« verpflichtet, indem er dessen zwei – auf sehr unsicherem Grund ruhenden – Stützargumente kritiklos übernimmt.

Das erste dieser Argumente beruft sich darauf, daß Wagner seine »Ring«-Dichtung (durchaus mehrfach) als »meinen Mythos« apostrophiert.[27] Diese Formulierung ist jedoch nicht als eine Art Besitzanzeige des modernen Künstlerindividuums in Abgrenzung zu einem vormodernen Volkskollektiv zu verstehen,[28] sondern als Ausdruck davon, daß Wagner die von ihm (im obigen Sinn) geleistete Remythisierung als eben solche für sich reklamiert, und *insofern* »von den historisch vorfindbaren Mythen selbstbewußt absetzt«[29]. Daher ist Wagner durchaus »in einer Reihe mit den mittelalterlichen Sängern, den Skalden und Sagakundigen« zu sehen, wie der Schweizer Religionswissenschaftler Karl A. Wipf in Kenntnis der einschlägigen Literaturgeschichte dies tut[30] – und wer wollte hier, bei aller individuellen Gestaltung des doch stets im Dunkel verbleibenden Kerns der mythischen Tradition, von einem »Kunst-Mythos« sprechen?

Wenn Mythos wie bei Bermbach als ein »Erklärungssystem« begriffen wird, das »Kollektiverfahrungen von Menschen« enthält und »noch nicht durch die autonome Subjektivität der Moderne zersetzt« ist,[31] und

---

25  Ebenda, S. 14 u. 18. Dieser Gedanke ist explizit gegen Schnädelbach gerichtet, d.h. gegen die Konsequenz, die sich logischerweise aus der von diesem verfochtenen »Kunst-Mythos«-These ergibt.

26  Ebenda, S. 14.

27  Die Betonung des Wagnerschen Satzes liegt jedoch nicht, wie Bermbachs Zitierweise (ebenda) suggeriert, auf dem Possessivpronomen; sie gilt vielmehr und bezeichnenderweise der Darstellungsform ›seines‹ Mythos: »Ich beabsichtige, meinen Mythos *in drei vollständigen Dramen* vorzuführen…« (GSD IV, 343).

28  Vgl. Schnädelbach, »Ring« und Mythos, a.a.O., S. 145f.: »Wagner setzt vor den Ausdruck ›Mythos‹ einfach ein Possessivpronomen 1.Person Singular: Wie kann etwas, was höchstens vielen gehören kann, Eigentum eines einzelnen sein…? Die Antwort lautet: Die Ringdichtung ist ein Kunstmythos.«

29  Bermbach, Mythos als Zivilreligion, a.a.O., S. 14.

30  Karl A. Wipf, Der Aufstieg Wotans im germanischen Götterpantheon, in: Tribschener Blätter 42, 1978, S. 3.

31  Bermbach, Mythos als Zivilreligion, a.a.O., S. 8.

wenn zugleich Mythenbildung auch in der Moderne als künstlerisches Schaffen im Zwange des Mythos, mythischer Ontologie gilt, so entsteht mit der Rede vom »Kunst-Mythos« jener merkwürdige Widerspruch im Mythos- und Selbstverständnis der Moderne, der den Blick verstellt für die Gegenwart des Mythos als einer intersubjektiven Form der Wirklichkeitserfahrung und Daseinsdeutung. So scheint in der Rede vom »Kunst-Mythos« ein Vorurteil der Moderne gepflegt zu werden, die ihren Sieg über den Mythos als Resultat seiner Tabuisierung feiert – ein Verfahren, das Picht als zwanghafte Wiederholung des Urfrevels neuzeitlicher Rationalität interpretiert, die in ihren »Ritualen« der »perpetuierte[n] Verleugnung des Mythos« wiederum selbst mythisch sei.[32]

Das zweite von Bermbach zitierte Schnädelbachsche Argument ist inhaltlicher Art und lautet: »Wagners Kunst-Mythos« ist »primär Sozialmythos«, denn er zielt darauf ab, »das ›Reinmenschliche‹ im Mythos hervorzukehren«, was wiederum voraussetzt, »daß die Natur im Mythos selbst nicht mythisch begriffen werden kann«. In »Wagners Kunst-Mythos« sei im »Unterschied zum klassischen Mythos« die Natur »kein selbsthandelndes Subjekt«; sie bedürfe keiner »handlungsrelevanten Repräsentation«, sondern bilde nur »den Hintergrund und Handlungsrahmen, auf dem und in dem die handelnden Personen sich bewegen«[33].

Diese Behauptung, als Prämisse eingesetzt, ist ebenso schwerwiegend wie mit den Grundlagen des Wagnerschen Werks schlichtweg unvereinbar. Denn sie verkennt *einerseits*, daß das »Reinmenschliche« bei Wagner selbst ein mythischer Begriff ist, weil er nicht die Emanzipation des Menschen von der Natur, sondern umgekehrt die bewußte Reintegration in deren schicksalhafte Wirkenszusammenhänge zur Grundlage hat. Wenn Schnädelbach behauptet, bei Wagner könne das »Reinmenschliche« eben »nur dann im Kunstmythos Ereignis werden, wenn zuvor alle Elemente mythischer Naturdeutung ausgeschieden sind«, d.h. wenn eine »Vollendung der Aufklärung als Entmythologisierung der Natur« stattgefunden hat,[34] so verkehrt er Wagners künstlerische Intention und Realisation in ihr gerades Gegenteil. Denn für diesen kann das »Reinmenschliche« eben ›nur dann im Kunstwerk Ereignis werden,

---

[32]  Vgl. Picht, Kunst und Mythos, a.a.O., S. 13.
[33]  Bermbach, Mythos als Zivilreligion, a.a.O., S. 16.
[34]  Schnädelbach, »Ring« und Mythos, a.a.O., S. 151.

wenn zuvor alle Elemente mythischer Naturdeutung *zurückgewonnen* sind‹, d.h. wenn eine ›Vollendung der Aufklärung als *Remythisierung* der Natur‹ stattgefunden hat. Schnädelbach bleibt beim ersten Schritt der Aufklärung über den Mythos stehen und ignoriert Wagners entscheidenden zweiten, der die feuerbachianisch-naturwissenschaftliche Aufklärung gerade nur als Bedingung zur Wiedergewinnung des Mythos in der Moderne einsetzt.

Die These vom »Kunst-Mythos« als »Sozialmythos« verkennt *andererseits*, daß in Wagners »Ring«-Mythos die »Natur« sehr wohl »handelt« und nicht nur »Handlungsbedingungen« bereitstellt, daß sie nicht im »Unterschied zum mythischen Naturbild«, sondern gerade in Übereinstimmung mit diesem keineswegs nur »Handlungsfelder« definiert, sondern durchaus auch in Gestalt von »Subjekte[n]« auftritt.[35]

Zu nennen sind erstens die *Rheintöchter* (durch sie wird Alberichs Begehren geweckt, sie geben das Geheimnis des Goldes preis und bringen so die Handlung in Gang,[36] sie weisen den fluchbeladenen Ring Siegfrieds zurück, den dieser zum Zeichen seiner Freigebigkeit anbietet, und wirken so auf das Zuendekommen der Handlung hin[37]); zweitens *Erda* (sie warnt Wotan vor dem Götterende, sie versetzt ihn in Furcht und bricht damit die Handlung[38]); drittens *Loge* (als schweifende Lohe, als interesseloser Intellekt, Kulturbringer und -zerstörer in einem, durchzieht er die Handlung, fungiert als eine Art Exekutivorgan, das seiner Legislative immer schon voraus ist – diesen will Schnädelbach als Ausnahme gelten lassen[39]); viertens der *Waldvogel* (er versorgt Siegfried mit den für den Handlungsfortgang notwendigen Informationen: über die Beuteteile Ring und Tarnhelm, über Mimes Mordabsicht und über die schlafende Brünnhilde, zu deren Felsen er ihm den Weg zeigt[40]);

---

[35] Vgl. ebenda, S. 152.

[36] »Rheingold« 1. Szene.

[37] »Götterdämmerung« 3. Aufzug, 1. Szene.

[38] »Rheingold« 4. Szene.

[39] Schnädelbach, »Ring« und Mythos, a.a.O., S. 152.

[40] »Siegfried« 2. Aufzug. Das Waldvöglein als Instrument Wotans zu deuten, wie es in neueren Inszenierungen immer wieder geschieht (etwa bei Patrice Chéreau, Bayreuth 1976-80, und Harry Kupfer, Bayreuth 1988-92; vgl. auch Jürgen Kühnel, Richard Wagners »Ring des Nibelungen«. Stoffgeschichtliche Grundlagen. Dramaturgische Konzeption. Szenische Realisierung, Siegen 1991, S. 152), liegt daher neben der Sache. Es gibt lediglich den Stand der Dinge wider, die sich unabhängig vom Willen Wotans bewegen; dieser kann nur – mit Gunst oder Mißgunst, aber an entscheidender Stelle ohnmächtig – auf ihren Verlauf blicken. Überdies tritt Wotan als »Herr der Raben« auf, die in seiner Begegnung mit

fünftens zum Teil auch die *Riesen* (sie sind Personifikationen roher Naturkraft, das Blut des in Wurmesgestalt gefällten Fafner läßt die Sprache der Natur, der äußeren (das Waldvöglein) wie der inneren (Mimes so vergeblich verschleierte Mordabsicht) verstehen). Zwar sind nun »die Weltesche, der Rhein, der Wald, selbst das Gold« nicht als Personen handlungspräsent, worauf Schnädelbach sich beruft;[41] sie sind aber ganz im mythischen Sinn als wirkende Mächte vorgestellt – die Weltesche etwa im Speer Wotans, auf den ihre mythische Substanz übergeht und diesen so zum »Haft der Welt«[42] macht: zerspringt der Speer, ist mit ihm Identität und Kraft der mythischen Welt gebrochen, sie wird im Brand der in Scheiten aufgeschichteten Weltesche verzehrt.

Es ist somit nicht nur unzutreffend, daß die Natur in Wagners »Ring«-Mythos nicht selbst handelt; die »Eliminierung der Natur als mögliches Handlungssubjekt« gilt eben nur für ein »historisch-narrativistisches Geschichtskonzept«[43], wogegen Wagners »Ring«-Drama in der Form seiner Welt- und Wirklichkeitsdeutung ein spezifisch mythisches verwirklicht. Hier gibt es, genau besehen, überhaupt nur ein vielgestaltig wirkendes Handlungssubjekt, und das ist die *Natur*,[44] die schicksalsmächtig Gott und Mensch in sich schließende, mythisch gefaßte Natur.

Bei Wagner finden wir daher gerade keine »Zentrierung des neuzeitlichen, aus den Naturzusammenhängen herausgetretenen Handlungssubjekts«, das dann als »Voraussetzung« für seinen »Kunstmythos« angesehen werden könnte; Wagners »Ring«-Mythos läßt in diesem Sinn die Merkmale eines »modernen Kunstmythos« gerade vermissen: Er ist kein »Sozialmythos… der das ›Reinmenschliche‹ in sozialen Handlungen unter gegebenen natürlichen Bedingungen präsentiert«, sondern wesentlich ein Naturmythos – wenn man will, ein in den Naturmythos integrierter Sozialmythos –, denn er behandelt durchaus »die Entste-

---

Siegfried (Wotan »in Zorn ausbrechend«) als Verfolger des Vögleins genannt werden (»…weh ihm, holen sie's ein!«). Man sage nun nicht, dies sei eine ›Finte‹ des listenreichen Gottes, denn die den Mythos gestaltenden Text, Musik und Szene geben keinerlei Hinweis darauf – und diese ›lügen‹ nicht; lediglich in der Interpretation des »neuzeitlichen, aus den Naturzusammenhängen herausgetretenen Handlungssubjekts« (Schnädelbach, »Ring« und Mythos, a.a.O., S.152f.) können sie diesen Anschein gewinnen.

41  Schnädelbach, »Ring« und Mythos, a.a.O., S.152.
42  »Siegfried« 1.Aufzug; MD 676 u. »Götterdämmerung« Vorspiel; MD 754.
43  Schnädelbach, »Ring« und Mythos, a.a.O., S.157.
44  Dies wird gerade an Wotan, am Zentrum des weltordnenden Machtwillens deutlich: auch hier bewegt sich die Natur als Objekt (der er gebietet) immer nur in dem von der Natur als Subjekt (deren Gesetzen er unterworfen bleibt) vorgegebenen Rahmen.

hung und das Vergehen der Welt als ganzer«, nämlich als einer mythischen, die ihren Anfang und ihr Ende, wie auch anders, in der Musik findet (bei Schnädelbach kommt diese freilich nicht vor) und keineswegs nur in »der sozialen Welt als Beziehungsgeflecht von Handelnden«[45].

Dieser Sachverhalt entspricht – entgegen der Annahme Schnädelbachs wie Bermbachs – weit eher den Verhältnissen des »klassischen Mythos« als daß er ihnen widerspräche; in gewisser Hinsicht scheint er im Medium der Musik sogar noch hinter diesen zurückzugreifen. Aus der Sicht der Klassischen Philologie spricht Dieter Bremer von der »Wiedergewinnung der archaischen Substanz des Mythos« bei Wagner, die »in der Eröffnung der elementar-kosmischen Dimensionen« zur Erscheinung komme:

> »Wagner dringt dabei über Aischylos zurück in eine theogonische Sphäre, wie sie etwa von Hesiod her vertraut ist. Wagners Rheintöchter sind elementare Naturmächte, Okeanos und die Okeaniden im ›Prometheus‹ sind eher Personen als Mächte. […] Die Möglichkeit der szenischen und musikalischen Darstellung mythischer Elementarmächte sind bei Aischylos begrenzt. Anders im Musikdrama Wagners…«[46]

Hier sei es die Musik, durch welche die »archaische Dimension des Mythos, die im Götterspiel als Weltmythos im Horizont von Anfang und Ende aufscheint«, hervorgebracht würde.[47] Aus dieser Perspektive der Altertumswissenschaft (deren Gegenstände immer wie selbstverständlich – weil zur Selbstverständigung -als Kontrastprogramm für alle kulturellen Äußerungen der Moderne angesehen werden) gewinnt die These vom »Kunst-Mythos« als »Sozialmythos« bei Wagner schon fast den Anschein des Trugbilds einer soziologisch trainierten Wissenschaftlergeneration, die, von ihren Prämissen her mythosblind, den Naturmythos hinter dem Sozialmythos nicht mehr wahrzunehmen, geschweige denn für wahr zu nehmen vermag. Für sie ist er bestenfalls eine Hülse, eine Art Klaviatur, auf welcher der moderne Interpret keine anderen als eben soziologisch entzauberte Melodien spielt.

---

45  Vgl. Schnädelbach, »Ring« und Mythos, a.a.O., S.152f.
46  Dieter Bremer, Vom Mythos zum Musikdrama. Wagner, Nietzsche und die griechische Tragödie, in: Borchmeyer (Hg.), Wege des Mythos in der Moderne, a.a.O., S.58.
47  Ebenda; vgl. auch ders., Wagner und Aischylos, in: Bayreuther Programmheft VI »Götterdämmerung« 1986, S.18f. Hier wird der »kosmisch-mythische Charakter der Naturerscheinungen«, die Präsenz der Elemente Wasser, Erde, Luft und Feuer in »mythisch-personaler Gestalt« im »Ring« analog zu Aischylos' »Promethie« aufgezeigt.

Ähnlich wie mit der These, in Wagners Werk fände sich, im Gegensatz zum »klassischen Mythos«, keine mythische, sondern nur noch eine entmythologisierte Natur vor, verhält es sich mit der Behauptung, bei Wagner regiere der »künstliche Mythos«, d.h. der konstruierte Mythos, während man in der griechischen Tragödie auf einen »vorgegebenen Mythenbestand« zurückgegriffen, diesem die Stoffe entnommen, sie verdichtet und »mit dramatischen Mitteln« gedeutet habe. Wagner hingegen habe sich seine Stoffe erst selbst schaffen müssen: »Salopp gesprochen: Wagners synthetischer Kunstmythos ist aus Kunststoff und seine Produktion kunststoffverarbeitende Industrie.[48]«

Die Opposition, antike Tragödie – modernes Musikdrama, wie sie hier und vielerorts hergestellt wird,[49] ist freilich nicht viel mehr als eine Stilisierung; sie wird weder dem griechischen noch dem Wagnerschen Drama gerecht. Wenn Schnädelbach behauptet, der »Mythenmacher Wagner« habe seine Stoffe zwar aus »mythischem Material… mit Sagen- und Märchenmotiven vermischt« konstruiert, dies aber so, »daß sich der eigene Sinn der Materialien dem Gestaltungswillen des Meisters« zu fügen hatte, so unterstellt er stillschweigend, daß es *erstens* einen ermittelbaren »eigene[n] Sinn der Materialien« gibt, dem Wagners Deutung zuwiderläuft,[50] und *zweitens* ein solcher Gestaltungswille in der attischen Tragödie nicht oder doch nicht vergleichbar zum Tragen kommt. Die Fragwürdigkeit dieser Annahmen wird noch verstärkt vor der Hintergrundthese, Wagner habe ›seinen‹ Mythos »einer neuen Konzeption von Musiktheater vollständig untergeordnet«, also (Nietzsche frei variierend) »die Geburt des Mythos aus dem Geiste des Musiktheaters« betrieben.[51]

Woran aber sollte der »eigene Sinn der Materialien« festzuhalten und zu bemessen sein? Vermutlich ist hier an den ursprünglichen Zusammenhang von Kunst und Kultausübung gedacht, aus dem die griechische Tragödie – nicht aber mehr das moderne Musikdrama – ihre Authentizität gewinne. Aus einem solchen Verhältnis von Drama und Kult

---

[48]  Schnädelbach, »Ring« und Mythos, a.a.O., S.150.
[49]  Vgl. u.a. Carlo Schmid im Gespräch zum Thema »Mythologie und Ideologie. Gedankenaustausch über die Neuinszenierung ›Der Ring des Nibelungen‹ 1976«, in: Bayreuther Programmheft IV »Rheingold« 1977, S.37.
[50]  In Wagners Selbstverständnis ist es immer und gerade »der eigene Sinn der Materialien«, dem er durch mühsame Reflexions- und Imaginationsarbeit im Kunstwerk Gestalt zu verleihen sucht.
[51]  Schnädelbach, »Ring« und Mythos, a.a.O., S.150.

nämlich ließe sich die Auffassung rechtfertigen, der »Gestaltungswil-le[n]« des antiken Tragödiendichters sei – im Gegensatz zu demjenigen des modernen Dramatikers – noch ein streng gebundener. Dies scheint aber nicht der Fall gewesen zu sein, wie Bruno Snell am Drama des Aischylos zeigen kann. Hier sei das Band zwischen Mythos und kulti-scher Wirklichkeit (dem Dionysosdienst) längst zerrissen, so daß der Mythos nicht mehr den Formen der Kulthandlung, sondern bereits »künstlerischen Gesetze[n]«, den »Regeln des Spiels« gehorche.[52] Wie Snell am Beispiel zweier Aischyleischer Satyrspiele darlegt, habe der Dichter das Geschehen »nach den Forderungen des Theaters« umbilden müssen:

> »...die Sagen um Dionysos waren eben schnell erschöpft und konnten nicht immer neuen Stoff zu Satyrspielen hergeben. Da aber den Dichtern und dem Publikum die Theaterstücke offenbar wichtiger waren als der Bezug zum Kult, wurden die Satyrn kurzerhand in andere Mythen verpflanzt, mit denen sie ursprünglich nichts zu schaffen hatten.«[53]

Aischylos habe also, »um dem Theater gerecht zu werden«, über Handlungsmotive des Mythos auch bereits eigenständig verfügt – dies zwar etwas »künstlich, aber geschickt und bühnenwirksam«[54]. Der »eigene Sinn der Materialien« – wie dieser auch immer zu fassen sein mag – ist demnach auch hier schon hinter den »Gestaltungswillen des Meisters« zurückgetreten und wirkt überhaupt nur noch in ihm und durch ihn im Kunstwerk fort. So wäre die attische Tragödie hinsichtlich ihres Kunstcharakters, ihrer Konstruktionsanteile, ihrer »künstlich«-theatergerechten Organisation der Mythenmotive (was für die nachai-schyleische Tragödie in noch weit höherem Maße kennzeichnend ist) nicht weniger ein »Kunst-Mythos«[55] zu nennen – und Aischylos »Ore-stie« in gewisser Hinsicht vielleicht mit größerer Berechtigung ein »Sozialmythos«[56].

---

[52] Bruno Snell, Die Entdeckung des Geistes. Studien zur Entstehung des europäischen Denkens bei den Griechen, 5. Aufl., Göttingen 1980, S. 97f.

[53] Ebenda, S. 99.

[54] Vgl. ebenda.

[55] Oder »Pseudomythos«, vgl. Herfried Münkler, Mythos und Politik – Aischylos' »Orestie« und Wagners »Ring«, in: Leviathan, 1987, S. 571f.: »...Wagner hat den Mythos nicht stärker redigiert als Aischylos, und daß Aischylos für uns gegenüber Wagner einen mythischen Authentizitätsbonus hat, liegt eher an der größeren zeitlichen Distanz... als daß es aus der Sache heraus zu begründen wäre«.

[56] In das kulminiert die mythische Handlung in einem geglückten »Sozialmythos« – die Göttin Athene setzt den »in Athen gerade seiner politischen Funktionen entkleidete[n] Areopag« als oberstes Gericht ein und versöhnt die Erinyen, indem sie ihnen als Eumeniden »festen Sitz, neue Aufgaben und neue Opfer« gewährt (Christian Meier, Die

Der Mythos freilich bleibt dennoch in ihr präsent, ist ihr tragender, nicht nur material-, sondern auch substanzgebender Teil; die Kunst, das Künstliche in ihr hat den Mythos nicht ausgetrieben, sondern transformiert, sublimiert, in künstlerische Gestalt gebannt. In diesem Verwandlungsprozeß gibt das Drama auf der einen Seite »den Bezug zur aktuellen Wirklichkeit auf (indem es sich von der kultischen Situation löst)«, es »nimmt dem Mythos den Charakter der Wirklichkeit, da es zum Spiel wird«; der Mythos wird »zu einer Welt für sich, die nur in dem dramatischen Spiel existiert« und somit ihren eigenen »Maßstab der Wahrheit und Lüge« in sich trägt.[57] Es wird daher auf der anderen Seite »eine neue Beziehung zur Wirklichkeit« geknüpft, die nicht mehr kultisch, aber auch nicht historisch bestimmt ist: In der Tragödie wie in der bildenden Kunst der Zeit »entsteht ein neuer Begriff der Wirklichkeit«[58], der auch für das Wagnersche Musikdrama (noch oder wieder) grundlegende Bedeutung erlangt.

Eine wesentliche Bedingung der Möglichkeit für einen solchen Zusammenhang scheint darin zu liegen, daß die Entstehung der attischen Tragödie im fünften vorchristlichen Jahrhundert in eine in mancher Hinsicht vergleichbare kultur- und geistesgeschichtliche (aber auch politische und gesellschaftliche) Umbruchssituation fällt wie sie im Mitteleuropa des 19. Jahrhunderts zu beobachten ist. Strukturanalog ereignet sich jeweils (mit etlichen, bis weit ins vorausgehende Jahrhundert reichenden Vorlaufphasen) der Bruch einer bis dato in ihren Grundzügen noch einheitlich gebundenen Welt.

Für die Antike gilt, daß sich der Mythos, dessen Wirklichkeit im Kult einstens Kunst, Religion und Geschichte in sich vereinigte, in sukzessive immer weiter voneinander sich entfernende Bereiche aufspaltet. Die attische Tragödie entsteht zu einer Zeit, in welcher der Mythos an Autorität verliert, ohne aber bereits jene Fremdheit erlangt zu haben, die Aristoteles zu seiner Zeit für den Mythos konstatiert.[59] Sie entsteht an

---

政治 Kunst der griechischen Tragödie, München 1988, S. 121 u. 130) –, während Wagners »Ring«-Mythos den *Untergang* einer von ihren mythischen Fundamenten losgerissenen Welt-und Sozialordnung gestaltet, ohne daselbst eine Alternative – des Mythos oder zum Mythos –, ohne eine »Utopie« zu hinterlassen.

[57] Vgl. Snell, Die Entdeckung des Geistes, a.a.O., S. 100f.

[58] Ebenda.

[59] »Also ist es durchaus nicht notwendig, sich ... an die überlieferten Mythen, so wie sie die Tragödien darstellen, zu halten. Es wäre auch lächerlich, sich darum zu bemühen, da ja

einer Zeitenschwelle, parallel zur wissenschaftlichen Prosa.[60] Für beide ist ein reflektierter Umgang mit dem Mythos, wie verschieden er auch sein mag, konstitutiv. Die antike Aufklärung, die eine Relativierung mythischer Seinserfahrung bewirkt, ist Voraussetzung für den Durchbruch des Mythos in das Kunstwerk – wenn auch um den Preis seiner schließlichen Untergrabung.

Was in der Antike an Integrationsverlust eintritt, ist für die Entwicklung in der Moderne nicht weniger kennzeichnend. Mythos, mit Gadamer verstanden als das, »wovon man erzählen kann, ohne daß jemand auf die Frage gerät, ob das auch wahr sei«, nämlich als die »alle verbindende Wahrheit, in der sich alle verstehen«, geht in Gestalt der »großen Selbstverständlichkeit der christlich-humanistischen Tradition« im 19. Jahrhundert zu Ende. Und dieser Bruch hat den Fortgang der Kunst in mannigfacher Weise entscheidend bestimmt.[61] Er hat nicht nur Realismus und Ästhetizismus hervorgebracht, sondern im Fahrwasser der romantischen Mythologie auch eine Remythisierung der Kunst, die im Musikdrama Wagners kulminiert.[62] Dieses entsteht analog zur griechischen Tragödie in einer Zeit der abflauenden Mythophilie, kann sich aber gleichfalls noch auf die Vertrautheit des Publikums mit dem ihm zugrundeliegenden mythischen Traditionsbestand stützen – freilich auf eine andere Vertrautheit als die griechische war[63] –, die desgleichen nach wenigen Generationen verloren ist.[64]

---

selbst die bekannten Stoffe nur wenigen bekannt sind...« (Aristoteles, Poetik, Übersetzung, Einleitung u. Anmerkungen v. Olof Gigon, Stuttgart 1961, 9. Kap., S. 37); vgl. Hübner, Die Wahrheit des Mythos, a.a.O., S. 220 u. 222.

[60] Vgl. Snell, Die Entdeckung des Geistes, a.a.O., S. 98. Auf dem Gebiet der beginnenden Historiographie wirkt in etwa zeitgleich mit dem Tragiker Aischylos der die Reihe der ionischen Logographen beschließende Hekataios von Milet. Seine Stellung im Entstehungsprozeß der griechischen Geschichtsschreibung charakterisiert Schadewaldt wie folgt: »er haftet am Stoff des Mythos und zerstört zugleich sein Wesen und seine eigene Wirklichkeit«; ihm bleibt »das negative Verdienst, auf dem Feld des Mythos selbst den Bann des bloßen Glaubens gebrochen zu haben...« (Die Anfänge der Geschichtsschreibung bei den Griechen (1934), in: ders., Hellas und Hesperien, a.a.O., Bd. 1, S. 570).

[61] Hans-Georg Gadamer, Ende der Kunst? in: Ende der Kunst – Zukunft der Kunst, a.a.O., S. 19f.

[62] Zur Bedeutung der romantischen Mythosidee für Wagners Kunst- und Mythostheorie vgl. Klaus Ziegler, Mythos und Dichtung, in: Reallexikon der deutschen Literaturgeschichte, a.a.O., Bd. 2., S. 580f.

[63] Sie ruht letztlich auf Bildungswissen auf, hat also nicht die Erfahrungsqualität wie diejenige der klassischen Zeit.

[64] Hiervon weiß die jeweilige Rezeptionsgeschichte zu berichten; vgl. Hübner, Die Wahrheit des Mythos, a.a.O., S. 223.

Auch das Wagnersche Drama entsteht in dieser Hinsicht also an einer Zeitenschwelle, in etwa parallel zur wissenschaftlichen Historiographie.[65] Auch hier ist der reflektierte Umgang mit dem Mythos – bei aller Verschiedenheit bereits des Gegenstands – für das Kunstwerk wie für das Geschichtswerk konstitutiv. Hier bildet die moderne Aufklärung durch das Aufbrechen der christlich-humanistischen Tradition die Voraussetzung für einen neuen, nicht mehr bloß ästhetisch, sondern darüber hinaus ontologisch begründeten Zugang zum Mythos[66] und auf dieser Basis für einen erneuten Durchbruch des Mythos zum Kunstwerk – auch wenn jene Aufklärung nachfolgend wiederum nicht weniger gründlich für seine »Entzauberung« sorgt.

Mythos und Logos – gefaßt als geistes- und wissenschaftsgeschichtliche Paradigmata[67] – bilden das Spannungsfeld, innerhalb dessen, genauer: in dessen Mitte, das mythische Kunstwerk entsteht. Hat im Zeitalter der griechischen Klassik die »Auseinandersetzung zwischen Mythos und Logos« die »großen Geistesleistungen der Griechen«[68], unter ihnen nicht zuletzt die attische Tragödie, hervorgebracht, und geht man davon aus, daß insbesondere in der ersten Hälfte des 19. Jahrhunderts eine spezifische Neuauflage dieser Auseinandersetzung stattfand (in den letzten Jahrzehnten dieses Jahrhunderts erfährt sie eine modifizierte Wiederaufnahme), so fällt, bei aller historischen Differenz,[69] eine Strukturanalogie unter den das mythische Kunstwerk bedingenden Faktoren

---

[65] Vergleichsweise etwas später: Während Aischylos (geb. 525 v.Chr.) dem »pater historiae«, Herodot (geb. um 484 v.Chr.), um etwa zwei Generationen vorausliegt – Sophokles (geb. 497) vermittelt zwischen beiden –, folgt Wagner (geb. 1813) dem Begründer der modernen Geschichtswissenschaft, Leopold von Ranke (geb. 1795), im Abstand einer knappen Generation nach (nimmt man Droysen, geb. 1808, zum Maßstab, egalisiert sich das Verhältnis). Diese Zeitverschiebungen fallen jedoch für meine These der strukturanalogen Entstehungsbedingungen der antiken Tragödie (v.a. Aischylos) und des modernen Musikdramas nicht ins Gewicht.

[66] Vgl. Heinz Gockel, Mythologie als Ontologie. Zum Mythosbegriff im 19. Jahrhundert, in: Mythos und Mythologie in der Literatur des 19. Jahrhunderts, hg. v. Helmut Koopmann, Frankfurt a.M. 1979, S. 25-58.

[67] Zu ihren begriffsgeschichtlichen Verschränkungen vgl. Hans-Georg Gadamer, Mythos und Logos, in: ders./Heinrich Fries, Mythos und Wissenschaft (Christlicher Glaube in moderner Gesellschaft, Teilbd. 2), Freiburg i.Br. 1981, S. 8ff.

[68] Schadewaldt, Die Anfänge der Geschichtschreibung bei den Griechen, in: ders., Hellas und Hesperien, a.a.O., Bd. 1, S. 567.

[69] Die moderne Aufklärung etwa ist gegenüber der antiken durch eine gesteigerte Radikalität ausgezeichnet: sie kennt neben der »Schärfe des Aufklärungsgegensatzes« nicht auch, wie die Aufklärung der klassischen Zeit, die »Anerkennung eines Zueinander und einer Entsprechung« von mythischer und logischer Rede (Gadamer, Mythos und Logos, a.a.O., S. 19 u. 11); ihr fehlt jene Vermittlung, die Mythos als Komplement und Korrektiv des

auf: Jeweils gehören Logos, Reflexion, Aufklärung, wenn auch in geschichtlich unterschiedlicher Ausprägung, zu seinen Voraussetzungen, da der Mythos in ihm entweder nicht mehr kultisch gebunden (wie noch bis ins sechste vorchristliche Jahrhundert bei den Griechen) oder nicht mehr bloß ästhetisch legitimiert ist (wie bis zum Ende des 18. Jahrhunderts im Europa der aufbrechenden Moderne). Die »neue Beziehung zur Wirklichkeit«, die in der attischen Tragödie gefunden – und »nicht leicht zu fassen« – ist,[70] wird vom neu- bzw. wiederentdeckten ›Logos des Mythos‹ her bestimmt – unbeschadet der Gegenläufigkeit der Entwicklungslinien, die geschichtlich zu den jeweiligen Gestaltungen dieser mythisch-ästhetischen »Beziehung zur Wirklichkeit« geführt hat. Sie ist das Resultat einer Synthese, die das mythische Substrat mit Aspekten empirisch-rationaler Erfahrung durchsetzt und dergestalt im Kunstwerk Mythos qua Logos als Form der Anschauung und Deutung von Wirklichkeit (re-)institutionalisiert.

Die eigentümliche Verbindung, die Mythos und Logos in der griechischen Tragödie des Aischylos und Sophokles eingehen, markiert geistesgeschichtlich eine Zwischenstation.[71] Die attische Tragödie stellt ein Bindeglied dar zwischen kultisch vermittelter und wissenschaftlich bzw. rein ästhetisch vermittelter Wirklichkeit, d.h. sie ist nicht mehr Kult, aber auch noch nicht freies Spiel. Das zeigt sich einerseits darin, daß ihre Gegenstände dem Mythos entstammen und noch nicht, wie späterhin, frei erfunden werden, obwohl die Tragödie bereits weitgehend Kunst ist; andererseits wird dies am Festcharakter der Aufführungen deutlich, die ausschließlich während der Städtischen Dionysien stattfanden;[72] und schließlich bleibt für die einzelnen Stücke, trotz ihrer individuellen Gestaltung, eine mythische Arché bestimmend,[73] die dem jeweiligen

---

Logos zu sehen erlaubt (Enno Rudolph, Platons Weg vom Logos zum Mythos, in: ders. (Hg.), Mythos zwischen Philosophie und Theologie, Darmstadt 1994, S. 95).

[70] Snell, Die Entdeckung des Geistes, a.a.O., S. 101.

[71] Ob auf dem Weg »Vom Mythos zum Logos« (vgl. Wilhelm Nestle, Vom Mythos zum Logos, 2. Aufl., Stuttgart 1942) – wie immer man diesen Verlauf interpretieren mag: als Weg von der »Unmündigkeit zur Mündigkeit des Geistes« (ebenda, S. 6) oder systemgeschichtlich als »Mutation« (Hübner, Kritik der wissenschaftlichen Vernunft, a.a.O., S. 425) –, bleibt eine zumindest sehr simplifizierende Prämisse.

[72] Zum Festverlauf der Städtischen Dionysien und zur Stellung der Tragödie in ihnen vgl. Blume, Einführung in das antike Theaterwesen, a.a.O., S. 17ff.

[73] Für Aischylos' »Orestie« ist es der Kampf zwischen der chthonischen und der olympischen Welt. Dieser Kampf »Deus contra Deum«, der alle überlieferten Stücke des Aischylos durchzieht (und auch noch bei Sophokles das Grundthema bildet), ist seinerseits Element des Mythos wie des sich verbreitenden Logos. Der archetypische Kampf der urweltlichen

Handlungsablauf unterliegt: Die mythische Form der Anschauung und Erfahrung wird in der Tragödie als Konstruktionsprinzip der Handlung wirksam.[74]

Die attische Tragödie entgeht mithin einem Interpretationsraster, das Mythos und Kunst nur in ihrer Entgegensetzung kennt – so bei Ernesto Grassi, dessen Kunstauffassung der Aristotelischen Mythosdefinition folgt,[75] also der Position des antiken Aufklärers, für den die mythische Wirklichkeit selbst schon jenseits des Vorstellbaren liegt. Grassi überspringt mit seiner Deutung die vergleichsweise kurze, aber kunst- und kulturgeschichtlich bedeutsame Periode der geglückten Integration von Logos und Mythos in der Tragödie des Aischylos und Sophokles, in welcher die »Harmonisierung der Spannungen«, die Einbindung des isolierten Handlungssubjekts in das »gesellschaftliche bzw. kosmisch Ganze« noch gelingt,[76] bis die geschichtliche Verschiebung im Verhältnis von Mythos und Logos, die Auflösung des Mythos und die Durchsetzung des auf das Empirische gerichteten Logos,[77] diese Symbiose unmöglich macht.

Wie die attische Tragödie, so geht auch das Wagnersche Musikdrama aus einer interimistischen Situation hervor; auch dieses entsteht (besteht oder vergeht) als ein Werk des Übergangs. Bei Wagner findet sich gleichfalls eine solche eigentümlich symbiotische Verbindung von Mythos und Logos, in der die Wirklichkeit über die logisch durchdrungene

---

(matriarchalischen) Naturgottheiten gegen die in der klassischen Zeit dominierenden (patriarchalischen) Gottheiten der Rechts- und Staatsordnung beruht auf der »inneren Entzweiung des Wirklichen selbst«, dem Verlust an Gewißheit, daß alles Geschehen in einer unbezweifelbaren göttlichen Ordnung ruht (Schadewaldt, Das Drama der Antike in heutiger Sicht (1953), in: ders., Hellas und Hesperien, a.a.O., Bd. 1, S. 193). Denn wenn, wie Aischylos' »Orestie«, zwei Gottheiten entgegengesetzte Forderungen an den Menschen richten – auf Befehl Apolls soll Orest den Muttermord vollziehen, durch Androhung von Strafe wollen ihn die Erinyen von dieser Tat zurückhalten –, wird dieser in einen Zustand der Isolation und Reflexion versetzt (vgl. Snell, Die Entdeckung des Geistes, a.a.O., S. 107), der den für das Drama konstitutiven tragischen Konflikt eröffnet. – Vergleichbares läßt sich für die »Ring«-Handlung beobachten. Auch hier treten alte und neue Weltordnung auseinander, es entsteht ein abgrundtiefer Zwiespalt, der (wie auch schon bei Sophokles) nicht mehr in einer politisch-sozialen restitutio geschlossen werden kann.

[74] Vgl. Hübner, Die Wahrheit des Mythos, a.a.O., S. 218f.

[75] Ernesto Grassi, Kunst und Mythos (1957), Frankfurt a.M. 1990, S. 92ff.

[76] Ingo Rath, Der Mythos-Diskurs und sein Verlust. Eine Vor-Geschichte der abendländischen Vernunft, Wien 1991 (Diss. Salzburg 1990), S. 242f.

[77] Zum Begriff des »Logos« bei den Griechen vgl. Schadewaldt, Die Anfänge der Geschichtschreibung bei den Griechen, in: ders., Hellas und Hesperien, a.a.O., Bd. 1, S. 568f.

Form mythischen Denkens und ihres Sinnstiftungspotentials vermittelt ist. Auch hier wird für die Gestaltung des Kunstwerks auf den Mythos (und möglichst seine älteste Überlieferungsschicht) zurückgegriffen; es werden Festspiele eingerichtet, die an einem bestimmten Ort zu einer bestimmten Zeit periodisch wiederkehrend stattfinden; und schließlich bleiben für das Musikdrama (nahezu durchgehend) archetypische Handlungskonstellationen bestimmend.

Wagner knüpft mit seiner Konzeption des musikdramatischen Kunstwerks an die antike Tragödie an, weil er hier und nur hier im Medium der Kunst den Mythos als eine eigene Form der Welt- und Wirklichkeitserfahrung mit der ihr eigenen Rationalität und Religiosität verwirklicht sieht. In ihr hat er gefunden, was »vielleicht die Tragödie überhaupt« – und nicht zuletzt die seinige – auszeichnet: es ist die »Realität der Symbole« wie der »Symbolcharakter der Realität«, die eh und je im mythischen Kunstwerk, im »kultische[n] Spiel von der Wirklichkeit des Göttlichen in der Welt« offenbar werden.[78]

Wagners Drama stellt damit wohl den letzten Versuch in der Moderne dar, Kunst und Mythos in einer Weise zu vereinigen, die nicht mehr und noch nicht »Kunst-Mythos« im bezeichneten säkularisierten Sinne ist und sein will. Es orientiert sich ganz an der alten Bühne, die, wie Droysen in seinen (von Wagner aufmerksam studierten und in ihrer Wirkung kaum zu überschätzenden) Didaskalien zu Aischylos' »Orestes«-Trilogie erläutert, »nicht theatralische Täuschung... nicht einen Schein von Wirklichkeit und äußerer Wahrheit« sucht, sondern in dem »vollkommen ausgebildeten und in sich geschlossenen Systeme symbolischer Andeutungen und typischer Beziehungen die Wirklichkeit einer idealen Welt« hat.[79] *Das* ist die »neue[n] Konzeption von Musiktheater«, der Wagner ›seinen‹ Mythos »vollständig unter[ge]ordnet«[80] – einer Konzeption, die zur Zeit ihrer Revitalisierung durch Wagner freilich nicht restaurativen, sondern revolutionären Charakter trägt.[81] In der Erneuerung des antiken Paradigmas für die Moderne und mit den Mitteln der Moderne – gegen die zeitgenössische (Ausstattungs-)

---

[78] Schadewaldt, Das Drama der Antike in heutiger Sicht, in: ders., Hellas und Hesperien, a.a.O., Bd. 1, S. 194.

[79] Des Aischylos Werke, übersetzt v. Johann Gustav Droysen, 2 Bde., Berlin 1832, Bd. 1, S. 181.

[80] Vgl. oben S. 332f.

[81] Vgl. GSD III, 28.

Oper[82] – liegt die Novität des Wagnerschen Unternehmens »Musiktheater«.

Ganz fehlgehend ist daher die vorherrschende Praxis, Wagners Musikdrama unter die Kategorien des modernen Theaterverständnisses zu subsumieren, ohne dieses selbst auf seine Prämissen und ihre Tauglichkeit in der Anwendung auf Wagners Werk hin zu überprüfen; d.h. dieses Werk als ästhetischen Schein – Brechtisch zugespitzt, als »Droge«, »Betäubung«, »Hypnotisierversuche«[83] –, mithin als künstlerisch-illusionäres Spiel zu interpretieren, das es verabsäumt, das musikalisch beschworene »›Schicksal‹ unter die Lupe [zu] nehmen und es als menschliche Machenschaften [zu] enthüllen«[84]. Das Theater, wie Wagner es mit Blick auf die klassische Antike behandelt, basiert aber eben nicht auf der Trennung von Kunst und Realität[85] (und in direktem Zusammenhang damit von Kunst und Mythos im Sinne eines modernen »Kunst-Mythos«); es gründet in einem Realitätsverständnis, für welches die Gegenstände des Mythos individuell wie kollektiv (und nicht nur »für die Dauer des Kunstgenusses«[86]) wieder von Bedeutung sind. Da Wagner aber doch vom neuzeitlichen Theater ausgehen muß, an dieses geradezu »schicksalsmäßig« gebunden ist (dies hat der kongeniale Dirigent Wilhelm Furtwängler klar gesehen), wendet er sich »zeit seines Lebens gegen das ›Theater‹, gegen alles Nur-Theater« und wird dessen »unermüdlichster Gegner«[87].

---

[82] Vgl. Heinz Becker, Die historische Bedeutung der Grand Opéra mit Diskussion, in: Beiträge zur Musikanschauung im 19. Jahrhundert, hg. v. Walter Salmen, Regensburg 1965 (Studien zur Musikgeschichte des 19. Jahrhunderts, Bd. 1), S. 151-159.

[83] Bertolt Brecht, Schriften zum Theater, zit. n. Jürgen Söring, Wagner und Brecht. Zur Bestimmung des Musik-Theaters, in: Richard Wagner 1883-1983. Die Rezeption im 19. und 20. Jahrhundert (Gesammelte Beiträge des Salzburger Symposions v. 3.-6. März 1983), Stuttgart 1984, S. 463 u. 467.

[84] Brecht, Schriften zum Theater, zit. n. Söhring, Wagner und Brecht, a.a.O., S. 465.

[85] Dies behauptet Joachim C. Fest: Wozu das Theater? Zwischenruf über einen parasitären Anachronismus, in: ders., Aufgehobene Vergangenheit. Portraits und Betrachtungen, München 1983, S. 214.

[86] Brecht, Schriften zum Theater, zit. n. Söhring, Wagner und Brecht, a.a.O., S. 464.

[87] Wilhelm Furtwängler, Aufzeichnungen 1924-1954, Wiesbaden 1980, S. 158. Dieses von Wagner so bekämpfte Theaterverständnis wird in Egon Friedells blumiger Schilderung umgekehrt auf Wagners Werk angewandt: »Das Gesamtkunstwerk besteht ganz einfach darin, daß alle Künste dem Theater subordiniert werden, dem Willen zur zauberischen Illusion, die die Wirklichkeit bald steigert, bald auslöscht, aber immer überwältigt, zur gemalten, aber pittoresken Vedute und arrangierten, aber effektvollen Fioritur, zum Gazeschleier der Stimmung und Kolophoniumblitz der Leidenschaft, der, gerade weil er nicht echt ist, suggestiver wirkt als der natürliche.« (Kulturgeschichte der Neuzeit, München 1965, S. 1313).

Wagner begreift sein Werk also nicht als »künstlichen« Mythos und das von ihm inaugurierte Theater nicht als Stätte eines »Kunst-Mythos« nach dem Motto: »Reiner Mythos, nichts als Theater«[88]. Hier übernimmt das Theater »als Bauwerk und Veranstaltung die Funktion des antiken Tempels und des religiösen Festes«[89]. Es vereinigt die ursprünglich ineinander gründenden Religion und Kunst neu, und dieser originäre Zusammenhang von Kunst und Religion im Mythos ist es, der in Wagners Theaterkonzeption nachwirkt und für ihre Legitimation einsteht.

Hierbei ist die Reintegration von Religion und Kunst im mythisch-musikalischen Drama nicht nur ein Anliegen der Kunst, die gerade nur in dieser Verbindung »ihre wahre Aufgabe«[90] zu erfüllen vermag, sondern ebenso der Religion, da diese für Wagner niemals historisch-dogmatisch, sondern immer nur mythisch faßbar und erfahrbar ist. Deshalb meint er auch, »daß da, wo die Religion künstlich wird, der Kunst es vorbehalten sei, den Kern der Religion zu retten«; sie vermöge die »mythischen Symbole« ihrem »sinnbildlichen Werte nach« zu erfassen (während die Religion sie »im eigentlichen Sinne als wahr geglaubt wissen will«) und die »in ihnen verborgene tiefe Wahrheit« durch »ideale Darstellung« sichtbar zu machen.[91] Ist es die Künstlichkeit der Religion im »Ausbau ihrer dogmatischen Symbole«, die »das Eine, Wahre, und Göttliche in ihr durch wachsende Anhäufung von dem Glauben empfohlenen Unglaublichkeiten« verdeckt,[92] so bringt die Wirklichkeit des mythisch gegründeten Kunstwerks dieses »Eine, Wahre und Göttliche« – das ist die von Göttermythen getragene »Einheit der mythischen Welt«[93] – wieder zur Anschauung. Aber in einer dem Mythos entfremdeten Welt ist es schwer, »das Verhältnis von Gott zur Welt« – diesen mythischen Zusammenhang – mitzuteilen: »die Menschen fassen es immer historisch, in Zeit und Raum, so kommt etwas außerhalb Stehendes heraus«[94], meint Wagner resignierend.

---

[88] Horst Krüger, Bayreuther Szene. Zu Gast bei Richard Wagner, in: ders., Ostwest-Passagen. Reisebilder aus zwei Welten, 2. Aufl., München 1982, S. 136.
[89] Borchmeyer, Das Theater Richard Wagners, a.a.O., S. 27.
[90] »Religion und Kunst«; GSD X, 212.
[91] GSD X, 211.
[92] Ebenda.
[93] Picht, Kunst und Mythos, a.a.O., S. 529.
[94] CT II, 228 v. 12. November 1878.

Bedarf also auf der einen Seite die künstlich werdende Religion der »Mithilfe der Kunst«, um ihre Wahrheit im »mythischen Symbole« zu bewahren,[95] so sind es auf der anderen Seite gerade jene »Affinitäten der Religion und Kunst« (sie bestehen »genau da, wo die Religion selbst nicht mehr [oder noch nicht] künstlich ist«),[96] welchen die Kunst »ihre höchste Leistung«[97] – im Altertum wie in der Moderne – verdankt. Wie die antike Tragödie als die »zum *Kunstwerke* gewordene religiöse Feier«[98], so erhält das »Kunstwerk der Zukunft« als die »lebendig dargestellte Religion«[99] Qualität und kulturgeschichtliches Gewicht. In »Wagners Festtheater« werden »Tempel und Kult ästhetisch aufgehoben, heiliger Raum und heilige Zeit... in die Kunst gerettet«.[100]

Dieser Gedanke, daß die Kunst den Kern religiösen Wissens zu tragen imstande und beauftragt sei, stellt eine Konstante in der Kunstauffassung Wagners dar, die sich von den Züricher Revolutionsschriften über die Münchner Artikelreihe »Deutsche Kunst und Deutsche Politik«[101] bis in die Bayreuther Religionsschriften durchhält. Er entspringt nicht etwa dem Ansinnen des alternden Wagner, (seine) Kunst als eine Art Religionsersatz feiern zu lassen, wie ihm auch schon von Zeitgenossen unterstellt wurde, die in diesem Anspruch etwas Sektiererisches witterten. »Wollen Sie etwa eine Religion stiften?« – fragt Wagner selbst rhetorisch, um den Bedenken seiner Kritiker mit der lapidaren Antwort, daß er solches überhaupt für unmöglich halte, zu begegnen.[102] Denn Kunst und Religion sind für ihn im wesentlichen nur die zwei Seiten ein und derselben mythischen Sache und als solche Ausdruck und Mittler mythischer Seinserfahrung – in der Antike wie in der Moderne.

In diesem Sinn ist Wagners Drama eine »Nachfolge der Antike«, freilich sehr verschieden von Renaissance und Klassizismus[103] – Wagner erklärt die »ganze Renaissance mitsamt der Malerei... für eine Barbarei trotz der großen Genies, die darin waren«; denn: »auf welchen Grund erhob sich ihre Kunst«? und: »Wie könnte sich dies mit einer Aufführung einer

---

[95] GSD X, 211.
[96] SSD XII, 339.
[97] GSD X, 221.
[98] GSD III, 132.
[99] GSD III, 63.
[100] Borchmeyer, Das Theater Richard Wagners, a.a.O., S. 27.
[101] Vgl. GSD VIII, 122f.
[102] GSD X, 251.
[103] Vgl. Westernhagen, Wagner, a.a.O., S. 108.

Aischyleischen Tragödie in Athen [messen], die ein Gottesdienst war?«[104]. Bei Wagner findet sich nämlich »keine Übernahme von Stoffen, keine Nachahmung von Formen, sondern eine Art von innerer Affinität«[105] zum Drama der Antike. Dieses kann ihm daher Maßstab sein – »nicht zur Imitierung, sondern zur Orientierung«[106]. Bei Wagners Musikdrama handelt es sich nicht um eine »kopierte Tragödie der Griechen«; die seinem Werk zugrundeliegende Antikenrezeption ist »weit entfernt von bloßer Imitation, Variation, Neu- und Umgestaltung oder Weiterdichtung an dem griechischen Vorbild«[107]. Seine »Anverwandlung der griechischen Szenen und Gestalten« ist stets »Transformation und vielschichtige Metamorphose«[108], sie kommt, »höchst produktiv und nur scheinbar paradox, einer Art ›Urschöpfung aus Vorgeformtem‹« gleich.[109] Solches aber gelingt nur im Medium mythischer Wirklichkeitserfahrung.

In der Tat wird ihm die »Vergewisserung der eigenen Ideen an den Griechen und von den Griechen her« geradewegs zu einer »Denkform«; auf dieser Basis kann dann auch der Mythos im Musikdrama »als Mythos neu erfahren und verwirklicht« werden.[110] Der paradigmatische Charakter der griechischen Kultur für das Musikdrama besteht daher vor allem darin, Möglichkeiten des Neugestaltens zu eröffnen: »Modernste künstlerische Gestaltung nimmt älteste mythische Strukturen in sich auf… das Archaische zeigt sich in seiner prinzipiellen Kraft, den Ursprung einer Form noch in ihrer Vollendung sichtbar zu machen«[111].

---

[104] CT II, 491 v. 17. Februar 1880. Bei der Entstehung der Kunstform »Oper« um 1600 ging die »kosmische Einheit« des »archetypologischen Theaters« der Antike verloren (vgl. Otto Oster, Bayreuth und die Archetypologie des Theaters, in: Wieland Wagner (Hg.), Richard Wagner und das neue Bayreuth, a.a.O., S. 180f.), auch wenn ihr Beginn unter der Devise stand: »Am Anfang war der Mythos« (Kurt Honolka, Kulturgeschichte des Librettos, Wilhelmshaven 1979, S. 132).

[105] Westernhagen, Wagner, a.a.O., S. 108.

[106] Oswald Georg Bauer, »Wollen Sie etwa eine Religion stiften?«, in: Bayreuth 1989. Rückblick und Vorschau.

[107] Schadewaldt, Richard Wagner und die Griechen (I), in: ders., Hellas und Hesperien, a.a.O., Bd. 2, S. 354 u. 359.

[108] Bremer, Wagner und Aischylos, a.a.O., S. 18.

[109] Schadewaldt, Richard Wagner und die Griechen (I), in: ders., Hellas und Hesperien, a.a.O., Bd. 2, S. 359.

[110] Ebenda, S. 353f.

[111] Bremer, Wagner und Aischylos, a.a.O., S. 22; vgl. Burton Feldman/Robert D. Richardson, The rise of modern mythology 1680-1860, Bloomington/London 1972, S. 469: »Wagner is thus not merely a profoundly original composer who simply happened to use Germanic

Was bei der Ausführung des »Ring«-Projekts geschieht, ist die »Anwendung der antiken Auffassung der Welt«[112], und zwar auf einen Gegenstand, der nur in »dürftigsten Bruchstücken« gegeben ist. Die kärgliche Überlieferung im Bereich des germanischen Mythos läßt Wagner nur einen »wirren Bau ausgeführt« finden, nach »keiner Seite etwas Fertiges«[113]. Dennoch entsteht vor ihm bald eine »Welt von Gestalten«, die ihm mit einer schwer faßlichen, »fast greifbare[n] Vertrautheit und Sicherheit ihres Gebarens« begegnet. Die Wirkung dieser Eindrücke vergleicht er rückblickend mit einer »vollständigen Neugeburt«, die ihm über das Erkennen einer »untergegangenen Welt« hinaus die »Ahnung des Wiedergewinnes eines längst verlorenen und stets wieder gesuchten Bewußtseins« vermittelte.[114]

So ist es die »Erweckung des mythischen Bewußtseins«[115], die zur conditio sine qua non für die erstrebte »Neugeburt der Kunst«, der »eigentlichen Kunst«[116], wird wie umgekehrt nur über eine »Neugeburt der Kunst« der Übergang zu einem – fraglos nicht durch »Beweisführung« oder »Argumentation« erwirkbaren[117] – mythisch einheitlichen Weltverstehen zu denken ist. Kunst und Mythos verschlingen sich in einem wechselseitigen Bedingungsverhältnis, das nur das eine im andern kulturgeschichtlich gelingen (oder mißlingen) läßt. Durchaus in diesem Sinn ist Wagner wohl »der letzte Mythendichter des Abendlandes überhaupt geworden«[118]; er transferiert mythisches Denken einer vergangenen Wirklichkeit in und durch die Kunst der Moderne. Dementsprechend hat er im »Ring« den »alten germanischen Mythenschatz« mit seinen Teilen in einer Weise »nicht nur neu zusammengefügt, sondern... zu einem *neuen Ganzen* verschweisst«[119], so daß die fränkische

---

or other mythic themes. On the contrary, it is perhaps more true to say that the *idea* of myth helped him understand and reconceive what musical drama might newly accomplish.«

[112] GS X, 41.

[113] ML 273. Diese ersten Eindrücke verdankt Wagner Jacob Grimms »Deutscher Mythologie«, die er bereits in ihrer ersten Auflage 1843 studiert (die zweite Ausgabe, Göttingen 1844, befindet sich in seiner Dresdener Bibliothek; DB 44). Westernhagen weist mit Recht darauf hin, daß Wagner zwei Werke, nämlich dieses und Droysens Aischylos-Übersetzung und -Kommentar, vor allen anderen als »epochemachend für sein künstlerisches Schaffen« hervorhebt (Westernhagen in seiner Einleitung zu DB, S. 18).

[114] Ebenda.

[115] Leszek Kolakowski, Die Gegenwärtigkeit des Mythos, München 1973, S. 20.

[116] GSD I, S. VI.

[117] Vgl. Kolakowski, Die Gegenwärtigkeit des Mythos, a.a.O., S. 20.

[118] Wipf, Der Aufstieg Wotans im germanischen Götterpantheon, a.a.O., S. 3.

[119] Ebenda.

Sage und die nordischen Mythen, die Menschenhandlung und die Götterhandlung des Mythos enger und feinmaschiger verknüpft werden – denn eben diese Vernetzung, diese Durchdringung konstituiert allererst mythische Wirklichkeit –, als dies offenbar »selbst den besten alten isländischen Dichtern« gelungen ist.[120]

Es gibt allerdings noch eine andere Seite solcher künstlerischen Besinnung auf den Mythos. Außer der Haben-Seite, die berechtigterweise Wagners Musikdrama als »herausragendes Beispiel für die Gegenwart mythischen Denkens auch in einer Moderne, die sich in der Aufklärung durchzusetzen hatte«[121], verzeichnet, gibt es auch die Soll-Seite, auf der das historische Argument, das Argument des Anachronismus, genauer des modernen Pluralismus, des wissenschaftlichen Rationalismus und technischen Operationalismus und nicht zuletzt des übersteigerten Nationalismus merklich zu Buche schlagen. Einzig hier scheint die Rede vom modernen »Kunst-Mythos« eine gewisse Berechtigung zu haben. Denn ist es »das Eigenthümliche des hellenischen Alterthums, und namentlich der Aischyleischen Zeit, daß sie in der Kunst und die Kunst in ihr die höchste Bedeutung entwickelt hat«, daß »die Kunst das Sakrament [war], in der die Gottheit die Gestalt ihrer Menschwerdung fand«, wie Droysen unter dem Eindruck der Hegelschen Ästhetik formuliert, so bietet die Moderne in ihrem »farblosen Gemenge geistiger Interessen, diesem Potpourri allgemein europäischer Bildung« den »Boden nicht, in dem die Kunst in dem schönen Sinne des Alterthums wurzelt; wohl noch für einzelne höchste Form und höchster Inhalt, für Viele noch erhebend und innerstes Bedürfniß, hat sie aufgehört unter den Bedingungen des Volkslebens zu sein«[122].

Dieses Diktum Droysens vom Anfang der 1830er Jahre bezeichnet gewissermaßen »Erfahrungsraum« und »Erwartungshorizont«[123] der künstlerischen Bestrebungen Wagners, wie sie sich im Spannungsfeld zwischen Antikenrezeption und Gegenwartserfahrung in sich wandeln-

---

[120] Paul Herrmann, Einleitung zu: Isländische Heldenromane, Düsseldorf/Köln 1966 (Thule, Bd. 21), S. 17.
[121] Constantin von Barloewen, Vom Primat der Kultur – die Technologie als Kultur, in: Bayreuther Programmheft VII »Parsifal« 1990, S. 38.
[122] Droysen, Didaskalien zur »Oresteia«, in: Des Aischylos Werke, übersetzt v. Johann Gustav Droysen, a.a.O., Bd. 1, S. 179f.
[123] Koselleck, »Erfahrungsraum« und »Erwartungshorizont« – zwei historische Kategorien, in: ders., Vergangene Zukunft, a.a.O., S. 349ff.

der Zuordnung herausbilden. Es antizipiert Wagners Erkenntnis des herben Gegensatzes von antiker und moderner Kunstausübung wie die Vergeblichkeit seiner Bemühungen der Revolutionszeit, diese historische Kluft durch sozialutopische Entwürfe zu schließen. So liest es sich wie eine Bestätigung Droysens, wenn Wagner vierzig Jahre später konstatiert: Wir kennen die Kunst »jetzt nur als einen Schatten der eigentlichen Kunst..., welche dem wirklichen Leben völlig abhanden gekommen, und dort nur noch in dürftigen populären Überresten aufzufinden ist«[124].

Ist für ihn das »*Volkstümliche*... von jeher der befruchtende Quell aller Kunst gewesen, so lange als es... in natürlich aufsteigendem Wachstum sich bis zum Kunstwerke erheben konnte«[125], so sieht er nunmehr als Folge des Verlustes mythisch-integralen Weltverstehens das »gänzliche vertrocknen alles ursprünglichen kunstquelles, das völlige verschwinden alles künstlerischen vermögens«[126], das mit dem Verschwinden der »eigentlichen Kunst« aus der »modernen Öffentlichkeit«[127] einhergeht.

Es besteht kein Zweifel: Wagners Vision eines gesellschaftlich umfassend wirkenden Kunstwerks, seine »kulturutopische Idee eines ›Gesamtkunstwerks‹«[128], die sich ihm am attischen Paradigma eines »in das öffentliche politische Leben eintretende[n] Volkskunstwerk[s]«[129] ausbildete (sie bleibt ihm Maßstab der Dinge, auch wenn er sie nach 1854 nicht mehr programmatisch verfolgt[130]), ist nicht eingelöst worden; sie ist dem modernen Zwiespalt zwischen Kunst und Gesellschaft zum Opfer gefallen. Der von Wagner implizit mit durchgetragene »Totalanspruch«[131] ist an den Bedingungen moderner Lebenswirklichkeit wie

---

[124] GSD I, S. VI.
[125] GSD III, 266.
[126] OuD, 401.
[127] GSD III, 28; was übrig bleibt, ist die industriegesellschaftlich integrierte ›Kunst‹: »...wenn der Prinz von einer anstrengenden Mittagstafel, der Bankier von einer angreifenden Spekulation, der Arbeiter vom ermüdenden Tagewerk im Theater anlangt, so will er ausruhen, sich zerstreuen, unterhalten, er will sich nicht anstrengen und von neuem aufregen. Dieser Grund ist so schlagend wahr, daß wir ihm einzig nur zu entgegnen haben, wie es schicklicher sei, zu dem angegebenen Zwecke alles mögliche, nur nicht das Material und das Vorgeben der Kunst, verwenden zu wollen. Hierauf wird uns dann aber erwidert, daß, wolle man die Kunst nicht so verwenden, die Kunst ganz aufhören und dem öffentlichen Leben gar nicht mehr beizubringen sein... würde« (GSD III, 21).
[128] Borchmeyer, Das Theater Richard Wagners, a.a.O., S. 69.
[129] GSD III, 104.
[130] Vgl. Borchmeyer, Das Theater Richard Wagners, a.a.O., S. 69.
[131] Söhring, Wagner und Brecht, a.a.O., S. 469.

ihren mentalen Voraussetzungen und Folgen gescheitert. Dennoch – oder vielmehr deshalb – erscheint es mehr als fragwürdig, sein Musikdrama die Reihe jener »vielfältigen Irrwege[n]« anführen zu lassen, auf welche die frühromantische Idee der »Wiederkehr eines *kollektiven* Mythos« hingeleitet habe.[132] In »Wagners Mythenschöpfung« – sie ist durchaus »produzierend«, aber nicht politisierend – werden nämlich keineswegs »Zeitgeschichte monumentalisiert« und »nationale Bedürfnisse mythisiert«[133]. Dem »genaueren Blick« stellt sich sein Werk vielmehr als die »Verneinung des Politischen« dar: nach Ansicht des Hitler-Biographen Joachim Fest ist Wagner, nationalpolitisch ausgelegt, ein »Mißverständnis«[134]. Wagner hat zwar nach einer Möglichkeit gesucht, Staat und Kunst zu vereinbaren, zunächst wohl auch an eine solche Möglichkeit geglaubt,[135] mußte aber dann »den totalen Widerspruch zwischen den Forderungen des politischen Staats und den Ansprüchen der reinen Kunst erleben«, eine Erfahrung, die ihn zu »verzweiflungsvolle[r] Resignation« führte.[136]

Das Scheitern einer solchen Allianz von modernem Staat (welcher Couleur auch immer) und mythischer Kunst ist freilich ein Verdikt nicht

---

[132] Nämlich bis »ins Arbeiter-Weihefestspiel und ins Thingspiel der Nazis«, zu den »politischen Phantasien des Nietzscheschen ›Staatengründer-Politikers‹«, zur »deutschen ›Nationalkirche‹ von Paul Lagarde« und zum »›Mythos des 20. Jahrhunderts‹ von Alfred Rosenberg« (Christoph Jamme, »Gott an hat ein Gewand«. Grenzen und Perspektiven philosophischer Mythos-Theorien der Gegenwart, Frankfurt a.M. 1991, S. 274). In dieser Hinsicht versteht sich die vorliegende Untersuchung auch als ein Versuch, Wagners mythisches Kunstwerk aus dem Kielwasser unbewältigter Vergangenheit zu ziehen, aus dem sich selbst profunde Kenner von »Kunst und Mythos« wie Georg Picht kaum befreien können, er sogar zugegebenermaßen: »Wenn wir in Deutschland heute Wagner hören, ist es uns nahezu unmöglich, uns von den Reminiszenzen an die Pseudo-Kultur des wilhelminischen Reiches und an den Wagner-Kult des Nationalsozialismus zu befreien. Wagner ist für uns durch eine dicke Schicht von verlogenen Ideologien so überlagert, daß wir zum wirklichen Wagner kaum hindurchstoßen können. [...] Ich gestehe, daß es mir außerordentlich schwer fällt, meine Aversion gegen ihn zu überwinden« (Kunst und Mythos, a.a.O., S. 277).
[133] So Jamme, »Gott an hat ein Gewand«, a.a.O., S. 297.
[134] Fest, Wozu das Theater? a.a.O., S. 27.
[135] Vgl. Theodor Schieder, Richard Wagner. Das Reich und die Deutschen. Aus den Tagebüchern Cosima Wagners, in: HZ 227, 1978, S. 590; vgl. auch ebenda, S. 575: »Der deutsche Nationalstaat sollte... für die Verwirklichung von Kunst einen Ort schaffen, er war nicht nur ein Gebilde politischer Nützlichkeit und eine aus den immanenten Gesetzen der Politik zu verstehende Schöpfung, sondern er mußte, wollte er sein Ziel: die Erneuerung des Menschen aus dem Geiste der Kunst erreichen, über herkömmliche Politik hinausführen. Wagner sah dieses Ideal nur einmal in der Weltgeschichte verwirklicht: im perikleischen Athen, aber er hoffte auch in seiner Zeit die Kunst dem reinen Geschäft entreißen und ihr die Politik dienstbar machen zu können.«
[136] Ebenda, S. 590.

gegen, sondern für die Kunst (wie der Zusammenschluß offensichtlich beide pervertieren muß). Sie findet ihre Aufgabe – ebenso wie die attische Tragödie – in einer wenn auch andersartigen Form der »Komplementarität« von Politik, soziokultureller Wirklichkeit und mythodramatischer Kunstaufführung, in einer neuen »Oppositionsfunktion« zur Praxis politischen Handelns und ihrer Kriterien; es ist wesentlich die Vergewisserung der eigenen Lebensfundamente, zu welcher sich das moderne Drama nicht minder als das antike darbietet.[137]

Kann es dennoch keine unmittelbare Anwendung des attischen Paradigmas auf die Moderne geben, keine »Erneuerung der griechischen Tragödie« (die eben »geschichtlich einmalig und auf keine Weise zu ›erneuern‹ ist«);[138] kann also die Kunst, mit Droysen zu sprechen, im »Boden« der Moderne nicht mehr »in dem schönen Sinne des Alterthums« wurzeln, so bleibt zu fragen: In welchem Sinn könnte sie denn – als das, »was sie ist«[139] – unter den Bedingungen moderner Lebenswirklichkeit noch oder wieder Grund gewinnen?

Mit den Veränderungen der Welt, wie gravierend sie auch sind, ist es im Sinne Wagners nicht die Kunst, die sich, ihren mythischen Standort verlassend, verändert, sondern das (mehr oder weniger harmonische oder disharmonische) Verhältnis von Kunst und Wirklichkeit ist die Historisch-Variable. Das Kriterium dafür, ob die Beziehung von mythischer Kunst und gesellschaftlicher Wirklichkeit jeweils zustande kommt, bildet die Erfahrung ihrer wechselseitigen Erhellung, die Erfahrung, daß sich das eine im anderen spiegelt, daß im künstlerischen Mythos das Urbild der eigenen Welt erkannt, die eigene Welt im Kunstwerk wiedererkannt wird. Das Erkennen und Wiedererkennen der eigenen Wirklichkeit, ihrer Strukturen und Prinzipien, ihrer Zielrichtung und ihrer Grenzen, ihrer immanenten Logik im Horizont mythischer Seinsdeutung war und ist Maß und Ziel des Mythos als Kunstwerk für die Antike wie für die Gegenwart.

Konkret gesprochen erscheint Wagners Musikdrama geeignet, der heute mehr denn je zu beobachtenden »Deformation des Menschen durch Realitätsverlust«[140] entgegenzuwirken, da der dramatisch gebundene

---

[137] Vgl. Christian Meier, Die politische Kunst der griechischen Tragödie, a.a.O., S. 154f.
[138] Schadewaldt, Richard Wagner und die Griechen (I), in: ders., Hellas und Hesperien, a.a.O., Bd. 2, S. 364.
[139] GSD III, 28.
[140] Spaemann, Ende der Moderne? a.a.O., S. 31.

Mythos – entgegen der reduktionistischen Verfahren neuzeitlicher Wissenschaft im Umgang mit Mensch und Natur[141] – die »Mehrdimensionalität der Wirklichkeit«[142] zur Anschauung bringt. Der künstlerische Mythos zeigt den Menschen in seiner »mythischen Verfassung«[143], in seiner »numinosen Beziehung zur Wirklichkeit«[144], und stellt so einen Gegenentwurf zum »Projekt[es] der Moderne« dar, zum »Projekt[s] progressiver Naturbeherrschung durch despotische Vergegenständlichung der Natur«[145] – wie nicht minder des Menschen, der sich selbst zum »Anthropomorphismus« wird.[146] Hierdurch wirkt er darauf hin, Mensch und Natur nicht länger (vornehmlich) unter dem Gesichtspunkt ihrer Ausbeutung zu betrachten, sondern sie auf das Ziel der Wiedergewinnung ihres »numinosen Gehaltes« auszurichten;[147] durch seine Wahrnehmung nämlich schließt sich die »ontologische Kluft«, die neuzeitliche Wissenschaft zwischen »Subjekt und Objekt des Wissens«[148], zwischen Ideellem und Materiellem geschlagen hat.

Die mythische Botschaft des Wagnerschen Werkes gilt darum keineswegs primär oder gar ausschließlich Wagners eigener Zeit – seine Analyse des Jahrhunderts ist nur deshalb »jeder anderen überlegen, inklusive der marxistischen«[149], weil sie mythischem Denken folgt –, sondern prinzipiell jeder historischen Zeit, wobei die unsere zum Ende dieses Jahrtausends für die kognitive Realisierung dieser Botschaft deutlich bessere Voraussetzungen bietet als die Wagners. Denn die Moderne ist mit der umfassend vollzogenen Unterwerfung der Welt unter die Prinzipien ihrer Rationalität an eine Grenze gestoßen, die nur mit dem Risiko der Selbstzerstörung zu überschreiten ist. Vor diesem Faktenbestand ist mythisches Denken, ist der Mythos im Kunstwerk nicht nur »legitim als Gegenmodell, um nach den Defiziten unserer

---

[141] Vgl. ebenda, S. 24f.

[142] Kurt Hübner, Lebensgeschichte und Welterlösung, Zum Problem moderner Wagner-Inszenierungen, in: RWBl 12, 3-4/88, S. 83.

[143] Ebenda, S. 84.

[144] Ebenda, S. 80.

[145] Spaemann, Ende der Moderne?, a.a.O., S. 31.

[146] Vgl. ebenda, S. 25.

[147] Vgl. Hübner, Lebensgeschichte und Welterlösung, a.a.O., S. 79 u. 82.

[148] Spaemann, Ende der Moderne?, a.a.O., S. 24.

[149] Nicolaus Sombart, Bismarck und Wagner, in: Wolfgang Storch (Hg.), Der Ring am Rhein, Berlin 1991, S. 90; für ihn ist Wagner »bei weitem der bedeutendste Soziologe des 19. Jahrhunderts« und der »Ring« heute »das tauglichste Instrument für eine Deutung des Saeculums« (ebenda).

eigenen Rationalität bzw. unseres Naturverhältnisses zu fragen«[150], sondern er erscheint geradewegs unverzichtbar als ein (wenn auch vergleichsweise bescheiden wirkendes) Korrektiv zur Prädominanz wissenschaftlicher Rationalität und seiner Folgelasten. Wagners Musikdrama, das mythisches Denken im Kunstwerk repräsentiert, kann dazu beitragen, die Hypotheken der Moderne von ihrer Bewußtseinsseite her abzutragen – und dies freilich nicht in der Beliebigkeit und Unverbindlichkeit eines modernen »Kunst-Mythos«, dessen »Wahrheit« (gleich dem Mythos als »Chiffrensprache«) nur in der »Vergewisserung der je individuellen Position« und nicht im »Erreichen allgemeingültiger Erkenntnisziele« liegt.[151]

Das, was Wagners Werk alternativ zu den Konzepten der Moderne bietet, ist eine »Weise der Welterkenntnis, jenseits der positivistisch-empirischen«, die Nicolaus Sombart durch die Begegnung mit dem meditativ begabten Musiker Celibidache zugänglich geworden ist – und die er, obwohl eingeführt ins »Reich der Korrespondenzen«, im Werk Wagners (für die Wagner-Rezeption ein typischer Befund) nicht wiederzuerkennen vermag. Zu ihr gehört die »Möglichkeit, alles mit allem in Beziehung zu setzen und hinter den Phänomenen das Sinnmuster aufzuspüren« wie die »Überzeugung, daß es einen Zufall nicht gibt, daß Innen- und Außenwelt unseres subjektiven Erlebens und die Welt des Faktischen-Vorhandenen miteinander in einer Weise verwoben sind, die keine stringente Begrifflichkeit erfassen kann«[152]. Diese »Weise der Welterkenntnis«, die »nicht durch Syllogismen«, sondern »mit Hilfe von Analogien« arbeitet,[153] die sich in mythischen Archetypen manifestiert, sie erfährt ihre künstlerische Verlebendigung in Wagners musikalischem Drama, einer Art »Riesenteleskop«, das »lange vor Einstein die Auflösung unserer dreidimensionalen Welt« verkündet.[154]

Was Wagner da an Mythos, an mythischem Denken und mythischer Kunst als Kontrapunkt zu den Ideen seiner Zeit entwickelt hat, wirkt

---

[150] Jamme, »Gott an hat ein Gewand«, a.a.O., S. 11.
[151] Andreas Cesana, Zur Mythosdiskussion in der Philosophie, in: Fritz Graf (Hg.), Mythos in mythenloser Gesellschaft. Das Paradigma Roms, Stuttgart/Leipzig 1993, S. 320.
[152] Nicolaus Sombart, Jugend in Berlin 1933-1943. Ein Bericht, München/Wien 1984, S. 242.
[153] Ebenda.
[154] Franz Wirtz, Gedanken eines Regisseurs bei der Vorarbeit zum »Tristan«, in: Programmheft 2 »Tristan und Isolde«, hg. v. Landestheater Detmold, 1985.

nach als (schwach besetzter) Orgelpunkt im Konzert der Stimmen wissenschaftlich-rationaler Wirklichkeitsbestimmung wie ihrer neomythischen Gegenstimmen. Aufgrund der eigenen Erfahrung, daß mythisches Denken nicht Allgemeingut, nicht mehr Grundlage der »Volksanschauung« ist, die sich am Kunstwerk produktiv wie rezeptiv bewährt, sondern Rarität, daß die mythischen Gegenstände als »Kuriositäten«[155] betrachtet werden, zeigt sich Wagner in bezug auf die Wirkensmöglichkeit seines Werkes zunehmend skeptisch. Um so heller leuchtet ihm das attische Paradigma, die griechische Tragödie der Aischyleischen Zeit: »Ich erkläre das als das Vollendetste in jeder Beziehung, religiöser, philosophischer, dichterischer, künstlerischer«, äußert er im Hinblick auf Aischylos' »Orestie«[156]. Der Vergleich mit seinem »Ring«-Opus führt ihn zu der resignativen Erkenntnis, die trotz fortschreitendem Erfahrungs- und Bewußtseinswandel ihre Gültigkeit behalten hat – Cosima notiert: »Es ist aber außer der Zeit, etwas von einem einzelnen entworfen, um gleich verpfuscht zu werden...«[157]; und: »Wir haben eine nette Kultur auf dem Hals, sagte er gestern, wie er Aischylos aus der Hand gab«[158].

---

[155] GSD VI, 263.
[156] CT II, 552 v. 24. Juni 1880.
[157] Ebenda.
[158] CT II, 553 v. 25. Juni 1880.

## Abkürzungen

BB      Richard Wagner: Das Braune Buch. Tagebuchaufzeichnungen 1865 bis 1882, vorgelegt u. kommentiert von Joachim Bergfeld, Zürich/Freiburg i.Br. 1975.

BBl      Bayreuther Blätter, hg. von Hans von Wolzogen, Bayreuth 1878-1938.

CT      Cosima Wagner: Die Tagebücher, 2 Bde., ediert u. kommentiert von Martin Gregor-Dellin u. Dietrich Mack, München/Zürich 1977.

DB      Curt von Westernhagen: Richard Wagners Dresdener Bibliothek 1842-1849, Wiesbaden 1966.

GSD      Richard Wagner: Gesammelte Schriften und Dichtungen in zehn Bdn., hg. von Wolfgang Golther, Berlin/Leipzig/Wien/Stuttgart o.J. [1914].

HZ      Historische Zeitschrift

MD      Richard Wagner: Die Musikdramen, vollständige Ausg., mit einem Vorwort von Joachim Kaiser, 3. Aufl., München 1983.

ML      Richard Wagner: Mein Leben, vollständige, kommentierte Ausg., hg. von Martin Gregor-Dellin, München 1976.

OuD      Richard Wagner: Oper und Drama, hg. u. kommentiert von Klaus Kropfinger, Stuttgart 1984.

RWBl      Richard Wagner Blätter, hg. vom Aktionskreis für das Werk Richard Wagners e.V., Bayreuth 1977-1989.

RWHb      Richard-Wagner-Handbuch, hg. von Ulrich Müller u. Peter Wapnewski, Stuttgart 1986.

RWJb      Richard Wagner-Jahrbuch, hg. von Ludwig Frankenstein, 5 Bde., Leipzig 1906, Berlin 1907-08 u. 1912-13.

SB      Richard Wagner: Sämtliche Briefe, hg. im Auftrage der Richard-Wagner-Stiftung Bayreuth von Gertrud Strobel u. Werner Wolf (Bde. I-IV), Hans-Joachim Bauer u. Johannes Forner (Bde. V-VIII), Leipzig 1967ff.

SSD      Richard Wagner: Sämtliche Schriften und Dichtungen, Volksausgabe in 12 Bdn., Leipzig o.J. [1911].

SW       Ludwig Feuerbach: Sämtliche Werke, hg. von Wilhelm Bolin
u. Friedrich Jodl, 2. Aufl. 1903ff. (Reprint Stuttgart-Bad Cannstatt 1960).

WWV    John Deathridge, Martin Geck, Egon Voss: Wagner Werk-
Verzeichnis. Verzeichnis der musikalischen Werke Richard
Wagners und ihrer Quellen, Mainz/London/New York/-
Tokyo 1986.

ZiF      Zentrum für interdisziplinäre Forschung d. Universität Bielefeld.

# Quellen- und Literaturverzeichnis

In allen Zitaten ist die Originalschreibweise beibehalten (mit Ausnahme der nicht in allen Fällen berücksichtigten Hervorhebungen), so auch der Wechsel von Groß- und Kleinschreibung bei Wagner. Die hier *kursiv* gedruckten Hervorhebungen stammen, sofern nicht gesondert gekennzeichnet, vom zitierten Autor, desgleichen die Einfügungen in runden Klammern; Zusätze in eckigen Klammern sind dagegen stets vom Verfasser.

*

Wagner, Richard: Friedrich I. in 5 Acten (Nationalarchiv der Richard-Wagner-Stiftung, Bayreuth, B I a 2).

Ders.: Die Gibelinen. Weltgeschichte aus der Sage (Nationalarchiv der Richard-Wagner-Stiftung, Bayreuth, A II d 1).

Ders.: Die Gibelinen, Weltgeschichte aus der Sage (Richard-Wagner-Gedenkstätte der Stadt Bayreuth, Hs 94/I/14; Abschrift Hans von Bülows).

*

Wagner, Richard: Sämtliche Werke, in Zusammenarbeit mit d. Bayerischen Akademie d. Schönen Künste, München, hg. von Carl Dahlhaus u. Egon Voss, Mainz 1970ff.

Ders.: Gesammelte Schriften und Dichtungen in zehn Bdn., hg. von Wolfgang Golther, Berlin/Leipzig/Wien/Stuttgart o.J. [1914].

Ders.: Sämtliche Schriften und Dichtungen, Volksausgabe in 12 Bdn., Leipzig o.J. [1911].

Ders.: Die Wibelungen. Weltgeschichte aus der Sage, Leipzig 1850.

Ders.: Oper und Drama, hg. u. kommentiert von Klaus Kropfinger, Stuttgart 1984.

Ders.: Die Musikdramen, vollständige Ausg., mit einem Vorwort von Joachim Kaiser, 3. Aufl., München 1983.

Ders.: Mein Leben, vollständige, kommentierte Ausg., hg. von Martin Gregor-Dellin, München 1976.

Ders.: Das Braune Buch. Tagebuchaufzeichnungen 1865 bis 1882, vorgelegt u. kommentiert von Joachim Bergfeld, Zürich/Freiburg i.Br. 1975.

Ders.: Sämtliche Briefe, hg. im Auftrage der Richard-Wagner-Stiftung Bayreuth von Gertrud Strobel u. Werner Wolf (Bde. I-IV), Hans-Joachim Bauer u. Johannes Forner (Bde. V-VIII), Leipzig 1967ff.

Ders.: Briefe an August Röckel, Leipzig 1894.

Ders.: An Mathilde und Otto Wesendonk. Tagebuchblätter und Briefe, hg. von Julius Kapp, Leipzig 1915.

Ders.: Sämtliche Werke Bd. 29,I: Dokumente zur Entstehungsgeschichte des Bühnenfestspiels Der Ring des Nibelungen, hg. von Werner Breig u. Hartmut Fladt, Mainz 1976, S. 26.).

Wagner, Cosima: Die Tagebücher, 2 Bde., ediert u. kommentiert von Martin Gregor-Dellin u. Dietrich Mack, München/Zürich 1977.

*

Abs, Hermann J.: Geleitwort zu: Rainer Cadenbach, Mythos Beethoven. Ausstellungskatalog, Laaber 1986, S. 5.

Ackermann, Peter: Richard Wagners »Ring des Nibelungen« und die Dialektik der Aufklärung, Tutzing 1981 (Frankfurter Beiträge zur Musikwissenschaft, Bd. 9).

Adamy, Bernhard: Kunstgespräch, Kulturkritik, Weltdeutung. Zu einer Neuausgabe von Wagners Gesammelten Schriften, in: RWBl 8, 1-2/84, S. 50-69.

Ders.: Wagner und Schopenhauer. Fragmentarisches Resümee eines bekannten Themas anläßlich der 200. Wiederkehr des Geburtstages von Arthur Schopenhauer am 22. Februar 1988, in: RWBl 8, 3-4/88, S. 91-122.

Adler, Guido: Richard Wagner. Vorlesungen gehalten an der Universität zu Wien, Leipzig 1904.

Adorno, Theodor W.: Versuch über Wagner, Frankfurt a.M. 1952.

Ders.: Wagners Aktualität, in: ders., Gesammelte Schriften, Bd. 16, Frankfurt a.M. 1978, S. 543-564.

Aischylos: Werke, übersetzt von Johann Gustav Droysen, 2 Bde., Berlin 1832.

Ders.: Die Tragödien und Fragmente, übertragen von Johann Gustav Droysen, durchgesehen u. eingeleitet von Walter Nestle, Stuttgart 1950.

Aristoteles: Poetik, übersetzt von Chr. Walz, in: ders., Werke. Schriften zur Rhetorik und Poetik, Bd. 3, Stuttgart 1840.

Ders.: Poetik, Übersetzung, Einleitung u. Anmerkungen von Olof Gigon, Stuttgart 1961.

Ders.: Poetik, Übersetzt u. hg. von Manfred Fuhrmann, Stuttgart 1982.

Bailey, Robert: Wagner's Musical Sketches for Siegfrieds Tod, in: Studies in Music History, Princeton University Press 1968.

Bargatzky, Thomas: Lohengrins Drachenkampf. Richard Wagners pessimistisches Drama vom Ende des Mythos, in: Bayreuther Programmheft IV »Lohengrin« 1993, S. 6-27.

Barloewen, Constantin von: Vom Primat der Kultur – die Technologie als Kultur, in: Bayreuther Programmheft VII »Parsifal« 1990, S. 19-38.

Baroni, Robert: Der Begriff ›Gattung‹ bei Ludwig Feuerbach, in: Ludwig Feuerbach und die Philosophie der Zukunft. Internationale Arbeitsgemeinschaft am ZiF der Universität Bielefeld 1989, hg. von Hans-Jürg Braun, Hans-Martin Sass u.a., Berlin 1990, S. 369-380.

Bartel, Judith u. Hans-Georg: Der Selbstorganisationsgedanke in Richard Wagners Werk »Der Ring des Nibelungen«, in: Selbstorganisation. Jahrbuch für Komplexität in den Natur-, Sozial- u. Geisteswissenschaften, Bd. 2 (Der Mensch in Ordnung und Chaos), hg. von Uwe Niedersen u. Ludwig Pohlmann, Berlin 1991, S. 131-149.

Barth, Herbert (Hg.): Bayreuther Dramaturgie. Der Ring des Nibelungen, Stuttgart/Zürich 1980.

Barth, Karl: Die protestantische Theologie im 19. Jahrhundert. Ihre Vorgeschichte und ihre Geschichte, 3. Aufl., Zürich 1960.

Bauer, Hans-Joachim: Richard-Wagner-Lexikon, Bergisch Gladbach 1988.

Ders.: Reclams Musikführer Richard Wagner, Stuttgart 1992.

Bauer, Oswald Georg: Richard Wagner. Die Bühnenwerke von der Uraufführung bis heute, Frankfurt a.M./Berlin/Wien 1982.

Ders.: »Wollen Sie etwa eine Religion stiften?«, in: Bayreuth 1989. Rückblick und Vorschau.

Ders.: Das Theater der Griechen mit der Seele suchend. Richard Wagners Theater als Alternative zu seiner Zeit, in: Welttheater. Die Künste im 19. Jahrhundert, hg. von Peter Andraschke u. Edelgard Spaude, Freiburg i.Br. 1992, S. 137-145.

Ders.: Ferne und Nähe. Inszenierungsprobleme des Mythos in: Richard Wagner – »Der Ring des Nibelungen«. Ansichten des Mythos, hg. von Udo Bermbach u. Dieter Borchmeyer, Stuttgart/Weimar 1995, S. 87-97.

Beck, Walter: Richard Wagner. Neue Dokumente zur Biographie, Tutzing 1988.

Becker, Heinz: Die historische Bedeutung der Grand Opéra, in: Beiträge zur Musikanschauung im 19. Jahrhundert, hg. von Walter Salmen, Regensburg 1965 (Studien zur Musikgeschichte des 19. Jahrhunderts, Bd. 1), S. 151-159.

Behrend, William: Niels W. Gade, Leipzig 1918.

Bermbach, Udo: Die Destruktion der Institutionen. Zum politischen Gehalt des »Ring«, in: In den Trümmern der eignen Welt. Richard Wagners »Der Ring des Nibelungen«, Hamburg 1989, S. 111-144.

Ders.: Mythos als Zivilreligion – Zu einem Aspekt der Idee des Gesamtkunstwerks, in: Bayreuther Programmheft VII »Parsifal« 1992, S. 1-30.

Ders.: Der Wahn des Gesamtkunstwerks. Richard Wagners politisch-ästhetische Utopie, Frankfurt a.M. 1994.

Ders. (Hg.): In den Trümmern der eignen Welt. Richard Wagners »Der Ring des Nibelungen«, Hamburg 1989.

Betz, Werner: Die deutsche Heldensage, in: Deutsche Philologie im Aufriß, hg. von Wolfgang Stammler, Bd. 3, 2. Aufl., Berlin 1962 (Nachdruck 1967), Sp. 1871-1970.

Ders.: Vom »Götterwort« zum »Massentraum«. Zur Wortgeschichte von »Mythos«, in: Mythos und Mythologie in der Literatur des 19. Jahrhunderts, hg. von Helmut Koopmann, Frankfurt a.M. 1979, S. 11-24.

Blume, Horst-Dieter: Einführung in das antike Theaterwesen, Darmstadt 1984.

Blumenberg, Hans: Wirklichkeitsbegriff und Wirkungspotential des Mythos, in: Manfred Fuhrmann (Hg.), Terror und Spiel. Probleme der Mythenrezeption, München 1971 (Poetik und Hermeneutik, Bd. 3), S. 11-66.

Ders.: Schiffbruch mit Zuschauer. Paradigma einer Daseinsmetapher, Frankfurt a.M. 1979.

Ders.: Arbeit am Mythos, Frankfurt a.M. 1979.

Böhme, Wolfgang (Hg.): Liebe und Erlösung. Über Richard Wagner, Karlsruhe 1983 (Herrenalber Texte 48).

Bohrer, Karl-Heinz, Plötzlichkeit. Zum Augenblick des ästhetischen Scheins, Frankfurt a.M. 1981.

Ders.: Das absolute Präsens. Die Semantik ästhetischer Zeit, Frankfurt a.M. 1994.

Ders. (Hg.): Mythos und Moderne. Begriff und Bild einer Rekonstruktion, Frankfurt a.M. 1983.

Bolz, Norbert W.: odds and ends. Vom Menschen zum Mythos, in: Mythos und Moderne. Begriff und Bild einer Rekonstruktion, Frankfurt a.M. 1983, S. 471-492.

Bopp, Wolfgang: Görres und der Mythos, Diss. Tübingen 1974.

Borchmeyer, Dieter: Die Weimarer Klassik. Eine Einführung, 2 Bde., Königstein/Ts. 1980.

Ders.: Das Theater Richard Wagners. Idee – Dichtung – Wirkung, Stuttgart 1982.

Ders.: Erlösung und Apokatastasis. Parsifal und die Religion des späten Wagner, in: Universität Bayreuth. Jahresbericht des Präsidenten 1983. Festvorträge, Bayreuth 1984, S. 135-165.

Ders.: Richard Wagner und der Antisemitismus, in: RWHb 137-161.

Ders.: Thomas Mann und Richard Wagners Anti-Poetik des Romans, in: ders. (Hg.), Poetik und Geschichte. Viktor Žmegač zum 60. Geburtstag, Tübingen 1989, S. 390-411.

Ders.: Vom Anfang und Ende der Geschichte. Richard Wagners mythisches Drama. Idee und Inszenierung, in: Peter Kemper (Hg.), Macht des Mythos – Ohnmacht der Vernunft? Frankfurt a.M. 1989, S. 176-200.

Ders.: Vom Nutzen und Nachteil der Historie für das Musikdrama – Wagners Weg von der geschichtlichen zur mythischen Oper, in: Bayreuther Programmheft VI »Holländer« 1992, S. 1-25.

Ders.: Wagner-Literatur – Eine deutsche Misere. Neue Ansichten zum »Fall Wagner«, in: Internationales Archiv für Sozialgeschichte der deutschen Literatur, 3. Sonderheft, Tübingen 1993, S. 1-62.

Ders.: Wagners Mythos vom Anfang und Ende der Welt, in: Richard Wagner – »Der Ring des Nibelungen«. Ansichten des Mythos, hg. von Udo Bermbach u. Dieter Borchmeyer, Stuttgart/Weimar 1995, S. 1-25.

Ders. (Hg.): Wege des Mythos in der Moderne. Richard Wagner »Der Ring des Nibelungen«. Eine Münchner Ringvorlesung, München 1987.

Borst, Arno: Reden über die Staufer, Frankfurt a.M., Berlin/Wien 1981.

Boucher, Maurice: Les idées politiques de Richard Wagner. Exemple de nationalisme mythique, Paris 1947.

Boulez, Pierre: Die neuerforschte Zeit, in: Bayreuther Programmheft I »Rheingold« 1976, S. 19-36.

Braun, Hans-Jürg: Ludwig Feuerbachs Lehre vom Menschen, Stuttgart 1971.

Ders.: Die Religionsphilosophie Ludwig Feuerbachs, Stuttgart 1972.

Breig, Werner: Zur musikalischen Struktur von Wagners »Ring des Nibelungen«, in: In den Trümmern der eignen Welt. Richard Wagners »Der Ring des Nibelungen«, Hamburg 1989, S. 39-62.

Bremer, Dieter: Wagner und Aischylos, in: Bayreuther Programmheft VI »Götterdämmerung« 1986, S. 1-22.

Ders.: Vom Mythos zum Musikdrama. Wagner, Nietzsche und die griechische Tragödie, in: Dieter Borchmeyer (Hg.), Wege des Mythos in der Moderne. Richard Wagner »Der Ring des Nibelungen«. Eine Münchner Ring-Vorlesung, München 1987, S. 41-63.

Briefwechsel zwischen Schiller und Goethe in 3 Bdn., hg. von Hans Gerhard Gräf u. Albert Leitzmann, Leipzig 1912.

Brinkmann, Reinhold: Szenische Epik. Marginalien zu Wagners Dramenkonzeption im »Ring des Nibelungen«, in: Carl Dahlhaus (Hg.), Richard Wagner. Werk und Wirkung, Regensburg 1971 (Studien zur Musikgeschichte des 19. Jahrhunderts, Bd. 26), S. 85-96.

Ders.: Musikforschung und Musikliteratur. Eine Niederschrift von Improvisationen über ein so nicht gegebenes Thema, in: Wagnerliteratur – Wagnerforschung. Bericht über das Wagner-Symposium München 1983, hg. von Carl Dahlhaus u. Egon Voss, Mainz 1985, S. 150-155.

Ders.: Mythos – Geschichte – Natur. Zeitkonstellationen im »Ring«, in: Stefan Kunze (Hg.), Richard Wagner. Von der Oper zum Musikdrama. Fünf Vorträge, Bern 1978, S. 61-77.

Brown, Hilda Meldrum: Leitmotiv and Drama. Wagner, Brecht, and the Limits of ›Epic‹ Theatre, Oxford 1991.

Buchholz, Helmut: Perspektiven der neuen Mythologie: Mythos, Religion und Poesie im Schnittpunkt von Idealismus und Romantik um 1800, Frankfurt a.M. 1990 (Diss. Berlin 1989).

Budde, Elmar: Rückblicke nach vorn oder: Über Sprache, Zeit und Zukunft in der Musik, in: Ende der Kunst – Zukunft der Kunst, hg. von der Bayerischen Akademie der Schönen Künste, München 1985, S. 34-62.

Bülow, Hans von: Briefe und Schriften, hg. von Marie von Bülow, 8 Bde. in 4, Leipzig 1895-1908.

Burckhardt, Jacob: Griechische Kulturgeschichte, 3 Bde., hg. von Rudolf Marx, Leipzig 1929.

Bykova, Marina: Ludwig Feuerbach und die geschichtsphilosophische Tradition, in: Ludwig Feuerbach und die Philosophie der Zukunft.

Internationale Arbeitsgemeinschaft am ZiF der Universität Bielefeld 1989, hg. von Hans-Jürg Braun, Hans-Martin Sass u.a., Berlin 1990, S. 431-442.

Cabada-Castro, Manuel: Feuerbachs Kritik der Schopenhauerschen Konzeption der Verneinung des Lebens und der Einfluß seines Prinzips der Lebensbejahung auf das anthropologische Denken Wagners und Nietzsches, in: Ludwig Feuerbach und die Philosophie der Zukunft. Internationale Arbeitsgemeinschaft am ZiF der Universität Bielefeld 1989, hg. von Hans-Jürg Braun, Hans-Martin Sass u.a., Berlin 1990, S. 443-476.

Campbell, Joseph: Lebendiger Mythos. Wissenschaft – Musik – Poesie. Gedanken über die inneren Horizonte, München 1991.

Carr, Edward Hallett: Was ist Geschichte? 5. Aufl., Stuttgart 1977.

Cassirer, Ernst: Philosophie der symbolischen Formen, Zweiter Teil: Das mythische Denken, Darmstadt 1969.

Cesa, Claudio: Feuerbachs Kritik des Idealismus und seine Versuche zu einer neuen Erkenntnistheorie, in: Atheismus in der Diskussion. Kontroversen um Ludwig Feuerbach, hg. von Hermann Lübbe und Hans-Martin Saß, München 1975 (Arbeitstagung im ZiF der Universität Bielefeld vom 5. bis 8. September 1973), S. 218-233.

Cesana, Andreas: Zur Mythosdiskussion in der Philosophie, in: Fritz Graf (Hg.), Mythos in mythenloser Gesellschaft. Das Paradigma Roms, Stuttgart/Leipzig 1993, S. 305-323.

Chéreau, Patrice: Kommentare zu »Mythologie und Ideologie«, in: Bayreuther Programmheft VI »Siegfried« 1977, S. 21-48.

Cicora, Mary A.: From History to Myth. Wagner's »Tannhäuser« and its Literary Sources, Bern, Frankfurt a.M., New York, Paris, Wien 1992.

Corse, Sandra: Wagner and the New Consciousness. Language and Love in the »Ring«, London/Toronto 1990.

Cowen, Roy C.: Das deutsche Drama im 19. Jahrhundert, Stuttgart 1988.

Dahlhaus, Carl: Zur Geschichte der Leitmotivtechnik bei Wagner, in: ders. (Hg.), Das Drama Richard Wagners als musikalisches Kunstwerk, Regensburg 1970 (Studien zur Musikgeschichte des 19. Jahrhunderts, Bd. 23), S. 17-40.

Ders.: Wagners Konzeption des musikalischen Dramas, Regensburg 1971.

Ders.: Richard Wagners Musikdramen, Velber 1971.

Ders. (Hg.): Das Drama Richard Wagners als musikalisches Kunstwerk, Regensburg 1970 (Studien zur Musikgeschichte des 19. Jahrhunderts, Bd. 23).

Ders. (Hg.): Richard Wagner. Werk und Wirkung, Regensburg 1971 (Studien zur Musikgeschichte des 19. Jahrhunderts, Bd. 26).

Ders.: Vom Musikdrama zur Literaturoper. Aufsätze zur neueren Operngeschichte, München/Salzburg 1983.

Ders.: Musik als strukturale Analyse des Mythos. Claude Lévi-Strauss und der »Ring des Nibelungen«, in: Wege des Mythos in der Moderne, Richard Wagner »Der Ring des Nibelungen«. Eine Münchner Ringvorlesung, München 1987, S. 64-74.

Ders.: Musikalischer Realismus. Zur Musikgeschichte des 19. Jahrhunderts, 2. Aufl., München 1984.

Ders.: Zeitstrukturen in der Musik Wagners und Schönbergs, in: Heinz Burger (Hg.), Zeit, Natur und Mensch. Beiträge von Wissenschaftlern zum Thema »Zeit«, Berlin 1986, S. 349-364.

Ders.: Wagners »Bühnenfestspiel« – Revolutionsfest und Kunstreligion, in: Das Fest, hg. von Walter Haug u. Rainer Warning, München 1989 (Poetik und Hermeneutik, Bd. 14), S. 592-609.

Dal, Erik: Wagner und seine nordischen Quellen, in: Bayreuther Programmheft »Rheingold« 1966, S. 49-56.

Deathridge, John/Voss, Egon: Wagnerforschung – Und weiter nichts?? Weiter nichts?? Zur Einführung in das Wagner-Werk-Verzeichnis, in: Wagnerliteratur – Wagnerforschung. Bericht über das Wagner-Symposium München 1983, hg. von Carl Dahlhaus u. Egon Voss, Mainz 1985, S. 181-189.

Ders.: Grundzüge der Wagner-Forschung, in: RWHb 803-830.

Devrient, Eduard: Aus seinen Tagebüchern, hg. von Rolf Kabel, 2 Bde., Weimar 1964.

Die moderne Oper, in: Die Gegenwart. Eine encyclopädische Darstellung der neuesten Zeitgeschichte für alle Stände, Bd. 4, Leipzig 1850, S. 555-576.

Diez, Gertrud: Das Bild Friedrich Barbarossas in der Hohenstaufendichtung des 19. Jahrhunderts, Diss. Freiburg 1943.

Dilthey, Wilhelm: Der Aufbau der geschichtlichen Welt in den Geisteswissenschaften, Frankfurt a.M. 1981.

Dinger, Hugo: Richard Wagners geistige Entwickelung. Versuch einer Darstellung der Weltanschauung Richard Wagners mit Rücksichtnahme auf deren Verhältnis zu den philosophischen Richtungen der Junghegelianer und Arthur Schopenhauers, Leipzig 1892.

Diwald, Hellmut: Das historische Erkennen. Untersuchungen zum Geschichtsrealismus im 19. Jahrhundert, Leiden 1955.

Döhring, Sieghard: Meyerbeers Konzeption der historischen Oper und Wagners Musikdrama, in: Wagnerliteratur – Wagnerforschung. Bericht über das Wagner-Symposium München 1983, hg. von Carl Dahlhaus u. Egon Voss, Mainz 1985, S. 95-100.

Donington, Robert: Richard Wagners »Ring des Nibelungen« und seine Symbole. Musik und Mythos, Stuttgart 1976.

Drescher, Petra-Hildegard: Richard Wagners Frage nach dem Mythos, in: RWBl 8, 1-2/84, S. 1-17.

Dies.: »Friedrich« oder »Siegfried«? Wagner zwischen Historie und Mythos, in: RWBl 9, 1-2/85, S. 45-76.

s. auch Wilberg[-Drescher], Petra-Hildegard.

Drescher, Siegfried: Unsere Zeit und Kant, in: ders. (Hg.), Wer war Kant? Drei zeitgenössische Biographien von Ludwig Ernst Borowski, Reinhold Bernhard Jachmann u. E.A.Ch. Wasianski, Pfullingen 1974, S. 295-357.

Drewermann, Eugen: Tiefenpsychologie und Exegese, Bd. 1, Die Wahrheit der Formen Traum, Mythos, Märchen, Sage und Legende, Olten/Freiburg i.Br. 1984.

Drews, Arthur: Der Ideengehalt von Richard Wagners »Ring des Nibelungen« in seinen Beziehungen zur modernen Philosophie, Leipzig 1898.

Ders.: Der Ideengehalt von Richard Wagners dramatischen Dichtungen im Zusammenhange mit seinem Leben und seiner Weltanschauung, Leipzig 1931.

Droysen, Johann Gustav: Historik. Textausgabe von Peter Leyh, Stuttgart-Bad Cannstatt 1977.

Dupré, Wilhelm: Mythos, in: Handbuch philosophischer Grundbegriffe, hg. von Hermann Krings, Hans Michael Baumgartner u. Christoph Wild, Studienausgabe Bd. 4, München 1973, S. 948-956.

Edda, übertragen von Felix Genzmer, 2 Bde., 4. Aufl., Düsseldorf/Köln 1975 (Thule, Bde. 1-2).

Eger, Manfred: Wagner und die Juden. Fakten und Hintergründe. Eine Dokumentation zur Ausstellung im Richard-Wagner-Museum Bayreuth, Bayreuth 1985.

Ders.: »Wenn ich Wagnern den Krieg mache...«. Der Fall Nietzsche und das Menschliche, Allzumenschliche, Wien 1988.

Ehrismann, Otfried: Das Nibelungenlied in Deutschland. Studien zur Rezeption des Nibelungenlieds von der Mitte des 18. Jahrhunderts bis zum Ersten Weltkrieg, München 1975.

Eliade, Mircea: Schöpfungsmythen, Darmstadt 1980.

Ders.: Kosmos und Geschichte. Der Mythos der ewigen Wiederkehr, Frankfurt a.M. 1986.

Ders.: Mythos und Wirklichkeit, Frankfurt a.M. 1988.

Ellwanger, Wolfgang (Hg.): Wagners Werk und Wirkung. Festspielnachrichten. Beiträge 1957 bis 1982, Bayreuth 1983.

Ely, Norbert: »Der schöne, sanfte Ton seiner Sprache, die edle, freie Bildung seines Geistes...«. Adolf Wagner, der geheime Lehrmeister des jungen Richard, in: Bayreuther Programmheft VII »Holländer« 1985, S. 31-42.

Ende der Kunst – Zukunft der Kunst, hg. von der Bayerischen Akademie der Schönen Künste, München 1985.

Epische Stoffe des Mittelalters, hg. von Volker Mertens u. Ulrich Müller, Stuttgart 1984.

Erismann, Hans: Richard Wagner in Zürich, Zürich 1987.

Ewans, Michael: Wagner and Aeschylus. The »Ring« and the »Oresteia«, London 1982.


Faber, Karl-Georg: Theorie der Geschichtswissenschaft, München 1971.

Fehr, Max: Wagners Schweizer Zeit, 2 Bde., Aarau 1934 u. 1953.

Feldman, Burton u. Richardson, Robert D.: The rise of modern mythology 1680-1860, Bloomington/London 1972.

Fest, Joachim C.: Wozu das Theater? Zwischenruf über einen parasitären Anachronismus, in: ders., Aufgehobene Vergangenheit. Portraits und Betrachtungen, München 1983, S. 207-214.

Feuerbach, Ludwig: Sämtliche Werke, hg. von Wilhelm Bolin u. Friedrich Jodl, 2. Aufl. 1903ff. (Reprint Stuttgart-Bad Cannstatt 1960).

Ders.: Grundsätze der Philosophie der Zukunft, Kritische Ausg. mit Einleitung u. Anmerkungen von Gerhart Schmidt, 3. Aufl., Frankfurt a.M. 1983.

Finscher, Ludwig: Mythos und musikalische Struktur, in: Richard Wagner – »Der Ring des Nibelungen«. Ansichten des Mythos, hg.

von Udo Bermbach u. Dieter Borchmeyer, Stuttgart/Weimar 1995, S. 27-37.

Fischer, Kurt von: Das Zeitproblem in der Musik, in: Das Zeitproblem im 20. Jahrhundert, hg. von Rudolf W. Meyer, Bern/München 1964, S. 296-317.

Formen der Geschichtsschreibung, hg. von Reinhart Koselleck, Heinrich Lutz u. Jörn Rüsen, München 1982 (Theorie der Geschichte. Beiträge zur Historik, Bd. 4).

Frank, Manfred: Vorlesungen über die Neue Mythologie, 2 Teile, Frankfurt a.M. 1982/83.

Ders.: »Weltgeschichte aus der Sage«. Wagners Widerruf der »Neuen Mythologie«, in: Bayreuther Festspiele 1994, S. 16-37.

Franke, Rainer: Richard Wagners Zürcher Kunstschriften. Politische und ästhetische Entwürfe auf seinem Weg zum »Ring des Nibelungen«, Hamburg 1983.

Friedell, Egon: Kulturgeschichte der Neuzeit, München 1965.

Frics, Albert: Richard Wagners Stil in Vers und Prosa, in: ders., Aus meiner stilistischen Studienmappe, Berlin 1910, S. 32-76.

Ders.: Mikroskopische Untersuchungen zu Richard Wagners Prosastil, in: BBl 44, 1921, S. 157-181.

Fritz, Kurt von: Entstehung und Inhalt des neunten Kapitels von Aristoteles' Poetik, in: ders., Antike und moderne Tragödie. Neun Abhandlungen, Berlin 1962, S. 430-457.

Fromme, Richard: Richard Wagner. Betrachtungen über sein Drama und über das Mythische in seinem Schauen und Schaffen, Leipzig 1912.

Frommel, Gerhard: Der Geist der Antike bei Richard Wagner, Berlin 1933.

Fueter, Eduard: Geschichte der neueren Historiographie, 3. Aufl., München/Berlin 1936.

Fuhrmann, Manfred: Einführung in die antike Dichtungstheorie, Darmstadt 1973.

Ders. (Hg.): Terror und Spiel. Probleme der Mythenrezeption, München 1971 (Poetik und Hermeneutik, Bd. 3).

Furness, Raymond: Wagner and Literature, Manchester 1982.

Furtwängler, Wilhelm: Aufzeichungen 1924-1954, Wiesbaden 1980.

Gadamer, Hans-Georg: Wahrheit und Methode. Grundzüge einer philosophischen Hermeneutik, 2. Aufl., Tübingen 1965.

Ders.: Ende der Kunst? in: Ende der Kunst – Zukunft der Kunst, hg. von der Bayerischen Akademie der Schönen Künste, München 1985, S. 16-33.

Ders./Fries, Heinrich: Mythos und Wissenschaft, in: Christlicher Glaube in moderner Gesellschaft, Teilband 2, Freiburg i.Br. 1981, S. 5-42.

Gall, Lothar: »Utopien! Utopien!...«, in: Wolfgang Storch (Hg.), Der Ring am Rhein, Berlin 1991, S. 11-16.

Ders.: Gegenwart und Mythos in Richard Wagners »Ring«, in: Wolfgang Hardtwig/Harm-Hinrich Brandt (Hg.), Deutschlands Weg in die Moderne. Politik, Gesellschaft und Kultur im 19. Jahrhundert, München 1993, S. 243-253.

Galli, Hans: Richard Wagner und die deutsche Klassik, Bern/Leipzig 1936.

Gebser, Jean: Ursprung und Gegenwart (1949-53), 3 Bde., 2. Aufl., München 1986.

Gerlach, Reinhard: Musik und Sprache in Wagners Schrift »Oper und Drama«. Intention und musikalisches Denken, in: Richard Wagner. Werk und Wirkung, hg. von Carl Dahlhaus, Regensburg 1971 (Studien zur Musikgeschichte des 19. Jahrhunderts, Bd. 26), S. 9-39.

Gervinus, Georg Gottfried: Geschichte der poetischen National-Literatur der Deutschen, 5 Bde., 2. Aufl., Leipzig 1840-1844.

Ders.: Schriften zur Literatur, hg. von Gotthard Erler, Berlin 1962.

Geschichte – Ereignis und Erzählung, hg. von Reinhart Koselleck u. Wolf-Dieter Stempel, München 1973 (Poetik und Hermeneutik, Bd. 5).

Geschichtsdiskurs, hg. von Wolfgang Küttler, Jörn Rüsen, Ernst Schulin, Bd. 1, Frankfurt a.M. 1993.

Giersberg, Sigrid: Kunst und Reflexion. Die Stellung der Kunst in den Vernunftsystemen des Deutschen Idealismus, Diss. Köln 1974.

Glasenapp, Carl Friedrich: Das Leben Richard Wagners in sechs Büchern, 4. Ausg., Leipzig 1905-1911.

Glaser, Horst Albert (Hg.): Deutsche Literatur. Eine Sozialgeschichte, Bd. 7, Reinbek 1982.

Gockel, Heinz: Mythologie als Ontologie. Zum Mythosbegriff im 19. Jahrhundert, in: Mythos und Mythologie in der Literatur des 19. Jahrhunderts, hg. von Helmut Koopmann, Frankfurt a.M. 1979, S. 25-58.

Ders.: Mythos und Poesie. Zum Mythosbegriff in Aufklärung und Frühromantik, Frankfurt a. M. 1981.

Görres, Joseph: Beiträge zur Zeitung für Einsiedler (1808), in: ders., Gesammelte Schriften, hg. von Wilhelm Schellberg, Bd. 3, hg. von Günther Müller, Köln 1926, S. 294-335.

Ders.: Mythengeschichte der asiatischen Welt (1810), in: ders., Gesammelte Schriften, hg. von Wilhelm Schellberg, Bd. 5, hg. von Willibald Kirfel, Köln 1935, S. 1-304.

Goethes poetische Werke, vollständige Ausg., 10 Bde., Stuttgart o.J. [1950ff.].

Göttling, Karl Wilhelm: Über das Geschichtliche im Nibelungenlied, Rudolstadt 1814.

Ders.: Nibelungen und Gibelinen, Rudolstadt 1816.

Golther, Wolfgang: Die sagengeschichtlichen Grundlagen der Ringdichtung Richard Wagners, Charlottenburg(-Berlin) 1902.

Gooch, George Peabody: Geschichte und Geschichtsschreiber im 19. Jahrhundert, Frankfurt a.M. 1964.

Graevenitz, Gerhard von: Mythos. Zur Geschichte einer Denkgewohnheit, Stuttgart 1987.

Graf, Fritz: Griechische Mythologie. Eine Einführung, München/Zürich 1985.

Grassi, Ernesto: Kunst und Mythos, revidierte u. erweiterte Fassung, Frankfurt a.M. 1990.

Graus, František: Lebendige Vergangenheit. Überlieferungen im Mittelalter und in den Vorstellungen vom Mittelalter, Köln 1975.

Gregor, Joseph: Kulturgeschichte der Oper. Ihre Verbindung mit dem Leben, den Werken des Geistes und der Politik, Wien 1941.

Gregor-Dellin, Martin: Wagner-Chronik. Daten zu Leben und Werk, München 1972.

Ders.: Richard Wagner – die Revolution als Oper, München 1973.

Ders.: Richard Wagner. Sein Leben. Sein Werk. Sein Jahrhundert, München 1980.

Ders.: Bayreuth. Mythos und Gegenwart, in: Das Fest. Eine Kulturgeschichte von der Antike bis zur Gegenwart, hg. von Uwe Schultz, München 1988, S. 318-327.

Ders./Michael von Soden: Richard Wagner, Leben. Werk. Wirkung (Hermes Handlexikon), Düsseldorf 1983.

Greschek, Klaus: »Leuchtende Liebe, lachender Tod«. Richard Wagners Religion der Liebe im »Ring des Nibelungen«, Magisterarbeit an der Fak. für Linguistik u. Literaturwissenschaft der Universität Bielefeld, 1987.

Grimm, Brüder: Deutsche Sagen, Stuttgart 1974 (Vollständige Ausg. nach d. Text d. 3. Aufl. von 1891).

Grimm, Jacob: Deutsche Mythologie, Graz 1968 (Nachdruck d. 4. Aufl., Berlin 1875-78).

Ders.: Kleinere Schriften, 8 Bde., Hildesheim 1965 (Reprograf. Nachdruck d. Ausg. Berlin 1864ff.).

Grimm, Reinhold (Hg.): Deutsche Dramentheorien. Beiträge zu einer historischen Poetik des Dramas in Deutschland, 2 Bde., 2. Aufl., Wiesbaden 1978.

Grimm, Wilhelm: Die Deutsche Heldensage, 3. Aufl., Gütersloh 1889.

Ders.: Kleinere Schriften, hg. von Gustav Hinrichs, 4 Bde., Bd. 1-3 Berlin 1881-83, Bd. 4 Gütersloh 1887.

Grisson, Rudolf: Beiträge zur Auslegung von Richard Wagners »Ring des Nibelungen«, Diss. Rostock 1934.

Grönbech, Wilhelm: Götter und Menschen, Reinbek 1967.

Ders.: Kultur und Religion der Germanen, 2 Bde., 10. Aufl., Darmstadt 1987.

Grundmann, Herbert: Geschichtsschreibung im Mittelalter, in: Deutsche Philologie im Aufriß, Bd. 3, hg. von Wolfgang Stammler, 2. Aufl., Berlin 1967, Sp. 2221-2286.

Gruppe, Otto: Geschichte der klassischen Mythologie und Religionsgeschichte während des Mittelalters im Abendland und während der Neuzeit, in: Wilhelm Heinrich Roscher, Ausführliches Lexikon der griechischen und römischen Mythologie, 6 Bde., Leipzig 1909-15, Suppl. Bd. IV, Leipzig 1921.

Günther, Hans (Hg.): Gesamtkunstwerk. Zwischen Synästhesie und Mythos, Bielefeld 1994.

Guthke, Karl S.: Die Mythologie der entgötterten Welt. Ein literarisches Thema von der Aufklärung bis zur Gegenwart, Göttingen 1971.


Haarer, Theodor: Geschichte der deutschen Heldensagenforschung von den Anfängen bis Andreas Heusler, Diss. (masch.) Tübingen 1924.

Hagen, Friedrich Heinrich von der: Die Nibelungen: ihre Bedeutung für die Gegenwart und für immer, Breslau 1819.

Hardtwig, Wolfgang: Die Verwissenschaftlichung der Historie und die Ästhetisierung der Darstellung, in: Formen der Geschichtsschreibung, hg. von Reinhart Koselleck, Heinrich Lutz u. Jörn Rüsen, München 1982 (Theorie der Geschichte. Beiträge zur Historik, Bd. 4), S. 147-191.

Ders.: Geschichtsreligion – Wissenschaft als Arbeit – Objektivität. Der Historismus in neuer Sicht, in: HZ 252, 1991, S. 1-32.

Harth, Dietrich: Revolution und Mythos. Sieben Thesen zur Genesis und Geltung zweier Grundbegriffe historischen Denkens, in: ders., Jan Assmann (Hg.), Revolution und Mythos, Frankfurt a.M. 1992, S. 9-35.

Hausegger, Friedrich von: Rousseau als Musiker und das Verhältnis seiner Anschauungen zu denen Richard Wagners, in: Die Musik I 20/21, 1902, S. 1909-1917.

Hébert, M.: Le sentiment religieux dans l'oeuvre de Richard Wagner, Paris 1895.

Heckel, Karl: Das »Wunder« bei Wagner, in: RWJb IV, 1912, S. 44ff.

Hegel, Georg Wilhelm Friedrich: Werke in 20 Bdn., Frankfurt a.M. 1970.

Ders.: Die Vernunft in der Geschichte, hg. von Johannes Hoffmeister, Nachdr. d. 5. Aufl., Hamburg 1980 (Vorlesungen über die Philosophie der Weltgeschichte, Bd. I).

Heidegger, Martin: Hölderlins Hymne »Der Ister« (Freiburger Vorlesung Sommersemester 1942, hg. von Walter Biemel), 2. Aufl., Frankfurt a.M. 1993 (Gesamtausg. Bd. 53)

Herders Werke, 5 Bde., hg. von Theodor Matthias, Leipzig/Wien o.J.

Herrmann, Paul: Richard Wagner und der Stabreim, Hagen i.W./ Leipzig 1883.

Heymel, Hans Gerhard: Die Entwicklung Richard Wagners bis 1851 als politischer Künstler und sein Kunstwerkbegriff als gesellschaftliche Utopie, Diss. Osnabrück 1981.

Hinck, Walter: Geschichte als Schauspiel, Frankfurt a.M. 1981.

Ders. (Hg.): Handbuch des deutschen Dramas, Düsseldorf 1980.

Hobsbawm, Eric J.: Die Blütezeit des Kapitals. Eine Kulturgeschichte der Jahre 1848-1875, München 1977.

Höfler, Otto: Siegfried, Arminius und der Nibelungenhort, Wien 1978.

Hörisch, Jochen: Erlösung dem Erlöser. Zur Kritik von Theologie und Teleologie bei Wagner und Novalis, in: Bayreuther Programmheft II »Parsifal« 1985, S. 1-11.

Hoffman, Kurt (Hg.): Die Wirklichkeit des Mythos, München/Zürich 1965.

Hoffmann, Werner: Das Siegfriedbild in der Forschung, Darmstadt 1979 (Erträge der Forschung, Bd. 127).

Honolka, Kurt: Kulturgeschichte des Librettos, Wilhelmshaven 1979.

Horstmann, Axel: Der Mythosbegriff vom frühen Christentum bis zur Gegenwart, in: Archiv für Begriffsgeschichte 23, 1979, S. 7-54 u. S. 197-245.

Ders.: Mythos, Mythologie, in: Historisches Wörterbuch d. Philosophie, hg. von Joachim Ritter und Karlfried Gründer, Bd. 6., Basel 1984, Sp. 281-318.

Hortschansky, Klaus: Das Wunder und das Wunderbare im Werk Richard Wagners, in: Das Drama Richard Wagners als musikalisches Kunstwerk, hg. von Carl Dahlhaus, Regensburg 1970 (Studien zur Musikgeschichte des 19. Jahrhunderts, Bd. 23), S. 41-61.

Houben, Eva-Maria: Die Aufhebung der Zeit. Zur Utopie unbegrenzter Gegenwart in der Musik des 20. Jahrhunderts, Stuttgart 1992.

Huber, Herbert: Der Ring des Nibelungen. Nach seinem mythologischen, theologischen und philosophischen Gehalt Vers für Vers erklärt, Weinheim 1988.

Hübner, Kurt: Kritik der wissenschaftlichen Vernunft, Freiburg/München 1978.

Ders.: Mythische und wissenschaftliche Denkformen, in: Hans Poser (Hg.), Philosophie und Mythos. Ein Kolloquium, Berlin/New York 1979, S. 75-92.

Ders.: Die moderne Mythos-Forschung – eine noch nicht erkannte Revolution, in: Dieter Borchmeyer (Hg.), Wege des Mythos in der Moderne. Richard Wagner »Der Ring des Nibelungen«. Eine Münchner Ringvorlesung, München 1987, S. 238-259.

Ders.: Wirklichkeit und Unwirklichkeit des Mythos in Richard Wagners Werk, in: Bayreuther Programmheft IV »Walküre« 1984, S. 20-45.

Ders.: Die Wahrheit des Mythos, München 1985.

Ders.: Die nicht endende Geschichte des Mythischen, in: Scheidewege 16, 1986/87, S. 16-29.

Ders.: Die Metaphysik und der Baum der Erkenntnis, in: Stuttgarter Hegel-Kongress (1987). Metaphysik nach Kant? Hg. von Dieter Henrich und Rolf-Peter Horstmann, Stuttgart 1988, S. 26-43.

Ders.: Lebensgeschichte und Welterlösung. Zum Problem moderner Wagner-Inszenierungen, in: RWBl 12, 3-4/88, S. 75-90.

Ders.: Aufstieg vom Mythos zum Logos? Eine wissenschaftstheoretische Frage, in: Peter Kemper (Hg.), Macht des Mythos – Ohnmacht der Vernunft? Frankfurt a.M. 1989, S. 33-52.

Hüppauf, Bernd: Mythisches Denken und Krisen der deutschen Literatur und Gesellschaft, in: Mythos und Moderne. Begriff und Bild einer Rekonstruktion, Frankfurt a.M. 1983, S.508-527.

Humboldt, Wilhelm von: Über die Aufgabe des Geschichtschreibers, in: ders., Studienausgabe in 3 Bdn., hg. von Kurt Müller-Vollmer, Frankfurt a.M. 1971, Bd.2, S.289-304.

Iggers, Georg G.: Deutsche Geschichtswissenschaft. Eine Kritik der traditionellen Geschichtsauffassung von Herder bis zur Gegenwart, 3.Aufl., München 1976.

Immermann, Karl Leberecht: Briefe, textkritische u. kommentierte Ausg., 3 Bde., hg. von Peter Hasubek, München/Wien 1978-87.

Ingenhoff, Anette: Drama oder Epos? Richard Wagners Gattungstheorie des musikalischen Dramas, Tübingen 1987.

Ingenschay-Goch, Dagmar: Richard Wagners neu erfundener Mythos. Zur Rezeption und Reproduktion des germanischen Mythos in seinen Operntexten, Bonn 1982.

Internationale Wagner-Bibliographie, 1945-1955, hg. von Herbert Barth, Bayreuth 1956; 1956-1960, hg. von Henrik Barth, Bayreuth 1961; 1961-1966, hg. von Henrik Barth, Bayreuth 1968; 1967-1978, hg. von Herbert Barth, Bayreuth 1979.

Isländische Heldenromane, übertragen von Paul Herrmann, Düsseldorf/Köln 1966 (Thule, Bd.21).

Jacobi, Jolande: Archetypisches im Ring des Nibelungen, in: Bayreuther Programmheft »Rheingold« 1958; Nachdruck in: Wieland Wagner (Hg.), Richard Wagner und das neue Bayreuth, München 1962, S.136-149.

Jamme, Christoph: Einführung in die Philosophie des Mythos, Bd.2: Neuzeit und Gegenwart, Darmstadt 1991.

Ders.: »Gott an hat ein Gewand«. Grenzen und Perspektiven philosophischer Mythos-Theorien der Gegenwart, Frankfurt a.M. 1991.

Jauß, Hans Robert: Literaturgeschichte als Provokation, Frankfurt a.M. 1979.

Jolles, André: Einfache Formen, 3.Aufl., Tübingen 1965.

Jünger, Ernst: Zahlen und Götter. Philemon und Baucis, zwei Essays, Stuttgart 1974.

Jung, Carl Gustav: Der Kind-Archetypus, in: ders., Gesammelte Werke Bd.IX,1, Olten/Freiburg i.Br. 1976.

Kämmerer, Sebastian: Illusionismus und Anti-Illusionismus im Musik-theater. Eine Untersuchung zur szenisch-musikalischen Dramaturgie in Bühnenkompositionen von Richard Wagner, Arnold Schönberg, Ferruccio Busoni, Igor Strawinsky, Paul Hindemith und Kurt Weill, Anif/Salzburg 1990 (Wort und Musik. Salzburger akademische Bei-träge Nr. 5).

Kaiser, Joachim: Thomas Mann, die Musik und Wagner, in: Bezie-hungszauber. Musik in der modernen Dichtung, hg. von Carl Dahl-haus u. Nobert Miller, München 1988, S. 19-28.

Kalischer, Alfred Christlieb: R. Wagners sozialistische Anschauungen, in: ders., Wagneriana. Zwei Dialoge und zwei Abhandlungen über Richard Wagners Schriften und Dichtungen, Berlin 1904, S. 151-166.

Karbusicky, Vladimir: Grundriß der musikalischen Semantik, Darm-stadt 1986.

Keller, Werner: Drama und Geschichte, in: ders. (Hg.), Beiträge zur Poetik des Dramas, Darmstadt 1976, S. 298-339.

Kemper, Peter (Hg.): Macht des Mythos – Ohnmacht der Vernunft? Frankfurt a.M. 1989.

Kerényi, Karl (Hg.): Die Eröffnung des Zugangs zum Mythos. Ein Lesebuch, Darmstadt 1967 (Wege der Forschung, Bd. 20).

Kienzle, Ulrike: Das Weltüberwindungswerk. Wagners »Parsifal« – ein szenisch-musikalisches Gleichnis der Philosophie Arthur Schopen-hauers, Laaber 1992.

Kietz, Gustav Adolph: Richard Wagner in den Jahren 1842-1849 und 1873-1875. Erinnerungen, aufgezeichnet von Marie Kietz, 2. Ausg., Dresden 1907.

Kirchmeyer, Helmut: Situationsgeschichte der Musikkritik und des musikalischen Pressewesens in Deutschland, dargestellt vom Ausgang des 18. bis zum Beginn des 20. Jahrhunderts, Teil IV: Das zeitgenössi-sche Wagner-Bild. Bd. 1: Wagner in Dresden; Bd. 2: Dokumente 1842-45; Bd. 3: Dokumente 1846-50, Regensburg 1967ff.

Ders.: Aus dem Dresdner Erbe: Lohengrin-Konflikt anno 1851, in: Bayreuther Programmheft I »Lohengrin« 1987, S. 4-14.

Klein, Richard: Solidarität mit Metaphysik? Ein Versuch über die musikphilosophische Problematik der Wagner-Kritik Theodor W. Adornos, Würzburg 1991.

Klimkeit, Hans-Joachim: Das Wunderverständnis Ludwig Feuerbachs in religionsphänomenologischer Sicht, Bonn 1965.

Klotz, Erich: Das Problem der geschichtlichen Wahrheit im historischen Drama Deutschlands von 1750 bis 1850, Diss. Greifswald 1927.

Kneif, Tibor: Wagner: eine Rekapitulation. Mythos und Geschichte im »Ring des Nibelungen«, in: Das Drama Richard Wagners als musikalisches Kunstwerk, hg. von Carl Dahlhaus, Regensburg 1970 (Studien zur Musikgeschichte des 19. Jahrhunderts, Bd. 23), S. 213-221.

Knopf, Kurt: Die romantische Struktur des Denkens Richard Wagners, Diss. Jena 1932.

Körner, Josef: Nibelungenforschungen der deutschen Romantik, 2. Aufl., Darmstadt 1968 (Reprograf. Nachdruck der 1. Aufl., Leipzig 1911).

Kolakowski, Leszek: Die Gegenwärtigkeit des Mythos, München 1973.

Kolland, Hubert: Zur Semantik der Leitmotive in Richard Wagners »Ring des Nibelungen«, in: International review of the aesthetics and sociology of music 4, 1973, S. 193-210.

Kommerell, Max: Lessing und Aristoteles. Untersuchungen über die Theorie der Tragödie, Frankfurt a.M. 1940

Konrad, Klaus/Werckmeister, Lutz: Mythos und Geschichte. Anthropologie in politischer Absicht, in: Bayreuther Programmheft VII »Götterdämmerung« 1980, S. 1ff.

Koopmann, Helmut (Hg.): Mythos und Mythologie in der Literatur des 19. Jahrhunderts, Frankfurt a.M. 1979.

Korff, Hermann August: Zwei Vorlesungen über Richard Wagner, in: Zeitschrift für Deutschkunde, 1930, S. 713ff. u. S. 777ff.

Koselleck, Reinhart: »Geschichte, Historie« Abs. V-VII, in: Geschichtliche Grundbegriffe. Historisches Lexikon zur politisch-sozialen Sprache in Deutschland, hg. von Otto Brunner, Werner Conze u. Reinhart Koselleck, Bd. 2, Stuttgart 1975, S. 647-717.

Ders.: Vergangene Zukunft. Zur Semantik geschichtlicher Zeiten, 2. Aufl., Frankfurt a.M. 1984.

Ders.: »Fortschritt« und »Niedergang« – Nachtrag zur Geschichte zweier Begriffe, in: ders./Paul Widmer (Hg.), Niedergang. Studien zu einem geschichtlichen Thema, Stuttgart 1980, S. 214-230.

Kramm, Lothar: Elemente deutschen Politikverständnisses bei Richard Wagner, in: Zeitschrift für Politik 35, H. 2, 1988, S. 130-142.

Kraussold, Max: Geist und Stoff der Operndichtung. Eine Dramaturgie in Umrissen, Wien/Prag/Leipzig 1931.

Kreckel, Manfred: Richard Wagner und die französischen Frühsozialisten. Die Bedeutung der Kunst und des Künstlers für eine neue

Gesellschaft, Frankfurt a.M./Bern/New York 1986 (Diss. Mainz 1985).

Krippendorff, Ekkehart: Richard Wagners Ring-Parabel von den Aporien der Macht und ihres Staates, in: ders., Politische Interpretationen. Shakespeare, Stendhal, Balzac, Wagner, Hašek, Kafka, Kraus, Frankfurt a.M. 1990, S. 72-94.

Krömmelbein, Thomas: Mediävistische Anmerkungen zu Wagners Quellenrezeption, in: RWBl 6, 3-4/82, S. 139-144.

Krohn, Rüdiger: Richard Wagner und die Revolution von 1848/49, in: RWHb 86-100.

Kropfinger, Klaus: Wagner und Beethoven. Untersuchungen zur Beethoven-Rezeption Richard Wagners, Regensburg 1975 (Studien zur Musikgeschichte des 19. Jahrhunderts, Bd. 29).

Krüger, Horst: Bayreuther Szene. Zu Gast bei Richard Wagner, in: ders., Ostwest-Passagen. Reisebilder aus zwei Welten, 2. Aufl., München 1982, S. 115-138.

Kühnel, Jürgen: Wagners Schriften, in: RWHb 471-588.

Ders.: Richard Wagners »Ring des Nibelungen«. Stoffgeschichtliche Grundlagen. Dramaturgische Konzeption. Szenische Realisierung, Siegen 1991 (Forum Siegen Beiträge, Heft 4).

Künßberg, Heinrich: Das Recht der Deutschen in seinen geschichtlichen Grundlagen und seiner Fortbildung untersucht, Stuttgart 1846.

Kummer, Werner: Narrative Funktionen der Musik in Wagners »Ring des Nibelungen«, in: Hans Günther (Hg.), Gesamtkunstwerk. Zwischen Synästhesie und Mythos, Bielefeld 1994, S. 55-74.

Kunert, Günter: Auf der Suche nach dem verlorenen Halt. Die Mythen und die Wirklichkeit menschlicher Erfahrung, in: FAZ Nr. 261 von 9. November 1985.

Kunze, Stefan: Naturszenen in Wagners Musikdrama, in: Bayreuther Programmheft V »Siegfried« 1972, S. 62-72.

Ders.: Über den Kunstcharakter des Wagnerschen Musikdramas, in: ders. (Hg.), Richard Wagner. Von der Oper zum Musikdrama. Fünf Vorträge, Bern 1978, S. 9-24.

Ders.: Zeitstrukturen in Wagners Musikdrama, in: Programmheft der Bayreuther Festspiele II »Holländer« 1980, S. 70-84.

Ders.: Der Kunstbegriff Richard Wagners. Voraussetzungen und Folgerungen, Regensburg 1983.

Ders.: Richard Wagners Welt, in: Neue Zürcher Zeitung Nr. 85 von 13./14. April 1985.

Ders.: Mythos aus dem Geist der Musik. Zu Wagners »Ring des Nibelungen«, in: Programmheft d. 38. Internationalen Jugend-Festspieltreffens, Bayreuth 1988, S. 45-49.

Lachmann, Karl: Kritik der Sage von den Nibelungen, in: ders. u. Wilhelm Wackernagel, Zu den Nibelungen und zur Klage, Berlin 1836, S. 333-349.

Lamerz, Bernward: Richard Wagner: Der Ring des Nibelungen, in: Begleitheft zur musikalischen Gesamtaufnahme der »Walküre«, EMI Records Ltd. 1988, S. 31.

Lefèvre, Eckart: Wagners Drama zwischen Tragödie und Epos, in: Bayreuther Programmheft V »Götterdämmerung« 1988, S. 48-67.

Lessings Werke in 6 Bdn., Berlin o.J.

Lévi-Strauss, Claude: Wagner – Vater der strukturalen Analyse der Mythen, in: Bayreuther Programmhefte V »Siegfried« und VI »Götterdämmerung« 1972.

Ders.: Strukturale Anthropologie, Frankfurt a.M. 1972.

Ders.: Mythologica I. Das Rohe und das Gekochte, Frankfurt a.M. 1971.

Ders.: Mythologica IV. Der nackte Mensch, Frankfurt a.M. 1975.

Lévy, Albert: La Philosophie de Feuerbach et son influence sur la littérature allemande, Paris 1904.

Lichtenberger, Henri: Richard Wagner der Dichter und Denker. Ein Handbuch seines Lebens und Schaffens, 2. verbesserte u. erweiterte Aufl., Dresden 1913.

Lichtenfeld, Monika: Gesamtkunstwerk und allgemeine Kunst. Das System der Künste bei Wagner und Hegel, in: Beiträge zur Musikanschauung im 19. Jahrhundert, hg. von Walter Salmen, Regensburg 1965 (Studien zur Musikgeschichte des 19. Jahrhunderts, Bd. 1), S. 171-177.

Lippert, Woldemar: Richard Wagners Verbannung und Rückkehr 1849-1862, Dresden 1927.

Loebell, Johann Wilhelm: Gregor von Tours und seine Zeit vornehmlich aus seinen Werken geschildert. Ein Beitrag zur Geschichte der Entstehung und ersten Entwickelung romanisch-germanischer Verhältnisse, 2. vermehrte Aufl., Leipzig 1869.

Löwith, Karl: Von Hegel zu Nietzsche. Der revolutionäre Bruch im Denken des 19. Jahrhunderts, 8. Aufl., Hamburg 1981.

Louis, Rudolf: Die Weltanschauung Richard Wagners, Leipzig 1898.

Lück, Rudolf: Richard Wagner und Ludwig Feuerbach. Eine Ergänzung der bisherigen Darstellungen der inneren Entwicklung R. Wagners, Breslau 1905 (Diss. Jena 1904).

Magee, Elizabeth: Richard Wagner and the Nibelungs, Oxford 1990.

Maier, Hans: Mythos und Christentum, in: Richard Wagner – »Der Ring des Nibelungen«. Ansichten des Mythos, hg. von Udo Bermbach u. Dieter Borchmeyer, Stuttgart/Weimar 1995, S. 143-155.

Mann, Thomas: Wagner als Mythiker, in: Bayreuther Programmheft IV »Götterdämmerung« 1955, S. 4.

Ders.: Wagner und unsere Zeit. Aufsätze. Betrachtungen. Briefe, Frankfurt a.M. 1963.

Marquard, Odo: Schwierigkeiten mit der Geschichtsphilosophie, Frankfurt 1973.

Ders.: Die Geschichtsphilosophie und ihre Folgelasten, in: Geschichte – Ereignis und Erzählung, hg. von Reinhart Koselleck u. Wolf-Dieter Stempel, München 1973 (Poetik und Hermeneutik, Bd. 5), S. 463-469.

Martini, Fritz: Geschichte im Drama, Drama in der Geschichte, Stuttgart 1979. Ders.: Literarische Form und Geschichte. Aufsätze zu Gattungstheorie und Gattungsentwicklung vom Sturm und Drang bis zum Erzählen heute, Stuttgart 1984.

Mathy, Dietrich: Von der Metaphysik zur Ästhetik oder das Exil der Philosophie. Untersuchungen zum Prozeß der ästhetischen Moderne, Hamburg 1994.

Mattenklott, Gert: Wen interessieren heute Göttergeschichten? in: Peter Kemper (Hg.), Macht des Mythos – Ohnmacht der Vernunft? Frankfurt a.M. 1989, S. 12-32.

Mauser, Siegfried: Wagner und Hegel – Zum Nachwirken des Deutschen Idealismus im »Ring des Nibelungen«, in: Richard Wagner und – die Musikhochschule München – die Philosophie – die Dramaturgie – die Bearbeitung – der Film, Regensburg 1983 (Schriftenreihe der Hochschule für Musik München, Bd. 4), S. 45-60.

Mayer, Hans: Anmerkungen zu Richard Wagner, 2. Aufl., Frankfurt a.M. 1977.

Ders.: Richard Wagner. Mitwelt und Nachwelt, Stuttgart/Zürich 1978.

McCreless, Patrick: Wagner's Siegfried. Its Drama, History, and Music, Ann Arbor 1982.

Meier, Christian: Die Entstehung des Politischen bei den Griechen, Frankfurt a.M. 1983.

Ders.: Die politische Kunst der griechischen Tragödie, München 1988.

Meier, Gert: Die Wirklichkeit des Mythos, Bern u. Stuttgart 1990.

Meier, Helmut G.: Orte neuer Mythen. Von der Universalpoesie zum Gesamtkunstwerk, in: Philosophie und Mythos. Ein Kolloquium, hg. von Hans Poser, Berlin/New York 1979, S. 154-173.

Meinck, Ernst: Die sagenwissenschaftlichen Grundlagen der Nibelungendichtung Richard Wagners, Berlin 1892.

Mertens, Volker: Richard Wagner und das Mittelalter, in: RWHb 19-59.

Metz, Karl Heinz: Grundformen historiographischen Denkens, München 1979.

Migge, Walter: Die Staufer in der deutschen Literatur seit dem 18. Jahrhundert, in: Die Zeit der Staufer. Geschichte – Kunst – Kultur, Katalog der Ausstellung, Bd. 3, Stuttgart 1977, S. 275-290.

Moderne oder Postmoderne? Hg. von Peter Koslowski, Robert Spaemann, Reinhard Löw, Weinheim 1986.

Mone, Franz Joseph: Einleitung in das Nibelungen-Lied, Heidelberg 1818.

Ders.: Untersuchungen zur Geschichte der teutschen Heldensage, Quedlinburg/Leipzig 1836.

Moos, Paul: Richard Wagner als Ästhetiker, Berlin u. Leipzig 1906.

Moritz, Karl Philipp: Götterlehre oder Mythologische Dichtungen der Alten (1791), Leipzig 1966.

Mork, Andrea: Richard Wagner als politischer Schriftsteller. Weltanschauung und Wirkungsgeschichte, Frankfurt a.M./New York 1990 (Diss. TH Aachen).

Moser, Hugo: Sage und Märchen in der deutschen Romantik, in: Die deutsche Romantik, hg. von Hans Steffen, 3. Aufl., Göttingen 1978, S. 253-276.

Müller, Franz: Der Ring des Nibelungen – eine Studie zur Einführung in die gleichnamige Dichtung Wagners, Leipzig/Berlin 1862.

Müller, Karl Otfried: Prolegomena zu einer wissenschaftlichen Mythologie, Göttingen 1825 (Reprograf. Nachdruck Darmstadt 1970).

Müller, Ulrich: Richard Wagner und die Antike, in: RWHb 7-18.

Ders. (unter Mitwirkung von Oswald Panagl): Die mittelalterlichen Quellen zu Richard Wagners »Ring«-Dichtung – eine Dokumentation, in: Bayreuther Programmheft II »Rheingold« 1988, S. 15-66.

Müller, Ulrich/Panagl, Oswald: Literatur und Mythologie der Griechen in Richard Wagners »Ring«-Dichtung: Eine kommentierte Dokumentation, in: Bayreuther Programmhefte III-VI 1990.

Müller, Wilhelm: Versuch einer mythologischen Erklärung der Nibelungensage, Berlin 1841.

Münkler, Herfried: Mythos und Politik – Aischylos' »Orestie« und Wagners »Ring«, in: Leviathan, 1987, S. 562ff.

Murăsov, Jurij: »Das Auge des Gehöres«. Gesamtkunstwerk und Schriftlichkeit. Zu Richard Wagners ›Oper und Drama‹, in: Hans Günther (Hg.), Gesamtkunstwerk. Zwischen Synästhesie und Mythos, Bielefeld 1994, S. 29-54.

Musiol, Robert: (Art.) Wagner, Wilh. Richard, in: Julius Schuberth's Musikalisches Conversations-Lexicon, 10. Aufl., Leipzig 1877, S. 506-511.

Mythos zwischen Philosophie und Theologie, hg. von Enno Rudolph, Darmstadt 1994.

Naess, Yngve: Zum Erlösungsgedanken bei Richard Wagner, in: RWBl 11, 3-4/87, S. 100-128.

Naumann, Friedrich: Richard Wagner, in: ders., Gestalten und Gestalter. Lebensgeschichtliche Bilder, hg. von Theodor Heuß, Berlin/Leipzig 1919, S. 138-150.

Nestle, Wilhelm: Vom Mythos zum Logos, 2. Aufl., Stuttgart 1942.

Neubuhr, Elfriede (Hg.): Geschichtsdrama, Darmstadt 1980 (Wege der Forschung, Bd. 485).

Newcomb, Anthony: The Birth of Music out of the Spirit of Drama. An Essay in Wagnerian Formal Analysis, in: 19th Century Music 5, 1982, S. 38-66.

Newman, Ernest: The life of Richard Wagner, 4 Bde., London 1933-37.

Ders.: The Wagner Operas, New York 1949.

Niebuhr, Barthold Georg: Römische Geschichte, Teil 1, 3. vermehrte u. verbesserte Ausg., Berlin 1828.

Nietzsche, Friedrich: Werke. Kritische Gesamtausgabe, hg. von Giorgio Colli u. Mazzino Montinari, Berlin 1967.

Nilsson, Martin P.: Geschichte der griechischen Religion, Bd. 1, 3. Aufl., München 1967 (Nachdruck 1976).

Nipperdey, Thomas: Deutsche Geschichte 1800-1866. Bürgerwelt und starker Staat, München 1983.

Nowak, Adolf: Wagners Parsifal und die Idee der Kunstreligion, in: Richard Wagner. Werk und Wirkung, hg. von Carl Dahlhaus, Regensburg 1971 (Studien zur Musikgeschichte des 19. Jahrhunderts, Bd. 26), S. 161-174.

Obermann, Werner: Der junge Johann Gustav Droysen. Ein Beitrag zur Entstehungsgeschichte des Historismus, Diss. Bonn 1977.

Objektivität und Parteilichkeit in der Geschichtswissenschaft, hg. von Reinhart Koselleck, Wolfgang J. Mommsen u. Jörn Rüsen, München 1977 (Theorie der Geschichte. Beiträge zur Historik, Bd. 1).

Oexle, Otto Gerhard: Die Geschichtswissenschaft im Zeichen des Historismus. Bemerkungen zum Standort der Geschichtsforschung, in: HZ 238, 1984, S. 17-55.

Oster, Otto: Bayreuth und die Archetypologie des Theaters, in: Wieland Wagner (Hg.), Richard Wagner und das neue Bayreuth, München 1962, S. 179-183 (zuerst in: Programmheft der Bayreuther Festspiele »Siegfried« 1956).

Otto, Rudolf: Das Heilige. Über das Irrationale in der Idee des Göttlichen und sein Verhältnis zum Rationalen (1936), München 1987.

Otto, Walter F.: Mythos und Welt, Stuttgart 1962.

Overhoff, Kurt: Die Musikdramen Richard Wagners. Eine thematisch-musikalische Interpretation, Salzburg 1967.

Pachl, Peter P.: Raum und Zeit in Wagners »Ring« (1976), in: Wagners Werk und Wirkung. Festspielnachrichten. Beiträge 1957 bis 1982, hg. von Wolfgang Ellwanger, Bayreuth 1983, S. 171-186.

Panagl, Oswald: »Vermählen wollte der Magen Sippe dem Mann ohne Minne die Maid«. Archaisches und Archaisierendes in der Sprache von Wagners »Ring«, in: Programmheft der Bayreuther Festspiele IV »Siegfried« 1988, S. 37-65.

Ders.: »Ihr lobt ihn, Meister Vogelgesang, wohl weil vom Vogel er lernt den Gesang?« Das etymologisierende Wortspiel in den Musikdramen Richard Wagners, in: Richard Wagner und sein Mittelalter, hg. von Ursula u. Ulrich Müller, Anif/Salzburg 1989, S. 233-248.

Panasiuk, Ryszard: Feuerbach und die Geschichte der Religionen, in: Ludwig Feuerbach und die Philosophie der Zukunft. Internationale Arbeitsgemeinschaft am ZiF der Universität Bielefeld 1989, hg. von Hans-Jürg Braun, Hans-Martin Sass u.a., Berlin 1990, S. 135-145.

Paul, Gregor: Mythos, Philosophie und Rationalität, Frankfurt a.M./ Bern/New York/Paris 1988.

Peil, Peter: Die Krise des neuzeitlichen Menschen im Werk Richard Wagners, Köln/Wien 1990.

Petsch, Robert: Der »Ring des Nibelungen« in seinen Beziehungen zur griechischen Tragödie und zur zeitgenössischen Philosophie, in: RWJb II, 1907, S. 284-330.

Pfeiffer, Rudolf: Die klassische Philologie von Petrarca bis Mommsen, München 1982.

Pfitzner, Hans: Vom musikalischen Drama, 2. Aufl., München/Leipzig 1920.

Pfotenhauer, Helmut: Wagners Kunstmythologie und Nietzsches Ästhetik, in: Horst Albert Glaser (Hg.), Deutsche Literatur. Eine Sozialgeschichte, Bd. 7, Reinbek 1982, S. 345-357.

Picht, Georg: Kunst und Mythos, Stuttgart 1986.

Pitz, Ernst: Geschichtliche Strukturen. Betrachtungen zur angeblichen Grundlagenkrise der Geschichtswissenschaft, in: HZ 198, 1964, S. 265-305.

Plumpe, Gerhard: Das Interesse am Mythos. Zur gegenwärtigen Konjunktur eines Begriffs, in: Archiv für Begriffsgeschichte 20, 1976, S. 236-253.

Popper, Karl R.: Logik der Forschung, 3. Aufl., Tübingen 1969.

Ders.: Das Elend des Historizismus, 2. Aufl., Tübingen 1969.

Ders.: Objektive Erkenntnis. Ein evolutionärer Entwurf, Hamburg 1973.

Poser, Hans: Mythologie als Logomythie. Von der Verwissenschaftlichung des Außerwissenschaftlichen, in: Postmoderne: Anbruch einer neuen Epoche? Eine interdisziplinäre Erörterung, hg. von Günther Eifler u. Otto Saame, Wien 1990, S. 165-186.

Ders. (Hg.): Philosophie und Mythos. Ein Kolloquium, Berlin/New York 1979.

Proudhon, Pierre-Joseph: Was ist das Eigentum? Untersuchungen über den Ursprung und die Grundlagen des Rechts und der Herrschaft. Aus dem Französischen und mit einem Vorwort von Alfons Fedor Cohn, Berlin 1896.

Prox, Lothar: Strukturale Komposition und Strukturanalyse. Ein Beitrag zur Wagnerforschung, Regensburg 1986.

Pütz, Peter: Grundbegriffe der Interpretation von Dramen, in: Handbuch des deutschen Dramas, hg. von Walter Hinck, Düsseldorf 1980, S. 11-25.

Ranke, Leopold von: Vorrede zur ersten Ausgabe der »Geschichten der romanischen und germanischen Völker«, in: ders., Sämtliche Werke Bd. 33/34, 3. Aufl., Leipzig 1885, S. V-VIII.

Rappl, Erich: Wagner-Opernführer, Regensburg 1967.

Rath, Ingo: Der Mythos-Diskurs und sein Verlust. Eine Vor-Geschichte der abendländischen Vernunft, Wien 1991.

Rationalitätskritik und neue Mythologien, red. von Helmut Holzhey u. Jean-Pierre Leyvraz, Bern/Stuttgart 1983 (= Studia philosophica 42).

Raumer, Friedrich von: Geschichte der Hohenstaufen und ihrer Zeit, 6 Bde., 2. Aufl., Leipzig 1840ff.

Rawidowicz, Simon: Ludwig Feuerbachs Philosophie. Ursprung und Schicksal, Berlin 1931 (Reprint 1964).

Reinhardt, Hartmut: Schillers »Wallenstein« und Aristoteles, in: Jahrbuch d. Deutschen Schillergesellschaft 20, 1976, S. 278-337.

Reinwald, Heinz: Mythos und Methode. Zum Verhältnis von Wissenschaft, Kultur und Erkenntnis, München 1991.

Reitemeyer-Witt, Ursula: Apotheose der Sinnlichkeit? in: Ludwig Feuerbach und die Philosophie der Zukunft. Internationale Arbeitsgemeinschaft am ZiF der Universität Bielefeld 1989, hg. von Hans-Jürg Braun, Hans-Martin Sass u.a., Berlin 1990, S. 259-284.

Richard Wagner 1883-1983. Die Rezeption im 19. und 20. Jahrhundert (Gesammelte Beiträge des Salzburger Symposiums vom 3.–6. März 1983), Stuttgart 1984.

Richard Wagner – »Der Ring des Nibelungen«. Ansichten des Mythos, hg. von Udo Bermbach u. Dieter Borchmeyer, Stuttgart/Weimar 1995.

Richard-Wagner-Handbuch, hg. von Ulrich Müller u. Peter Wapnewski, Stuttgart 1986.

Richard Wagner und die politischen Bewegungen seiner Zeit. Katalog einer Ausstellung des Bundesarchivs, Koblenz 1983.

Richard Wagner und sein Mittelalter, hg. von Ursula u. Ulrich Müller, Anif/Salzburg 1989.

Richard Wagner. Von der Oper zum Musikdrama. Fünf Vorträge, hg. von Stefan Kunze, Bern 1978.

Richard Wagner. Wie antisemitisch darf ein Künstler sein? Hg. von Heinz-Klaus Metzger u. Rainer Riehn (Musik-Konzepte, 5), 2. Aufl., München 1981.

Rothärmel, Marion: Der musikalische Zeitbegriff seit Moritz Hauptmann, Regensburg 1963.

Rombach, Heinrich (Hg.): Wissenschaftstheorie 1. Probleme und Positionen der Wissenschaftstheorie, Freiburg i.Br. 1974.

Rudolph, Enno: Platons Weg vom Logos zum Mythos, in: ders. (Hg.), Mythos zwischen Philosophie und Theologie, Darmstadt 1994, S. 95-112.

Rückerts Werke, Bd. 1, hg. von Georg Ellinger, Leipzig/Wien 1897.

Rüsen, Jörn: Begriffene Geschichte. Genesis und Begründung der Geschichtstheorie J.G.Droysens, Paderborn 1969.

Ders.: Der Historiker als »Parteimann des Schicksals«. Georg Gottfried Gervinus und das Konzept der objektiven Parteilichkeit, in: Objektivität und Parteilichkeit in der Geschichtswissenschaft, hg. von Reinhart Koselleck, Wolfgang J. Mommsen u. Jörn Rüsen, München 1977 (Theorie der Geschichte. Beiträge zur Historik, Bd. 1), S. 77-124.

Ders.: Theorien im Historismus, in: ders./Hans Süssmuth (Hg.), Theorien in der Geschichtswissenschaft, Düsseldorf 1980, S. 13-33.

Ders.: Geschichtsschreibung als Theorieproblem der Geschichtswissenschaft. Skizze zum historischen Hintergrund der gegenwärtigen Diskussion, in: Formen der Geschichtsschreibung, hg. von Reinhart Koselleck, Heinrich Lutz u. Jörn Rüsen, München 1982 (Theorie der Geschichte. Beiträge zur Historik, Bd. 4), S. 14-35.

Ders.: Bemerkungen zu Droysens Typologie der Geschichtsschreibung, in: Formen der Geschichtsschreibung, hg. von Reinhart Koselleck, Heinrich Lutz u. Jörn Rüsen, München 1982 (Theorie der Geschichte. Beiträge zur Historik, Bd. 4), S. 192-200.

Ders.: Lebendige Geschichte. Grundzüge einer Historik III: Formen und Funktionen des historischen Wissens, Göttingen 1989.

Rummenhöller, Peter: Romantik und Gesamtkunstwerk, in: Beiträge zur Geschichte der Musikanschauung im 19. Jahrhundert, hg. von Walter Salmen, Regensburg 1965 (Studien zur Musikgeschichte des 19. Jahrhunderts, Bd. 1), S. 161-167.

Sass, Hans-Martin: Ludwig Feuerbach, Reinbek 1978.

Schadewaldt, Wolfgang: Hellas und Hesperien. Gesammelte Schriften zur Antike und zur neueren Literatur, 2 Bde., 2. Aufl., Zürich/Stuttgart 1970.

Schasler, Max: Über dramatische Musik und das Kunstwerk der Zukunft. Ein Beitrag zur Ästhetik der Musik, in: Deutsche Zeit- und Streit-Fragen 12, 1883, H. 179/180 u. H. 190/191.

Schelling, Friedrich Wilhelm Joseph: Philosophie der Kunst, Darmstadt 1966 (Reprograf. Nachdruck d. Ausg. von 1859).

Ders.: Philosophie der Mythologie, 2 Bde., Darmstadt 1973 (Reprograf. Nachdruck d. Ausg. von 1856 u. 1857).

Schieder, Theodor: Geschichte als Wissenschaft, 2. Aufl., München/ Wien 1968.

Ders.: Richard Wagner. Das Reich und die Deutschen. Aus den Tagebüchern Cosima Wagners, in: HZ 227, 1978, S. 571-598.

Schild, Wolfgang: »Mitleidvoll leidend ein wissender Tor soll durch den Speer dich heilen«, in: Bayreuther Programmheft V »Parsifal« 1993, S. 6ff.

Ders.: Staat und Recht im Denken Richard Wagners, Stuttgart u.a. 1994.

Schillers Sämmtliche Werke in 12 Bdn., Stuttgart 1887.

Schlesier, Renate (Hg.): Faszination des Mythos, 2. Aufl., Basel/Frankfurt a.M 1991.

Schmid, Carlo im Gespräch zum Thema »Mythologie und Ideologie. Gedankenaustausch über die Neuinszenierung ›Der Ring des Nibelungen‹ 1976« in: Bayreuther Programmheft IV »Rheingold« 1977, S. 25ff.

Schmid, Hans Heinrich (Hg.): Mythos und Rationalität, Gütersloh 1988.

Schmidt, Alfred: Emanzipatorische Sinnlichkeit. Ludwig Feuerbachs anthropologischer Materialismus, München 1988.

[Schmidt, Julian:] Das Verhältnis der Oper zum Drama, in: Die Grenzboten. Zeitschrift für Politik u. Literatur, 11/1, Leipzig 1852, S. 81-94.

Schmidt-Garré, Helmut: Oper. Eine Kulturgeschichte, Köln 1963.

Schmied, Gerhard: Zyklische Zeit – lineare Zeit, in: Rudolf Wendorff (Hg.), Im Netz der Zeit. Menschliches Zeiterleben interdisziplinär, Stuttgart 1989, S. 118-127.

Schmitt, Carl: Hamlet und Hekuba. Der Einbruch der Zeit in das Spiel, Düsseldorf/Köln 1956.

Schnädelbach, Herbert: »Ring« und Mythos, in: In den Trümmern der eignen Welt. Richard Wagners »Ring des Nibelungen«, hg. von Udo Bermbach, Berlin/Hamburg 1989, S. 145-161.

Schneider, Hermann: Richard Wagner und das germanische Altertum, Tübingen 1939.

Schneider, Rolf: Der fortgeschriebene Mythos, in: Programmheft der Bayreuther Festspiele IV »Walküre« 1989, S. 17-27.

Schoof, Wilhelm (Hg.): Briefe der Brüder Grimm an Savigny, Berlin/Bielefeld 1953.

Schrader, Otto: Sprachvergleichung und Urgeschichte. Linguistisch-historische Beiträge zur Erforschung des indogermanischen Altertums, 3. Aufl., Jena 1907.

Schreiner, Klaus: Friedrich Barbarossa, Herr der Welt, Zeuge der Wahrheit, die Verkörperung nationaler Macht und Herrlichkeit, in: Die Zeit der Staufer. Geschichte – Kunst – Kultur, Katalog der Ausstellung, Bd. 5, Stuttgart 1977, S. 521-579.

Schrey, Dieter: Mythos und Geschichte bei Johann Arnold Kanne und in der romantischen Mythologie, Tübingen 1969.

Schrödter, Hermann (Hg.): Die neomythische Kehre. Aktuelle Zugänge zum Mythischen in Wissenschaft und Kunst, Würzburg 1991.

Schulz, Holger: Der Nibelungenstoff auf dem deutschen Theater, Diss. Köln 1972.

Schupp, Franz: Mythos und Religion, Düsseldorf 1976.

Schuster, Karl: Die Politik der Hohenstaufen im deutschen Drama, Diss. Wien 1952.

Seelig, Wolfgang: Richard Wagners Naturphilosophie – Ihre Grundlagen bei Feuerbach und ihre Weiterführung mit Schopenhauer, in: Richard Wagner und – die Musikhochschule München – die Philosophie – die Dramaturgie – die Bearbeitung – der Film, Regensburg 1983 (Schriftenreihe d. Hochschule für Musik München, 4), S. 21-43.

Seiffert, Helmut: Einführung in die Wissenschaftstheorie, Bd. 2, 8. überarbeitete u. erweiterte Aufl., München 1983.

Seiler, Bernd W.: Exaktheit als ästhetische Kategorie. Zur Rezeption des historischen Dramas der Gegenwart, in: Poetica 5, 1972, S. 388-433.

Sengle, Friedrich: Das historische Drama in Deutschland. Geschichte eines literarischen Mythos, 2. Aufl., Stuttgart 1969.

Shakespeare-Handbuch, hg. von Ina Schabert, Stuttgart 1978.

Shaw, Bernard: Ein Wagner-Brevier. Kommentar zum Ring des Nibelungen, Frankfurt a.M. 1973.

Snell, Bruno: Die Entdeckung des Geistes. Studien zur Entstehung des europäischen Denkens bei den Griechen, 5. Aufl., Göttingen 1980.

Snook, Lynn: Richard Wagners mythische Modelle. Essays zur Erklärung der archetypischen Charaktere der »Ring«-Tetralogie, in: Bayreuther Programmhefte IV-VII 1974.

Dies.: Weltgeschichte aus dem Mythos, in: Bayreuther Programmheft V »Walküre« 1975, S. 4ff.

Søerensen, Villy: Griechische und nordische Mythologie als Inspirationsquellen Richard Wagners, in: Programmheft der Bayreuther Festspiele V »Siegfried« 1989, S. 1-24.

Söring, Jürgen: Wagner und Brecht. Zur Bestimmung des Musik-Theaters, in: Richard Wagner 1883-1983. Die Rezeption im 19. und 20. Jahrhundert (Gesammelte Beiträge des Salzburger Symposiums vom 3.–6. März 1983), Stuttgart 1984, S. 451-473.

Sombart, Nicolaus: Jugend in Berlin 1933-1943. Ein Bericht, München/Wien 1984.

Ders.: Bismarck und Wagner, in: Wolfgang Storch (Hg.), Der Ring am Rhein, Berlin 1991, S. 90-91.

Spaemann, Robert: Ende der Modernität? in: Moderne oder Postmoderne? Hg. von Peter Koslowski, Robert Spaemann, Reinhard Löw, Weinheim 1986, S. 19-40.

Storch, Wolfgang (Hg.): Der Ring am Rhein, Berlin 1991.

Straub, Eberhard: Die Götterdämmerung der Moderne. Von Wagner bis Orwell, Heidelberg 1987.

Strauss, Richard: Betrachtungen und Erinnerungen, München/Mainz 1989.

Strich, Fritz: Die Mythologie in der deutschen Literatur von Klopstock bis Wagner, 2 Bde., Halle a.d. Saale 1910.

Strobel, Otto (Hg.): Richard Wagner. Skizzen und Entwürfe zur Ring-Dichtung, München 1930.

Symphilosophein. Bericht über den Dritten Deutschen Kongreß für Philosophie, Bremen 1950, hg. von Helmuth Plessner, München 1952.

Tarasti, Eero: Myth and Music. A Semiotic Approach to the Aesthetics of Myth in Music, especially that of Wagner, Sibelius and Stravinsky, (Diss.) Helsinki 1978.

Theorien in der Geschichtswissenschaft, hg. von Jörn Rüsen u. Hans Süssmuth, Düsseldorf 1980.

Tomasoni, Francesco: Feuerbachs Kritik der Wissenschaftsideologie und Evolutionstheorien, in: Ludwig Feuerbach und die Philosophie der Zukunft. Internationale Arbeitsgemeinschaft am ZiF der Universität Bielefeld 1989, hg. von Hans-Jürg Braun, Hans-Martin Sass u.a., Berlin 1990, S. 77-92.

Uhlig, Theodor: Ein kleiner Protest in Sachen Wagner's, in: Neue Zeitschrift für Musik 36, 1852, S. 277/78.

Vaget, Hans Rudolph: Germanistik und Wagner-Kritik. Anmerkungen zu den Wagner-Studien von Peter Wapnewski, in: Orbis Litterarum, Bd. 37, 1982, S. 185-195.

Valentin, Erich: Weltgeschichte und Sage (1959), in: Wagners Werk und Wirkung. Festspielnachrichten. Beiträge 1957 bis 1982, hg. von Wolfgang Ellwanger, Bayreuth 1983, S. 219-222.

Vernant, Jean-Pierre: Mythos und Gesellschaft im alten Griechenland, Frankfurt a.M. 1987.

Vischer, Friedrich Theodor: Vorschlag zu einer Oper, in: ders., Kritische Gänge, Bd. 2, Tübingen 1844.

Voss, Egon: Von Notwendigkeit und Nutzen der Wagnerforschung. Ein Abriß über das Wagner-Werk-Verzeichnis und die Wagner-Gesamtausgaben, in: Bayreuther Programmheft I »Lohengrin« 1987, S. 16-41.

Vries, Jan de: Forschungsgeschichte der Mythologie, Freiburg i.Br./ München 1961.

Wagner, Fritz: Geschichtswissenschaft, 2. Aufl., Freiburg/München 1966.

Wagner, Wieland (Hg.): Richard Wagner und das neue Bayreuth, München 1962.

Wagnerliteratur – Wagnerforschung. Bericht über das Wagner-Symposium München 1983, hg. von Carl Dahlhaus u. Egon Voss, Mainz 1985.

Wagner Werk-Verzeichnis. Verzeichnis der musikalischen Werke Richard Wagners und ihrer Quellen, erarbeitet im Rahmen der Richard Wagner-Gesamtausgabe von John Deathridge, Martin Geck u. Egon Voss, Mainz 1986.

Waitz, Georg: Ueber die Entwickelung der deutschen Historiographie im Mittelalter, in: Zeitschrift für Geschichtswissenschaft, hg. von Adolph Schmidt, Bd. 2, Berlin 1844, S. 39-58, 98-114.

Walther, Helmut G.: Das Mittelalter des 19. Jahrhunderts in Wagners »Ring«. Abschied von Geschichte und Mythenzauber, in: Nordbayerischer Kurier. Festspielnachrichten 1995, Rheingold/Walküre S. 2ff.; Siegfried/Götterdämmerung S. 38ff.

Wapnewski, Peter: Der traurige Gott, München 1978.

Ders.: Richard Wagner – Die Szene und ihr Meister, 2. verbesserte u. erweiterte Aufl., München 1983.

Ders.: Tristan der Held Richard Wagners, Berlin 1981.

Ders.: Die Oper Richard Wagners als Dichtung, in: RWHb 223-352.

Weber, Max: Wissenschaft als Beruf (1919), 7. Aufl., Berlin 1984.

Wegele, Franz Xaver von: Geschichte der Deutschen Historiographie seit dem Auftreten des Humanismus, München/Leipzig 1885.

Weimann, Robert: Literaturgeschichte und Mythologie. Methodologische und historische Studien, Berlin/Weimar 1974.

Wendorff, Rudolf: Zeit und Kultur. Geschichte des Zeitbewußtseins in Europa, Opladen 1980.

Westernhagen, Curt von: Das Beispiel des Aischylos, in: Bayreuther Programmhefte I-IV 1955.

Ders.: Richard Wagner. Sein Werk. Sein Wesen. Seine Welt, Zürich/Freiburg i. Br. 1956.

Ders.: Vom Holländer zum Parsifal. Neue Wagner-Studien, Zürich/Freiburg i.Br. 1962.

Ders.: Richard Wagners Dresdener Bibliothek, Wiesbaden 1966.

Ders.: Wagner, 2. Aufl., Zürich/Freiburg i.Br. 1979.

Ders.: Die Entstehung des »Ring«. Dargestellt an den Kompositionsskizzen Richard Wagners, Zürich/Freiburg i.Br. 1973.

Wiesend, Reinhard: Die Entstehung des »Rheingold«-Vorspiels und ihr Mythos, in: Archiv für Musikwissenschaft 49, H. 2, 1992, S. 122-145.

Wiessner, Hermann: Der Stabreimvers in Richard Wagners »Ring des Nibelungen«, Berlin 1924 (Reprint Nendeln/Liechtenstein 1967).

Wilberg-Drescher, Petra-Hildegard: Von der Wahrheit des Mythos. Perspektiven neuerer Wissenschaftsforschung, in: RWBl 12, 1-2/88, S. 17-29.

Dies.: Geschichte, Mythos und die Einheit im Drama. Zur Dramentheorie Richard Wagners und ihrer ontologischen Begründung, in: Wagner-Rezeption heute. Schriftenreihe der deutschen Richard-Wagner-Gesellschaft, Bd. 1, 1993, S. 59-83.

s. auch Drescher, Petra-Hildegard.

Wildermuth, Armin: Rationalität und Mythos – Versuch einer Orientierung am Leitfaden des Nihilismus, in: Rationalitätskritik und neue Mythologien, red. von Helmut Holzhey u. Jean-Pierre Leyvraz, Bern/Stuttgart 1983 (= Studia philosophica 42), S. 14-36.

Windsperger, Lothar (Hg.): Das Buch der Motive aus Opern und Musikdramen Richard Wagner's. Für Klavier mit untergelegtem Text, 2 Bde., Mainz/London/New York o.J.

Winkler, Gerhard J.: Um den Begriff der »Verdichtung«, in: Programmheft der Bayreuther Festspiele III »Rheingold« 1989, S. 1-14.

Wipf, Karl A.: Der Aufstieg Wotans im germanischen Götterpantheon, in: Tribschener Blätter 42, 1978, S. 1-32.

Ders.: Mythos, Mythologie und Religion, in: Psychologie des 20. Jahrhunderts, Bd. XV (Transzendenz, Imagination und Kreativität: Religion und Parapsychologie, Literatur und Kunst), hg. von Gion Condrau, Zürich 1979, S. 117-124.

Wirtz, Franz: Gedanken eines Regisseurs bei der Vorarbeit zum »Tristan«, in: Programmheft 2 »Tristan und Isolde«, hg. vom Landestheater Detmold, 1985.

Wittkau, Annette: Historismus. Zur Geschichte des Begriffs und des Problems, Göttingen 1992.

Wörner, Karl: Beiträge zur Geschichte des Leitmotivs in der Oper, in: Zeitschrift für Musikwissenschaft 14, 1931/32, S. 151-172.

Wolzogen, Hans von: Der Nibelungenmythos in Sage und Literatur, Berlin 1876.

Ders.: Die Sprache in Richard Wagner's Dichtungen, Leipzig 1878. Wrassiwanopulos-Braschowanoff, George: Richard Wagner und die Antike. Ein Beitrag zur kunstphilosophischen Weltanschauung Richard Wagners, Bayreuth 1905 (Diss. Erlangen 1905).

Wundt, Wilhelm: Völkerpsychologie, 10 Bde., Stuttgart 1900-1921.

Wyss, Ulrich: Die wilde Philologie. Jacob Grimm und der Historismus, München 1979.

Ders.: Versuch über Richard Wagner und Jacob Grimm, in: Bayreuther Programmheft V »Siegfried« 1985, S. 14-34.

Zenker, Max: Die Wibelungen, in: BBl 21, 1898, S. 51ff.

Ziegler, Klaus: Mythos und Dichtung, in: Reallexikon der deutschen Literaturgeschichte, begründet von Paul Merker u. Wolfgang Stammler, Bd. 2, 2. Aufl., Berlin 1965, S. 569-584.

Zuckerkandl, Victor: Die Wirklichkeit der Musik. Der musikalische Begriff der Außenwelt, Zürich 1963.

# Personenregister

Heidegger, Martin 275 A.51.
Heine, Heinrich 178 A.128.
Heinrich V. 160.
Hekataios von Milet 335 A.60.
Herder, Johann Gottfried 98, 150, 267-272, 277.
Herodot 336 A.65.
Herwegh, Georg 238 A.40.
Hesiod 331.
Heyne, Jörg 175 A.109.
Hiller, Ferdinand 161 A.47.
Hölderlin, Friedrich 275 A.51.
Hübner, Kurt 66f., 69f., 72, 75, 166 A.72, 243, 244 A.67, 307.
Hugo, Victor 284.
Humboldt, Wilhelm 199, 202, 254 A.109.

Immermann, Karl 215.
Ingenschay-Goch, Dagmar 262 A.143.
Innozenz III. 162 A.51.

Jamme, Christoph 347 A.132.
Jean Paul 283.
Jolles, André 67.
Jordanis 105.
Jünger, Ernst 243 A.61.
Jung, Carl Gustav 44 A.97.

Karl der Große 152, 158ff.
Kerényi, Karl 67, 321 A.6.
Kietz, Ernst Benedikt 309 A.196.
Kirchmeyer, Helmut 170, 172 A.99.
Klemm, Gustav 54f. A.19.
Konradin von Hohenstaufen 158.
Koselleck, Reinhart 261 A.137, 315.
Krohn, Rüdiger 93.
Kühnel, Jürgen 93, 176 A.119.
Künßberg, Heinrich 111f.
Kunze, Stefan 18 A.22, 42f.

Lachmann, Karl 149 A.3.
Lagarde, Paul 347 A.132.
Lazarus, Moritz 142 A.72.
Lessing, Gotthold Ephraim 220, 265ff., 270, 272, 276.
Lévi-Strauss, Claude 67.
Lichtenberger, Henri 90.
Liszt, Franz 25f., 309.
Loebell, Johann Wilhelm 108-111, 135.
Lothar von Supplinburg 160.
Lüttichau, August von 175 A.109.

Maier, Hans 234 A.28.
Manfred von Hohenstaufen 186, 284.
Mann, Thomas 37, 276, 300, 310, 317.
Marquard, Odo 117 A.64.
Mattenklott, Gert 325.
Meier, Christian 333f. A.56.

Mendelssohn-Bartholdy, Felix 23.
Mone, Franz Joseph 100f., 149 A.3.
Montesquieu 112.
Moritz, Karl Philipp 283.
Mork, Andrea 46 A.108.
Mozart, Wolfgang Amadeus 23.
Müllenhoff, Karl 149 A.3.
Müller, Franz 60 A.40, 100 A.14.
Müller, Karl Otfried 128ff., 132, 135, 137, 140f.
Müller, Wilhelm 149 A.3, 154 A.18.
Münkler, Herfried 333 A.55.
Musiol, Robert 33 A.50.

Naumann, Emil 308 A.191.
Newman, Ernest 310f. A.202.
Niebuhr, Barthold Georg 128, 130ff.
Nietzsche, Friedrich 13f., 15 A.13, 16f., 28, 34ff., 43, 48, 332.

Opitz, Martin 265.
Otto von Freising 97-101, 104.
Otto, Louise 54f. A.19.
Otto, Rudolf 70, 240.
Otto, Walter F. 67.
Overhoff, Kurt 294 A.134.

Panagl, Oswald 301.
Pfitzner, Hans 23, 36.
Picht, Georg 324, 328, 347 A.132.
Pitz, Ernst 146f. A.93.
Platon 281.
Popper, Karl 259.
Proudhon, Pierre-Joseph 163f., 168f., 175 A.112, 256.

Racine, Jean 265.
Rappl, Erich 295 A.134.
Ranke, Leopold von 19, 57, 105, 110, 202, 205, 336 A.65.
Raumer, Friedrich von 98, 162 A.51.
Reinick, Robert 161 A.47.
Ritter, Karl 83f.
Röckel, August 25, 33, 41, 163, 170 A.90, 237 A.39, 238 A.40, 285.
Rosenberg, Alfred 347 A.132.
Rousseau, Jean-Jacques 176, 286.
Rückert, Friedrich 178.

Schadewaldt, Wolfgang 279f., 335 A.60.
Schelling, Friedrich Wilhelm Joseph 65, 124 A.13, 277 A.65.
Schieder, Theodor 37, 347 A.135.
Schild, Wolfgang 155 A.23.
Schiller, Friedrich 17, 217-223, 254, 267, 271, 283.
Schlegel, August Wilhelm 216, 283.
Schlegel, Friedrich 271.

# ROMBACH WISSENSCHAFTEN

Christine Lubkoll

# MYTHOS MUSIK

Poetische Entwürfe des Musikalischen
in der Literatur um 1800

Rombach Litterae

## REIHE LITTERAE

*Herausgegeben von
Gerhard Neumann und
Günter Schnitzler*

Bd. 32: Christine Lubkoll
**Mythos Musik**
Poetische Entwürfe des Musika-
lischen in der Literatur um 1800
340 S., Pb., 15,4 x 22,8 cm
**DM 78,–**
ISBN 3-7930-9114-7

Die Literatur der Romantik ist durchdrungen von einem poetischen Traum: der
Suche nach einer unentfremdeten Ausdrucksform, einer „natürlichen" Zeichen-
sprache. Einen Leitfaden bildet dabei die Vision einer „musikalischen Poesie".
Sie entwickelt sich aus dem Musikdiskurs des 18. Jahrhunderts - erstmals in der
abendländischen Kulturgeschichte wird dort der Musik eine Überlegenheit gegenüber der Sprache eingeräumt. Die vorliegende Studie betreibt Diskursanalyse
und Mythenforschung gleichermaßen. Sie beschreibt Denkfiguren und Ord-
nungsmodelle der aufklärerischen Musikästhetik, die um 1800 Eingang finden
in die Literatur; und sie liest romantische Musik-Erzählungen wie einen Mythos:
als Versuch, die Musik als „natürliche Klangrede" dort einzusetzen, wo die
Unzulänglichkeit der Spache bewältigt, die entzweiende Macht der Zeichen
überspielt werden soll. Untersucht werden Texte von Heinse, Wackenroder, Tieck,
Brentano, Kleist und E.T.A. Hoffmann.

Erhältlich in Ihrer Buchhandlung

# ROMBACH VERLAG

Bertold_____ ___ 79008 Freiburg i. B.